赣鄱文化研究丛书

赣商文化导论

庞振宇 ◎ 著

以"一个包袱一把伞，走遍天下做老板"为主导的赣商文化引领着江西经济的发展，是江西经济崛起的内在动力和精神源泉。

中国书籍出版社
China Book Press

图书在版编目（CIP）数据

赣商文化导论 / 庞振宇著 .
-- 北京：中国书籍出版社，2017.4（赣鄱文化研究丛书 . 通论卷）
ISBN 978-7-5068-6126-7

Ⅰ . ①赣… Ⅱ . ①庞… Ⅲ . ①商业史—江西 Ⅳ . ① F729

中国版本图书馆 CIP 数据核字 (2017) 第 069854 号

赣商文化导论

庞振宇 著

责任编辑	刘 娜
责任印刷	孙马飞　马 芝
封面设计	田新培
出版发行	中国书籍出版社
地　　址	北京市丰台区三路居路 97 号（邮编：100073）
电　　话	（010）52257143（总编室）　　（010）52257153（发行部）
电子邮箱	chinabp@vip.sina.com
经　　销	全国新华书店
印　　刷	廊坊市海涛印刷有限公司
开　　本	180 毫米 ×260 毫米　　1/16
字　　数	296 千字
印　　张	21.5
版　　次	2017 年 4 月第 1 版　　2018 年 6 月第 1 次印刷
书　　号	ISBN 978-7-5068-6126-7
定　　价	65.00 元

版权所有　翻印必究

目 录

绪论 1

第一章 赣鄱商业与赣商的发展历程 11

第一节 赣鄱商业经济的发展 12
一、隋唐以前赣鄱商业的初兴 12
二、隋唐时期赣鄱商业的崛起 14
三、宋元时期赣鄱商业的繁荣 17

第二节 明清江右商帮的兴衰 21
一、江右商帮的兴起 21
二、江右商帮的活动区域 27
三、江右商帮的衰落 44

第三节 衰中求变：近现代商业经济中的赣商 48
一、晚清民国时期赣商蹒跚前行 48
二、改革开放以来赣商重塑辉煌 63

第二章 赣鄱商业环境文化 71

第一节 "士农商贾皆可有成" 72
一、江西各府州县的江右商 72
二、崇商、护商的文化氛围 78

第二节 以血缘、地缘、业缘为纽带共同创业 87
一、以血缘为纽带的家族经济 87
二、以地缘为纽带的同乡经济 92
三、地缘纽带下的行会与公所 99

第三节 来赣客商的第二故乡 102

一、赣鄱大地会聚天下客商 …… 102
二、来赣客商的土著化 …… 111

第三章 赣商营销文化 …… 117

第一节 谁砸品牌就砸谁的饭碗 …… 118
一、以质量为核心的品牌意识 …… 118
二、打造产业集群的地域品牌 …… 124
三、赣商老字号的文化特色 …… 129

第二节 苦心经营，讲究贾术 …… 134
一、"以小买卖而致大开张" …… 134
二、揣摩心理，精于筹算 …… 138
三、广而告之：商业广告的应用 …… 143

第三节 赣商营销的帮规行规 …… 148
一、规范商业行为的帮规 …… 148
二、适应市场需求的行规 …… 152

第四章 赣商伦理文化 …… 165

第一节 赣商伦理文化内涵及形成条件 …… 166
一、赣商伦理文化的内涵 …… 166
二、赣商伦理体系的形成条件 …… 168
三、赣商价值取向的冲突与调适 …… 173

第二节 赣商伦理文化的基本内容 …… 179
一、身劢母康与造福社会的财富观 …… 179
二、诚信为本与和衷共济的经营观 …… 187
三、崇俭黜奢与重学助学的消费观 …… 194

第三节 赣商伦理文化的时代价值 …… 200
一、几种商业伦理观的辨析 …… 200
二、赣商伦理文化的当代传承 …… 204

第五章 赣鄱商人组织文化 …… 209

第一节 江右商人会馆文化 …… 210
一、会馆的修建与建筑形态 …… 210

二、基本功能与内部运作 219
　　三、会馆的衰落和同乡会的兴起 226
第二节　来赣客商会馆文化 232
　　一、来赣客商会馆的兴建 232
　　二、来赣客商会馆章程与运作 237
第三节　江西商会文化 240
　　一、清末江西商会的创立 240
　　二、民国时期江西商会的发展 251
　　三、近现代赣鄱区域同业公会 259

第六章　商业习俗与商业诉讼 269

第一节　商业契约与交易习俗 270
　　一、商业契约习俗 270
　　二、商业交易习俗 279
第二节　商业信仰与商业禁忌 288
　　一、赣商商业信仰 288
　　二、赣商商业禁忌 293
第三节　商事纠纷与商业诉讼 295
　　一、赣商商事纠纷 295
　　二、商业诉讼举偶 302

结语 311

参考文献 321

后记 329

绪论

一

中国文化是由各个地域文化共同组成的，促进文化发展必须加强地域文化研究。商业文化是地域文化中最有活力的部分。"无农不稳，无商不活"，商业在给社会带来活力的同时，也给社会带来了诸多问题，因此就有了传统社会的重农抑商政策。商人在中国传统社会是一个弱势群体，商人创造的商业文化一直不是文化的主流，但商业文化有着顽强的生命力。商业文化不断汇聚各种文化，虽然良莠不齐，为人诟病，但形成一种无所不包的最适合生存和发展的充满生命力的大文化。今天，中华民族正在进行着一场社会主义市场经济实践，需要一套完善的商业文化体系作为指导，考察历史上的商业文化为今天提供借鉴当是题中应有之义。

由宋元而明清，江西一直保持着良好的发展势头，和苏、徽、浙一道，是整个中国的经济、文化中心。依赖大宗的大米、茶、瓷、纸、夏布等商品，江西商人在明前期独领风骚，明中后期及清前期与徽商、晋商三足鼎立。他们或来往于江西和各地之间进行买卖，或久居他乡从事商业活动，"挟技艺经营四方"，形成活跃于明清全国商业市场上的十大商帮之一。[1]江西古称"江右"，明清江西商人多被称为"江右商"，江西商帮亦多被称为江右商帮。清光绪以来，"赣"逐渐成为江西的简称，"赣商"成为江西商人的代称。[2]本书在论述过程中，明清江西商人多被称为

---

[1] 1987年中国商业史学会第二届年会之后，学会会长吴慧教授、中国人民大学李华教授积极倡议、支持编写一部明清商帮的历史。于是在次年第三届年会上，与会同志经过协商、讨论，最后决定撰写较有影响的十个商帮，1993年10月由黄山书社出版了《中国十大商帮》一书。该书研究的十大商帮是山东商帮、山西商帮、陕西商帮、洞庭商帮、江右商帮、宁波商帮、龙游商帮、福建商帮、广东商帮和徽州商帮。

[2] 据学者邵鸿研究，历史上江西的概称有豫章、江西、江右、西江等，元明时期随着江西行省的设立，也称江或江省，"江"成为江西的简称。但"江"作为省称，易与江苏和黑龙江相混，因而"赣"逐渐取代"江"成为江西简称。他认为，江西简称为"赣"的约定俗成，可能是光绪朝以来的事情。清末江西称赣已经普遍流行，但"江"的概称并没有立即被完全取代，而是与"赣"并用，入民国后才逐渐消失。（邵鸿：《说赣：正本清源》，《江西师范大学学报》2015年第1期）。

"江右商",近现代江西商人多被称为"赣商",有时笼统称其为江西商人或赣商。明清江右商以其人数之众、操业之广、渗透力之强为世人所瞩目,对当时社会经济产生了不可低估的影响。近代以来,由于京汉、粤汉、津浦等铁路的修通,特别是五口通商之后,水运变陆运、河运变海运,南北交通改走两湖、冀豫及苏皖山东,江西成了陆运和海运的盲区。江西商人渐渐失去了曾经的商业领地,错过了一次又一次的发展良机,已无法恢复昔日的辉煌①,但是他们在衰中求变,改革开放以来渐显复兴的迹象。

从1994年上半年起,江西学术界、新闻界、大专院校、党政机关及企业界的一大批老中青三代学者、干部,掀起了热度很高的赣鄱文化研究浪潮,研究重点主要集中在宋元明清的士绅才子文化、近代的红土地革命文化和赣商文化等方面。2006年9月,江西省社会科学院成立的赣商文化研究所,以江西商人和赣商文化为研究对象,以挖掘赣商文化的起源、发展与变迁,寻找现代赣商的发展途径,整理、总结赣商精神和构建先进的当代赣商文化体系为研究目的。同年10月,江西省社会科学院和《江西日报》社又在南昌发起并组建江西省赣商文化发展促进会,目的是"探索赣商发展的脉络,积极学习和弘扬先辈们的创业精神",树立赣商群体形象和群体人格,使赣商具有一种认同意识,具有守望相助的协作精神。笔者亦从那时起即开始关注赣商文化的研究,收集整理有关昔日赣商的历史资料和学者们的研究成果,从中提炼昔日赣商的文化内涵和文化品质,以期激励今日赣商重振江西商业雄风。

二

作为一项科学的研究,必须能在前人的基础上有所突破,有所创新,

---

① 2006年5月20日,首届中国商帮峰会在浙江杭州开幕,会议以"全球化时代的中国新商道"为主题。参会的有浙商、苏商、粤商、闽商、汉商、京商、沪商、鲁商、豫商、冀商等十大新兴商帮,有领改革开放之先风的港商、台商,还有历史上曾经辉煌的晋商、徽商、龙游帮,而赣商没有到会"坐而论道"。

所以有必要做一个大体的学术史回顾。赣商文化研究，以商人、商帮研究为主体，以商业精神为核心，兼及商业环境文化、商业营销文化、商业伦理文化和商人组织文化等。[①]下面就这几个方面对前人的研究成果进行回顾和评述。

傅衣凌最早关注江右商帮，他的《明代江西的工商业人口及其移动》一文为该领域奠基之作。他分析了明代江西工商业人口向全国各地大量移动的原因、分布情况和在中国经济史上的作用。[②]随着改革开放的推进、商业的勃兴，江右商帮引起学界的关注。方志远在20世纪90年代陆续发表系列研究成果，奠定了江右商帮研究的框架，成为这一时期江右商帮研究的集大成者。他的研究涉及江右商帮的兴衰时间和原因、活动区域和经营行业、社会构成与资本来源、经营方式及经营特点、经营观念与投资方向以及江右商帮的商事诉讼等。[③]余龙生、赖明谷研究了明代江右商的行商特色，认为明代江西商人具有从商人数多、行商区域广、经商方式活、贾农结合紧等行商特色，体现江西人求新思变、善谋实干的良好传统和品质。[④]肖文评认为明清时期吉安商人为云南、湖南、湖北、河南、四川、贵州等经济发展做出了贡献，肯定了吉安商人对推动吉安地区社会经济及宗族势力发展和开发云贵等西部地区所发挥的积极作用。[⑤]李锦伟以吉安府为中心，考察了明清时期江右商帮与江西农村公共

[①] 商业文化的概念是20世纪80年代由商业部部长胡平提出的，由此他被称为我国商业文化学的创始人。他认为商业文化包括"商品文化、营销文化、商业环境文化、商业伦理文化、商人文化"等方面。(《胡平纵论新时期商业文化》，《商业文化》2014年第21期)

[②] 傅衣凌：《明代江西的工商业人口及其移动》，《明清社会经济史论文集》，人民出版社1982年版。

[③] 方志远：《江右商略述》，《江西方志》1990年第3期；《明清江右商的经营观念与投资方向》，《中国史研究》1991年第4期；《江右商的社会构成及经营方式》，《中国经济史研究》1992年第1期(与黄瑞卿合作)；《明清时期西南地区的江右商》，《中国社会经济史研究》1993年第4期(与黄瑞卿合作)；《江右商帮》，载张海瀛、张海鹏主编《中国十大商帮》，黄山书社1993年版；《江右商帮》，(香港)中华书局1995年版；《明清江右商与商事诉讼》，《南昌大学学报》1995年增刊；《明清江右商研究》，《明清中央集权与地域经济》，中国社会科学出版社2002年版。

[④] 余龙生、赖明谷：《简论明代江西商人的行商特色》，《江西社会科学》2003年第5期。

[⑤] 肖文评：《试论明清时期的吉安商人》，《新余高专学报》2005年第1期。

产品供给的关系,认为供给的主要是与农村人口的生活密切相关的物品,对维护农村社会的稳定和促进农村社会的发展产生了重要作用。①杨福林认为,清代江右商大规模入湖南,不论是商业都会,还是穷僻的小县城,甚至是乡野小集镇,形成到处都有江右商人的局面。江右商在湘有人数众多、遍布湖湘、财力雄厚、称雄商界、行业庞杂、覆盖面广、名店字号、数代传承等特点。②钟华认为,明清时期江右商进入贵州,对贵州商品经济的发展起到了一定的推动作用,同时也促进了自身的发展。③谢力军、张鲁萍考察了江右商帮没落的原因,认为江右商人的经营观念未能随着社会的发展而发生转变,以及经营方式和经营行业的固守不变加剧了江右商帮的没落。④

邵鸿从社会史的角度对江右商进行微观解剖。他以清江县为个案,以宾兴活动为视角,考察了官、绅、商三者在地方事务中所扮演的角色及其地位和关系,指出清代后期江西宾兴活动的发展是商、官、绅几个方面共同合作的结果。对江右商在外省的活动,他以嘉庆二十四年(1819)在湖南湘潭发生的江西商民与本地居民之间的大规模仇杀事件为案例,得出结论:在前近代社会的商业市镇中,对市场利益的分割和争夺往往成为外来移民与本地土著之间斗争的焦点。土客商民之间的激烈斗争是促进客籍商民牢固保持家乡的联系,推动地方性商帮发展的重要因素。⑤还有学者将江右商与其他商帮进行比较研究。梁四宝、燕红忠认为,相对于晋商较强的群体意识、雄厚商业资本和商业竞争观念而言,江右商帮则有资本分散、竞争力弱及角色意识较差等特点。⑥余龙生认为,江西商人和晋商的成功之处都在于把握了良好的历史契机、具有深厚的文化底蕴、重视诚信,江西商人衰败的主要原因是内部分化和经营观念落后,

---

① 李锦伟:《江右商帮与明清江西农村公共产品供给研究》,西南大学硕士学位论文,2008年。
② 杨福林:《清代湘省江西商人特点探析》,《中国经济史研究》2010年第1期。
③ 钟华:《明清时期江右商帮与贵州商业经济的发展》,《贵州文史丛刊》,2009年第4期。
④ 谢力军、张鲁萍:《浅析江右商帮的没落》,《江西社会科学》,2002年第2期。
⑤ 邵鸿:《清代后期江西宾兴活动中的官绅商》,《赣文化研究》总第8期,2001年12月;《利益与秩序:嘉庆二十四年湖南省湘潭县的土客仇杀事件》,《历史人类学学刊》2003年第1辑。
⑥ 梁四宝、燕红忠:《江右商帮与晋商的差异及其主要特征》,《生产力研究》,2002年第4期。

晋商则是因为用人制度狭隘和商业活力衰退。①

商业伦理文化是赣商文化的重要内容。余龙生认为,江右商商业伦理的特点是崇尚勤俭,善待财富;与人为善,讲求和气;以诚为本,注重信用;许逊崇拜,讲究互助。江右商商业伦理的基本内容包括义利并重的财富伦理、诚信经商的经营伦理、以和为贵的和合伦理、崇俭黜奢的消费伦理、崇奉许逊的信仰伦理等方面。理学伦理观对明清江右商帮商业伦理思想的影响既有积极的一面也有消极的一面。从积极的方面来看,在理学义利观的指导下,江右商人秉承理学的"取之有义""以义取利",谨守"仁义为先""不以功利为急""不言利而利自饶"的教义,注重"财自道生,利缘义取",在经商活动中讲究商德,坚持货真价实、诚实守信。从消极的方面来看,由于理学本身对于经商谋利并不鼓励与提倡,仅仅是不反对而已,对江西商人的经商活动也有很大的制约作用。②

商人会馆是明清会馆中数量最多的一部分,散布于全国各大城市和工商城镇。陈立立认为,万寿宫成为江右商人在外地的标志性建筑,它具有自身运作规律和维护社会经济秩序的功能。他以景德镇万寿宫为例,考察了万寿宫的内部管理情况以及万寿宫在调解、裁决纷争,举办公益慈善事业,在朝拜祭祀、商业中介、商业集资、沟通市场信息等方面的功能。③杨福林等人考察了清代湘省的江西会馆,他们认为,善化万寿宫是湖南江西会馆的代表,建筑构造中间是真君殿,殿前戏楼为各大节日及真君寿辰演戏之用,殿后的至斯堂为同乡宴会场所,公正堂则为商帮协调及处理本帮相关事务的机构。在江西商帮由地缘组织向业缘组织融入的过程中,自身内在的乡土黏合力逐渐消减,会馆的功能逐步衰微,不少江西会馆开始承接与江西商帮无关的社会活动,出现非地域化的特征。晚清至民国时期,会馆由盛而衰。湖南各地纷纷设立商会,江西商

---

① 余龙生:《明清江西商人与晋商的比较》,《中国市场》,2006年第52期。
② 余龙生:《论明清江西商人商业伦理精神的特点》,《湖北教育学院学报》,2007年第10期;《浅析明清江西商人商业伦理精神的基本内容》,《江苏商论》,2008年第3期;《理学伦理观与明清江右商帮的商业伦理思想》,《广州社会主义学院学报》,2013年第2期。
③ 陈立立:《江右商与万寿宫》,《江西科技师范学院学报》2005年第2期。

人积极参与，淡化商帮组织的地域特色。新式同业组织兴盛，加速江西商帮分化，促使其完成由地域组织到行业组织的嬗变。①

清末以来，江西和全国各地一样，在政府的引导下各地纷纷设立商会。张芳霖详细地考察了清末至民国的南昌商人与商会组织。她从清末商会成立的历史背景出发，对江西相关资料做了较为全面的综合分析，考述清末江西商务总会的创办情况，并简要介绍《江西商务总会简章》的内容。她还利用南昌市档案馆所见民国时期南昌商社档案和同时期部分商会档案尤其是日常收发文的动态分析，勾勒出与南昌商会密切关联的商社这一自发组织的缘起、组织、活动和功能，并通过对它的研究从侧面反映同时期南昌商会内在机制的发展及权力的失衡与受控下商会的分化与重组。她以南昌市档案馆馆藏民国南昌商会档案为基本史料，考察了市场环境与制度变迁之间的关系。②梁洪生多次赴吴城镇考察，利用考察所得文献和口碑资料研究了吴城镇的早期商会。③付水火认为景德镇商会在成立、人员构成、运作过程中与传统社会关系紧密，商会与传统社会联系有其必要性和合理性，并不能因此而否定商会在发展地方工商业、维持地方社会稳定等方面的积极作用。景德镇商会体现了传统工商业城市中商会的特征及其命运。④

上述研究为本书奠定了学术基础，毋庸讳言，目前的研究还存在诸多问题。廖艳彬就认为，目前关于江右商帮的研究和认识中存在着一些以偏概全、人云亦云的内容，且形成了一些"盖棺定论"的基调，不利于全面、准确地反映江右商帮的发展轨迹和历史地位，而且对民众也易

---

① 杨福林等：《清代湘省江西商帮的组织及其运作》，《江西科技师范学院学报》2010年第3期；《清末民国湘省江西商帮的分化及其原因探析》，《江西财经大学学报》2008年第5期；《晚清民国时期在湘江西商帮的分化与同业融合》，《江西社会科学》2009年第12期。
② 张芳霖：《清末江西创办商务总会考述》，《江西社会科学》2005年第3期；《民国时期南昌商会组织的分化与重组——南昌商社档案研究》，《历史档案》2004年第4期；《市场环境与制度变迁——以清末至民国南昌商人与商会组织为视角》，人民出版社2013年版。
③ 梁洪生：《吴城商镇及其早期商会》，《中国经济史研究》1995年第1期。
④ 付水火：《在传统与现代之间的内地传统工商业城市商会——以景德镇商会为中心的考察》，《东华理工大学学报》2011年第2期。

产生一些误导。他认为，目前的研究仅强调或突出个体商人是有失偏颇的，容易使民众对江右商的人员构成产生歧义性理解，以商补农、离乡不离土的个体商人和驰骋商场、走南闯北的专职商人并存才是江右商的构成特征；仅以知足常乐、小富即安的经商意识作为江右商的特征有失偏颇，江右商的经商理念似应概为小农意识与商业资本意识并存。[①]除此之外，目前的研究侧重于对江西境内赣商的研究，对省外赣商的研究尚显得薄弱。有些学者虽已关注各地赣商，但研究多侧重于万寿宫数量的统计，或者作为历史遗迹的介绍，对当地江右商、赣商的组织、万寿宫的具体运作、与当地商业组织的关系、商帮的历史演变及其与地方社会的关系等方面的探讨还不够细致。研究对象范围的狭窄化必然会影响到对赣商文化的客观、全面的评价，影响到对赣商发展地位的认识和判断。本书深入挖掘史料特别是近现代部分的史料，以期推进赣商文化的研究。

三

文化的核心是精神。从赣鄱商业环境文化、赣商营销文化、赣商伦理文化和赣鄱商人组织文化等方面，赣商精神可以概括为"一个包袱一把伞，走遍天下做老板"的闯荡精神，"从小买卖到大开张"的创业精神，"使予而商，身劬母康"及回馈社会的担当精神，"以众帮众"抱团发展的互助精神。[②]由此，本书设计了六章对赣商文化加以探讨。

[①] 梁艳彬：《浅析江右商帮研究中的几个歧义性观点》，李桂生主编《移民、商帮与社会变迁——"江西填湖广暨江右商帮"首届全国学术研讨会论文集》，江西人民出版社2013年版。

[②] 方志远：《江右商帮与赣商精神》，《江西日报》2013年10月30日A3版。2007年世界赣商论坛上，有人提出江右商帮在长期的商贸实践中形成了独特的赣商精神，集中表现为"胸有大志，脚踏实地；去浮不躁，潜心学艺；勤勉躬行，稳扎稳打；以义制利，童叟无欺；和合共赢，善行天下"。（赵智勇：《弘扬赣商文化建设美好江西———在世界赣商论坛上的演讲》，《企业经济》2008年第1期）马雪松认为，四海为家、诚信为本、小富即安是江西商人在精神、文化层面的显著特征。（马雪松：《江西商业文化漫谈》，《江西教育学院学报》2013年第2期）在2007年世界赣商论坛互动板块，马雪松谈到新赣商精神应是"继承传统，与时俱进"。如何传承和培养赣商精神呢？他提出了"四放"思路，即政府放手，职能部门放权，社会放心，企业家放胆。

第一章，赣鄱商业与赣商的发展历程，旨在梳理江西商业经济发展史，为研究赣商文化做铺垫。

第二章，赣鄱商业环境文化，主要讨论赣鄱大地为什么会形成"一个包袱一把伞，走遍天下做老板"的闯荡精神。本章认为，闯荡精神的形成首先得益于崇商、护商的社会文化氛围的形成；其次是以血缘、地缘、业缘为纽带的共同创业。江西商人在经商过程中所用之人非同宗同族，即本村本里，这种以血缘和地缘关系结成的商帮，使商业上的主从关系又加上宗族上的亲属关系和地域上的同乡关系，从而具有极大的凝聚力。另外，还探讨了来赣客商的土著化问题。

第三章，赣商营销文化，主要考察赣商"以小买卖而致大开张"的创业精神。本章认为，创业精神的形成和商业营销的成功，首先是由于赣商的强烈品牌意识，其次是由于赣商苦心经营，讲求"贾术""贾德"。

第四章，赣商伦理文化，认为赣商伦理体系包括财富伦理、经营伦理和消费伦理等方面的内容。财富伦理需要解决三个问题：一是创造财富的冲动力，二是节约财富的抑制力，三是合理运用财富的智慧。从财富伦理文化中，我们能看到赣商"使予而商，身勚母康"及"仗义疏财，回馈社会"的担当精神和赣商"会通经商与治国、平天下"的社会责任感。从经营伦理文化中，能看到赣商诚信为本、义利并重的商业行为原则。从消费伦理文化中，能看到赣商"克勤于邦、克俭于家"的俭约精神和"重学助学"的儒商消费传统。"重学助学"属于消费伦理，同时也反映了江西商人的财富伦理。历史告诉我们，商人富裕起来之后，重学助学，把财富投入家族教育和区域教育之中，不仅促进教育文化的发展，也会促使财富形成新的集聚，尤其是成为社会良性发展的助推力。

第五章，赣鄱商人组织文化，主要讨论江西商人"以众帮众"抱团发展的互帮精神是怎样实现的。江西商人有着强烈的地域观念，每到一处，必然会建立会馆作为全帮的会聚之所。清末以来，全国各地又出现了由官方倡导和支持的商人组织——商会、同业公会。江西商人利用商人会馆、商会、同业公会，最大限度地团结一切力量形成经济优势，利用对同祖、同宗、同缘的认同，吸引着更多的资金、技术和人才进入商业领域。

第六章，商业习俗与商业诉讼。在长期的发展过程中，江西各地区形成了风格各异的商业习俗，习俗包括在交易过程中形成了商业契约习俗及交易习俗，以及商业信仰和商业禁忌。这些商业习俗既保护了商家的利益，也维护了市场秩序，避免恶性竞争，成为限制和规范商业发展的非制度性因素。

回顾过去，赣商有过辉煌的足迹，也历经了持久的沉寂。放眼当下，赣商又欣逢良机。为了恢复赣商的昔日辉煌，我们必须充分了解赣商文化的深厚内涵并认识赣商文化的不足。本书以明清江右商帮和今天的新赣商为研究主体，分析包括商业环境文化、商业营销文化、商业伦理文化、商人组织文化等地域商业文化，总结赣商精神，传承传统赣商文化的合理内核并注入新的时代内涵，以期重塑赣商群体形象，挖掘和提升赣商的精神风貌与独特气质，鼓舞赣商拾起拼搏的斗志和自信。

第一章

赣鄱商业与赣商的发展历程

《史记·货殖列传》载:"周书曰:'农不出则乏其食,工不出则乏其事,商不出则三宝绝,虞不出则财匮少。'财匮少而山泽不辟矣。此四者,民所衣食之原也。"司马迁引用《周书》的话,强调农工商活动对社会发展的作用。意思是说,农民不生产粮食,食物就要匮乏,工匠不生产器物,劳动与生活就要陷于困厄,而商人不进行流通,那么粮食、器物、财富就要断绝。古人已经认识到商业是经济生活中不可缺少的一部分。赣鄱大地是被中国先民开发较早的地区,人们在这块土地上发展经济,交换商品。明前期,江西商人群体日趋壮大,并在明中后期及清前期与晋商、徽商成鼎立之势,成为明清十大地域性商帮之一。进入近代,在帝国列强入侵和国内社会动荡加剧的环境下,江右商帮在活跃了数百年之后走向衰落,但江西商人并没有退出历史舞台。特别是改革开放以来,一大批具有商业才能、视野开阔、文化素质高和社会责任感强的江西商人又在新的市场经济大潮中站稳脚跟。

第一节 赣鄱商业经济的发展

一、隋唐以前赣鄱商业的初兴

从20世纪60年代开始,江西学者和国内外考古学家经过考证,找到了远古时期江西先民存在的证据和创造江西经济社会文明的源头。江西在中华民族经济和社会发展长河中的辉煌历史和重大贡献逐渐被人们熟知。

早在远古时期,赣鄱大地即居住着古越族先民。[①]在尧、舜、禹对三苗部族持续不断的征服过程中,有部分三苗族人渡江南逃入赣北地区。驩兜南迁交广过程中,也有些三苗族人在进入赣鄱区域后停留在赣地。他们将中原的先进文化带入赣鄱区域,促使赣鄱区域原始氏族解体。至商代,形成了居住在赣鄱区域的越族。商代中期,赣鄱区域开始进入文明

---

① 曹柯平:《江西旧石器年代考证》,《南方文物》1998年第4期。

时代，赣江中游地区的吴城方国文明开始形成。晚商时期，吴城方国文明进入兴盛时期，境内的商品交换很活跃，主要表现在境内的集市贸易和境外的边贸往来。新干大墓出土了一批精美玉器，其材料除少部分系就地取材外，更多的是来自新疆的和田玉或陕西的蓝田玉，还有些是取材于浙江青田一带或湖北的郧县、竹山地区。有学者考证，吴城方国居民不仅和江汉地区，而且和陕南地区早就有商贸往来，从陕南汉中地区经汉水到大江后进入赣江流域的这条古道很早就已开通，成为经济交流的重要商路。[1]

秦汉六朝时期，赣鄱商业经济处于初兴阶段。秦汉时期，赣鄱区域已经形成以豫章郡为中心向周边郡县辐射的交通网络，极大地拓展了商品交换的空间。商品交换空间的扩大，带动了商品交换种类的增多。当时豫章郡的竹、木材、粮食、鱼、陶瓷、铜矿等货物都是商品交易的主要对象，金、银、铜、铁器则是输入或辗转输往岭南的重要物资。豫章的木材出自深山穷谷，运向洛阳精细加工，远销万里之外的乐浪、敦煌。东汉王符撰《潜夫论·浮侈篇》云："夫檽梓豫章，所出殊远，又乃生于深山穷谷，经历山岭，立千丈之高，百丈之溪，倾倚险阻，崎岖不便，求之连日，然后见之，伐砍连日然后讫。会众然后能动担，牛列然后能致水，油溃入海，连淮逆河，行数千里，然后到洛……东至乐浪，西至敦煌，万里之中，相竞用之。"南朝宋雷次宗《豫章记》云：（豫章郡）"地方千里，水陆四通。风土爽垲，山川特秀。奇异珍货，此焉自出。奥区神皋，处处有之。嘉蔬精稻，擅味于八方。金铁桼荡，资给于四境。沃野垦辟，家给人足，蓄藏无阙。故穰岁则供商旅之求，饥年不告臧孙之籴。"[2] 可见当时豫章郡很富裕，出产十分丰富，吸引了各方商贾。

魏晋南北朝时期，除西晋短暂统一外，赣鄱区域一直处于东吴、东晋、宋、齐、梁、陈六朝政权的相继统治之下。东晋南朝的江州治所，或豫章（今南昌），或寻阳（今九江），人口稠密，水路便捷，既是政治、

---

[1] 彭适凡：《江西通史·先秦卷》，江西人民出版社2008年版，第100、191页。
[2] 刘纬毅：《汉唐方志辑佚》，北京图书馆出版社1997年版，第246页。

军事重镇，又是重要的商业都会。《太平寰宇记》载："寻阳南开六道，途通五岭，北导长江，远行汉岷，来商纳贾，亦一都会也。历宋、齐、梁、陈，郡与州并理，弹压九派，襟带上流，自晋以来，颇为重镇。"① 与商业发展相偕而行的是商人队伍的扩大和富室豪家的出现。在商业利益的驱动下，民间商贩十分活跃，所谓"人竞商贩，不为田业"。贵族官僚亦加入其中，其代表人物主要有两晋之际居家寻阳的陶侃和江州刺史刘胤。史称，陶侃有"滕妾数十，家僮千余，珍奇宝货富于天府"②，是东晋王朝数一数二的大富豪，其财路来源虽不见记载，但所谓"珍奇宝货"显然是通过交易而来。刘胤居官不良，名声不好，故史家对其秉笔直书，称其"纵酒耽乐，不恤政事，大殖财货，商贩百万"。③ 因商业发展，六朝赣鄱区域，家财百万、千万的富室豪家逐渐增多，《太平寰宇记》中记载的寻阳陶、翟、骞三姓和豫章郡熊、罗、雷、谌、章五姓，就是当时声名显赫的豪族富商。④

二、隋唐时期赣鄱商业的崛起

隋唐三百余年间，赣鄱区域承六朝时期的发展之势，社会经济迅速崛起。《隋书·地理志下》载："豫章之俗……衣冠之人，多有数妇，暴面市廛，竞分铢以给其夫。"隋代豫章的妇女已积极从事商业经营。唐代特别是中唐以后，赣鄱农业、手工业得到显著的发展，为商业的发展提供产品支撑。赣鄱区域的陶瓷生产在这一时期有了迅速的发展，在全国占有重要地位。生产的瓷器在社会上普遍应用，进入各阶层的日常生活中。清乾隆、嘉庆年间浮梁人蓝浦撰、其门人郑廷桂辑补的瓷器专著《景德镇陶录》载，唐武德中，浮梁昌南镇有"镇民陶玉者载瓷入关中，称为假玉器，且贡于朝，于是昌南镇瓷名天下"⑤。位于今天丰城一带的洪

---

① （宋）乐史：《太平寰宇记》卷一百十一《江州条》注引《地道记》。
② （唐）房玄龄等：《晋书》卷六十六《陶侃传》。
③ （唐）房玄龄等：《晋书》卷八十一《刘胤传》。
④ 周兆望：《江西通史·魏晋南北朝卷》，江西人民出版社 2008 年版，第 199 页。
⑤ 陈雨前主编：《中国古陶瓷文献校注》之《景德镇陶录》，岳麓书社 2015 年版，第 755 页。

州窑名气亦很大，是唐代六大青瓷名窑之一，陶瓷产品运销全国各地。《旧唐书》卷一百〇五《韦坚传》载，唐玄宗天宝初，北运长安的豫章郡船所载轻货"即名瓷、酒器、茶釜、茶铛、茶碗"。说明中唐后江西的瓷器不仅数量多，质量也好，这才有可能成为朝廷的贡品和畅销京师的货物。浮梁在唐代已是著名的商品茶产地和集散地。白居易的《琵琶行》说："商人重利轻别离，前月浮梁买茶去。"唐代杨晔在《膳夫经手录》中详述商人到浮梁卖茶的原因："饶州浮梁（茶），今关西、山东间阎村落皆吃之，累日不食犹得，不得一日无茶也。其于济人，百倍于蜀茶。……婺源方茶，制置精好，不杂木叶，自梁、宋、幽、并间，人皆尚之。赋税所入，商贾所赍，数千里不绝于道路。"

京杭大运河的开通，赣南大庾岭的开辟，沟通了南北的商路，促进了赣鄱区域与北方和南粤的经济交流，赣鄱区域形成了若干地区商业中心，初步形成了由州县、市镇及草市等组成的商业系统。洪州城（今南昌）是赣鄱区域乃至长江中游地区的商业中心，号称"江淮之间一都会"。[1]当时洪州城吸引了各地商贾，城西章江门外向南直至南浦和城北的石头驿分别为停泊大量南来北往商船的地方。唐末诗人韦庄在《南昌远眺》中描绘："南昌城郭枕江烟，章水悠悠浪拍天。芳草绿遮仙尉宅，落霞红衬贾人船。"江州城（今九江）是附近数州的物资集散地，在江州码头，"群舟泊者，悉是大商"。[2]唐代文学家符载在《江州录事参军厅壁记》中说江州航运"地方千里，江涵九派，缗钱粟帛，动盈万数，加以四方士庶，旦夕环至，驾车乘舟，叠毂联樯"。唐代诗人孟浩然在《自浔阳泛舟经明海》诗中也说："大江分九流，森森成水乡。舟子乘利涉，往来至浔阳。"饶州、吉州、抚州等州城，虽比不上洪州、江州，却也是商贾辏辐、百货云集的区域商贸中心。唐代皇甫湜《吉州庐陵县令厅壁记》载："庐陵户余二万，有地三百余里，骈山贯江，扼岭之冲。材竹铁石之赡殖，苞筐楫之富聚，土沃多稼，散粒荆扬。"[3]唐大顺元年（890），张

---

[1]（宋）李昉等编：《太平广记》卷四百零三《紫羖羯》。
[2]（宋）李昉等编：《太平广记》卷一百零八《元初》。
[3]（唐）皇甫湜：《皇甫持正文集》卷五《吉州庐陵县令厅壁记》。

保和在《唐抚州罗城记》中写道："临川古为奥壤，号曰名区，翳野农桑，俯津阛阓。北接江湖之脉，贾货骈肩；南冲岭峤之支，豪华接袂。"① 可见当地商人往来之频繁及商品经济的发达。唐代还有一些小城镇的商业经济也十分活跃，如江州之武宁县，"本常州之亥市也。其他凡十二支，周千里之内，聚江、鄂、洪、潭四州之人"，"豪富物产充之"。② 唐末诗人韦庄在《建昌渡暝吟》诗中描写了江州建昌的夜景："市散渔翁醉，楼深贾客眠"，一派平和、富庶的景象。这些小城镇处于大、中城市和乡村的中间环节，是城市与农村商品交换的场所，大大活跃了城乡经济。唐代江西商人把赣鄱区域的土特产，诸如瓷器、布帛、竹木等远销全国各地，江苏、湖南、湖北等周边地区乃至遥远的京都长安都留下了他们活动的足迹。白居易曾指出，江西商人"南北东西不失家，风水为乡船作宅"，以船为家，来往于东西南北经商。在《盐商妇》中，白居易讲到一个扬州小家女，因嫁给了江西大商人，此后"不事田农与蚕绩"，"绿鬟富去金钗多，皓腕肥来银钏窄。前呼苍头后叱婢"，过着奢逸的生活。江西商客因从事食盐贩运，获得高额利润，不仅自己享尽荣华而且其妻也成为颐指气使的阔夫人。③

宋李昉等编的《太平广记》记载诸多唐代江西商人的故事：卷一百〇八《元初》载，九江商人元初，"贩薪于市"。卷一百一十八《熊慎》载，豫章熊慎的父亲先以贩鱼为业，后不以渔为业，而"鬻薪于石头"，即在今天的南京卖烧柴。卷一百二十八《尼妙寂》载，"尼妙寂，姓叶氏，江州浔阳人也。初嫁任华，浔阳之贾也。父升，与华往复长沙广陵间。唐贞元十一年春，之潭州不复"。卷一百三十四《童安玕》载，"唐大中末，信州贵溪县乳口镇有童安玕者，乡里富人也。初甚贫窭，与同里人郭琪相善，琪尝假借钱六七万，即以经贩，安玕遂丰富"。卷二百四十三卷《龙昌裔》载，庐陵县商人龙昌裔为富不仁而遭到雷击的报应。戊子岁大旱，龙昌裔贮有许多粮食，他却还要到庙里去，请求老天继续干旱，

---

① （清）董诰:《全唐文》卷八百十九《唐抚州罗城记》。
② 张泽咸:《唐代工商业》，中国社会科学出版社 1995 年版，第 345 页。
③ （清）彭定求等:《全唐诗》卷四百二十七《盐商妇—恶幸人也》。

以便粮食卖得更贵。龙昌裔"乃为文，祷神冈庙，祈更一月不雨。祠讫，还至路，憩亭中。俄有黑云一片，自庙后出。顷之，雷雨大至，昌裔震死于亭外"。地方官员知道了此事，取消龙昌裔子孙的科举资格，以示惩罚。卷二百九十《吕用之》载，鄱阳安仁里商人吕璜"以货茗为业，来往于淮浙间。时四方无事，广陵为歌钟之地，富商大贾，动逾百数。璜明敏，善酒律，多与群商游。用之，年十二三，其父挈行。既慧悟，事诸贾，皆得欢心"。卷三百二十八《陈导》载，"唐陈导者，豫章人也，以商贾为业。龙朔中，乃泛舟之楚"。卷三百三十一《杨溥》载，"豫章诸县，尽出良材，求利者采之，将之广陵，利则数倍。天宝五载，有杨溥者，与数人入林求木"。卷三百五十四《徐彦成》载，军吏徐彦成"恒业市木"，丁亥岁在信州买得大批木料和杉板，运至秦淮出售，获利丰厚。卷四百七十一《宋氏》载，江西军吏宋氏"市木至星子"。卷四百九十一《谢小娥传》载，"小娥姓谢氏，豫章人，估客女也。生八岁丧母，嫁历阳侠士段居贞。居贞负气重义，交游豪俊。小娥父畜巨产，隐名商贾间，常与段婿同舟货，往来江湖"。明代顾起元在《客座赘语》中也记载谢小娥事：唐宪宗元和年间，豫章郡商人谢某携女小娥行贾历阳（今安徽和县），蓄资甚巨，将小娥嫁与当地段居贞，与婿同舟贸易于江湖间。①

三、宋元时期赣鄱商业的繁荣

随着全国经济重心的南移，在南唐两宋时期赣鄱区域人口之众、物产之富，居各路前茅，赣鄱商业繁荣起来。北宋时期，洪州商业更加繁荣，城市在唐代的基础上扩展了近一倍。朱熹在《江西运司养济院记》中称，"豫章为江西一都会，地大物众，而四方宾旅之有事于其土者，又不绝于道路"。②王安石在《送程公辟之豫章》中称，豫章"中户尚有千金藏，漂田种粳出穰穰。沉檀珠犀杂万商，大舟如山起牙樯，输泻交广

---

① （明）顾起元：《客座赘语》卷六《谢小娥》，中华书局 1987 年版，第 186 页。
② 魏元旷：《南昌文征》卷十三《江西运司养济院记》。

流荆扬，轻裙利屣列名倡"。①输与泻，既有过境航运，又有货物输出，行销于中原大地。交、广、荆、扬，南至两广沿海地区，西达荆州，东接扬州，正是航运商贸辐射到的地域。万商之众，如山之舟，凑成热闹的市井码头场面。北宋景德年间，景德镇所产的御瓷精美绝伦，且底部书款"景德年造"，遂有景德之名。景德镇水陆交通便利，以当地出产促商贸，成为瓷器的重要的生产地和集散地。北宋文学家曾巩之叔、南丰人曾叔卿，曾数往景德镇贩运陶瓷，销往淮北。②

南宋时期，进入流通领域的农业、手工业生产品种类繁多，大米、茶叶、鱼虾、瓷器、布帛等为常见的商货，纸张、书籍、笔墨、砚台等文化用品亦增多。鄱阳湖沿岸的居民，有的以贩卖鱼虾谋生。居住鄱阳县城仓步门外的汪乙，靠贩鱼鳖供衣食，乾道三年（1167）秋天，他以钱两千从渔船上买得一只大鼋，其重百斤。如此大方进货，其生意之大可见一斑。③赣江中下游一带的鱼贩子往往垄断货源，使一般人不易买到鱼吃。淳熙年间，侨居信州玉山县的赵蕃（1143—1229）坐船经过丰城，见江面上很多渔船在捕鱼，一片繁忙，他想吃鲜鱼配新米饭，差人到船边去买鱼，却皆为贩子先买走，其人转向贩子买，鱼贩"率健步不顾"，怕耽误时间，影响其生意。懊恼的赵蕃写诗道："晓甑初炊早稻鲜，传呼与觅卖鱼船。可怜弹铗竟成恨，空对筠篮翠柳穿。"④南宋汪肩吾《昌江风土记》称，浮梁之民"颖秀者为士，狡猾者为游手，富则为商，巧则为工。……士与工商皆出四方以就利。……其货之大者，摘叶为茗，伐楮为纸，坯土为器。自行就荆、楚、吴、越间，为国家利。其余纺织布帛，负贩往来，盖其小者尔"。⑤吉州、赣州的一些商人到两广贩卖货物，或将本地的商品贩卖出去。隆兴二年（1164），广西贺州知州秦某上奏说："赣、吉、全、道、贺州及静江府居民，常往来南州等处，兴贩物货，其

---

① （宋）王安石：《王文公文集》，上海人民出版社1974年版，第484页。
② 同治《建昌府志》卷八《善士》。
③ 许怀林：《江西通史·南宋卷》，江西人民出版社2009年版，第289页。
④ （宋）赵蕃：《淳熙稿》卷十七《曲江道中二首》。
⑤ 江西省省志编辑室：《江西地方志风俗志文辑录》，1987年6月编印，第181页。

间多有打造兵器，出界货卖者。"①嘉定七年（1214）二月二十四日，广西转运判官兼提举盐事陈孔硕言："二广州郡收贩牛税，其来久矣。近因漕臣有请，始蠲罢之。然赣、吉之民，每遇农毕，即相约入南贩牛，谓之'作冬'。初亦将些小土布前去博买。"②

洪迈（1123—1202），南宋饶州鄱阳人，他编撰的《夷坚志》是笔记小说集，其中有不少关于江西商人的故事。《夷坚志》原有四百二十卷，分初志、支志、三志、四志，每志又分十集，按甲乙丙丁等顺序编次。元朝时该书已散佚，今存涵芬楼编印的《新校辑补夷坚志》，为目前收录篇目最多的本子，初志、支志、三志加补遗共二百零六卷。③丁志卷十六《黄安道》载，鄱阳士人黄安道，"治诗，累试不第，议欲罢举为商，往来京洛关陕间。小有所赢，逐利之心遂固"。黄安道在科举的道路没有走通，改行经商，经商的成功使他坚定了逐利之心。支志甲卷三《刘承节马》载，赣州税官刘承节赴调浙江，路过信州贵溪，住进旅店，"逢数贾客，携广香同坐，相与问从所来。欲买客香，取视殊不佳"。刘拿出自己所带香料说："吾赍虽不富，胜此物多矣。"这则故事表明香料已是赣鄱区域较为普遍的商品。支志乙卷一《翟八姐》载，"江、淮、闽、楚间商贾，涉历远道，经月日久者，多挟妇人俱行，供炊爨薪水之役，夜则共榻而寝，如妾然，谓之婢子，大抵皆猥倡也"。上饶商人王三客，"长年来往于江淮庐、寿之地贩鬻"，每岁往来有一个名叫翟八姐的婢子陪伴着。支志乙卷七《潘璋家僧》载，乐平医士潘璋居于县市，有商客诣门曰："早上遇一僧买我紫罗两疋，酬价已定，置诸袖间，使我相随取钱。到君宅径入，今移时矣，愿为一言促之。"这里的客商即是走街串巷零售丝织品的小商贩。支志癸卷五《陈泰冤梦》载，抚州商人陈泰，"以贩布起家。每岁辄出捐本钱，贷崇仁、乐安、金溪诸债户，达于吉之属邑，各有驵主其事。至六月，自往敛索，率暮秋乃归，如是久矣。淳熙五年（1178），独迟迟而来，尽十月不反"。陈泰被害，是他的乐安驵侩（即伙

---

① （清）徐松：《宋会要辑稿》，刑法二之一五六。
② （清）徐松：《宋会要辑稿》，食货一八之二六。
③ （宋）洪迈：《夷坚志》，何卓点校，中华书局1981年版，点校说明第2页。

计）曾小六，"用渠钱五百千，为作屋停货，今积布至数千匹。因其独来，妄起不义之心，醉以酒，……遂毙之山下"，埋在乐安县严随村。从故事中可以看出，陈泰已成为有组织发放贷款，通过驵侩控制货源、大批量经销产品的大商人。三志辛卷七《阎大翁》载，阎大翁"居鄱阳，以贩盐致富，家赀巨亿。夫妇皆好布施，诸寺观无不沾其惠"。阎大翁由从事贩盐贸易的中小商人经过数年积累，成为富商大贾。夷坚志三补《梦前妻相责》载，饶州生产纱、布、绢等，乐平流槎商人金伯虎，与其亲友余晖一道，"携纱如襄阳贩售"。

　　元代的九江是商业繁茂、舟船鳞次栉比的港口城市。《马可·波罗游记》中记载："离开萨阳府，向东南走十五日达到新基（Sin-gui，即九江）城，此城虽不大，却是一个商业重镇。他因靠近江（即扬子江），故船舶出入的数目非常之多……有一个时候在新基城所看见的船舶不下一万五千艘。"[1]元代江西商人的足迹遍及大江南北，幽燕关陕、八闽两广、荆楚川蜀皆走遍。江浙诸暨人王冕《船上歌》描述了一户以船为家者在运河和长江中下游沿线的观感，其中有"君不见江西年少习商贾，能道国朝蒙古语"之语[2]，表明江西经商者不仅多而且是以经商为业。荆蜀一带也是江西商人比较活跃的地区。宋末元初著名诗人、诗论家方回《桐江续集》卷三《石头田》称，"江西走荆蜀，行行三十年。铃卒递羽檄，贩夫骈担肩"，反映的就是江西商人活跃于湖北、四川一带的景况。其他关于元代江西商人的记述还有很多。如新淦县商人周孟辉"致远以服贾，懋迁以赡生"，"尝越汉沔，由襄樊道秦关，抵雍凉而返"，足迹远及西北。[3]金溪县商人吴泰发"贾江湖"，卒于衢州。[4]金溪县商人王善，"操奇赢之术，游七闽，家乃大穰"，主要在福建经商。[5]鄱阳县商人刘谦，"善积居之术，以资雄于乡"。[6]吉水县商人萧雷龙"家多资，至宋季而贫，乃

---

[1] 马可波罗：《马可波罗游记》，李季译，上海亚东图书馆1936版，第228—229页。
[2]（元）王冕：《王冕集·竹斋集卷下》，浙江古籍出版社1999年版，第200—201页。
[3]（明）梁寅：《新喻梁石门先生集》卷二《赠周孟辉序》。
[4]（明）危素：《危太朴文续集》卷九《书吴泰发妻黄氏笺子诗后》。
[5]（明）宋濂：《宋文宪公全集》卷六《王府君墓志铭》。
[6]（明）宋濂：《宋文宪公全集》卷六《王府君墓志铭》。

折节治货区，不数年间，竟倍加昔"。①

　　明代以前，中国商人的经商活动多是单个的、分散的，没有出现有特色的商人群体，也即有"商"而无"帮"。江西商人也是如此。明代以后，随着商品经济的发展，市场的扩大，江西经济继续发展，江西商帮逐渐兴起。明清时期是江西商人发展的辉煌时期。明清时期的江西习惯上被称为"江右"，如明代谢肇淛（1567—1623）在《五杂组》中说："天下推纤啬者必推新安与江右，然新安多富，而江右多贫者，其地瘠也。新安人近雅而稍轻薄，江右人近俗而多意气。"又说："江右虽贫瘠而多义气，其勇可鼓也。"②这里所说的"江右"就是江西。至于谢肇淛对江西商人的评价，留待后文分析。明末清初江西宁都人魏禧在《日录杂说》中对江西习惯上被称为"江右"的原因有所解释，他说："尝问子弟何以谓之江西？或对曰：地在江之西乎。曰：江有南北而无东西。曰：然则金陵古称江东，何也？曰：金陵、豫章俱在江南，对豫章言则金陵居江南之东，对金陵言则豫章居江南之西。故宋以金陵、太平、宁国、广德、徽池为江南东路，以今江西全省为江南西路，人称大江以西者误矣。曰：江东称江左，江西称江右，何也？曰：自江北视之，江东在左，江西在右耳。"③从江北看，江西在右，江西被称为江右，江西商人被称为"江右商"，亦有称之为"西商"。又因为江右商人在外人数众多，常常"以众帮众"，江右商人群体又被称为"江右商帮"或"西帮"。

第二节　明清江右商帮的兴衰

一、江右商帮的兴起

　　永乐九年（1411），明廷为了利用贯通南北的大运河转输漕粮，由工

---

① （明）宋濂：《宋文宪公全集》卷十五《萧府君阡表》。
② （明）谢肇淛：《五杂组》卷四《地部二》，傅成校点，上海古籍出版社2012年版，第69页。
③ （清）魏禧：《日录杂说》，《昭代丛书》甲集卷十二，世楷堂藏版。

部尚书宋礼、侍郎金纯等重浚会通河，负重载的大船得以通过。永乐十三年（1415），由平江伯陈瑄等开凿淮安附近的清江浦，引管家湖水入淮，设闸建坝作涵洞，以时启闭，从此漕船直达通州，大大节省了挽运之劳。运河转输漕粮、官物的同时，数量更为可观的民间商品也经由运河南北贩运。在南北大运河中，"燕、赵、秦、晋、齐、梁、江、淮之货，日夜商贩而南。蛮海、闽广、豫章、楚、瓯越、新安之货，日夜商贩而北。……舳舻衔尾，日月无淹"。[①]大运河加快国内商品流通，豫章之货通过大运河运送到北方。水路畅通的同时，陆路也较前大为发展。根据隆庆四年（1570）成书的《天下水陆路程》所记，其时全国水陆路程143条，其中南京至全国各地的长途路程就有11条，南北两京之间其路有三，两京至南昌之间其路有四。[②]嘉靖年间开始，各地试行财政收支、丁粮征收及官府金募徭役均以银计算的"一条鞭法"，一概计亩征银，到万历九年（1581），普遍实行于全国。一条鞭法将人丁和人户的庸调都转移到田亩中，减轻了人丁的负担，以致人称"卖贩之流，握千金之货无垄亩之田者，征求不及焉。此农病而逐末者利也"。[③]全国交通条件的大为改观，商品生产的日益发展，商品流通的愈加发达，白银的逐步货币化，商业税率的相形变轻，以及社会各阶层对商人看法的改变，构成了对形成地域商帮极为有利的全国大背景。[④]

江右商帮在明清十大商帮中兴起最早，明初即开始兴起并迅速进入鼎盛时期。江右商帮兴起的原因是出现了有利于江西商业及江右商发展的机遇，而且这种机遇在一定程度上又是可遇而不可求的。[⑤]

其一，元末战乱与明朝的统一。从元顺帝至正十一年（1351）红巾起义开始，中原及其边缘地区即今河南、河北、山东、山西、湖北、安

[①]（明）李鼎：《李长卿集》卷十九《借箸篇·永利第六》。
[②]（明）黄汴：《天下水陆路程》，杨正泰校注，山西人民出版社1992年版，第10—15、47—48、66页。
[③]（明）张萱：《西园闻见录》卷三十二《户部一·赋役前》，引于慎行语。
[④]范金民：《明代地域商帮兴起的社会背景》，《清华大学学报》2006年第5期。
[⑤]方志远：《江右商帮》，（香港）中华书局1995年版，第7页。

徽、陕西及江苏北部陷入了旷日持久的战乱之中，社会经济遭到巨大的破坏，人口锐减、土地荒芜。相比之下，东南地区的战事则较为缓和。明太祖以南京为基地，经营江南，江西是第一个设立行省的地区。虽然也发生过鄱阳湖大战，但为时甚短，且是一战而定，全省几乎传檄而下，没有发生反复的拉锯战，故战祸较少。此后明军进兵湖广、两广、云贵，都以江西为基地。北伐中原的主力虽从南京出发，军需给养却有相当多依赖于江西。而且，北伐偏师也是从江西、湖广进军河南、陕西、四川的。于是随着明军的推进，开始了江西有史以来第一次大规模的向外移民。浩浩荡荡的江右商大军便在这个时期形成并迅速流向全国各地，占领了广阔的市场。而且江右商人经营的商品又多是人们日常生活的必需品，如粮食、布匹、木材、纸张、瓷器等，适合经受战争劫难地区的需要。

其二，明清政府推行的禁海政策。由于倭寇的骚扰、葡萄牙等西方国家商人的东来，以及统治者希望建立一个稳固不变的社会政治秩序和经济结构，明政府实行了长时期的海禁政策。接待外国使者及管理朝贡贸易的市舶司也由元朝的七个减为宁波、泉州、广州三个，而且规定宁波市舶司只许接待日本使者，泉州市舶司只能接待琉球使者，同时限定了进贡的周期、贡船及随行人员的数量，只允许广州市舶司接待东南亚及印度洋（以及此后的欧洲）地区的商人。从官方贸易而言，实际上是广州一口通商，这一政策后来为清朝统治者所继承。这样一来，不仅南北贸易，而且对外贸易也主要依靠"运河—长江—赣江—北江"这一水上通道。这条通道全长三千多公里，流经北直隶、山东、南直隶、江西、广东五区，而在江西境内则占三分之一。浙江、福建的贸易亦多经赣东北走赣江至广州。明代张瀚《松窗梦语》卷二《南游纪》记述了他从浙江富春山到"广东之会城"的旅程。自桐江而上百余里间，秋行如在画图中。严州以南，溪流差缓，无烦摇曳中流，自在而行，将至兰溪，山开水渟，风气顿异，城郭整齐，人民富庶。龙游、衢州沙滩高，溪流浅，舟不易达。至常山，蹂岭则浙之南界矣，再蹂玉山为广信，至铅山河口。

自铅山西南为弋阳、贵溪、安仁，达饶州，而"余干之瑞洪塘则民居辐辏，舣舟蚁集，乃东南商贾往来之通道"。①寻渡鄱阳，经鄱阳湖、赣江一路南行抵广州。虽然明清时期海上的走私活动从没真正被禁绝，但一直到鸦片战争以前，官方的一口通商格局并无大的变化。这使得江西在国内、国际贸易中处于极为有利的地位，为江西商品经济的发展和江右商人的活动提供了前所未有的机遇。

除了上述两个可遇不可求的机遇外，江右商帮的兴起并在全国商业市场叱咤近五百年应该还有以下三个方面的原因：

其一，"江西填湖广"的人口流动。人口流动虽有政府强制与提倡的因素，更多是由于江西人多田少、人田矛盾较为突出。弘治时，丘浚（1418—1495）就说："江右之地，田少而人多。江右之人，大半侨寓于荆湖。盖江右之地力，所出不足以给其人，必资荆湖之粟以为养也。"②成化四年（1468）七月，新任吉安府知府许聪说："吉安地方虽广而耕作之田甚少，生齿虽繁而财谷之利未殷。"③明代吉水人罗洪先（1504—1564）则说得更明确："吉郡地虽广，然生齿甚繁，不足以食众，其人往往业四方，岁久不一归，或即流落。"④江西地方文献也多以"地广齿繁""土薄齿繁""民稠而田寡""齿繁土瘠""地产窄而生齿繁"或"土狭民稠"及"生齿繁伙"等词汇来描述这一时期江西人地关系紧张的情况。⑤谢肇淛（1567—1623）在《五杂组》卷四《地部二》记载明代官场谚语"命运低，得三西"，也就是说，山西、江西、陕西三省自然条件太差，油水不多。⑥由于人多田少，江西人多向湖广等地流动，江西移民固然有许多仍从事农业生产，但也有相当部分在流动过程中发生职业性转移，改而从事工商业。江右商人，或久居一方，或往来于江西与各地之间，形成了人数

---

① （明）张瀚：《松窗梦语》卷二《南游纪》，盛冬铃点校，中华书局1985年版，第25页。
② （明）陈子龙等选辑：《皇明经世文编》卷七十二《江右民迁荆湖议》。
③ 《明宪宗实录》卷五十六"成化四年秋七月癸未"。
④ （明）罗洪先：《念庵文集》卷十五《明故白竹山徒柘乡族叔北轩墓志铭》。
⑤ 方志远：《明清湘鄂赣地区的人口流动与城乡商品经济》，人民出版社2001年版，第55页。
⑥ （明）谢肇淛：《五杂组》，傅成校点，上海古籍出版社2012年版，第69页。

众多的江右商帮。

其二，农业和手工业的发展推动商业经济的繁荣。大米、竹木、茶叶等为江西之盛产，瓷器、制笔、刻书、纸张是享誉全国的手工业产品。南直隶的徽州、苏州、松江和浙江的杭州、嘉兴、湖州等地常赖江西、湖广米粮的输入，这就为江右商人从事米粮贩运提供了极好的条件。景德镇瓷业生产的繁盛，促进瓷器销售的发展。嘉靖《江西省大志》卷七载："（磁器）其所被，自燕云而北，南交趾，东际海，西被蜀，无所不至，皆取于景德镇，而商贾往往以是牟大利。无所复禁。"①明代王士性《广志绎》卷四《江南诸省》亦载："遍国中以至海外夷方，凡舟车所到，无非饶器也。"②江西吉安、抚州、广信等府是著名的产纸地。广信铅山纸业的主产地有石塘、陈坊、湖坊、英将、车盘、长港等村镇。同治《铅山县志》载："其料皆以米叶、嫩竹渍之、捣之、蒸之、曝之而成，粗细不同，各色各异。细洁而白者，有连四、毛边、贡川、京川、上关；白之次者有毛六、毛八、大则、中则、黑关；细洁而黄者有厂黄、南宫；黄之次者有黄尖、黄表；粗而适用则有大筐、小筐、放西、放帘、九连、帽壳，统谓之毛纸，邑各乡皆出。"江西还盛产木材、炭、漆器、苎麻、麻布、各种蓝靛等。嘉靖《东乡县志》卷上《土产》载，东乡县"惟茶、布、砂糖，人多市之，鬻于外省"，"东乡女红多习纺织，聚万石塘而市之。其棉花则多给与外者"。天启《赣州府志》卷三《舆地志三·土产》载，赣州"城南人种蓝作靛，西北大贾岁一至，泛舟而下，州人颇食其利"。康熙《南城县志》卷二《物产》载："南城之竹户，其来远矣，然惟猫竹可为纸质，转贸远方。"道光《玉山县志》卷十二《风俗》载，玉山烟叶尤负盛名，从事烟草制造生产的工人"日佣数千人"。宁都、石城的苎麻、夏布素负盛名。清代吴其濬《植物名实图考》载，"宁都州俗无不绩麻之家"，并出现了繁荣的夏布交易市场，"夏布墟则安福乡之会同

---

① 谢国桢选编：《明代社会经济史料选编（校勘本）》下册，福建人民出版社2004年版，第23—24页。
② （明）王士性：《广志绎》卷四《江南诸省》，周振鹤点校，中华书局2006年版，第278页。

集、仁义乡之固厚集、怀德乡之璜溪集,在城则军山集,每月集期,士人商贾杂沓如云。计城、乡所产,岁鬻数十万缗,女红之利,普矣。石城县志亦曰:石邑夏布,岁出数十万疋,外贸吴、越、燕、亳间"。[1]江右商人以本土资源,在全国的商业竞争中取得优势。

其三,科举盛行,官宦支撑。在政治权力与商业资本关系密切的中国传统社会,江右商人借助"朝仕半江西"的优势,得以壮大和发展。明清两朝,科举盛行,江西人尊师重教,每年中举者络绎不绝。举其重要者,明朝有黄文澄、杨士奇、杨溥、解缙、胡广、费宏、彭时、夏言、严嵩、谭纶、张位、况钟、周沈、徐贞明、欧阳德、邹守益、罗钦顺等;清朝有朱轼、裘曰修、甘如来、戴衢亨等。这些官宦故乡情深,非常注重对家乡的关心和奖掖,他们不仅在京城和各地保护江右商人的地位与权益,还提供了不少的市场信息和商业机遇,在一定程度上刺激了江西人外出经商的积极性。明代浙江嘉兴人沈德符曾谈到明朝有三次挖矿的高潮,第一次是在永乐时期,胡广执政;第二次是在成化时期,彭时执政;第三次是在万历时期,张位执政。这三个人都是江西人,执政的时候为"惠泽乡人",任由江西人到处挖矿,尤其是在西南地区。崇祯七年(1634),奉新县宋应星所著的《天工开物》,是一部综合性的科学技术著作。宋应星之所以能写出这部伟大的著作,是因为当时中国的矿业大都操持于江西人之手。1923 年 1 月,丁文江在《读书杂志》第 5 期发表的《重印〈天工开物〉始末记》中感叹道:"鄱阳之煤,景德之瓷,悉在户庭;滇南、黔、湘冶金采矿之业,又皆操于先生乡人之手。《天工开物》之作,非偶然也。"[2]

江右商帮的兴起,是精明的江西人利用良好的政治经济环境并且抓住可遇不可求的历史机遇的结果。"江西填湖广"的人口流动是江西人在自身经济发展基础上的经济扩张,使江右商帮的经济实力在商品交换的过程中从小到大逐渐发展起来。江右商帮形成最早、人数众多、经营

---

[1] (清)吴其濬:《植物名实图考》卷十四《苎麻》,中华书局 1963 年版,第 350 页。
[2] 欧阳哲生主编:《丁文江文集》第 1 卷,湖南教育出版社 2008 年版,第 121 页。

行业广、活动地域范围广,明中期之后实力仅次于徽商和晋商。

二、江右商帮的活动区域

湖广是江右商人的主要活动地区,明清时期该地区流行着"无江西人不成市场"的民谚。[①]在湖南,形成"自城邑市镇达乎山陬,列肆以取利者,皆江右人"[②]的盛况。清末湖南调查局调查民情风俗,在谈到客籍人的状况时说:"工商则以客籍人为多,而江西人之移殖者,尤蔓延于各属,几于无地无之。……江西人多业药材、纸张、瓷器、书店、笔店、钱店、衣庄、油盐、首饰、金箔锡箔。"[③]

地处南北冲要的长沙,商贾汇集,江右商人众多。嘉庆《长沙县志》卷十四《风土》载,"长沙民朴,安土重迁,所需者日用之常资,惟米谷充积,业商贩碓户米坊而已;又地不宜泊舟,秋冬之交,淮商载盐而来,载米而去,其贩卖皮币金玉玩好,列肆盈廛则皆江苏、山陕、豫章之客也"。民国以前,善化县与长沙县同在一座城池,共享长沙之名。嘉庆《善化县志》卷二十二《风俗》载,"楚民质朴……其智巧不及豫章",因而善化城乡各处"操奇赢"者,皆为江右商人。光绪《善化县志》卷十六《风俗》载,善化农村"乡无积物,墟场货物多取给农村,安土重迁,除装运谷米而外,鳞商贸于邑",这些货殖者中,江右商人"几遍城乡"。湘潭县位于长沙南数十公里处的湘江之畔,水路交通便利,晚清以前一直为湖南的经济中心,江右商人来此贸易者众多,"湘潭县城外,向来江西客民在彼贸易者十居八七,本地居民不过十之二三,各码头挑夫,江西人尤多"。[④]光绪《湘潭县志》卷二《石路码头表十三》和卷七《礼典、会馆》载,江右商人在湘潭建有商人会馆十一处,即万寿宫(在十总,

---

[①] 傅衣凌:《明代江西的工商业人口及其移动》,《明清社会经济史文集》,中华书局2008年版,第193页。
[②] 嘉庆《巴陵县志》卷十四《风俗》。
[③] 湖南法制院编:《湖南民情风俗报告书》,劳柏林校点,湖南教育出版社2010年版,第4页。
[④] 《清仁宗实录》卷三百五十九"嘉庆二十四年六月戊申"。

江西商民建)、江西会馆(在十四总,同治年间江西商民建)、昭武宾馆(抚州商民建)、临丰宾馆(临江、丰城商民建)、安成宾馆(安福商民建)、石阳宾馆(庐陵商民建)、袁州宾馆(袁州商民建)、禾川宾馆(永新商民建)、琴川宾馆(莲花商民建)、西昌宾馆(泰和商民建)和仁寿宫(临江商民建)。

湖南宝庆府邵阳县位于资水和邵水汇合处,清代商业日趋繁荣,吸引了不少江右商人,抚州金溪县商人来此贸易者尤多。光绪《邵阳县乡土志》卷四《地理·商务》载,江右商人将江西物产运来邵阳销售。邵阳"县虽出纸,不及外省江西、福建精好,故上品纸张仍多自外地至",药材"多来自江西",瓷器"出自江西",本地"酒瓮、盆钵之属,形甚粗陋,匪独不及江西景德镇之善"。宝庆府新化县也是江右商人逐利之地。同治《新化县志》卷十三《祠祀》载,新化县在乾隆年间"商贾之祠,惟江西有万寿宫,祀许真君焉,……江西客民建"。宝庆府城步县苗寨"开张酒饭杂货铺生理",有"江西外来之人",并已居住年久。[1]岳州府地当湖南水道咽喉,南迤三湘,北控荆汉,是湖南的北大门,"江湖渔利,亦惟江右人有"。[2]该地山区经济作物香菇、木耳、茶叶等,江西人认为有利可图,经营者众。乾隆年间,岳州府下辖巴陵、华容、平江、临湘四县。乾隆《岳州府志》卷十二《物产》载,"香蕈,亦名香菇,与木耳俱产深山枯木,四县皆有。而平江东北诸山,岁有江西客民,佃砍山木,冬月开厂收采,市于他郡,视雪之大小为丰欠"。同治《华容县志》卷十一《风土》载,道光年间,江右茶商来此贩运,"洋名红茶、绿茶,伪专取生叶,高其值,人争与市"。光绪《巴陵县志》卷一《风土》载,华容县"上通黔蜀,下达鄂汉,水陆商贾","旧有六帮之号",其中江右商帮人数最多。

湖南永顺府与湖北、四川交界,同治《永顺府志》卷十《风俗》载,

---

[1]《湖南省例成案·兵律·关津》卷三《乾隆十八年城步县苗岗居住年久之汉人不必为寨长稽查》。
[2]《古今图书集成·方舆汇编·职方典》第一千二百二十三卷《岳州府部风俗考》。

商人杂处其间,"江右、闽、广人亦贸易于此"。永顺府下辖永顺、龙山、保靖、桑植四县。乾隆《桑植县志》卷四《风俗》载,乾隆年间无论是长途贩卖的"运商",还是"受廛此地"的"坐商",多是江西人。这种状况延续至同治年间仍是如此。同治《桑植县志》之《县境舆图》载,江西会馆在县城东门旁,城隍庙南,为两进三层建筑,可见江右商人财力雄厚。澧州是湘西北通往鄂、川、黔的重镇,江右商人亦到此营生。雍正七年(1729),澧州升为直隶州,辖安乡、石门、慈利、安福四县。嘉庆《石门县志》卷十八《风俗》载,石门"城市肆店贸易多江右人";卷二十七《寺观》载,此地万寿宫有两座,"万寿宫在县治东,客商江右人会馆;一在县治东十五里易家渡,亦江右人会馆"。同治《石门县志》卷九《寺观》载,抚州商人建会馆"万福观"。民国《慈利县志》卷三《地理》载,商业较繁荣的慈利县溪口市,"百货辏焉,……乾嘉以来,最号雄厘,商贾集者,江西为大帮,往往起赤手致万金"。

湖南常德府地处沅水下游,为湘西的重要门户,领武陵、桃源、龙阳、沅江四县。光绪《武陵县志》卷七《风俗》载,武陵县"商贾,江省为多"。湖南衡州府东南与江西吉安府接壤,领衡阳、耒阳等县,江右商人很早就进入此地。乾隆《衡州府志》卷三十九《灾异》载,衡阳县在乾隆三十一年(1692)七月十三日有一场大火,"外城(烧)至江西会馆",该会馆为江西商人于明代所建。嘉庆《耒阳县志》卷八《风俗》载,耒阳县"至一切食货,多豫章人为之,懋迁于其间,而樯帆所舣,足以流通钱谷"。湖南郴州府与江西南部的南安府为邻,领宜章等县,不但江西人经商者多,且有很多手艺工匠游食其间。嘉庆《宜章县志》卷七《风俗》载,"民多汉语,亦有乡谈,军音类茶陵,商音类江西",江西商人可以用乡音交谈,人数自然不少。永州府地处湖南南部,江华县属之。同治《江华县志》卷十《风土》载,"土少出产,河道险阻,不通贩运,惟常德、江右有受廛此地者。土人任负贸迁谋夕而已"。江华"邑人不习手艺,一切匠事皆两粤、江右及祁阳等处人为之,……分布城乡,记工受值,岁终负囊而去"。

在湖北，汉口在明代已是甲于全楚的巨镇，及至清初与朱仙镇、景德镇、佛山镇合称为中国"四大名镇"。汉口的八大行，银钱、典当、铜铅、油烛、绸缎布匹、杂货、药材、纸张，皆有江西商号，尤其是药材业，几乎被清江商人垄断。汉口的竹木贸易在近代以前也基本为江右商人掌控。据民国《夏口县志》卷五《各会馆公所》载，汉口有确切建造年代的江右商人会馆有五处。它们是康熙时期南昌、临江、吉安、瑞州、抚州、建昌六府商人在万寿宫街建造的江西会馆万寿宫，乾隆四十五年（1780）抚州商人在万寿宫街建造的抚州会馆昭武书院，嘉道年间临江府商人（主要是油蜡、药材商）重修的临江会馆仁寿宫，光绪元年（1875）建昌府南城商人在戏子街建造的南城公所以及光绪年间袁州萍乡和湖南长沙醴陵二县土商在萍醴码头建造的萍醴公所。道光末年，叶调元《汉口竹枝词》曰："一镇商人各省通，各帮会馆竞豪雄。石梁透白阳明院，瓷瓦描青万寿宫。"作者注云："阳明书院即绍兴会馆，梁柱均用白石，方大数抱，莹腻如玉，诚巨制也。江西万寿宫，瓦用淡描瓷器，雅洁无尘，一新耳目。汉口会馆如林，之二者，如登泰山绝顶，'一览众山小'矣。"[①]他认为，在汉口的众多会馆中阳明书院和万寿宫是佼佼者。江西万寿宫的墙壁、屋瓦均用瓷器，宏伟壮丽，显现出江右商帮的经济实力。

湖北宜昌府商贾云集，江右商人逐利其中。同治《宜昌府志》卷十一《物产》载，"上而川滇，下而湖鄂吴越，皆有往者，至郡城商市，半皆客民，有川帮、建帮（福建帮）、徽帮、江西帮以及黄州、武昌各帮"。宜昌府领长乐县（今五峰县），该县明代为土司区，雍正十三年（1735）改土设县后，商品交换发展很快。咸丰《长乐县志》卷十二《风俗》载，该县"百工技艺，土人甚少，制器作室，多属流寓，近时土著之人，间有习艺者，商贾多属广东、江西及汉阳外来之人"，"邑属渔阳关，商贾辐辏，城市中贾客亦多，湾潭旧有铁石，百货丛集……商贾多属广东、江西，行货下至沙市，上至宜昌而止"。施南府盛产"麻、药材以及诸山

[①] 叶调元：《汉口竹枝词校注》，湖北人民出版社1985年版，第14—15页。

货",同治《施南府志》卷十《风俗》载,"商多江西、湖南人",这些商人"每岁将麻、药材诸山货负载闽粤各路,市花布、绸缎以归"。施南府领来凤县,该县与湘、川两省交界,水陆交通方便,这里商品交换发达,有"小南京"之称。同治《来凤县志》卷二十八《风俗》载,"邑之卯峒可通舟楫,直达江湖。县境与邻邑所产桐油、靛俱集于此,以故江右、楚南贸易者麇至,往往以桐油诸物顺流而下,以棉花诸物逆水而来。"明代湖北承天府属竟陵县东六十里,因江右商人在此经商而成皂角市。该市"据溾水下流,而三澨沧浪别江为湖,胁带其左,市可三千人。其人土著十之一,自豫章徙者七之,自新都徙者二之。农十之二,贾十之八,儒百之一。自豫章徙者,莫盛于吉之永丰"。①该史料表明,皂角市的商业人口约占百分之八十,全市三千人中从江西来者两千一百人,来自徽州者六百人,其中来自吉安永丰的人数最多。

云南、贵州、四川是江右商人的重要活动区域,滇黔地区"无论通衢僻村,必有江西人从中开张店铺或往来贸贩"。②明万历年间任云南澜沧兵备副使的王士性在《广志绎》载,"余备兵澜沧,视云南全省,抚之人居十之五六",只要是有村落的地方,不管是汉人居住区,还是少数民族区,都有江右商人,"凡僰猡不能自致于有司者,乡村间征输里役,无非抚人为之矣"。他曾派人巡视缅甸,使者行程近万里,历时两个月,回报说只要有居民点,其头目往往就是江西抚州人,这些"抚人"又多为经商至此而定居的。③因而,他得出结论:"滇云地旷人稀,非江右商贾侨居之,则不成其地。"④明代抚州人艾南英(1583—1646)讲述抚州白城寺僧到滇黔募捐事,也谈到抚州人多在云南经商:"寺之僧有正显者,以寺前大溪春夏霖涨岁有漂溺之患,而吾乡富商大贾皆在滇云,乃裹粮

---

① (明)李维桢:《大泌山房集》卷八十七《刘处士墓志铭》。
② 《滇黔志略》卷十七,转引自何伟福《清代滇黔地区的内地商人与市场网络体系的形成》,《思想战线》2007年第6期。
③ (明)王士性:《广志绎》卷四《江南诸省》,周振鹤点校,中华书局2006年版,第275页。
④ (明)王士性:《广志绎》卷五《西南诸省》,第315页。

走金齿洱苍，归而建长虹以济众。"①明成化时，仅云南姚安军民府（今云南楚雄族自治州西部）就有江西安福县、浙江龙游县商人三五万人，"在卫府座理，遍处城市、乡村、屯堡安歇，生放钱债，利上生利，收债米谷，贱买贵卖，娶妻生子，置奴仆，二三十年不回原籍"。②

嘉靖《大理府志》卷二《风俗》载，"嘉靖初，省道监司留意息盗，渐有新畲，然赤石岩诸夷负固，州之盗贼常为一郡剧，官禁少弛，则窃发如故。其种田皆是百夷，百夷有信而懦弱，佃租之利皆为江右商人饵诱一空，故人无厚蓄"。康熙《蒙化府志》卷一《风俗》载，"客籍，皆各省流寓之后，及乱后寄籍于蒙者。而豫章、巴蜀之人居多，勤贸易，善生财，或居阛阓，或走外彝，近亦有善读书通仕籍者矣"。嘉庆《临安府志》卷七《风俗》载，云南临安府一带"自远方服贾而来者，西江之人最多，粤人次之，蜀人又次之"，这里"西江之人"即指江西人。道光《昆明县志》卷二《物产志》载，"县城凡大商贾，多江西、湖广客"。民国《新纂云南通志》卷一百四十三《商业考》对咸丰、同治以前外省商帮在云南的经营状况有这样的描述："在清中世，外商之贸易于滇者，最早为江西帮、湖南帮之笔墨庄、瓷器庄，四川帮之丝绸、玻璃、烟叶等，其世业有沿迄今者，江西帮之万寿宫遍于各地。"

在贵州，江右商人接踵于道、同贾于市。乾隆年间，贵州巡抚爱必达撰《黔南识略》，专记贵州各地风土，以备服官者之采择，对江右商人多有记述：卷一《贵阳府》载，贵阳"五方杂处，江右、楚南之人为多"；卷三《开州》载，该地产朱砂、水银，"江右之民糜聚而收其利"；卷十九《铜仁府》载，多有来自江西的汉民出入苗民聚居区域，货通有无，"抱布贸丝，游历苗寨"；卷二十《松桃直隶同知》载，松桃厅"城市乡场，蜀、楚、江西商民居多，年久便为土著"；卷二十四《大定府》载，"关厢内外，多豫章、荆楚客民"；卷二十六《威宁州》载，其地盛产铅、铜，外地客民汇集，"汉人多江南、湖广、江西、福建、陕西、云南、四

---

① （明）艾南英：《（重刻）天佣子全集》卷九《白城寺僧之滇黔募建观音阁疏》。
② （明）戴金编：《皇明条法事类纂》卷十二《云南按察司查究江西等处客人躲住地方生事例》。

川等处流寓";卷二十八《普安县》载,"客则江西、湖南、四川三省为多"。贵州各府州县志对江右商人也多有记载。乾隆《镇远府志》卷九《风俗》载,施秉县"湖南客半之,江右客所在皆是"。咸丰《兴义府志》卷四十载,兴义"商多江右、楚、闽、粤之人"。黔东南清水江流域木材集散地锦屏有三个外地来的商帮,江右商人即其中之一,代办官木,并贩运至江南。[1]江右商人左成宪,生活在乾隆、嘉庆年间。他从石阡县运茶叶至涪陵,又从四川运盐至石阡。后川南战乱,又贩茶叶至江南,从江南运瓷器、百货进石阡,"数年致巨富"。[2]

在四川,夔州、重庆、叙州诸府,乃至岷江上游的松潘,涪江上游的梓潼,均有江右商人活动的记载。咸丰《垫江县志》卷一《风俗》载,云阳县"百工商贾多属楚、江右之民"。同治《酉阳直隶州总志》卷九《风俗》载,酉阳县商贾"多为江右、楚南人"。光绪《垫江县志》卷一《风俗》载,垫江县"百工商贸,多系荆楚、江右之民"。嘉庆六年(1801),巴县109户牙行中江右商人占有帖40张,经营以药材、山货为主,也有布、铜、铅、油、麻、锅等。[3]江右商人在巴县建有义冢,因有人破坏义冢,江西会馆会首与湖广会馆会首联合禀请巴县示谕严禁。道光十七年(1837)十二月初五日,巴县告示:"江西、湖广义冢,系众客商置买安葬旅榇处所,既已乏随时祭扫之人,理宜作长久保护之计。近有无知乡愚,或纵放牛羊践踏坟土,或砍伐树木损坏坟茔,种种情形,殊堪痛恨。除饬差严密查拿外,合行出示严禁。为此,示谕诸色人等知悉,自示之后,倘有仍蹈前辙,许看守之人,协同会首扭禀本县,以凭惩治,决不姑宽。各宜凛遵毋违。特示。"[4]

四川是江西人在省外建立会馆最多的地区。据何炳棣《中国会馆史论》统计,四川一百〇一州县及成都、重庆二府的外省会馆中,江西会

---

[1] 贵州省编辑组:《侗族社会历史调查》,民族出版社2009年版,第50—51页。
[2] 陈政:《府城石阡万寿宫》,《贵州文史丛刊》2004年第2期。
[3] 四川大学历史系、四川省档案馆主编:《清代乾嘉道巴县档案选编》,四川大学出版社1989年版,第253—254页。
[4] 四川大学历史系、四川省档案馆主编:《清代乾嘉道巴县档案选编》,第252页。

馆达200余处，居各省首位。蓝勇的统计比何炳棣的数量更为精确，清代四川的外省会馆共有1400座，其中江西会馆有320座，约占23%。[1]虽然四川的江西会馆并不都是商人会馆，但即使是移民会馆，商人在创修会馆的过程中也发挥了重要的作用。嘉庆十五年（1810），安岳通贤场江西移民欲重修万寿宫，请谭言蔼撰文向寓居当地的江西商人募捐。谭氏在文中说，江西人之"贾蜀者，邑中市聚无处无之"，虽然因为人多，居住分散，"若不足以相涸者，然真君之御灾捍患，为德于故乡也甚煊赫"。诸人既"均出豫章"，应"念桑梓枌榆之谊，共藏斯举"。[2]仪陇县土门铺万寿宫，是在祖籍江西的陈典润一家的主持下历经两代人的努力修建而成的会馆。落成以后，陈典润的儿子陈东升请士绅胡辑瑞为万寿宫写序记之，记曰："蜀中客籍之家十之八九，楚南北人最多，其次莫若江右。江右人善贾，贾辄得意去其不去者，必醵金为会，营治万寿宫，以时祭祀，用答神庥而联乡谊。……陈君典润，江西吉水人，以懋迁来蜀，侨寓邑西门土门铺，铺多故乡人。乾隆中，集议捐资百钱为会。自道光初徙亡过半，会赀不绝如缕，赖陈君率从子礼泰、礼炳善经济之，权其子母累百成千，同治戊辰春始鸠工，创修万寿宫正殿，越二年成，巍然杰构，中祀许真君像，而以诸神附诸其后殿。"[3]

北京是明清时期的政治经济中心，江右商人在此有着举足轻重的地位。明代张瀚《松窗梦语》卷四《百工记》载，"今天下财货聚于京师，而半产于东南，故百工技艺之人亦多出于东南，江右为夥，浙直次之，闽粤又次之。"[4]在某些行业，江右商人占据主导地位。自两宋到明清，江西人文发达，科甲事业昌盛，加之本地造纸业和印刷业的发展，出现了一批专门从事书肆经营的书商。对一些弃儒经商者而言，经营书肆既可牟利，又可有所精神寄托。在江西书商中，以抚州人为多，他们开办的书肆遍及天下，有不少书商世家。乾隆三十四年（1769），山东益都人

---

[1] 蓝勇：《西南历史文化地理》，西南师范大学出版社1997年版，第523—524页。
[2] 光绪《续修安岳县志》卷二《通贤场万寿宫重修歌台募疏》。
[3] 同治《仪陇县志》卷六《土门铺新修万寿宫序》。
[4] （明）张瀚：《松窗梦语》卷四《百工纪》，盛冬铃点校，中华书局1985年版，第76页。

李文藻以谒选至京师，寓百顺胡同，九月二十五日籤选广东之恩平县。十月初三日引见，二十三日领凭，十一月初七日出京。此次居京师五月余，无甚应酬，又性不喜观剧，茶园、酒馆足迹未尝至。惟日借书抄之，暇则步入琉璃厂观书。他记录了京师书肆的情况：

> 琉璃厂以琉璃瓦窑为名，东西可二里许。未入厂，东门路北一铺曰声遥堂，皆残破不完之书。……入门为嵩□堂唐氏，名盛堂李氏，皆路北。又西为带草堂郑氏，同升阁李氏，皆路南。又西而路北者，有宗圣堂曾氏、圣经堂李氏、聚秀堂曾氏。路南者，有二酉堂、文锦堂、文绘堂、宝田堂、京兆堂、荣锦堂、经腴堂，皆李氏。宏文堂郑氏、英华堂徐氏、文茂堂傅氏、聚星堂曾氏、瑞云堂周氏。……二酉堂自前明即有之，谓之老二酉。而其略有旧书者，惟京兆、积秀二家，余皆新书，至其装潢，纸不佳而册薄。又西而南，转至沙土园北口，路西有文粹堂金氏，肆贾谢姓，苏州人。……又北转至正街为文华堂徐氏，在路南。而桥东之肆尽矣。桥西卖书者仅七家。先月楼李氏在路南，多内板书。又西为宝名堂周氏，在路北。……又西为瑞锦堂，亦周氏，在路南，亦多旧书。其地即韦叟之旧肆，本名鉴古堂。……又西为焕文堂，亦周氏。又西为五柳居陶氏，在路北，近来始开，而旧书甚多。与文粹堂皆岁购书于苏州，船载而来。五柳居多潢川吴氏藏书。……又西为延庆堂刘氏，在路北，其肆贾即老韦，前开鉴古堂者也。……书贾之晓事者，惟五柳之陶，文粹之谢及韦。韦，湖州人。陶、谢皆苏州人。其余不著何许人者，皆江西金溪人也。正阳门东打磨厂亦有书肆数家，皆金溪人卖新书者也。①

琉璃厂的三十三家书肆和东打磨厂的书肆，除四家为苏州、湖州所开外，其余皆为金溪商人所开。北京是各省会馆的集中之地，既有作为官绅仕宦娱乐场所、服务科举的会馆，也有商人会馆，江西会馆最多。

---

① （清）李文藻：《南涧文集》卷上《琉璃厂书肆记》。

光绪六年（1880），曾任文华殿大学士的高安人朱轼在《高安会馆记》中说，"帝都为千百国之所会归，仕者、商者、贾者、艺者，攘攘熙熙望国门而至止，如江河之朝宗焉。……前朝惟吾乡会馆最多"。①据吕作燮统计，明代各地在北京的会馆见于文献者有41所，其中江西会馆14所，占34%，居各省之首。清光绪时，北京有会馆387所，其中江西会馆51所，占12%，仍居各省之首，比当时势力最大的山西会馆（45所）还多。②北京的江西会馆没有纯粹的商人会馆，但其中相当数量为商人所建或士商合资共建，商人有着管理、决策的权利。金溪会馆在其章程中规定："本邑京官，及留京绅、商、学界，均有互相维持责任，自应稽查账目权限，每年须由管理人邀集同乡公众，清算账目一次，以昭大信。"③高安会馆在章程头条申明："本馆事务由高安旅平政、学两界及商户选举职员管理之。"并规定本馆设会计、庶务各一人，"限同乡殷实商户当选"。④江西会馆的数量可以作为衡量江右商人在北京有一定市场占有率的参考依据。

地处中原的北方各省亦遍布江右商人的足迹。天津是明清时期兴起的军事、商业重镇，江右商人在此势力较大，多处建有会馆。江西会馆万寿宫在道光年间建于天津北门外护城河北估衣街。当时天津商业最繁盛的地方就是北马路、东马路与南运河一带，北马路的估衣街是最繁华的街道之一。光绪二十八年（1902），郑松生撰《重建天津万寿宫记》记录了江西会馆建造的始末：

吾乡距京师三千余里，章、赣二水与番湖会，折而注之于江。南通卫河，北接渤海，皆以津门为锁钥。百货辐辏，商务日繁，穰穰劳劳，殆无虚晷。自有明中叶世重宣窑，而江右新平遂以名磁闻海内。粮艘之

---

① （清）朱轼：《朱文瑞文集》卷一《高安会馆记》。
② 南京大学历史系明清史研究室编：《中国资本主义萌芽问题论文集》，江苏人民出版社1983年版，第177—181页。
③ 北京市档案馆编：《北京会馆档案史料》，北京出版社1997年版，第381页。
④ 北京市档案馆编：《北京会馆档案史料》，第390页。

寄载，估客之往来，咸取道于津门，以驰日下。官斯土者率多南籍南州人士，冠盖相望。津之有许真君殿，为吾乡官△会萃宴游之地，固其所也，顾以香火阁梨。主持不职，中更多故，拘衅有年，寸壤尺基几为有力者攫去。吾乡皮君辅位讼之官求△，得其基乃无恙；复集乡董酿金修葺，垩而新之，而庙貌一变。光绪庚子，邪拳肆毒，火及通衢。会馆在北门外，适当其冲。兵燹所遭，仅前院铺房数间不戒于火，而神龛、享殿岿然独存。论者咸谓真君之灵，又安知非吾乡人在官之廉，居商之善，有以致其福而昌其业耶！方今国家维新伊始，百废俱兴。会馆面五△而负九达，中通马路，若仍其旧，非所以焕新△也。于是在津磁帮筹集巨资，乃毅然提倡兴修，起任其事。辟门于△而起殿于北，其前为罩棚，再前为剧台，雨旁为游廊，其上为楼；自台以后历十数武前抵大门，遮以栏楯；迤东庖厨一所，楼房附焉；其西十八间，则就旧日庙基△归铺户赁之，以为春秋祭祀之需及常年经费之用者也。计起工以至蒇事甫及一年，而土木之需不下万计。呜呼！是邦自庚辛乱后，连年被兵，联军入△，名城堕坏，一△之市化而为墟。其服官如南金、如崧生类，皆各保疆土，出其万死一生之力，或羁縻于临事，或消弭于无形，曲尽其心，始无他害。至经商之旅，多转徙于异地，或旋返于乡邦，生计萧条，不绝如线。重赖銮舆西返，要地复完，一切官商悉如其故。沧桑转瞬，灵光片土独保全于刼灰既烬之余，乡人犹以为歉。重经缔造，且更新焉，讵不可厚幸矣乎。后之官△游于此者，庶合观前后兴废之由，知同人之雅意，以俾斯举于不朽。①

郑崧生，江西人，光绪二十年甲午恩科进士第三甲第一百七十一名，诰授奉政大夫，历任吴桥、交河知县，定州知州。从郑崧生撰写的重修万寿宫记可知，天津万寿宫由江西在津瓷商筹集巨资兴建。民国年间，天津万寿宫还保存良好。②在河北，河间府的瓷商、漆商，宣化、登州等

---

① 许檀编：《清代河南、山东等省商人会馆碑刻资料选辑》，天津古籍出版社2013年版，第418—419页。
② 彭泽益主编：《中国工商行会史料集》，中华书局1995年版，第196页。

地的书商、巾帽商等"皆自江西来"。①

在河南，明天顺、成化时的大学士、邓州名士李贤（1408—1466）对江右商人在当地放债的情况进行了描述。他感叹说："吾乡地广土肥，民亦竭力其中，而卒无千石之富者，何也？岂上之人侵渔，或下之俗侈靡邪？已而觇之，盖非二者之弊，乃贾人敛之耳。吾乡之民，朴纯少虑，善农而不善贾，而四方之贾人归焉。西江来者尤众。岂徒善贾，谲而且智，于是吾人为其劳力而不知也。方春之初，则晓于众曰：吾有新麦之钱，用者于我乎取之。方夏之初，则白于市曰：吾有新谷之钱，乏者于我乎取之。凡地之所种者，贾人莫不预时而息散钱，其为利也，不啻倍蓰，奈何吾人略不计焉。一有婚丧庆会之用，辄因其便而取之，逮夫西成，未及入囷，贾人已如数而敛之。由是终岁勤动，其所获者尽为贾人所有矣，专此之利，宁有既乎。吾乡之民，坐是卒无千石之富，尚不觉悟。若恃贾人以生者，宁与之利而甘心焉。"②他认为，江西商人"善贾""谲而且智"，放贷营利活动已经对当地社会造成了巨大的危害。但放贷生息仅仅是江右商人在河南所进行的商业行为中的一种，他们更主要的活动还是从事互通有无的商品交易行为。

在山东，江西会馆万寿宫是济南十大会馆中规模最大的商业性会馆，位于东西钟楼寺街、东西万寿宫街、南北万寿宫街、南北钟楼寺街的方形范围内。万寿宫包括大殿、中殿、客厅、戏台、富贵大戏院等五大建筑和四个院落，是大明湖南岸一个重要的人群聚集、娱乐场所。③在山东聊城，山陕会馆北跨院现存一块道光十八年（1838）江西十三帮商人刻立的"万寿宫"碑。据碑文可知，江西会馆万寿宫与山陕会馆为邻，面东坐西，前门直达运河岸，后至丁家坑，始建于嘉庆十一年（1806）。江西书商以抚州府人为多，金溪县书商毛成涵往来山东益都十余年，与当

---

① 《古今图书集成·方舆汇编·职方典》第一百十五卷《宣化府部》，第二百七十八卷《登州府部》。
② （明）李贤：《古穰集》卷九《吾乡说》。
③ 周琦：《济南的江西会馆与万寿宫》，《春秋》2007年第5期。

地大官僚、藏书家李文藻交游。①

安徽、江苏、浙江是明清时期商品经济发达的地区，文献中有不少江右商人的记载。安庆在清时为安徽省治所在地，安庆江西会馆主厅大梁上，吴坤修（1816—1872）亲笔手书："大清同治五年岁次丙寅孟冬月毂旦，钦加布政使衔安徽按察使署布政使吴坤修重建。"会馆中《据禀给示勒石免废义举事》碑称，"江右豫章磁帮……前曾有清明义会，今于同行集钱七十余千，商存生息以作各庙香资及修理孤坟、鬼节超度之需"。②芜湖是长江南岸的商业城市，早在顺治四年（1647）江右商人在吉祥泰后建有万寿宫，后来废止。同治十年（1871），吴坤修捐其购置住宅，复由旅芜江右商人集资改造为江西全省旅芜士商集会之馆。此馆位于驿前铺，优于前馆。

江苏南京在明清时期曾是南方的经济文化中心，江右商人亦活跃其间。生活在嘉道年间的著名方志学家甘熙记述，"金陵五方杂处，会馆之设甲于他省"，江西会馆在评事街，"大门外花门楼一座，皆以磁砌成，尤为壮丽"。清朝中期，南京的书坊皆在状元境，"比屋而居有二十余家，大半皆江右人"。③苏州在明清时期为天下四聚之地，明末冯梦龙《醒世恒言》载，进贤县商人"张权同浑家商议，离了故土，搬至苏州阊门外皇华亭侧边开了个店儿。自起了个别号，去那白粉墙上写两行大字道：'江西张仰亭精造坚固小木家火，不误主顾。'"④这虽属小说，但能反映明代江右商人在苏州的应该人数不少。清康熙二十三年（1684），江右商人在苏州建江西会馆，雍正十二年（1734）所立碑刻《江西会馆万寿宫记》载，"同乡挟资来游此地，各货云集。慷慨持躬之风，郡郡皆然"。来苏州买卖白麻的江右商人较多，获利较厚，公议"白麻一担抽赀四分"。江右商人"众志同心，踊跃从事，一岁之内，即可集赀八百两有余"。⑤上

---

① （清）李文藻：《南涧文集》卷上《金溪毛母寿序》。
② 宋庆新：《安庆江西会馆修复工程及其新发现》，《中国文物报》2015年5月12日，第8版。
③ （清）甘熙撰：《白下琐言》，南京出版社2007年版，第24—25页。
④ （明）冯梦龙：《醒世恒言》卷二十《张廷秀逃生救父》。
⑤ 江苏省博物馆编：《江苏省明清以来碑刻资料选辑》，生活·读书·新知三联书店1959年版，第359页。

海是清中期后兴起的一座城市，光绪之前江右商人到此经商者较少，之后来上海经商的江右商人越来越多，光绪二十年（1894），"赣之仕宦及商贾于沪上者，称盛一世"。①

浙江西南邻江西，江西"士商游浙者，由玉踰常，一苇可杭。官于斯，贾于斯，过都越国，不啻户庭"。江西士商在杭州万寿亭街东建江西会馆。同治十三年（1874）孟冬，赐进士诰封资政大夫浙江承宣布政司布政使上饶卢定勋撰《武林门内江西会馆记》称："我朝定鼎后，兵戈不再见，庶加富教，习享太平，盖二百余年于兹矣。亿昔南北奔驰，道屡经此，身泊候潮门外螺蛳埠，榜人告予曰：此江西会馆也。"太平天国运动中，江西会馆坍塌，卢定勋"倡捐修，胥乐从，遂集腋得若干数，鸠工庀材，越六月而落成"。②浙北商业重镇嘉兴府位于大运河沿岸，沪杭之间，因此商业繁盛。乾隆十二年（1747），江右商人在嘉兴府属秀水县兴建江西会馆万寿宫。乾隆四十二年五月所立碑刻《重建江西万寿宫会馆碑记》载："江右商人于乾隆十二年公捐己赀，在秀邑灵光坊置买房屋地基一亩二分，设造江西万寿宫会馆。又，二十二年公置田七亩九分……凡江右商民听其出入馆，其余杂事人等，漫无稽查，一概不容出入。所有房屋、田产，均当协力稽管，持守之道，以垂久远。"③衢州为浙西的工商业中心，山里多产蓝靛、宁麻、纸张，江右商人深入山区采购。④乾隆十一年（1746）豫章众商在衢州大功坊建万寿宫，光绪二年（1876）大修，江右商人又增筑玉皇阁，宣统二年（1910）又拓基地，别建豫章公所。

在江西和安徽、江苏、浙江之间，江右商人利用长江水道进行长途贩运。有学者在南昌古物市场购得一本道光后期的手抄本信范，内容是江西布商设在江苏溧阳的一处经营点的伙计或掌柜写给同一东家店铺或另一经营点的信，共六十八封。为叙述方便，该学者将信件编序为"前

---

① 彭泽益主编：《中国工商行会史料集》，中华书局1995年版，第856页。
② 彭泽益选编：《清代工商行业碑文集粹》，中州古籍出版社1997年版，第204—205页。
③ 彭泽益选编：《清代工商行业碑文集粹》，第203页。
④ 《古今图书集成·方舆汇编·职方典》第一千零十三卷《衢州府部风俗考》。

五十封信"和"后十八封信"。此家商人在江西老家及吴城镇设立了店铺，在安庆、芜湖、湾沚、溧阳、无锡、常州、和桥、南浔等八个地方设有比较固定的经营点。在购买回头货棉花的上邑、太仓、和州、乌江、长安铺、张滩等地虽未设有经营点，但有比较经常往来的棉花行庄。这家商人在老家的店收购货物之后发到吴城，从吴城登船往东运，由某个经营点的负责人带到安庆或芜湖或溧阳去。"前第四十二封信"中称："兹者，弟自店初十登舟开行，于十九日抵吴城。一路叨天清吉，即日六号叫定斗船一只，如天色和美，即会开行。""前第四十三封信"中称："弟自店登舟以来，雨水延阻，于初四日抵芜。一路叨天清泰，今叫定宣船一只，即行顺流。"货物运到江南之后，他们根据天气、别帮到货的情况，预测销路，根据旺销、滞销与否，在各个经营点之间调拨。另外，由于当时经常在江西和江南地区之间进行长途贩运，已经有了定期的"班船""信船"。"前第四十四封信"中称："今付苏州信船徐万丰装来郭祥记表芯纸十石，到即查收，言定每石船钱壹百廿文，望照数给找。""后第十一封信"中称："据云代买物件，因班舟不便，故未付上，倘遇人即会寄来……倘王日翁绣货如不合式，即交原班带回亦可。"也就是说，商人购买了货物，可以不必亲自动身，交给负责运输的班船即可，不满意可由原班船带回。[①]

福建、两广亦遍布江右商人的足迹。在福建，明代王世懋发现"建、邵之间，人带豫章音"，一经询问，原来建阳、邵武、长汀等地有大量江右商人的活动与入籍。[②]明清时期，江右商人在福建武夷山区租山地丘陵种茶，垄断茶叶的生产和经营。清代陈盛韶在《问俗录》中记述，建阳县"山多田少，荒山无粮，以历来管业者为之主。近多租于江西人开垦种茶。其租息颇廉，其产殖颇肥"。因"利之所在"，江右人在春二月到此"数十万，通衢、市集、饭店、渡口，有毂击肩摩之势，而米价亦顿昂"。[③]至少至清前期，建阳县的茶的生产、加工制作和运销，主要控制

[①] 刘秋根：《清代中后期江西商人长途贩运的经营方式》，《首都师范大学学报》2015年第1期。
[②] （明）王世懋：《闽部疏》，台北成文出版社1975年影印，第49页。
[③] （清）陈盛韶：《问俗录》卷一《建阳县》，书目文献出版社1983年版，第54页。

在江右商人之手。福建粮食缺乏，江右商人运粮前来销售，补给粮食之需。道光《上杭县志》卷三十六《杂录》载，江右商人在上杭贩米销售者多，"查未行禁以前，每日江贩来米八九担。……江贩之米日运至下坝、罗塘、新埔一带河道，直达嘉大埔，每日千担或数百担不等"。道光《永安县续志》卷九《风俗志》载，永安布业掌握在江右商人之手，"布客江西人，染布亦江西人"。江右商人在福建也有不少经营药材的。乾隆五十四年（1789）四月，闽浙总督伍拉纳的一份奏报称："大黄产于陕西，聚于湖北汉口，向来多系江西客人由楚贩来福建省城及漳、泉等郡发卖销售。"[1]乾隆五十六年（1791）七月上谕中说福建承买药材行户等供称"各样药材俱由江西樟树镇贩运来闽销售，但江西亦不产大黄，闻得陕西泾阳县为大黄汇集之所，转发汉口、樟树等处行销"。[2]

在广东，江西省"客粤谋生者，人数殷繁。其间腰缠万贯、衣锦荣归者固不乏人"。[3]在连州、高州等地有不少关于江西商人施放子母钱的记载。[4]在广西，嘉庆《临桂县志》卷十二《风俗》载，桂林府临桂县是江西商人麇集之地，从清初开始无论城乡内外，经商者"江右人居多"。光绪《临桂县志》卷八《风俗》载，桂林商业更加发达，江右商人和广东商人共同掌握着桂林的经济命脉，其他帮商人望尘莫及。道光《灌县县志》卷八《风俗》载，本地商人"稍有资本者，或开银号或药店，欲与客商竞利"，但在镶嵌金银器饰、炮制中草药料方面的技术远远"不如江右樟树"。民国《邕宁县志》卷四《商业团体》载，清前期本埠商务，以江西帮为盛。江右商人在南宁建立的江西会馆，其规模之宏大，楼台亭阁建筑之华丽绝无仅有，建昌府新城县商人还在南宁建立了"新城书院"。梧州居左右江汇合之要，百货往来，帆樯林立，江右商人在此开商号有百十家。[5]光绪《宁明州志》卷上《沿革》载，雍正时"江西客之行

---

[1] 乾隆五十四年四月初四日伍拉纳等奏，《宫中档乾隆朝奏折》第71辑，第598页。
[2] 《清高宗实录》卷一千三百八十二"乾隆五十六年七月乙亥"。
[3] 广东省社科院历史研究所等编：《明清佛山碑刻文献经济资料》，广东人民出版社1987年版，第154页。
[4] 《古今图书集成·方舆汇编·职方典》第一千三百五十七卷《高州府部风俗考》。
[5] 《古今图书集成·方舆汇编·职方典》第一千四百三十三卷《梧州府部风俗考》。

商于州者",被当地土司"嗛恶少耍而夺其货",因而被江右商人控告。

极边如辽东、陕西、甘肃、西藏,江右商人亦携货往返,乃至娶妻生子。对此,江西各地府州县志多有记载。同治《玉山县志》卷八《善士》载,玉山县商人张良舒,长年在辽阳经商,积资甚富。同乡商人多在此有外室,并有人将佳丽介绍给他,他不为所动,"同旅称畏友"。可见当地江右商人不在少数。同治《九江府志》卷三十八《孝友》载,瑞昌县陈秀元,"初力农,一切家事,经纪有方,日渐丰厚,由是贸易陕西,腰缠万贯"。在甘肃兰州,乾隆四十八年（1783）,江右商人和乡宦于此者合建江西会馆。道光七年（1827）,新建县程矞采出任甘肃兰州道,倡议重修江西会馆。据《重修金城铁柱宫记》载,"在豫章固家祠而户祝,而吾乡宦游服贾于四方者,所至无不崇堂峻宇以奉之,故宇内皆有真君祠焉,……为春秋享祭,岁时伏腊,燕闲言欢,无异故土"。[①]换言之,江西会馆铁柱宫是江西宦游者、服贾者在兰州的心灵家园。

江右商人还远涉重洋,日本、琉球、满剌加、缅甸等国都有江右商人的足迹。同治《饶州府志》卷三十二《轶事》载,明成祖永乐九年（1411）四月,程复以琉球国中山王长史的身份来见,言其饶州人,辅佐察度四十余年,"今年八十有一,请命致仕还乡"。程复是明初经商至该地定居的,是景德镇瓷商。明嘉靖时,明廷命浮梁客汪宏等人随外商船只出海采买香料,汪宏等人应该是经常出海贸易的茶商或瓷商。庐陵欧阳修后裔欧阳云台多年在日本经商,明末天启三年（1423）捐出六千坪土地在长崎建兴福寺,由浮梁瓷商真圆禅师为住持,并首创江浙苏三江会馆。

江右商帮对明清时期江西社会经济和全国经济格局产生了不可忽视的影响。一方面,大量的人口外出经商,缓解了江西长期以来形成的人口对土地的压力,也改善了许多家庭的生活状况。江右商人多以本地的土特产品为依托,故而刺激了江西本土农副产品的商品化及手工业的发展。大批江右商人涌向湖广、四川、贵州、云南及全国其他地区,对促进大都市的繁荣和西南及其他落后地区的开发均起了重要作用。另一方

[①] 薛仰敬主编:《兰州古今碑刻》,兰州大学出版社2002年版,第167页。

面，江右商人的资金回归又起到以商养农的作用，巩固了江西小农经济结构。江右商人对建祠修谱、增置族产、兴建义学等方面的投资，强化了江西的家族观念和宗族势力。

三、江右商帮的衰落

到明后期及清代，随着北方各地社会经济的恢复和各地商人的崛起，江右商人资本分散、竞争力较差的弱点也逐渐暴露出来。而且清朝末年江西籍官员数量的减少及退出中央决策圈，也使得江右商人的活动缺乏政治权力的保护，难以与新崛起的商帮相抗衡而日益衰落。江右商帮的衰落表现为群体萎缩，一些由江右商人垄断或控制的行业和市场不得不开始让位于徽商、晋商、陕商、闽粤商、两浙商等地域商帮。明前期在河南活动的主要是江右商人，明天顺、成化时李贤曾说："四方之贾人归焉，西江来者尤众。"[1]到清乾隆五年（1740）三月，河南巡抚雅尔图则奏称："豫省每有山西等处民人及本省富户，专以放债为事。"[2]这说明此时的山西及河南本地商人的势力已超出了江右商人。在江右商人最为集中的云南，明末是"抚人居十之五六"[3]，而清代则已是"楚居其七"，江右商人仅"居其三"[4]。江西本地产茶，明代主要由江右商人经销，而至明末清初浮梁茶已由徽商垄断。明代至清前期，福建武夷茶的生产、加工制作和运销，主要控制在江右商人之手，而清后期武夷茶则在晋商的操纵中。赣南各府县颇多苎麻，农户资以为生，而其贸易获利亦多让于福建等地商人，"闽贾于二月时放苎钱，夏秋收苎，归而造布"[5]。

江右商帮在活跃了数百年之后走向衰落，学者们对其衰落的原因有多种分析。谢力军、张鲁萍认为，既有市场竞争加剧、官府抑商等方面

---

[1] （明）李贤：《古穰集》卷九《吾乡说》。
[2] 《清高宗实录》卷一百一十三"乾隆五年三月庚午"。
[3] （明）王士性：《广志绎》卷四《江南诸省》，周振鹤点校，中华书局2006年版，第275页。
[4] （清）王文韶修：《续云南通志稿》卷四十五《食货志·矿务》。
[5] （清）吴其濬：《植物名实图考》卷十四《苎麻》，中华书局1963年版，第350页。

的原因，也有江右商帮内部的因素，包括十个方面：（1）全国经济格局变化，江西经济地位转弱；（2）在外省的江右商人在当地落籍，削弱了江右商帮的实力；（3）江右商人的经营观念未能随着社会的发展而发生转变；（4）不遵守市场规则，违背诚信原则，受到惩罚；（5）江右商人的经营资本未能扩大和转化；（6）经营方式和经营行业固守不变；（7）市场竞争加剧；（8）政府抑商和盘剥；（9）地方对商人的抽血；（10）生活性投资分解了商业资本。①方志远教授认为，江右商帮走向衰落的原因大致有战乱、交通格局的变化、经济格局的变化、江西商人自身的弱点及传统观念的束缚等几个方面。笔者对方志远教授的分析有较多的认同，引述如下：

一是战乱。19世纪五六十年代及20世纪二三十年代，江西两次经历长时期的战火蹂躏，人口锐减，山林焚毁，江右商帮赖以生存的主要商品如茶叶、纸张、木材等的生产受到严重破坏，景德镇的瓷业也一度陷于停产。与此同时，商业资本在战争中也遭到毁灭性的掠夺和打击。曾国藩不仅以江西、安徽作为扼制、反击太平军的基地，更以江西为军费的筹集地。五年之间，通过厘金及其他手段，在江西征得白银八百四十万两，占湘军全部军费的一半以上，接近清政府在嘉庆年间为镇压白莲教起义而在两淮盐商中征取的全部捐输报效银。这个数字对于素称富有的两淮盐商也难以承受，更何况以小本经营为特色的江右商人，导致大批江右商人弃商返农、改变投资方向。

二是交通格局的变化。到清中期，长期以来对山林的超量砍伐以及开山造田所造成的后果开始显现，水土流失严重，赣江水运发生困难。几乎与此同时，运河的淮河-黄河段因黄河泛滥及改道而淤塞，南北水道被拦腰截断。尤其是京汉、粤汉、津浦等铁路的修通，水运变陆运，南北运道改走两湖、河南，江西成了陆运和海运的盲区。虽然后来有浙赣线，也只是在赣北穿境而过。赣中、赣南特别是构成江右商主体的吉安、抚州、建昌三府，因远离交通线，物质流通艰难，过境贸易也相当稀少。

---

① 谢力军、张鲁萍：《浅析江右商帮的没落》，《江西社会科学》2002年第2期。

饶州（今鄱阳）和河口镇曾是江西主要的河运码头，市井繁华，贸易兴旺。饶州曾是景德镇瓷器、浮梁茶叶和赣东北木竹的集散地，城内"商贾凑聚，百货所集"，有"十里长街，烟火万家"，"千帆安泊，百货归墟"之说，年输出的鲜干鱼、银鱼、白莲等水产品约万余担。随着铁路和公路的开通，饶州港口日渐萧条，河面上常常渔船多于货船。而河口镇也渐渐变成了一个死码头，"海禁之会，茶商纸贩，麕集于斯。小民糊口非艰，谋生甚易"，至光绪三十年（1904），"茶市一蹶不振，纸业日见衰微"。河口埠已是"家无尺布之机，女无寸丝之缕，烟赌窃盗，游民遍壤"。①樟树和吴城也是如此，清末官员傅春官在《江西商务说略》中曾指出，自江轮通行，洋货由粤入口后，不经赣道，"悉由上海径运内地"，致使江西"输出输入之货减，故商埠寥落之形见"，"全省市面日见衰退，昔之所谓樟树、吴城最盛之埠，其商业十减八九"。②江西由过去的风云际会之区渐成闭塞寂寞之地。

三是经济格局的变化。鸦片战争以后，广州、厦门、福州、宁波、上海成为通商口岸，此后，北方的天津、营口、烟台，南方的汉口、九江、南京、镇江、汕头、琼州、宜昌、芜湖、温州、北海、重庆、沙市、苏州、杭州、淡水、台南，西北的喀什等处也纷纷成为商埠，外国资本开始渗入沿海、沿江及内地。19世纪七八十年代，广东、福建、浙江、江苏、天津等地开始兴办近代私人企业。甲午战争后，辽东、山东、云南、广西等地相继被纳入外国资本的势力范围，国内民族资本开始生长，渐成气候。在这一形势下，江西虽然也有九江口岸对外通商，但在南浔铁路修通之前，九江更多的是与沿江的汉口、芜湖连为一线，与江西内地的联系反倒薄弱。即使南浔铁路开通之后，也只有赣北地区与九江联系较为密切。③江西没有吸收外国资本的条件，又没有较大的民族企业。20世纪初，九江、南昌也先后出现了一些近代企业，但无论从速度还是

---

① 《拟办鹅湖织布公司条议》，《江西官报》，光绪三十年（1904）第17期。
② 傅春官：《江西商务说略》，《江西官报》，光绪三十二年（1906）第27期。
③ 详细论述参阅陈晓鸣：《中心与边缘：九江近代转型的双重变奏（1858—1938）》，经济日报出版社2008年版，第269—275页。

规模看，不仅落后于东南沿海各省，也落后于湖南、湖北等内地邻省。与全国资本万元以上的同行业企业相比，江西企业不仅资金与其相差很大，而且开办时间比全国第一家也晚得多，如面粉业晚39年，航运业晚35年，制茶业、矿冶业晚26年，造纸业晚23年，采煤业晚22年，银行业、水电业晚16年，碾米业晚10年。除夏布、瓷器等少数手工业品仍有一定的市场外，江西一度居领先地位的手工业品已无法与洋货及沿海地区的工业品竞争。1927年，全国盛行的四十七类行业中，江西仅在十六类行业中办有企业，并以航运业和银行业居多，"更不足以语重工业"，许多企业规模小、设备简陋，"实远未达新式工厂标准"。①

四是江右商人自身的弱点及传统观念的束缚。观念上的束缚成为江西商业资本积累的重大障碍。鼎盛的科举文化，曾给江西带来许多个世纪的骄傲，但也使江西人重功名、轻工商的观念根深蒂固。文章节义为江西人的传统美德，但这种美德主要是受到正统儒家思想的熏染，它有利于农业社会的巩固，却不利于商业社会的形成。背上这个包袱，使江右商远不如闽商、粤商、晋商、浙商那样潇洒轻松。江右商人绝大多数是因为家境所迫而负贩经商的，因此小本经营、借贷起家成为他们的特点。他们的经商活动一般是以贩卖本地土特产品为起点，这使得江右商帮资本分散，小商小贾众多。除少数行业如瓷业比较出众外，其他行业的规模难以与徽商、晋商等商帮相比。江右商长期以个体经营、小本经营为主要方式，使得本来分散的资本难以集中，更形成不了规模经营的气候。尽管江右商人数多，涉及行业广，经营手段灵活，但往往在竞争中容易丧失市场。而且，江右商浓厚的传统观念、小农意识也影响到他们的资本投向只求广度，不求深度。②

探讨江右商帮衰落的原因，从中汲取历史智慧是很有必要的。江右商的衰落与徽商、晋商的衰落一样，是随着皇权时代的终结而衰落的。

---

① 张泽垚：《十年来之江西工业》，《赣政十年》，1941年编印。
② 详细论述请参阅方志远：《明清江右商研究》，《明清中央集权与地域经济》，中国社会科学出版社2002年版，第253—255页。

我们用今天的视角来揣度古人,所抽象出来的衰落原因也许在古人那里并不能得到认可。笔者常常在想,我们在探寻江右商衰落原因时,或许更应该把目光投向近代之际的江右商人的商业资本为什么未能转化为产业资本,江右商人为什么未能成功地转化为企业家等问题,法律制度上的落后所造成的财产权和身家性命没有安全保证应该是重要的原因,后文还将继续分析。步入近代,江右商帮的衰落已是不争的事实,但他们并没有完全退出历史舞台。在帝国主义列强入侵和国内社会动荡加剧的环境下,传统产业在市场的大海中沉浮不定,包括江西商人在内的传统商人都面临着严峻的考验和挑战。考察晚清以来的商业界,我们能够看到江右商人在传统活动区域以及经营行业中的衰中求变。他们积极参与商会建设,仍然是一支重要的商业力量,并在传承与转型中获得一定程度的新生。

第三节　衰中求变:近现代商业经济中的赣商

一、晚清民国时期赣商蹒跚前行

光绪末年,清廷新政规定"凡属商务繁富之区,不论系会垣、系城埠,宜设立商务总会;而于商务稍次之区,设立分会"。商会是跨行业的商人联合组织,不限籍贯和行业,从横向上把各个行业联络和组织成一个整体,从而解决了商人组织分散和互不统属的问题。商人加入商会,以商人所在地区作为入会的标准。商务总会通常设总、协理各一名,在议董中选举产生,资格条件要求在当地有实业者。[①]晚清以来,各地纷纷组织商会。在江西商人的传统经营区域,商会要真正成为大多数商人的组织,很多情况下必须借重江西商人之力,而江西商人要继续生存和发展,也必然依凭商会这一舞台。考察各地商会中江西商人的情况,可以粗略地判断晚清民国年间江西商人在该地商界的实力。

---

① 马敏主编:《中国近代商会通史》第1卷,社会科学文献出版社2015年版,第135、233页。

常德商会在湖南率先成立，自光绪三十年（1904）至1949年，常德商会十三任会长中，除去三任籍贯不明者外，其余十任会长中江西商人有七位。他们是1914年至1915年担任常德总商会会长的南货店老板蔡梓陶，1916年至1918年担任常德总商会会长的罗紫庵，1919年至1921年担任常德总商会会长的晋昌生油行店东郑莲荪，1922年至1926年担任常德总商会会长的亚细亚洋行经理曾春轩，1926年至1927年担任常德商民协会委员长的贺洪太南货店店主贺凤章，1932年至1937年担任常德县商会主席的丰记绸布号经理王新民，以及1940年至1942年担任常德县商会主席的松记绸布号经理郑宗元。[1]

湖南湘潭县商会于宣统元年（1909）成立，会址便设在原七帮议事场所福善堂，江西商帮帮董刘福衢任首任会长。宣统三年（1911），湘潭县商会改组，江西商帮帮董徐云荪当选为第二任会长。[2] 湘西凤凰市场上的绸布花纱、金银首饰、土特产品等商品的长途贩运与开店坐铺销售业务，一向为江西商人所垄断。清末民初，江西商人拥有熊祥昌、庆丰祥、裴三星、孙森万等大商号。他们根据时令季节、供求关系等信息，疏通流通渠道，建立商业网络，将山区盛产的桐油、茶油、牛皮、五倍子、朱砂、水银、烟叶、苎麻、硝碱、生漆等土特产品，下运常德、桃源、长沙、汉口等大码头出售，再购回绸布、花纱、食盐等生活必需品运转凤凰集散。凤凰厅没有组织商会之前，由于江西商人掌握雄厚资金，江西会馆成为全县商民处理商务的会议地点，有权向商民征收货物税，在麻阳县属的石羊哨设立货物转运站，登记进出货物，凭证征收厘金税。1912年，凤凰商会成立后，江西商人在其中仍有很大势力。凤凰商会会长先后有刘帮熙、曾和平、裴光中、熊政成、陈东恒、杨沅昌、戴滨诚、熊承煊、龚佳荣、裴庆光等十人，其中有五人可以确定是江西商人。[3] 江西商人能够当选商会的会长或主席，首先说明他们自己有一定的经济实

---

[1]《常德商会会史（1905—1949）》，《常德市文史资料》第2辑，1986年1月，第1—27页。
[2] 民建湘潭市委、湘潭市工商联编：《湘潭市工商业联合会史稿》，1987年9月编印，第5页。
[3] 裴庆光、熊良忠：《解放前凤凰商业拾零》，《凤凰文史资料》第1辑，1988年8月，第224—228页。

力，而且当地一定有足够多的江西商人或支持者。

清末商会成立后介入城市的公共领域，形成公共领域中的绅商领导体制。江西商人亦通过商会在地方社会建设和管理中发挥着积极作用。湖南衡阳县商会成立之初并无固定会务，仅为应付行政官署咨询的机构。辛亥革命后，作为衡阳最有势力的江西会馆先后派出不负众望的朱席芝、杨贡轩进入商会，被选为副会长。1918年，吴佩孚进驻衡阳，即向衡阳商会"筹借"饷银三万元。在遭到商会会董避拒时，吴佩孚旋即下令"捉拿大户店主为质"，广大商民人心惶惶。商会为了取信于商，出面调和，由副会长杨贡轩遣其店伙周炳生出面与之周旋，借给银洋二万七千元，赎回"人质"。1924年四五月间，衡阳境内发生历史上罕见的大水患，城外一片汪洋，城内低洼处亦成泽国，沿江商户受灾极为严重。灾情波及临近各县，四乡及邻境灾民涌入衡阳城，等待赈济。副会长杨贡轩专函其兄杨尔臣，就近从湘潭购入大米，急运衡阳平粜施放，差价由筹募的基金中补贴，使衡阳百姓渡过难关，深得社会各界的赞誉。后杨贡轩因年事已高从商会中退出，1947年，其侄杨达三（杨尔臣之子）被选为衡阳商会的常务监事。[1]

晚清民国年间，江西商人在一些地区仍执商业之牛耳。在湖南望城，江西人在靖港、乔口做生意或做帮工的多达三百人以上，如靖港正大煤油公司，永昌祥油盐南货号，大隆昌绸布庄，黄同丰、黄同福金银首饰店，匡永昌、肖顺昌秤铺等都是赣商开的。[2]在湖南常宁县城，几乎所有的药店都是江西商人开设的，著名的有罗志翔开的"志仁堂"、吕仪新开的"吕力新"和陈延龄开的"陈裕和"等。除药店外，大多数的绸布店也是江西人开的，如刘纶钧开的"锦纶泰"、杨菊生开的"杨永春"、罗德钦开的"鼎新昌"和杨梅生开的"恒茂"等。这些店铺资金雄厚，"志仁堂"药店有一个很大的铺面，两张长长的柜台，雇工二十余人，流动

---

[1] 市民建、工商联文史组：《衡阳商会》，《衡阳文史资料》第2辑，1984年4月，第81—95页。
[2] 熊佑林口述、张超整理：《中医行业六十年》，《望城文史》第3辑，1987年12月，第138—141页。

资金有近万银洋。"锦纶泰"绸布店在长沙、衡阳等地拥有多处分店，资金比"志仁堂"还要雄厚。①

在湖南津市，江西商人凭借雄厚财力修建义渡。澧水穿成津市县城而过，南北两岸过渡由南岸私人板划操纵，无钱休想过河。有时水大，南北两岸过渡中断，只能望河兴叹。江西商人人多店多并乐善好施，积极筹划修建义渡。1914年，江西会馆主持人喻瑞辉、王芝九、雷洪盛、熊良臣、聂春华、吴少梅等发起建南北两岸码头，因由江西帮所建，称呼"江西码头"，并树立界碑，以防外人侵占。1930年，南北两岸被洪水冲毁，为修复码头，江西帮领头人李子洁、胡彬生、聂畅和、喻兰生、黄绥来、王紫芝、王德成、王兴财等成立修建会，由隆兴和药号大管事杨汇川负责总监修。为便于待渡者歇息，还在南岸码头修建一座"豫章亭"。义渡由南昌、吉安、临江、瑞州、抚州五府商人分别承担，具体为：南、吉、临各备渡船两艘，瑞、抚两府商人共造渡船两艘。八艘渡船中，四艘常年在江面往返，四艘在岸上修理备用。壹号渡船归南昌府（主要是南货、估衣商人），贰号渡船归吉安府（主要是布匹、南货商人），叁号渡船归临江府（主要是药业商人），肆号渡船归抚州、瑞州二府（主要是金银业、油行、纸炭业商人）。船只修理及其他费用，由各府按自管船只承担。②

在云南商界，江西商人在晚清民国年间也占有重要地位。当时的昆明商业已涵盖有丝绸、棉纱、裘皮、茶庄、五金、皮革、瓷器、首饰、成衣、靴帽、杂货、油蜡、纸笔、墨砚、铜锡、竹篾、木行、板材、砖瓦、药店、旅店、堆店、钱庄、当铺等多种行业。这些商业行业又分为京帮、广帮、川帮、赣帮、迤西帮、迤南帮和迤东帮等多个帮口。其中京帮主要经营丝绸、缎面、裘皮及百货；广帮主要经营海鲜、五金及杂货；川帮主要经营黄丝、金堂烟、大烟、黄金、白银、皮革、堆店业；

---

① 曾昭文：《常宁万寿宫及江西同乡会》，《常宁文史资料》第3辑，1987年10月，第183页。
② 黄友义：《津市江西码头、义渡的起源》，《津市文史资料》第4辑，1987年10月，第85—86页。

赣帮主要经营瓷器、棉布、棉纱、丝绸等。① 在广西，外省商人主要来自广东、湖南、江西、福建、云南、贵州、四川等省，以广东、福建、江西、湖南为四大帮。在民国广西 101 个县中，66 个县有赣商经营的记录。江西商人经营范围集中在典当、土特产运销、手工加工制造业等传统行业。白果之乡海洋圩，经营白果收购的商人半数以上来自兴安、全州、湖南、江西，其中以江西商人、湖南商人为多。②

清末民国年间，江西省内商业经济亦有一定程度的发展，特别是在 1927 至 1937 年间发展状况最佳。南昌是江西省会，商业繁盛之地。南昌的商业情况要比其他中小城市更强更盛，从南昌的商业情况可以粗略地观察民国年间江西商业的情况和赣商在商业大潮中的拼搏和坚守。1933 年 3 月，南昌市公安局调查统计南昌市商业情况，列表如下：

表 1-1　南昌市商业分类统计表（1933 年）

商业别	家数	商业别	家数	商业别	家数
金银首饰	65	银行业	11	银店	103
旅馆	146	通讯社	29	交通	95
饮食店	527	报馆	12	派报社	15
挑力把	27	酒店	204	石灰	25
香店	55	洋货店	342	古玩店	30
洋铁	99	刻字	34	补牙	13
炮坊	2	鱼行	6	泥木	210
洗染	96	猪市	28	绘画	11
纸匣	25	布店	218	扛把	20
皮革	104	砖瓦	33	裱糊	90
彩亭行	4	剪刀	16	钱纸	56
帽店	51	棉花店	35	西药社	7
烟叶行	6	鞋店	165	草织业	14
浴堂	5	鸡鸭店	26	椅垫	9
罗筛	5	粮食	670	茶栈	20
中衣	69	荒货	36	扇店	8
搭棚	37	西服	40	印刷	52
漆店	76	零剪	12	理发	175

---

① 李珪：《云南近代经济史》，云南民族出版社 1995 年版，第 17 页。
② 陈炜：《近代广西境内的商贾》，《贵州文史丛刊》2003 年第 4 期。

续表

商业别	家数	商业别	家数	商业别	家数
麻行	18	纸扎	62	袜店	92
烟店	115	纸行	20	照相	16
肥皂	16	柴炭煤	157	竹木行	121
锡箔	16	纸店	96	牙骨石器	54
丝织业	101	皮货	24	□板	69
杂货	362	胶皮车厂	40	书店	45
篾货	125	五金	275	靛行	19
玻璃	41	碾坊	35	缝衣	506
船行	24	雨伞	42	船厂	62
藤竹木器	414	脚踏车行	6	绣货	11
土车店	30	食品店	1440	药材	118
瓷器	58	花爆	38	京戏院	3
影戏院	2	说书场	9	花园	26
石羔行	11				

（资料来源：《经济旬刊》第1卷第9期，中华民国二十二年八月二十一日版。）

南昌市商业与全省形成商业网络。就卷烟业而言，1933年，南昌市卷烟业销售最多者为"福安公司"，经理二十支金字塔香烟，全年销额近一万大箱，获利在十万元以上。次为经理英美烟公司的"联合烟号"，有大小哈德门及大前门各牌香烟，销路均广，获利在三万元以上。三为经理江浙烟公司的"裕成烟号"，十支建国牌香烟，每月行销丰城、樟树、吉安、抚州等处，恒在一百余大箱。上海华美烟公司出品的蓝买司干香烟，亦归该号经理。其年终红利约在一万元左右。经理大小英及硬美伞牌的"协昌和"，每月常有三数百箱的销额，获利亦在五六千元。经理南洋公司的"中大烟号"，只有长城牌销数尚好，余牌均属平平，初尚获利六千余元，嗣被外间倒欠一千余元，故年终获利不满五千元。"大运商行"经理牌名多至五六种，但只有双龙牌能月销行数十箱，惟利益极薄，故获利不过一二千元。经理美丽的"华大信号"，上季营业平平，中季稍损，下季较为发达，统计获利二千元左右。经理太平烟公司的"萃丰庄"，所售新江西牌香烟，在岁首销售极好，某月份曾销至六百余大箱，嗣因取消赠品，销售一落千丈，继受外埠退回霉烟，结果无赢反亏蚀颇巨。经理红狮的"恒兴永"，因销售有限而开支减少无几，亏蚀一千余元。经理水手牌的"利和烟号"，因销数太少亦略有亏蚀。经理航空牌的"信昌"，销路只吉安一处，但利益较厚，约赢利二千余元。经理璇宫的"华丽"，销场曾轰动南昌一时，营业虽只数月，尚有千余元盈利。经理高而富及中华门等牌的"仁记号"，营业虽不甚巨，但经理人经营得法，获利一千余元。

南昌市花园业因 1930 年、1931 年冬令寒冷，突较北方尤甚，至各园所有之花，概被冻毙无余，连本全丢，因而无力复业者颇多。1933 年 3 月，南昌市公安局调查时仅有 26 家，至年终复业者有 44 家。其营业最巨而获利最多者，首推"熊华茂号"，全年营业共计三万余元，除缴用及添购花木之外，约赢利二万元左右。次为"李馨记"，全年营业一万余元，除缴用及添购少许花木之外，约获利五千余元。再次为"邓留春"，全年营业亦约一万余元，盈余约计三千余元。四为"姜芳林"，全年营业一万余元，因添购花木过巨，故收支两抵，大约只能相敷。其次各园筑园均甚狭小，各均不过二三千元营业之谱。至去年花园业获利原因，约有下列三大端：（一）各园均兼自制茶叶出售，园茶营业颇佳；（二）添购某处出产之花木成本甚廉；（三）花价颇高，茉莉最高行情，每斤竟售至十元零四角，中平行情，每斤亦售七元六角。珠兰行情，高低相扯，每斤约合三元五角五分。

银钱业为百业枢纽，执商场之牛耳，倘非经理不善，或逢意外倒账损失，则其获利自可操诸左券。1918 年以前，南昌市银钱业因营业巨大，每家获利数万元为常事，甚有获利五六万元，以至十余万元者。后因内忧外患，土产营业减少十之八九，出口营业尤受绝大打击，是以该业在 1933 年营业范围狭小已极，均以本市营业为主，绝少外属生意，且均抱定稳健主义。故一年之中极少有受意外倒账损失者，是以营业范围虽小，获利尚颇可观。但尚有美中不足者，则该业各号大部分均兼营特货抵押放款，不幸秋间特商成丰等两号突然倒欠二三十万元，致该业各号已获之盈余，受亏倒去不少。总计该业在 1933 年仍为全红之年。"裕隆""同吉"，红利约近三万元；"德昌祥""意康""福元""泰丰仁"，红利约均在二万元以上；"益大协""利仁""永大""义升恒"，红利约均在二万元左右；"恒隆""源源长""庆元"，红利约均在一万余元；"永余庆"，因营业范围尚小，红利约只有四五千元；"元盛"，经营特货抵押放款最巨，原曾获利四五万元，嗣受成丰等特货号倒闭损失甚巨，故获利不过一万余元；"松盛""同丰""同大协"，以经营食盐为主，银钱营业范围极小，故获利不过四五千元至六千元。

瓷为江西著名特产，南昌虽并非直接出产所在地，但居江西省会之区，交通便利，商贾辐辏，各省人士，慕于赣省盛名，屡多因便利关系，则在南昌购买。因景德镇交通不便，运输维艰，水脚昂贵，虽南昌批价或较景德镇为贵，然而交通便利，水脚较省，故宁可舍彼而就此。南昌综计大小瓷店约有七十余家，内分粗瓷和细瓷两种营业。粗瓷以外埠及各乡镇批发营业为主，1933 年营业最佳者首推"李和兴"，全年营业约在十万元以上，获利约计二万余元。次为"胥兴隆"，全年营业约计六万余元，获利约计一万余元。三为"生昌厚"，全年营业约计三万元，获利约计四五千元。再次为"永顺和""正兴"两号，全年营业各约二万余元，获利二三千元不等。细瓷营业最佳者，首推"中华"与其连号"新中华"，本省军政各界多在该号营业，沪、汉、浔及本省各属细瓷批发，亦有一部分在该号采办，全年两号营业，共约十余万元，获利约计三四万元。二为"兴华"，全年营业，约计五六万元，获利约计一万数千元。三为"振华"，全年营业约计四五万元。"程兴盛"，粗细瓷兼营，全年营业约四五万元，获利亦约万元。其次为"丽泽轩""光亚""聚精华"等数家，全年营业各约三四万元不等，获利均颇可观。其他各号多为数千元营业，获利亦各多少不等。[①]

[①]《南昌市商业盈亏之回顾》，《经济旬刊》第 2 卷第 2、3 期合刊，中华民国二十三年（1934）一月二十一日版。

南昌杂货、旅栈、米业、屠业等三十余种小行业，认为南昌各商人不谙社会文化演进，一味墨守成规，不思货品之改良，不求发展营业之途径，遂联合发起组织商情研究社，举凡关于各行业一切的探讨，均可随时作公开的研究，俾收集思广益之效。1933年6月16日，商情研究社召开成立大会，选举汪和声等十五人为理事，刘静候等七人为监事，并发出宣言："20世纪乃一商业竞争之时代，觇人国者，恒视该国商业之盛疲，为强弱之判断。故东西列强，莫不以商业发展之力量，而称雄于世，横视一切。我国自古以农立国，对于商业素不重视。在昔闭关时代，交易尽属国人，利害尚不显著，迄自海禁大开，外商涌入，挟其新兴工业出品，辅以饶有商业学识和经验之人才，与华商相角逐于市场，胜利迭操，应付益精。数十年来，遂致我国商业一落千丈，莫可挽救。揆厥原因，良由我国商人大都昧于世界大势，只知墨守旧法，不识应付潮流。当此商战时代，焉能与外商相抵抗。同人有鉴于斯，爰有本社之组织，期以团聚商人才，秉个人之所得，作共同之研究。如国货之应如何提倡也。我国手工业出品数本不少，足供国人需要而有余，乃自工业革命以来，外货涌入，国人喜其新奇，争相购资，旧式国产物品，遂无形打倒，以致失业日多，农村经济因以破产。比年以来，国内各地厂户仿制洋货，风起云涌，原有国产，亦逐加改良。货物之精美，不亚于舶来品，乃销不广，推行维艰，洋货仍属充斥，国人仍喜购用。推其原故，此皆未获提倡之良法，亟须详密研究，期以达推行尽利战胜洋货之效。生产之应如何发展也。我国产业落后，百业凋敝，以致农村经济破产，流亡载道。失业既多，盗匪益增。近则内忧外患，交逼而来，大有国将不国之势。顾救国之道虽多，而发展生产，提倡实业，确为根本至要图，此同人应殚精竭虑作精密之探讨者。此外如商情之应如何研究，商业之应如何发展，与夫商人利益应如何图谋，痛苦之如何解除，同人不敏，谨当尽智力之所及，作精密之研究，期以一得之愚，贡社会之采纳焉。"[1]商情研究

---

[1]《南昌商人组织商情研究社》，《经济旬刊》第1卷第3期，中华民国二十二年（1933）六月二十一日版。

社的成立，反映了江西商人以商业经济推进社会发展的主观努力。

1933年，江西省政府经济委员会为明悉全省各地商业现状以便设计发展，制定各县镇商业调查表两种：一种为略表，寄经济委员会各县镇工商情况通讯员查填，表内所问限于各行业普通状况；一种为详表，寄各县镇商会分转各行同业公会，按号查填，表内所问事项为组织、资本、开设年月、店员人数及商业情况等。[①]1934年初，经济委员会统计了四十七个县镇的商业发展情况。

表1-2 江西县镇商店概况统计表（1933年）

县镇名称	全县镇共有店铺家数	各家资本（元）			
		合计	最多数	最少数	平均数
德安县	396	362775	10000	50	916
樟树镇	558	1718080	50000	100	3079
崇义县	47	14618	2500	50	311
峡江县	99	132200	6000	100	1335
泰和县	136	233850	30000	100	1719
沿溪渡	64	98500	12000	30	1539
萍乡县	377	474100	8000	200	1258
鄱阳县	743	1322100	20000	100	1779
彭泽县	216	211800	2000	40	980
万载县	719	335950	3400	60	467
安义县	256	274000	2000	300	1074
龙南县	366	236410	30000	10	646
南城县	295	714200	100000	100	2456
进贤县	236	65490	10000	40	277
永修白槎、柘林镇	146	31580	1500	40	216
奉新县	259	301000	10000	50	1162
广丰五都镇	279	240450	30000	10	861
新喻县	162	164140	100000	40	1013
靖安县	141	56680	10000	10	403
吉安县	615	5973600	700000	60	9713
南康县	353	510100	10000	200	1445
余干县	269	298995	25200	15	1115
修水县	277	120050	8000	50	831

---

① 《本会一周年主要工作概述》，《经济旬刊》第1卷第18期，中华民国二十二年（1933）十二月二十一日版。

续表

县镇名称	全县镇共有店铺家数	各家资本（元）			
^	^	合计	最多数	最少数	平均数
修水县山口镇	172	88470	5000	30	514
都昌县第四区	103	37890	3000	5	368
乐平县	282	314680	10000	70	1116
星子县	123	89410	6000	20	727
武宁县	490	306530	10000	30	626
铅山县	107	90930	7000	30	850
铅山县河口镇	383	3008800	100000	50	7856
南昌县万舍镇	199	109830	8000	50	552
莲花县	219	11115	500	5	51
莲花县第一区	82	69850	13000	25	852
乐安县第一区	258	124480	2500	20	483
新建县江桥镇	28	45400	8000	200	1622
新建县吴城镇	513	不详	不详	不详	不详
新建县松湖镇	105	105080	20000	50	1000
上高县	814	667000	10000	50	819
上高县界埠镇	54	75600	20000	200	1400
余江县邓桥镇	167	786120	250000	50	4707
景德镇	2766	3559500	100000	50	128
永丰县	232	不详	不详	不详	不详
赣县第九区	40	17090	2000	100	427
金溪县第一区（锈谷镇）	21	1701000	120000	80	15464
宜丰县	235	224290	10000	80	954
万安县	98	53950	2000	50	551
玉山县	330	102300	20000	150	2128
四十七县镇合计	14930	26200081	700000	5	1848

（资料来源：《经济旬刊》第 2 卷第 12 期，中华民国二十三年（1934）四月二十一日版。）

1936 年 10 月出版的《江西年鉴》公布江西各市县商店最多者为南昌市，计 2090 家，次为赣县，计 1658 家，又次为九江市、宜春、吉安、万载、临川诸县，自六百家至八百余家。商店最少者为横峰、永修、彭泽等县，均不足百家。各镇商店最多者为清江樟树镇，计 412 家，最少者为彭泽县的马当镇，计 75 家，其余各镇多在一百余家至二百数十家之间。各业之资本最多为绸缎业，五十八市县绸缎业资本占各业中最大额者，达二分之一，其资本实数自数千元至十万元不等。次为布疋业，占五分之一，其资本实数自数百元至万元不等。又次为油盐业、中药业、碾米业、南货业、旅店业、木柴业、纸业等，其资本实数自数千元至数万元。店员之总人数最多者为南昌市，计12000余人，次为赣县，8100余人，又次为吉安县，4200余人。在三千以上者为九江市、万载县两地，二千以上者为宜春县、清江樟树镇两地，一千以下者为安福、上犹、兴国、安远、鄱阳、石城、大庾、永丰、上饶、黎川、临川、龙津镇等县镇，最少者为横峰、永修、宁冈等县，计各仅百余人至二百余人，其余各县镇店员人数约自三百余人至九百余人。①

江西商人在晚清民国年间还涌现出周扶九、汤子敬、黄文植、胡品高、卢绍绪、萧云浦、余建丞等资本雄厚、影响力广泛的代表人物。

周扶九（1831—1920），名鹓鹏，字泽鹏，号凌云，庐陵县（今吉安县）高塘乡人，近代扬州最大盐商、金融家与实业家、上海滩地皮大王、黄金巨子，其资产达5000万两白银，是中华民国初期的中国首富。十六岁时，周扶九前往同乡在湖南湘潭开的周永孚笔墨店当学徒，后在扬州开办裕通和盐号，后又兼开钱号，先后开有湘潭裕通源钱号、常德裕孚钱号（后改为裕通恒钱号）与裕通和盐号，吉安裕长厚、裕道两家钱号与天益当铺，汉口裕厚德、裕茂隆钱号，长沙裕恒益钱号，南昌裕厚昌钱号、裕康盐号、裕厚隆纱号，赣州裕盛隆钱号（后改为德康钱号）、七海裕大钱号、捷安轮船公司、德丰米厂，江裕丰厚钱号等。在不到二十年的时间里，武汉、长沙、常德、扬州、镇江、徐州、南昌、九江、赣州、吉安、上海、南京、芜湖、湘潭等地都有周扶九开设的钱庄。后来他坐镇上海，各地的钱庄、盐号均委派自己的亲信当经理。他委任各地的经理有三个条件：一是办事稳重，诚实可靠；二是在他的店铺服务时间较久，至少五年以上；三是和他有这样或那样的渊源关系。所以他的庄号经理中，吉安县人占大多数。周扶九举家迁往上海时已年过花甲，但他仍然在生意场上拼搏，在地产、黄金生意之外，还与张謇合资创办了当时中国最大的南通纱厂，1917年，周扶九和刘梯青邀请张謇弟兄建

---

① 刘治干主编：《江西年鉴》，中华民国二十五年（1936）十月初版，第1041页。

立草堰场大丰盐垦股份有限公司,周扶九首先带头将垣产荡地作价入股,包括添资的现金,入股金额共达五十三万余元,占公司定额股金二百万元的四分之一以上。大丰公司的兴办,带动了其他各盐垦公司相继成立。周扶九与张勋合作创办了江西首家"九江华丰纱厂",后改为"久兴纱厂"。到了暮年,他还雄心勃勃,与江西省长陶家瑶合股投资南浔铁路,以及投资汉口水电公司。[①]

汤子敬(1860—1943),字培,号厚珍,临川县七里岗乡酉塘村人,近代中国金融家、重庆工商巨子,近代中国西南首富。临川是太平军与清军争夺的战略要地,原本富庶的临川汤家,在这场战争中遭到毁灭性的破坏。汤子敬怀揣六百钱盘缠,挟着一把雨伞和一双布鞋,随叔父汤韵高去外地谋生,在重庆谢亿泰布店做学徒,先后任谢亿泰布店管账、办内事、跑街,逐渐熟悉了经商秘诀,成为老板谢艺诚的重要助手。30岁时娶谢艺诚之女为妻。当时,社会动乱不止,重庆商界的商户们纷纷将布匹、货物降价抛售,汤子敬大量低价收购布匹和货物,一举赢得巨大经济收益。光绪二十四年(1896),汤子敬先后在重庆开设了"同生福钱庄"和"聚福商号"。因其商号有钱庄为后盾,买卖越做越大。宣统元年(1909),汤子敬在重庆已拥有源长钱庄、正大昌钱庄、德大家钱庄、正大永钱庄、聚福厚布店、德大合布店、裕生厚布店,大昌祥盐号,聚福长山货号,协太原朱丹粉作坊及永美厚银行,世誉其为"汤十号"。汤子敬还大量投资购买房地产,其房产遍及重庆大街小巷,号称"汤半城"。1925年,汤子敬走出重庆向长江下游发展,携带一百万两现金在汉口、沙市、上海等城市,先后创办了七家永美厚银行分行。1928年,汤子敬出巨资协助四川军界刘湘将重庆镇改建为重庆市,在重庆市发展史上留下了重要的一笔。1936年,汤子敬与四川袍哥老大范绍增联合创办四川商业银行,由汤子敬出任银行总经理。汤子敬还与刘航深共创川康殖业银行,由其子汤壹峤出任经理,并将四川商业银行并入川康殖业银行。

---

① 梁仁道:《百万富翁周扶九的兴衰史》,《江西文史资料选辑》总第11辑,1982年12月,第153—162页。

川康殖业银行在汤子敬的有效管理中日益兴旺,成为西南地区重要的经济支柱。①

黄文植(1879—1939),名贤彬,南昌县人,近代武汉商业巨子、近代中国爱国实业家和金融家。光绪十七年(1891),黄文植由族兄携至湖北武穴镇曹裕隆钱庄做学徒,因勤奋经营,被提为经理。1912年,邀集同乡好友筹集资金开设义成钱庄,后合资开办同慎钱庄和聚昌钱庄,独资开办信成麻行和一家布店,公推为武穴镇商会会长。1920年以后,黄文植将经营重心由武穴镇转移到汉口。与汉口通益精盐公司订立协约,由他集资在汉口、九江两地设立精盐公司经销处,自任经理,负责经销湖北、江西两省的精盐业务。后又与久大精盐公司合组大同盐号。1927年"宁汉分裂",湖北全省食盐供应极为紧张,而大同盐号却拥有大量食盐,一年中获利一百多万银元,九江经销处获利二十多万银元。随着经济实力增强,他在武汉先后开德成银号和大孚银行,并任大孚银行董事长。1934年,九江久兴纺织公司连年亏损,濒于倒闭,他带头集资,以承租方式加以接管,改名利中纱厂并任董事长,重金礼聘原上海申新纺织厂邱光庭为厂长,纺织专家朱仙舫为总工程师,严格规章制度,扭亏为盈。1935年,黄文植从有外国股份的复兴实业公司手中,以承租方式接办武昌复兴纱厂,公推为该厂董事长。因商战屡屡获胜,声誉与日俱增,被公推为汉口总商会会长。黄文植乐善好施,在武穴、汉口以及家乡做过大量善事。1937年抗日战争爆发,黄文植劝募救国公债达一千万元之巨。另外黄文植长期任国民政府中央赈济委员会特任委员,救灾赈荒,慷慨解囊。鄂、陕水旱灾害频繁时,他不仅捐献财物,还在汉口、南京设立两所孤儿院,将灾区大批孤儿接来抚养教育。黄文植在家乡南昌县捐资修建万舍桥,设置义渡,施粮济贫,给贫病者免费送药施诊;出资二十万银元,加修赣江西河堤、广福圩堤,使附近四十八个村庄、五万余亩农田得以受益;出资十万银元创办南昌县私立文植小学,吸收

---

① 蔡鹤年等:《重庆"汤百万"的发家史》,《四川文史资料选辑》第4辑,1962年8月,第120—145页。

农家子弟免费入学。黄文植担任江西旅汉同乡会会长十二年之久，三次当选汉口总商会主席，并应私立武昌中华大学校长陈时的聘请，兼任该校的董事长。黄文植凭借精明的头脑和良好的社交能力，抓住机遇，有所作为，成为武汉商界的风云人物。①

胡品高，吉安县拱上胡家人，资财逾百万银两，在湖南衡阳道后街开有信孚当铺，马嘶巷设有盐仓，在南正街"朝东一境"处办有惠孚南货馆，专营海味、南货、糕饼、酒酱等批发业务。凡赣商只要平日能守信用如期归偿货款者，可大量向其赊购货物。他独资修筑由衡阳至吉安长达五百余华里的石板大道。每当岔道路口，都竖立指路石牌，沿途建有茶亭、伙铺，并附有庄田若干亩。对江西来往过客的食宿，收费特别低廉，渡口设有"义渡船"。光绪年间，倡修衡阳的庐陵会馆，全部工程耗银二十四万两，独负十三万两。②

卢绍绪，上饶县人，同治十二年（1873）只身离家来到扬州，先在扬州两淮盐运司下的富安盐场担任盐大使，后弃官经商，经营盐业，陆续发展到有四个盐店，每店约有三五十个制盐的盐灶。后来又由制盐发展到运盐，到光绪二十九年（1903）达到经营的顶峰，拥有约四十余万元家产，成为扬州著名的大盐商。

萧芸浦，泰和县人，生意最盛时期在长江中下游安庆、汉口、南京等地都设有钱庄。据《扬州金融志》载："周扶九、萧怡丰（号芸浦）合创裕丰隆钱庄。周扶九、萧怡丰为扬州盐帮中之巨商……萧怡丰在长江中下游的主要商埠的钱庄均有投资。"

余建丞（1881—1971），字纪明，南丰县人。幼时家贫，先在吴城镇一家杂货铺做学徒，后随兄典臣在南昌通盛钱庄做学徒。余建丞以勤奋好学受知于店主，升为信房、跑街。他先围绕吴城镇木材商大搞存放汇兑业务，后出入钱业公会和汇划公所，兜揽江西汇兑兼营木材和盐。进

---

① 丁文源：《冯玉祥将军和黄文植先生》，《南昌文史资料》第6辑，1989年3月，第79—82页。
② 萧善卿：《衡阳江西会馆——万寿宫》，《衡阳文史资料》第8期，1990年4月，第207—208页。

而在上海商会隔壁弄堂的信昌隆报关行内设"余仁记庄",总揽江西境内汇兑事宜,事业逐渐起步。1935年,市场通用银元和银两,上海通用银元,申汇通用"九八规元"。汉口等大城市沿用银两,汉汇叫"九八六"。钱庄办理汇兑业务,因有银元折银两的差价和汇划两种关系,可两重获利,余仁记庄一跃而执江西汇兑之牛耳。不久,他在南昌市创办义昌仁钱庄,委吴质夫为经理,开设太丰仁钱庄,委朱国珍为经理。旋又投资徐瑞甫为经理的祥丰钱庄、陈希陶为经理的永大钱庄、周扬禅为经理的厚成钱庄,以及万竹村为经理的升济祥钱盐号。并通过南昌中央银行经理杨晓波介绍,推荐其子余筱轩出任中央储蓄会南昌支会经理,余少丞为业务主办。一时实力大增,成为南昌金融界私营企业的首户。余建丞还致力于实业投资,自创立大纱号和祥大五金号,投资朱仙舫开办的九江兴中纱厂,还在上海与人合办盈丰布厂,在苏州与人合办美和织布厂。在江西省银行改为官办时,他邀集商股组建江西省商业银行。1949年初,留长子余筱轩照顾南昌、上海的产业,举家迁居香港,先后经营昌华行、振华贸易公司、天元南货店等企业。[①]

二、改革开放以来赣商重塑辉煌

从新中国成立之初到"文革"结束的近三十年间,江西和全国一样逐步建立起行政命令式的、计划色彩较浓的工商业体制。在企业任职的厂长、书记等管理者,并不是按市场规律进行生产和经营,因而他们不能被归为真正意义上的赣商。1978年12月,十一届三中全会确立了改革开放的基本路线,从此,国家逐步对经济体制进行改革,不断提高对外开放水平,不断扩大企业自主经营权,确立了以公有制为主体、多种所有制共同发展的经济体制,这为赣商的崛起和发展提供了良好的社会经济环境和文化氛围。伴随着由计划经济向市场经济的转型,一大批具

[①] 王松年:《生财有道经营有方——余建丞先生的发迹史》,《南昌文史资料》第9辑,1993年4月,第135—137页。

有较高的商业才能、视野开阔、文化素质高和社会责任感强的赣商在中国市场经济大潮中站稳脚跟，在群雄逐鹿中迅速成长。

张果喜是伴随着共和国一起成长的民营企业家，曾被美国《时代周刊》称作"中国的艾柯卡"。张国喜于1952年出生在余江县，十五岁到镇办的邓家埠农具修造社木工车间当学徒，后来升任车间主任。邓家埠农具修造社因经营不善而濒临倒闭，张果喜揣上筹措的两百元钱，带着三名职工去闯上海。在上海雕刻艺术厂参观学习时，他看到样品室有一只樟木雕花套箱，面刻"龙凤呈祥"图案，外观精美绝伦，他问管理员套箱的价格，得到回答是二百六十元。这个数字让张果喜惊呆了，售货员见他专注的样子，就告诉他，这种箱子是进口货，已脱销了，这只是样品。也就在这一瞬间，张果喜萌发了制作樟木箱的念头。二十一个木匠从此跟着他干起了雕刻活，江西余江工艺雕刻厂也应运而生。十一届三中全会后，张果喜再次来到上海。这一回他看中了出口日本的佛龛，其市场需求很大。张果喜自任攻关组长，组织人员生产，最终佛龛顺利地打入日本市场。张果喜以上海为轴心，以沪宁沿线为依托，建成辐射京津地区的家具生产销售网络。到1985年，张果喜的资产已经达到三千万美金，成为改革开放之后大陆第一位亿万富翁。1990年11月，果喜集团宣布成立。1993年6月5日，中国科学院紫金山天文台和江西省政府在南昌举行隆重仪式，将编号为3028号的小行星命名为"张果喜星"。[1]改革开放短短35年，张果喜演绎了从一个普通农民到时代弄潮儿的人生传奇。

以张果喜为代表的赣商及时把握消费的新趋向。在改革开放之初，赣商几乎是在"第一时间"生产出当时具有进口替代性质的产品和国内创新产品，在国内第一个生产摩托车，第二个生产方便面、洗衣机和羽绒服装，电视机和电冰箱也上得很早。当年，长虹的老总曾来赣新电视机厂取经，春兰的老总曾去湾里制冷设备厂学习。进贤文港的文化用品、李渡的医疗器械、安义的铝合金、资溪的面包和鹰潭的眼镜业，其经营

---

[1] 郑剑:《中国企业界"摘星第一人"——记江西果喜实业集团有限公司董事长张果喜》,《人民论坛》1999年第3期。

者足迹遍神州，执全国同行业之牛耳。余江县中童乡眼镜业在清嘉庆年间（1786—1820）开始出现。新中国成立之后，国家对人员外出做出种种严格限制，中童眼镜业急剧萎缩，从业人员锐减。十一届三中全会后，政府放松了人员外出的诸多限制，外出从事眼镜业的中童人倍增。中童眼镜业逐渐涉及鹰潭市月湖区，至20世纪80年代中期鹰潭眼镜市场跻身于全国四大眼镜市场之一。鹰潭眼镜业的销售地点遍布全国各地，所谓"一副担子满天飞，走遍广东进辽西"。①

表1-3　鹰潭中童人销售眼镜的地点调查表

人物	从事眼镜业时间（年）	曾销售眼镜地点
蔡天禄	1982	内蒙古正镶黄旗、锡林浩特白旗
毛军清	十一届三中全会后	湘、鄂、川、陕、宁、内蒙古
祝街华	1979	甘肃、宁夏、黑龙江嫩江
程元福	1980	山东青岛
祝木太	1980	内蒙古赤峰市、霍林河煤矿、辽宁抚顺市南杂木镇
朱带财	1980	内蒙古乌兰浩特市
严锦林	1981	内蒙古科左右旗、吉林双辽县、桦甸县
祝太清	1977	黑龙江讷河县
周××	1981	贵州、四川、新疆、浙江温州
朱炳财	1987	内蒙古包头市等

（资料来源：邹付水《眼镜行业与鹰潭地方社会变迁》《赣文化研究》2001年第8期，第223页。）

为唱响赣商品牌，树立赣商领军人物，《江西日报》社、江西省社会科学院、江西省工商联联合开展"创业江西——首届中国十大杰出赣商"系列评选活动。2007年，首届"中国十大杰出赣商"评选结果揭晓，他们是汇仁集团董事长、总裁陈年代，江西民生集团有限公司董事长王翔，用友软件股份有限公司董事长王文京，方大集团股份有限公司董事长兼总裁熊建明，福建新吉福企业有限公司总经理刘群仙，荣誉酒店集团董事长胡连荣，江西济民可信集团董事长、总裁李义海，江西三清山旅游

---

① 邹付水：《眼镜行业与鹰潭地方社会变迁》，《赣文化研究》总第8期，2001年12月，第220—223页。

集团有限公司董事长、总裁陈斌，广东华兹卜集团公司董事长黄宏亭，贵州遵义江天水泥有限公司董事长方勇军。

陈年代，南昌县人，1992年9月主持创建中外合资汇仁制药有限公司，任董事长兼总经理。1997年着手组建汇仁集团有限公司并任董事长兼总裁。在短短十几年的时间里，陈年代使一个名不见经传的地方小厂迅速地发展成为闻名全国的大型医药企业集团。他把"仁者爱人"作为企业的核心理念，走出了一条独具特色的当代赣商发展之路。

王翔，彭泽县人，20世纪70年代末白手起家，艰苦奋斗，历经油漆匠、个体户、社区生产组织等职业生涯磨砺后，1985年创办江西民生集团有限公司，成为改革开放以来的第一代民营企业家。1995年，民生集团跻身全国最大私营企业500强。王翔连任三届全国政协委员，两次建议修改宪法，提出全面取消农业税，建议制定"物权法"。2007年，王翔又成为中国十大慈善家中唯一的江西人。

王文京，上饶县人，1988年以五万元借款与苏启强合伙创办用友软件公司。用友公司从两个人支撑的软件服务社逐步地发展成为中国最大的财务软件公司、中国最大的管理软件公司、中国最大的独立软件厂商，2001年用友软件的股票成功上市。王文京是中国财务软件的领跑者，证明了中国人能做自己的软件。他集创业者个人价值和民营高科技企业魅力于一身，缔造出一个中国软件企业的神话。

熊建明，新建县人，1991年12月创立方大集团股份有限公司并任董事长、总裁。在传统与现代之间，熊建明将资本和技术结合且运用自如，在高新建材和半导体新型材料的研发与经营领先的同时，还拿下了同行业中第一个拥有A股、B股上市的记录，促进并带动了我国半导体照明产业实现历史性的跨越。

刘群仙，永新县人，1994年创立福建新吉福企业有限公司，担任公司总经理。2006年当选福建江西商会会长。诚实守信的经营理念令刘群仙蜚声业界，他目光长远，放眼全球，支持家乡建设，实施品牌战略，一手打造的"新吉福"已成为福建乃至东南沿海地区的知名民营企业。

胡连荣，抚州市人，既有着艺术家的气质，又有着企业家的精明，凭着自己对事业的满腔热情，最终成为在全国酒店餐饮业叱咤风云的人物，为酒店旅游业的发展和海峡西岸经济建设做出了突出贡献，为广大青年创业者做出表率。

李义海，南昌县人，是立足红土地发展的江西药界风云人物，怀着"济世惠民、信待天下"的远大抱负，以势不可挡的速度将济民可信集团打造成医药行业的一艘航母，并倾力使之发展成为中国中成药的优势龙头企业。

陈斌，余江县人，先后创建江西三清山索道有限公司、三清山天门山庄有限公司、上饶中国国际旅行社、上饶三清大酒店、三清房地产、三清运营管理、婺源三清旅游集团等骨干企业，同时涉足影视文化传媒等相关产业。2000年组建江西三清山旅游集团有限公司，任董事长、总裁。

黄宏亭，临川县人，涉足石油、化工、电子、酒店、房地产等行业。由于在品牌建设方面的成就，2005和2006年连续两年荣获"中国品牌十大建设杰出企业家"称号。从一个海外学子到一名爱国创业者，他以收购、并购为主，走出了一条有别于传统营销思路的快速通路，走出了同行业中一贯的产品同质化的思路，以独特的功能性环保产品一举成名，震动了整个涂料界，一跃成为行业典范。

方勇军，铅山县人，凭着自己坚毅的性格及好学的态度，努力拼搏，从水泥厂的一名普通工人成长为多家独资企业的掌门人，从一家到八家，从中部到西部，扩张之路一发不可收拾。

2007年12月17日，江西省赣商联合会在南昌宣告成立，张果喜任首任会长。江西省赣商联合会是经江西省政府批准在原十几家省外江西商会基础上组建的具有法人身份的社会团体，由江西省政府对外经济技术合作办主管，宗旨为传承江右商帮传统，弘扬赣商文化，凝聚赣商力量，促进赣商交流，增进赣商友情，维护赣商权益，建设美好江西。2008年10月26日，由中国商业联合会、中华新商帮大会组委会专家评审团综合评定，赣商联合会以机制创新、制度创新、内容创新、活动创新被授予"2008中华十佳商会"称号，正式进入全国十大新商帮行列。上海市江西商会的邓凯元、程长仁，云南省江西商会的李竹生等赣商荣获"全球百名华商创新品牌人物"称号。

2008年，第二届"中国十大杰出赣商"评选揭晓，他们是果喜集团董事长张果喜、用友软件股份有限公司董事长王文京、江西赛维LDK太阳能高科技有限公司董事长彭小峰、江钨集团董事长钟晓云、佛山新美陶瓷重庆（集团）有限公司总经理舒道福、核工业烟台同兴实业有限公司董事长龚景仁、豪德集团董事局主席王再兴、多伦多集团董事局主席王雪冬、上海凯暄矿产资源投资有限公司董事长邓凯元、上海金銮国际集团董事长程长仁。

江西赛维LDK太阳能高科技有限公司董事长彭小峰，是首位跻身《福布斯》中国富豪榜前十的江西人。他生于江西，长于江西，公司也在江西，是一位新时代的典型赣商。1996年，他辞职下海经商，从在江苏创立柳新集团，再到创办现已在美国纳斯达克上市的江西赛维公司。在短短十几年的时间里，彭小峰身家高达数百亿元，在2007年胡润中国百富榜上排名第六。他用江西人特有的勤劳，加上自己的聪明才智，创造出一个财富神话。江钨集团董事长钟晓云，在江钨集团优质资产分离后，三年间成功地将负重累累、销售收入只有一亿多元的企业，壮大到了销售收入突破四十亿元的优强企业。

2015年，第三届"中国十大杰出赣商"评选揭晓，他们是江西万事达实业有限公司董事长万若平、江西金鸿马现代物流有限公司董事长习文伍、江西朱子实业有限公司董事长江亮根、厦门市得尔美卫浴有限公司董事长严永强、江西人之初集团董事长李国勇、江西广源化工有限责任公司董事长李海滨、福建省华星工程机械有限公司总经理杨和平、中国上犹创意油画产业园总经理陈国辉、深圳市兆驰股份有限公司董事长顾伟、内蒙古赣商投资股份有限公司总经理程建华。

江西金鸿马现代物流有限公司董事长习文伍，一直注重企业的创新，建立了一整套科学规范的公司管理制度，为企业的发展奠定了牢固的基础。他非常注重企业的品牌效益和品牌意识，以及品牌经营理念，自行投资 5.8 亿兴建自主经营的金鸿马物流产业园，在江西省物流行业中具有极高的品牌影响力。该产业园是集汽车销售、售后服务、汽车维修、保养、汽车配件、仓储、物流、餐饮、休闲为一体的大型综合性物流产业园。自公司创办以来，习文伍始终秉承"以诚为本，以德兴业"的诚信经营理念，积极维护市场公平环境，积极回馈社会，热心参与社会公益活动和慈善事业，并创立了金鸿马助学基金会等。人之初集团董事长李国勇，以现代市场营销为利剑，以人才为根本，以品质为保障，凭借出色的品牌运作和企业管理，使"人之初"品牌从江西红土地走向全国，成为中国婴童辅食行业的前三甲标杆型企业以及婴幼儿奶粉新锐品牌。

改革开放以来，深受赣鄱优秀文化浸润的赣商，更多地意识到自己的社会责任和历史使命。他们继承传统江右商的良好品性，并在新时期发扬光大。赣商姓赣，赣字中有个"早"字，有个"贡"字，他们是早走一步、有创新精神的商人，并且是乐于奉献、善于奉献的商人。赣商和前辈江右商共同创造的赣商文化，是中国商业文化的重要组成部分。

【第二章】

赣鄱商业环境文化

商业环境文化包括表层、中层、深层三个层次，表层是指与商品流通密切相关的、有形的物质环境文化，中层是指政治环境文化，深层是指心理环境文化。明清时期，优越的地理位置是江西商业经济发展的区位条件，经济作物的普遍种植和手工业的极大发展为江西人经商行贾奠定了物质基础，而重商重利思想得到江西民众的普遍认同，则是江西商业经济发展的内在动力。大量的江右商人外出谋生，哪儿便于生存，就在哪儿扎根、繁衍。明代王士性（1547—1598）对江右商人有一段评述："其出也，能不事子母本，徒张空拳以笼百务，虚往实归"[1]，意为去时赤手空拳，回时腰缠万贯。近代湖南籍著名作家沈从文曾生动地记述江右布商"一个包袱一把伞，跑到湖南当老板"。在迁居湖南湘乡的江西商人中亦流行着同样的一句话："一个包袱一把伞，出来就要当老板。"[2]江西商人闯荡江湖打天下，出来就要做老板的那份自信，是赣鄱区域有利于商业经济发展的深层环境文化。今天，赣鄱大地上仍传唱着"细伢子不要懒，大了可以做老板"的儿歌。[3]

第一节 "士农商贾皆可有成"

一、江西各府州县的江右商

明清时期，江西人游食四方以经商牟利，其足迹遍布全国各地，这给世人留下了深刻的印象。明万历时浙江籍吏部尚书张瀚在《松窗梦语》卷四《商贾纪》中说："江西三面距山，背沿江、汉，实为吴、楚、闽、越之交，古南昌为都会。地产窄而生齿繁，人无积聚，质俭勤苦而多贫，多设智巧，挟技艺以经营四方，至老死不归，……九江据上流，人趋市

---

[1]（明）王士性：《广志绎》卷四《江南诸省》，周振鹤点校，中华书局2006年版，第274—275页。

[2] 朱金南等口述、葛顺荣整理：《湘乡国药业同仁忆旧》，《湘乡文史资料》第4辑，1989年1月，第108页。

[3] 张涛：《中国歌谣集成·江西卷》，中国ISBN中心2003年版，第647页。

利。南、饶、广信，阜裕胜于建、袁，以多行贾。而瑞、临、吉安，尤称富足。南赣谷林深邃，实商贾入粤之要区也。"①这段话描述了江西人经商的原因和条件，由于"地产窄而生齿繁"导致"人无积聚"，江西商人为求生存"挟技艺以经营四方"，甚至达到"老死不归"的程度。明清时期，江西各府州县的商人在文献中被记述下来的颇多，仅就阅读所及略述之。

南昌府。明代新建县人徐世溥对南昌商人的经营地域有这样的表述："豫章之为商者，其言适楚，犹门庭也。北贾汝、宛、徐、邠、汾、鄂，东贾韶、夏、夔、巫，西南贾滇、僰、黔、沔，南贾苍梧、桂林、梧州，为盐、麦、竹箭、鲍木、旃罽、皮革所输会"，足迹遍及大江南北，其中"南昌之民客于武汉而长子孙者，十室居九"。②明弘治《南昌府志》对南昌商人多有记述，该志今已不存，康熙《西江志》卷二十六《风俗》引述称："南昌府，地狭民稠，多食于四方，所居成市。"万历《南昌府志》卷三《风俗》载，南昌、丰城、进贤各县"生齿繁伙，村落丛集，土浅田瘠，稼穑桑麻之入，不足给养生送死之需，赋役之供悉取办四方，岁以为常。所以南昌、丰、进，商贾工技之流，视他邑为乡，无论秦、蜀、齐、楚、闽、粤，视若比邻。浮海居夷，流落忘归者十常四五。故其父子兄弟夫妇自少至白首不相面者，恒散而不聚，无怨语也"；又称，奉新县"农务耕桑，民多商贾"。乾隆《南昌府志》卷二《疆域·风俗》载，"编户之民五方杂处，多以逐末为业"，"其挟资贸迁者"，"往来吴楚之交"。同治《南昌府志》卷八《风俗》载，义宁州民挟其术以奔走四方，相率竟成"积习"；卷四十八《国朝孝友》载，南昌县商人刘善萃"服贾汉口"，而"兄羁旅滇南"。光绪《江西通志》卷一百七十一《列女》载，南昌县商人黄庭继"客游南畿"，同邑商人杨俊远"经商于蜀"。道光《丰城县志》卷十七《善士》载，丰城县商人吕仕麟，初"负贩自给，既丰于财"，乃作远行计。

---

① （明）张瀚：《松窗梦语》卷四《商贾纪》，盛冬铃点校，中华书局1985年版，第84页。
② （清）徐世溥：《榆溪集选》之《楚游诗序》，顺治十七年肥静斋陈氏刻本。

饶州府。《明世宗实录》载，正统元年（1436）九月，浮梁县瓷商陆子顺"进瓷器五万余件，上令送光禄寺充用，赐钞偿其值"。[1]从瓷器的数量来看，陆子顺应该是一个很有经济实力的大商人。明代王世懋（1536—1588）在《二酉委谭摘录》载，景德镇"天下窑器所聚，其民繁富，甲于一省。余尝以分守督运其地，万杵之声殷地，火光烛天，夜令人不能寐。戏目之曰：'四时雷电'"。接着他又说："镇民既富，子弟多入学校，然为窑利所夺，绝无登第者。惟嘉靖间万年贼起，镇人逃匿，停火三月，是秋遂中吴宗吉一人，亦竟不成进士，后为吾郡倅，升黎平守而卒。宗吉前后，终无一人举者，吁亦异矣！"[2]在王世懋看来，景德镇瓷业相当繁荣，由此带来的高额的利润回报，令镇民子弟"为窑利所夺"，纷纷投入到瓷业生产中来，导致当地科举考试"绝无登第者"。康熙《西江志》卷二十六《风俗》引汪肩吾语，饶州府士子弃儒服贾，"皆出四方以就利"。道光《浮梁县志》卷二《风俗》载，浮梁县"商工皆出四方以就利。其货之大者，摘叶为茗，伐楮为纸，坯土为器。富则为商，巧则为工"。同治《万年县志》卷二《风俗》载，万年县居民"三时之暇，间有小贾，得资生之正道"。同治《德兴县志》卷一《风俗》载，德兴之民为货谋生，"间以运贩于外"。同治《乐平县志》卷一《风俗》载，乐平县盛产石炭、石灰、青靛、甘蔗、烧酒等物，商民负贩，"往来吴楚市场"。

广信府。康熙《贵溪县志》卷一《风俗》载，乡之民"间有载米粟于饶、徽，鬻楮钱于荆、楚，货竹木于京、淮，越地千里"。道光《贵溪县志》卷十二《风俗》载，"民力田而外，供资生理，工其一焉。或陶于饶，或褚于铅，或效技于本邑他郡"。同治《广信府志》卷一之二《风俗》载，"市井阗溢，货贿流衍"。同治《玉山县志》卷八《列女》载，玉山县商人徐一鸿"依内兄客游杭州"。

抚州府。明代王士性游迹几遍全国，他曾说："江、浙、闽三处，人

---

[1]《明英宗实录》卷二十二《正统元年九月乙卯》。
[2] 谢国桢选编：《明代社会经济史料选编（校勘本）》下册，福建人民出版社2004年版，第10页。

稠地狭，总之不足以当中原之一省，故身不有技则口不糊，足不出外则技不售，唯江右尤甚。而其士商工贾，谈天悬河，又人人辨足以济之。……故作客莫如江右，而江右又莫如抚州。"①明代抚州人艾南英（1583—1646）称："大抵吾乡之俗，民稠而田寡，不通舟楫贸易之利。虽上户所收，不过半亩数钟而已，无丝枲竹木之饶，故必征逐于四方。凡其所事之地，随阳之雁犹不能至，而吾乡之人成都成聚于其所。"②嘉靖《东乡县志》卷下《风俗》载，东乡县人"工巧足用，贸迁以给"。嘉庆《东乡县志》卷四《风土》载，东乡民"谋生之方不一，书肆遍天下，而造瓷器于饶州，造纸于铅山尤多……无籍之民，不役纸厂，则贩私盐"。同治《东乡县志》卷八《风土》载，东乡商人"牵牛者遍走通都大邑，远逾黔滇不惮"。乾隆《金溪县志》卷三《风俗》载，金溪县"民务耕作，地无遗力，土狭民稠，为商贾者三之一"。道光《金溪县志》载，金溪"行贾遍及滇、黔、楚、蜀、湘、陕、甘"，其中因经商致富的为数不少，且"多有父祖相承者"。同治《宜黄县志》卷八《风俗》载，宜黄县人逐末"仰于苎布、斗方纸"。光绪《抚州府志》卷六十五《孝友》载，金溪县商人杨随，在四川泸州开设药铺，有从兄某来泸州经营书肆，常年亏折，杨随以自己的药铺让给从兄，而自己经营书肆，因善于经营，年终结算，书肆赢利比药铺大得多；卷六十八《善士》载，金溪县商人刘映辉"少失怙，去服贾于蜀之重庆……集在蜀之同乡立同仁会，捐赀首倡以恤乡人之贫无归者、卒无葬者"。

吉安府。明代吉水县人周叙（？—1453）称，吉安府由于土薄齿繁，民"事末作"。明景泰五年（1454）进士、安福县人彭华宣称："（吾乡）商贾负贩遍天下。"③明代吉水人罗洪先（1504—1564）在《舆图志》中称，吉安府"土瘠民稠，所资身多业邻郡"。④明万历十四年（1586）进

---

① （明）王士性：《广志绎》卷四《江南诸省》，周振鹤点校，中华书局2006年版，第274—275页。
② （明）艾南英：《(重刻)天佣子全集》卷九《白城寺僧之滇黔募建观音阁疏》。
③ 同治《吉安府志》卷二《风俗》。
④ 康熙《西江志》卷二十六《风俗》。

士、吉水县人罗大纮称："吉郡土薄齿繁，虑走四方为生。"①万历《吉安府志》卷十一《风土》载，吉水县"计亩食口，仅可得什三焉，民多取四方之资以为生"。顺治《吉安府志》卷十《风俗》载，万安县"俗尚馈遗贸迁"，永丰县"工则尚质，商不惮远"。同治《吉安府志》卷一《风土》载，泰和县"细民多技艺"，"转货于市井，取什一之利"；卷三十五《孝友》载，吉水县商人周西岫"因商死于江南，……其子亦因服贾远游，竟不知乃翁死讯"。同治《安福县志》卷二《风俗》载，安福县"乡村土瘠民隘，乐经商"。民国《庐陵县志》卷四《风俗》载，"计利则农不如工，工不如商，用力多而收入少，谁实为之？好贾则轻去其乡，不安于田舍，少壮散之四方，村民仅存而力作者益寡矣"，即由于经商者众多，吉安县耕田力作的年轻人少。

临江府。嘉靖《临江府志》卷一《郡域志》载，临江府"地当舟车四会之冲"，"民勉贸迁"，清江县"俗多习贾，或弃妻子徒步数千里，甚有家于外者，粤、吴、滇、黔无不至焉。其客楚尤多，穷家子自十岁以上即驱之出，虽老不休"。崇祯年间，清江知县秦镛写过一首《劝务本业歌》："贫者流离非得已，富者何为复行贾。为官尚欲辞斗粟，作客何必弃乡土？辞家转盼七八年，出门辗转数千里。不惜家园久别离，那堪道途多梗阻。陆行既怕豹虎侼，水深又恐蛟龙得。一朝疾病兼死亡，十万腰缠亦何益？吁嗟乎！上有高堂白发垂，下有闺中少妇朱颜开。稚子成行未识面，劝君束装归去来。"②这首歌反映了清江县外出经商的人数之多。樟树一带还曾流行一首《抒怀歌》："月儿充光照床前，可叹明月缺半边。早知一去三年整，我只要郎君不要钱。"这首歌谣从商人妇的角度说明樟树商人长年外出经营，四海为家。乾隆年间，清江县人钱时雍在为商人陈佑达作传时称："清江之境，横袤不及百里，人繁而地狭，以三代授田法，家均之田不能十亩，且多水患，农恒不给。故清江人多以贾闻，虽诗书宦达者，不贾无以资生，……环镇而居多从贾，贾必以药，

---

① （明）罗大纮：《紫原文集》卷五《吴香山烟丈七十序》。
② 彭泊：《樟树药帮漫记》，《清江文史资料》第1辑，1986年12月，第130页。

楚、粤、滇、黔、吴、越、豫、蜀，凡为药者多清江人也。"[①]

建昌府。正德《建昌府志》卷三《风俗》引述成化时新城人罗玘（1447—1519）的文章称，南城县"民尚通而善贾，乐为远游"，而府属南丰、新城、广昌三县之民"不出封疆，而食其土之人，以傲乎南城之逐逐于外者"。南城商人亦傲之曰："吾缠数锱，倾囷倒廪无后已。"罗玘认同南城商人的观点，认为"商亏折阅，农困征输，才脱场圃已忘晨炊，终岁勤动而无担石之余矣"。到明嘉万以后，南丰、新城、广昌三县经商习风亦渐开，康熙《新城县志》卷一《风俗》载，新城居民"见小逐末，长幼竞乐刀锥"，已与南城无异。清代新城县人鲁仕骥（1732—1794）称："吾邑在江右西南隅，界闽之邵武。郡万山麟叠，土瘠而民贫，鲜有可耕之地。其地之所产亦不足以供一邑之食，是以逐末者众，……盖有千金数百金之产，辄张一肆以逐什一之利焉。"[②] 他还在《中田保甲图说》一文中分析了新城县的居民结构："中田，新城之西乡下十九都也。……户一千四百有奇。其为士者二十之一，为商贾者亦二十之一，为农者十之三，农而兼工商者十之二，其专为工而游艺闽越吴楚者亦十之一焉，其余则为闲民转移执事者也。"[③] 同治《建昌府志》卷一《风俗》载，南城"行商渐多，不复重离乡井如昔时矣。……其仕宦商贾，舟车负担之往来，昼夜无停晷"；卷八《善士》载，南丰县商人王仁"客吴楚，其弟则商粤西"。

赣州府。康熙《西江志》卷一百四十六《雩都风土记》载："雩都邑有六乡，上三乡之农惟田是务，下三乡之农遇隙为商射利。"同治《会昌县志》卷十一《风俗》载，会昌县"行货之贾，多贩杉木及粤东引盐，销于邻县瑞金、宁都、石城、雩都、兴国等地。居货之贾，则设酒席、海物杂色、豆腐等铺。长于货殖、操奇赢之术以致富者，恒有其人"。光绪《龙南县志》卷二《物产》载，龙南县盛产木材、落花生等物，"民邀

---

① （清）钱时雍：《钱寄圃文集》卷十二《陈佑达传》。
② （清）鲁仕骥：《山木居士外集》卷三《送邑候李任庭先生序》。
③ （清）鲁仕骥：《山木居士外集》卷三《中田保甲图说》。

以为利,广为贩运"。光绪《长宁县志》卷三《风俗》载,长宁县"牵车服贾者,多计赢远方"。

其他府州县的惟利是趋者亦史不绝书。嘉靖《九江府志》卷一《方舆志》载,彭泽县"山峻土沃,尚文仪,儒风相继,民习经商"。同治《九江府志》卷三十《善士》载,瑞昌县商人董伯益,初"以渔樵为业",后在苏南、湖北经商,"家致万金"。康熙《西江志》引述《瑞金县志》称,"瑞金山多田少,稼穑之外,间为商贾"。同治《袁州府志》卷一《物产》载,袁州府产漆,"贾人以达四方"。同治《重修高安县志》卷四《物产》载,瑞州府高安县"人善贸易,巨商大贾遍于吴、越、楚、蜀之间"。清代铅山县河口镇人陈文瑞在《西江竹枝词》中对江西商人流往外省的情形做了生动的描述:"豫楚滇黔粤陕川,山眠水宿动经年。总因地窄民贫甚,安土虽知不重迁。"[①]时人以耳熟能详的竹枝词来刻画江西的人口流动,反映了江右商人为脱贫而选择经商逐利之路,已是较为普遍的社会风气。

二、崇商、护商的文化氛围

江西自宋以后成为理学的大本营。理学的理欲观并不禁人们经商治生的逐利之欲,朱熹说:"天理本多,人欲便也是天理里面做出来。虽是人欲,人欲中自有天理。"他对"四民"做了一番评述:"士其业者,必至于登名。农其业者,必至于积粟。工其业者,必至于作巧。商其业者,必至于盈赀。若是则于身不弃,于人无愧祖父,不失其贻谋。"曾有学生问他贫穷不能学的子弟可否经商,朱熹以陆九渊开药肆为例予以肯定回答:"止经营衣食亦无甚害,陆家亦作铺买卖。"王阳明是陆王心学的集大成者。他虽是浙江余姚人,但一生的事功学术与江西有着深厚的渊源。他早年受学于江西,中年任职于江西,晚年老死于江西,学术流传于江

---

① 雷梦水等编:《中华竹枝词》,中国古籍出版社1997年版,第2377页。陈文瑞,字云卿,号亭苕,铅山县河口镇人,乾隆五十四年己酉恩科,历任新昌、丰城训导,升义宁州学正。

西。王明阳主张为商业正名，认为商业至少应与其他行业一样，应给予公正的待遇。他在《节庵方公墓表》中说："古者四民异业而同道，其尽心焉，一也。士以修治，农以具养，工以利器，商以通货，各就其资之所近，力之所及者而业焉，以求尽其心。……故曰：四民异业而同道。"在王明阳看来，士农工商，社会分工不同，各有其责任，不能把商贾当作歧视的对象。虽然士农工商在行业上有差别，但都是共同遵守天下道义的。朱熹和王明阳的观点，为人们追求正当的物质欲望和谋取财富提供了理论基础，有利于江西崇商文化的形成。

江西不少文人、士大夫在著作言论中表达出明确的崇商倾向。明代吉水人罗洪先（1504—1564）是江右王学的代表人物，他从"古今异势"的理论高度对成化、弘治以来江西发生的"舍本逐末"现象进行了分析："先王田里树畜之教详，斯民得以厚生而寡外慕。当是时，有弗若于刑者，刑之所必归也。其安于俗者，则福之所毕集也。后世养民之意微而利欲之阱遍于天下，非捭阖不可饰情，非累叙不可尽积。于是，恂恂者多龃龉而卒底苦厄。"[①]罗洪先批评那些死守"经术经世"陈条的"恂恂者"，从而成为江右商的代言人。明代永丰人何心隐（1517—1579）是个思想家，也精通商道。他是王明阳"心学"之泰州学派弟子，先后在浙江、四川、江西等地讲学，提倡济世厚生的精神。明代江苏无锡人顾宪成（1550—1612）在《小心斋札记》中说，有人向何心隐请教经营之道，"心隐授以六字诀曰：买一分，卖一分。又有四字诀：顿买零卖"。有人按何心隐的秘诀经营，果然"起家至数万"。

明末清初南丰人梁份（1641—1729）是地理学家、文学家，清史稿称他"少从彭士望、魏禧游，讲经世之学"。梁份曾为本县商人王文佐作传，称王文佐因商而"家足衣食母餍饫甘"。传中详细记述了康熙五十六年（1717）王文佐向江西巡抚白潢上陈关于国计民生的六件事："救荒无过于社，仓必社自立，捐粟在乐输之民，敛散必里邻之众，赈如朱子之法，皆不通闻于官吏，是则救荒之实策。身愿于郡邑先，捐数百石为

[①] （明）罗洪先：《念庵文集》卷十五《明故泉口彦山府君墓志铭》。

之倡，此其一。大比之年，江右解额不及楚越，而人文过之，当兴举之贤能多困于限额，乞疏请广如楚越，此其二也。视江右学之刘文宗琰鑑空衡平登峰造极，而祀典久虚，请准祀名宦以为儒宗，劝其俎豆牲牷，身任助所费，此其三。忠孝廉节之旌，皆盛典也。而旌妇女为尤多，则但知有母者，营求切而受包苴赂者弊窦多，请严谕州县士民保举必公，吏胥索诈必禁，违则重罪，此其四。彭蠡水落则泽路必勾曲，舟每覆于旁风必在扬澜左蠡间，其地有救生船，而舟子贪残冒手援之美名，行下石之罪恶，请责成都昌、星子二县勒令地邻汛兵确查，其有人船俱救或船货独存，分别详报，以定功罪。又沿湖打草船，名为粪田，实行夜劫，乞令南康府通行各县毁旧禁新，则鄱阳三百里内水陆皆膺，拯水火而登衽席。此其五。时俗贫民溺女奸邪弃男，伤天地好生之德，乞令七十八州县多设弃婴堂，以广好生德。身愿于本郡邑捐涓埃以助仁政。此其六。"白潢"览而大称叹，谓为体国经野，切中时宜，以次采行矣"。梁份在传后概叹："学必存于心，心必见诸事耳，口舌其后焉者，持躬苟不能论世，亦不知则学之为学，遂无复见于天下人莫重者。身家亦莫急于衣食安坐端居无问矣。劳心力以殖货财，其候时转物，致远穷深，经日月出入地，所经营日不暇给，而处心应事有大过人者。乃以经术经世律之，不亦过乎？世之名儒，守一经以求荣一命，其深沉得丧，咸委之命，况乎其它！吾不知学之负人、人之负学也，可慨也。"[1]梁份把作为商人的王文佐与所谓的世之名儒相对比，表现出强烈的崇商、仰商的情绪。

入清以后，江西表述崇商言论者更是大有人在。地方志中的《风俗》卷和《物产》卷相当于经济卷。地方志的撰著者在撰写本府州县经济时，或将其观点夹杂在字里行间，或夹叙夹议以抒发自己的见解。烟草种植自明末传入赣南后，其势"颇夺南亩之膏"，引起了不少地方士绅的忧虑，傅衣凌先生把这些人称为"地主阶级顽固派"。[2]嘉庆十年（1805），新城

---

[1] （清）梁份：《怀葛堂集》卷五《王文佐传》。
[2] 傅衣凌：《清代农业资本主义萌芽问题的一个探索——江西新城〈大荒公禁栽烟约〉一篇史料的分析》，《历史研究》1977年第5期。

县大荒,"顽固派"的地方士绅制定了《公禁栽烟约》,这一禁约就反映了"顽固派"的观点,并写入同治《新城县志》卷一《风俗·农事》中。而道光《瑞金县志》的撰著者在卷二《物产》中对农业中商品经济的发展别具卓识,他们认为:"卖烟得钱,即可易米,而锉烟之人,即生财之众,非游于冗食者也。地方繁富,则商贾群集,又何忧其坐耗易尽之谷乎。"同治《广信府志》的撰著者在卷一之二《物产》中也认为:"弋阳之苎,广丰之油与莲,实出产颇丰。铅山之纸,精洁逊闽中,然业之者众小民藉以食其力十之三四焉。广丰烟叶盛行于闽,或谓禁之,岁可增粟千万,然亦其地土所宜,易而他种,所收恒不能以半。玉山种莲亦然。土之所产,原以给民用,彼绌此赢,转移化裁皆归理势之自然,不能强也。因地而利,诚王道之本。"地方志的撰著者把商品经济的发展提到"王道之本"的高度,认识到"商贾群集"和"地方繁富"之间的辩证关系。

江西崇商的社会风气,使得众多江西人把耕作致富的积累转化为商业资本,稍获有"千金、数百金之产,辄张一肆以逐什一之利"。[1]江右商人奔赴各地经商营利,改善生活状况,读书入仕不再是人们唯一的选择。很多的家庭、家族将行商作贾看作食力资身的常业,经商行贾不再被认为是末业,取得了与读书、务农一样平等的地位。清江黄氏宗族祠规规定,族人"谋生各有其道,习艺俱无害理,除读书力学务农外,凡一切技艺之事,何莫非治生之法,安而行之可也"。[2]瑞金县贡生杨于节,在撰写会昌县商人萧敏纪行述时称,萧治家"尤严庭训,谓人患不立志,士农商贾皆可有成"。[3]而且,有些地方还出现本末倒置的现象。明代吴宽(1435—1504)为南安府知府撰写墓志铭时称,南安府地当大庾岭商道咽喉,为南北土特海杂货物出入之孔道,"细民仰负荷为生,大姓则居积致富,商贾杂处",在这个地方,"本抑末崇"成为一种普遍现象。[4]

在一些家庭中,商业被纳入家庭经济结构中,实行有计划的职业分

---

[1] (清)鲁仕骥:《山木居士外集》卷三《送邑侯李任庭先生序》。
[2] 道光《清江东里黄氏族谱》卷首《祠规》。
[3] 同治《会昌县志》卷三十一《萧翁理亭行述》。
[4] (明)吴宽:《鲍翁家藏集》卷六十三《明故中顺大夫江西南安府知府汝君墓志铭》。

工。同治年间，庐陵县举人王骥，任会昌县儒学训导，他在为会昌县商人欧阳振銮作传时称，"公姓欧阳氏，讳振銮，字韵雅，号致和。勅授修职郎，会邑之水东人也。祖讳廷棉，明经进士。父讳淑度，太学生。母邹氏"。其父亲去世后，其母亲"以母道而兼父道，教督诸子甚严，有不如意即鞭挞继之。公先意承志，常得其欢心，诸弟皆从而化焉，或士或商，各安其业"。①同治《广丰县志》卷八《善士》载，广丰县商人吕名潼，早年服贾在外，后老病归养，不再外出，"名潼有八个儿子，命长子杞昌继承其业，往苏、松等地经商，他子或农或工，或习举业"。光绪《抚州府志》卷六十四《孝友》载，金溪县周氏为大族，周坤持家，家范严肃，"耕、读、商、艺各职一业，食指赢千，无敢喧嚣"。正是由于崇商氛围的普遍存在，江右商帮才能够持续数百年之久。

  商业对经济发展的重要意义日益被治理一方的地方官员所认识，保护商业、培育市场亦成为地方官的一项重要职责。江西崇商文化氛围的出现，也得益于地方官员支持商业经济发展的商业政策。包世臣在道光十六年（1836）任新喻县令，他就认为，"无农则无食，无工则无用，无商则不给，三者缺一，人莫能生也"。只有这三者既有分工又相互配合，才能使财政充足，社会繁荣。他主张不仅要发展"本富"，也要发展"末富"，把"本末皆富"作为"千古治法之宗"，使"家给人足"，"子孙万事之计也"。②康熙十七年（1678），直隶丰润人曹鼎望任广信府知府。他希望铅山县令潘士瑞能够复建毁于康熙十三年（1674）的大义桥，撰文称："养民之政莫急于通商。铅山固昔年万家之邑也，江浙之土物由此以入闽，海滨之天产由此以达越。推挽之用，负担之举，裹粮之侣，日夜行不休。所以集四方纳货贿者，大抵佐耕桑之半焉。今乃乡井邱墟户口零落，以至此极。设非郡守邑令相其急而调剂之，何以起疮痍而振乏绝邪。是此桥之重建也，为通商也，为养民也，盖可缓乎哉？"光绪《江西通志》卷八十《建置略五·津梁二》全文收入此文，表明曹鼎望"养

---

① 同治《会昌县志》卷三十一《欧阳致和先生善行传》。
② 吴慧主编：《中国商业通史》第四卷，中国财政经济出版社2008年版，第764—766页。

民之政莫急于通商"的观点已为地方官员普遍认同。

江西崇商文化氛围的出现，还得益于地方官员护商的法治机制。乾隆至光绪年间，江西按察使司陆续编刻法律文献《西江政要》，其中有许多在水陆交通方面保障商人的生命和货物的安全以及商人在旅店歇息时免遭侵害的法律规范。江西学者龚汝富以《西江政要》为基本史料，撰写出《清代保障商旅安全的法律机制》一文。[1]下面根据该文并结合其他史料，略述清代江西地方官员在保障省内水陆商道上商旅安全方面所做的努力。

水路是传统社会商业贸易的主要交通方式。江西滨江近湖的地方，商贾船只载货往来难免有风浪之险阻，每遇事故就有宵小欺凌。乾隆七年（1742），江西地方官员将简明告示分贴沿河江湖处及讯地晓谕，务使人人皆知，禁暴戢奸，防护严密，仍令文武员弁"每月终将巡查有无救护缘由，统于巡缉河道折内声明，汇报查考，毋违"。[2]为确保水路商道的畅通无阻，地方官员组织员弁巡查河道。乾隆二十八至三十六年（1763—1771）间，江西按察使司鉴于各处河道上出现的"钻船鱼匪……最为商旅之害"，以及"河道贼匪……纠伙坐船诱赌"，诱骗客商财货案件频频发生，多次在案件多发河段设立巡船，查稽河道。乾隆四十二年（1777），在"江省通舟水道设立河保里长与兵役，稽查匪类，分别劝惩"，建立安全稽查网络。对于有些差役借此勒索客货船只，又规定"许船户客商扭禀地方官究处"，并在许多渡口商埠"勒石永禁"。江西布政司一再发出饬令，对所有在官方注册过的船只进行保甲式的管理，以防诓骗客货等案件发生。嘉庆十四年（1809），要求"嗣后沿河船只悉令编列字号，船旁大书都图姓名，五船互保出结"。地方官员严格规定船户对承运的货物应尽到应有的保管照看义务，并在船户与客商在货物的照管责任上进行具体规定："包装包卸，本客并未在船，无论是否停泊孤洲野岸，

---

[1] 龚汝富：《清代保障商旅安全的法律机制——以〈西江政要〉为例》，《清史研究》2004年第4期。

[2] （清）陈宏谋：《培远堂偶存稿》卷十四《文檄·禁乘危抢货檄》。

一体全赔；若未议明包装包管，船只也为本地村镇，本客应自行照管"。船户对水手盗窃客货的行为亦承担连带责任，"被在船水手窃逃，无论本客曾否在船，概令船户先行照估赔偿"，"其行窃水手，除计赃问拟外，仍比照店家船户行窃商民例加枷号两月"。嘉庆三年（1798），玉山县还制定了《船户行窃客货分别查禁章程》，强化对船户及其雇用水手行窃客商的法律责任与追究机制。具体的惩处条例是："店家船户有行窃商民及纠合匪类窃赃朋分者，除分别首从计赃照常人科断外，仍照捕役例，各加枷号两个月。"①

脚夫是陆路商业贸易能够完成的重要条件。为防止和查处脚夫挑运货物中途窃逃之事，江西布政司规定，凡过山脚夫，都由歇家、夫头出具保结，脚夫五人互结，由行户认明注簿，制备腰牌，开明脚夫姓名籍贯，行户盖用戳记，交给脚夫收执。脚夫挑运客货，由行户稽查，持有腰牌者方准挑运，如无腰牌，即系来历不明之人，一概不许给挑。乾隆五十二年（1787），针对脚夫将腰牌私自转让，江西布政司重新审定，"凡行户取具行头的保，并同行五家连环互结，送县备查。如有赔项无着，即令保结之人分赔，无的保互结者，追帖缴销，不准开行。凡歇夫之店，也须取具夫行的保，并五家连环互结，送县查核，方准保夫挑货，遇有着赔之项，与夫行按股分赔。对原来的腰牌，更加上年貌一项"。②对客商的货物灭失投诉，"过载夫行不雇诚实之人挑运，任雇匪徒，致使货物挑逃，即令行户先行赔偿"。夫行对自己雇用的脚夫具结保状，"玉山县过山夫行店，均取保结脚夫，取具互保各结腰牌，注明年貌籍贯，运送钉包银桶，派拨亲信行厮跟押，扛挑均由大路，责成巡检等官稽查，并禁加夫价及脚价，地头先给一半"。担保人对脚夫的行窃挑逃行为，也承担法律后果，"脚夫挑窃客货，已经获贼，赃无着落，即于保夫、店家、行户名下按股追赔"。乾隆五十二年（1787），在南丰、新城两县相继发生了脚夫抛弃客货潜逃的案件，因此"差临雇募人夫，责令夫头填票编

---

① 《西江政要》卷二十六《一件挑夫逃走事》，景照乾隆本（残四十七卷本）。
② 《西江政要》卷二十六《一件遵批查议事》，景照乾隆本（残四十七卷本）。

号,如有抛弃货物潜逃,即将原雇夫头分别枷责赔偿"。地方政府还要求脚夫相互之间担保具结,来强化脚夫诚实从事货运的安全性。乾隆五十一年(1786),保甲式的编管脚夫,"令歇店夫头保结,并令各夫五名互结,行户认明注籍,结与烙印腰牌。如有窃逃,先令认保赔偿,仍拘本夫究追"。

酒家歇店是侵害商人事件的多发地。法律规定,歇店对于旅客货物失窃有不可推卸的责任,应该承担相应的赔偿责任。特别是对那些经商在外、不了解歇店具体情况的客户,在尽到了个人应尽的关注责任之后出现失窃事故,歇店应行全赔。乾隆三十九年(1774),根据分宜县袁成古歇店就客商汪世荣失窃案引发的纠纷,规定客商在店失窃,先令歇店分别赔偿或者免赔责任,"客商将银钱货物交给歇家另储一室,全赔;粗重货物,主客同住,各赔一半;客商并未交明歇家,概免赔偿"。乾隆四十二年(1777),鉴于江西各地发生的租户被窃案件增多,江西按察使司规定:"租户被窃,如曾托房主照管,即照客商将银钱货物交给歇店被窃全赔之例,酌减先行赔偿一半。"针对客商住店时出现生病甚至死亡的事故,江西按察使司规定:"单身孤客遇有中途患病投歇饭店,务须讯明年岁籍贯家属,留心照看调理,以得痊可听其回籍,如有不允收回及扶移他处以致途毙者,查明分别惩究。"

20世纪初,由官方倡导和支持的江西商务总会以及各地商会陆续设立,担负起护商的责任。江西商务总会在给农工商部及江西巡抚的《呈请商人贩运货物由商务总会发给护照杜绝弊窦由》中称,以往长途贩运商在过厘卡抽税时,常被税口委员司巡人等抑勒留难,亦常常向商会求请申诉,但商会"虽有保商之责,而事未目睹,曲直难分,向系据其来牍,移请察释,而孰实孰虚,一时难以知其底蕴,且闻有等不法之徒,冒充会董,夹带偷漏,腐败商会名誉,尤非有以杜绝于先,难期整肃于后"。于是,江西商务总会"议以兴贩货物,均由总商会发给护照一张,盖印总会关防,并于照尾酌留空白,编列次数,交贩货人收执,不取分文。该商人于货物办齐之后,如系第一次,即于照尾第一次之下注明年月日期，在某处贩某货若干，往某处销售，不准少报。以后挨次填写，填满之后，来会缴换其护照，于完税时随货呈验税局中，于收税后验明无讹，即于所注货物上，盖用验讫两字，戳记发还，一面裁给完税票据，以便持往经过关卡税口照验放行，不得留难阻滞"。并且规定，"如该商贩并无隐瞒少报，税局、司巡人等并不随到随验，甚至妄指货有隐瞒，勒索留难，许该商贩就近禀官查究，一面飞报总商会查实，分别轻重，代为申请，按律治罪，以肃功令"。但前提是没有任何舞弊营私行为，否则不但要"押解来省，以便公同验实""货物充公"外，还要受到商会内部的"议罚惩治"。①江西商务总会此举，一方面的确为长途贩商争得了利权，保护各商不受各卡的盘剥；另一方面也显示了商会地位的提高，有了与税务机关同样的话语权，因而吸引更多的商人成为会员，以得到商会的庇护。

改革开放以来，地方政府为商业发展提供商业贷款和适于经商的社会环境成为赣商重铸辉煌的社会条件。20世纪80年代初，余江县中童镇政府（当时是乡政府）的资金支持，解决了眼镜商人外出经商的本钱问题。当时外出做眼镜生意的一般要准备1000元本钱，这在20世纪80年代初不是小数目。商人朱带财经商的1000元本钱，全部从信用社贷得；商人祝木太除了自己的积蓄300元，向朋友借300元，也到信用社贷款300元。②江西果喜实业集团崛起于上饶余江县，这里曾是被毛泽东称为"千村薜荔人遗矢，万户萧疏鬼唱歌"的荒凉地方。张果喜常常感慨地说，是"改革开放的时代给人们创造了比较好的机会"，才使其创办于1973年的民营小厂，一跃成为蜚声国内外的木雕王国。

江西崇商、护商的社会文化氛围，激励着一批又一批的江西人走上了经商致富之路，汇合成浩浩荡荡的江西商人大军。但在家千日好，出门一时难，江西商人为了增强市场竞争的实力和排解在外打拼时的内心孤独，抱团取暖，选择以血缘、地缘、业缘为纽带的共同创业之路。以

---

① （清）曾秉钰等编：《奏办江西商务总商会简章并增订章程》，光绪年间刊本，第29页。
② 邹付水：《眼镜行业与鹰潭地方社会变迁》，《赣文化研究》总第8期，2001年12月，第224页。

血缘和地缘关系结成的商人群体，使商业上的主从关系又加上宗族上的亲属关系和地域上的同乡关系，从而具有更强的凝聚力。

第二节 以血缘、地缘、业缘为纽带共同创业

一、以血缘为纽带的家族经济

血缘关系是直系和旁系血缘构成的宗族关系，包括父母子女关系、祖父母孙子女关系、堂兄关系、表兄关系、叔侄关系、甥舅（姨）关系等，是商业经济中的最基础的关系。家庭作为最基本的生产单位，始终占据着中国人社会关系的核心地位。在初始阶段，传统商业多是以家庭为核心形成经济体，著名爱国实业家、社会活动家卢作孚先生称："就商业言，外面是商店，里面就是家庭。"[①]家庭经济的进一步发展，就形成以血缘为纽带的家族经济。

父子相偕外出或父经商而后子承父业，是常见的家族经济形式。光绪《抚州府志》卷六十三《孝友》载，崇仁县黄二严，"父客外三十余年，严事母孝，教幼弟皆成立"；卷六十七《善士》载，东乡县王某"商于金陵"，家事则付于儿子曙斗。同治《临川县志》卷四十六《善士》载，临川县商人邓理幼年随父"行商川中，父殁，克承父业，家益饶"。同治《新城县志》卷十《善士》载，新城县商人邓兆馨，其父"以服贾勤瘁起家，馨继父业，扩旧产数十倍"。同治《九江府志》卷三十八《孝友》载，瑞昌县商人陈秀元，"随父贸陕西，腰缠万贯"。晚清民国年间的情况亦是如此。都昌县商人陈赓昌参与创办景德镇商会，在景德镇担任商界领袖三十余年，他也是因继承父业而走上经商之路。陈赓昌，光绪五年（1879）生，少年时代勤奋读书，光绪二十六年（1900）参加科试，入郡庠，光绪二十九年（1903）又参加科试，补为廪生。光绪三十年（1904），陈赓昌经奏报以训导选用，接着改为县丞，在吏部注册以知县候升。陈赓昌

[①] 卢作孚：《中国的建设问题与人的训练》，上海生活书店1937年版，第5页。

的父亲陈莘田在景德镇办有陈新兴号的窑厂,此时父亲年老,窑厂需要陈赓昌继承,于是他决定放弃仕途而经营瓷业,后成为著名的实业家。①

兄弟相偕外出或兄弟分工经商持家,在家族经济中也很常见。同治《临川县志》卷四十六《善士》载,临川县商人张世远、张世达兄弟,"家贫,贷赀买纸,互往汉口贸易",他们一人在家乡收购纸张,兼顾家小,一人则远售汉口,交替进行,形成了简单的购销分工;又载,同邑商人余承恩"与兄服贾荆门,更替往返"。光绪《抚州府志》卷六十五《孝友》载,金溪县李应科,父亲外出经商,客死于汉口,"三弟皆幼,提挈之,至于成人。弟贾于外,数亏负。岁寄馆谷资之,又独力支全家十余口,不贻弟内顾忧";又载,乐安县陈遵鲁,兄外出经商,遵鲁持家,"事寡母以孝闻"。光绪《抚州府志》卷六十三《孝友》载,金溪县黄应龙"书券佣身于富室,弟应凤乃得远客滇黔"。同治《九江府志》卷三十八《孝友》载,湖口县蔡潮,不屑俗事,专意授徒,以所入予其兄经纪,贩卖致富。同治《玉山县志》卷八《善士》载,玉山县商人王允聪,"兄弟三,聪居幼,父母早逝,家故贫。弱冠,负贩营生。及壮,与兄商开宏盛烟作,贸易姑苏。年余,两兄继亡,聪独自筹度,置田产,累赀巨万"。都昌县人余旺柏生于道光年间,"洪杨兵起,公年十三,挟一伞一褴,贾于景德镇,十年而致万金。归告父母曰:'儿客数年,赖兄若弟勤耕奉甘旨。今儿颇有所积,不敢私,愿均析之。'由是,兄弟并来镇而陶,并成巨财"。②景德镇瓷业"四大金刚"之首冯承就,同治五年(1866)出生于都昌县十都南峰街梅树园村。兄弟六人,四哥、五哥从小上景德镇做学徒,各任窑工"一夫半""二夫半"。冯承就在十多岁跟随四哥、五哥上镇,在本家冯隆典窑户做学徒。三年出师,即升为管事先生,对下港、管开窑簿、下首等行当,均有亲身体验。待略有积蓄后,与人合伙烧窑。20多岁后,与四哥、五哥合伙买下绣球弄窑屋,投入经营。在兄长和同族工人的支持下,生意日益兴旺,窑业逐步扩大,最多时同时经营四座

---

① 罗水生:《瓷器实业家陈赓昌》,《江西文史资料选辑》第31辑,1989年8月,第89—90页。
② 《晚清余、冯、江氏几位窑户谱序像赞》,《都昌文史资料》第3辑,1991年10月,第69页。

半柴窑,成为景德镇富有的窑业老板。[1]

家族经济是家庭经济的扩大和延伸。清江县药商聂锡昌,其父"昆甫公以贸迁起家,往来江湖数十载。晚乃贾于楚之湘潭,惟伯兄从",聂锡昌"以父年老心劳不自安,毅然请代"。杨锡绂(1700—1768),清江人,雍正五年(1727)进士,聂锡昌的女婿。他在为聂锡昌撰写墓志铭中称,聂锡昌"时年方十四也。目营心计,……以故生殖日新,家亦日起",而且"子侄中不能自立者,必为筹措资本,指示经营,籍以温饱者甚众"。聂锡昌对子侄的支助,使家庭经济开始向松散的家族经济方向发展。[2]萧敏纪,字理亭,会昌县承乡千工瑕人。家贫,十四五岁就和兄萧维三佃人之田,为大户当雇工。有母族兄经商至四川,即在该地成家定居,因经营规模扩大,需要帮手,于是写书信给萧敏纪父母,请他们让一个儿子去帮忙。父亲命长兄萧维三去四川,帮助舅父经营。萧维三"以亲老子幼,意不决"。萧敏纪怂恿之说:"有弟在,仰事俯畜可无忧。"数年,萧维三自四川归,门内外无恙,"自是资渐饶"。[3]明清时期江右商进入湖南凤凰城经商,形成了名为"江西街"的居住区。江右商在凤凰能够取得成功的原因之一,就是他们一旦取得了初步的成功,便返乡将自己的兄弟或侄儿带到凤凰学习经商,待到他们可以自立门户时,以各种方式帮助其独立经营。比如贩卖桐油利润丰厚,于是在装运桐油下常德时,长辈们便让他们免费搭运上几桶,以使他们加快资金积累。[4]民国年间,龚天顺在南昌竖起第一块丰城豆豉的招牌后,陆续资助侄子、外甥、堂兄弟、表兄弟等人在南昌的铁树坡、欧家井、胶皮巷等处开办了天成、鼎兴、天生、正兴等豆豉厂房,在南昌豆豉业中逐渐形成一个新兴的丰城帮。[5]

---

[1] 冯秉清:《"四大金刚"之首——回忆祖父冯承就》,《都昌文史资料》第3辑,1991年10月,第64—65页。
[2] (清)杨锡绂:《四知堂文集》卷二十六《外舅聂公锡昌墓志铭》。
[3] 同治《会昌县志》卷三十一《萧翁理亭行述》。
[4] 龙仕平、王嘉荣:《江西移民的经商之道及对凤凰早期民族经济文化的影响》,《吉首大学学报》2011年第6期。
[5] 张仁山:《江西豆豉史话》,《江西文史资料》总第14辑,1984年9月,第58页。

在阅读史料时，笔者找到江西商人把家族经济和股份制相结合形成家族经济集团的案例，从中可以管窥传统家族经济运作的智慧。清代至民国年间，丰城县敦厚村有一个名为"渊源堂"的家族商业集团。创业者聂承宗，先是在湖南常德东门外二铺街开设聂元泰药店，乾隆四十五年（1780），又在常德水巷口创设聂振茂药号，至同治年间，又先后在江西樟树、湖北汉口、湖南湘潭等药材主要集散地开设"茂记"药号，并在广州、重庆、宁波、营口、祁州、禹州等药材集中产区设庄。聂承宗对家业的继承不是采取分家析产的方式，而是设立"渊源堂"共同管理，实行股份分红制。聂承宗生有五子，称为"五大房"。以后人丁日增，"五大房"到清末繁衍为"十八家"。民国初年到新中国成立前夕，世代相传到第八代子孙，发展到"四十八户"。"渊源堂"由深孚族望、处事公正的尊长辈主持，选派子孙辈经营药号的条件是：一要生活俭朴，无不良嗜好，不挪用公款；二要有经营管理能力，懂业务，有经验；三要处事公正，不徇私作弊。一般任期三年，如果称职可以继续留任。如果不够上述条件，即行撤换，调回原籍训斥，轻则扣发年薪，重则永不录用，株守家园，从事劳务。渊源堂的四十八户股东在民国初年至抗日战争前一段时期从家族经济中可获得以下收入：（1）生活费。凡年满十六岁的男丁，每年按季从渊源堂领取生活费。十六岁至二十岁，每年六十元（银元，下同）；二十一岁至二十五岁，每年一百五十元；二十六岁至三十岁，每年二百五十元；三十一岁至三十五岁，每年三百元；三十六岁至四十岁，每年四百元；四十一岁以上，每年四百八十元。全年家族经济所发金额在一万二千元至一万四千元之间。（2）月规费，给股东作为日常零星开支之用。按男丁人口占50%，股份占50%，男丁人口多的，股份大的，每月可分得二十至三十元，男丁人口少的，股份小的，每月也可分得五至十元。全年家族经济支出在八千多元。（3）年终分红。在各地药号年终结算的总纯利中提取百分之十作为股东红利，按各户男丁人口、股份金额各占50%的比例进行分配。[①]

[①] 聂庆钧：《聂振茂药号的兴衰历程》，《常德市文史资料》第2辑，1986年1月，第123—132页。

另一个案例是成都同仁堂。该家族经济集团因家族股份制和公推管理制度而延及二百多年，直至公私合营。乾隆五年（1740）江西发生旱灾，清江县药商陈发光辗转来到成都。开始时，他串街走巷卖膏丹丸散，积攒了一些钱后在原湖广馆街口一片空地上搭棚摆摊卖药。生意做开之后，陈发光买下湖广馆街口的地皮，在乾隆四十五年（1780）四月二十八日开办"同仁堂"药铺。同仁堂的生意越做越红火，膏丹丸散由三十种增加到一百余种，畅销成都和川西农村山区及云南、贵州、陕西、甘肃等省并远至新疆、西藏。为使同仁堂能够持续发展，陈发光将药铺财产折合成白银两万二千两，分成十一股，十一个儿子每人一股，规定领得股权后，各立门户，只准用息，不准动本。后来子孙多了，由十房人公议（绝了一房），每股划为十分股，每分股再划为十厘股。在人事安排上，店铺只设五个职务，由家族男丁中公推五人担任，一年一选，工作有成绩者可连选连任。凡公推任职者，有贪污、盗窃等失职行为，立即开除，并赔偿损失，主张推举此人者负连带责任。若扣失职人的股款还不足以清偿时，依次扣推举人的股款赔偿。推选出的五人，一人管理银钱账，一人采办药材，其余三人担任制药、配料及保管。重大事情由五人开会决定，不由一人做主，必要时开全体股东大会解决。家族经济的分配，规定股息为月息百分之二，按月支取。红利酌提盈余的百分之二十摊分，其余盈余转为股份，积累资本。股份转让只限本族，不准让给外姓，由近支到远支，先亲后疏。后来为避免股权集中，规定收买为公股，解放时公股约占百分之三十。[①]

20世纪80年代，鹰潭眼镜业能够一跃而成为全国四大眼镜市场之一，一个重要的因素也是家族式的商业经营。先出去的眼镜商人在某地站稳脚跟，创立据点，然后返乡带上父系、母系、妻系亲属一同打江山，在该地同行业中形成相对大的势力。1980年，朱带财来到内蒙古自治区东部的乌兰浩特市，在随后的七年间，他相继从家乡带去了大弟、三弟、

[①] 姜梦弼：《联绵二百年的成都同仁堂》，《四川文史资料选辑》第24辑，1981年编印，第187—195页。

四弟、五弟，在乌市一共开了八个眼镜经销店，占该市眼镜店数的一半，业务拓展到三分天下而有其二。在鹰潭市余江县中童镇，1985年有7个眼镜专业村，1511个专业户，占全乡总农户的34.8%。1994年外出从事眼镜业的人数在七千到八千之间。2001年鹰潭市从事眼镜业的3万多人中，中童镇人占1/3左右。[①]由此可见，家族经济影响着家族成员的职业选择，相同的职业选择也成就了一个区域经济高地。

江西商人的创业模式，最初常常表现为家族式商业经济，这也是中国各地商人的普遍现象。虽然从长时段的社会发展来看，商业经济充当着宗法关系解体的催化剂，必然撕裂宗法关系的温情面纱，但在特定的时空和商业发展的初始阶段，商业和宗法关系能够和谐共处。商业经济为宗法关系提供必要的物质基础，而宗法关系为商业经济提供必要的忠实劳动力，一定程度上也促进了商业经济的发展。

二、以地缘为纽带的同乡经济

地缘关系是以共同或相近地理空间引发的特殊亲近关系，以地缘关系为纽带的同乡经济是以血缘为纽带的家族经济的延伸。在传统社会，商业经营尤其是长距离跨省的贩运贸易，要冒财产甚至生命的风险。为减少这种风险，弥补个体经营上的不便，"客商之携货远行者，咸以同乡或同业之关系"结成商帮[②]，由此形成同乡经济。

同乡商人有各自经营的商品，但如有人亏负或发生意外，众人则会共同扶持，以众帮众。同治《九江府志》卷三十八《孝友》载，彭泽县商人张宠遇，挟货贾于苏北盐城，"有同县某贾六人因事坐系，为狱卒所苦，势将瘐毙。（宠遇）百计营谋不得出。乃倾囊走百里，因同乡官以巨金赂当路，卒免六人于难"；卷三十九《善士》载，德化县商人黄学宏"运漕北上，适同帮乔氏兄弟亏粮，宏倾囊赔补"。同治《万安县志》卷十四

---

① 邹付水：《眼镜行业与鹰潭地方社会变迁》，《赣文化研究》总第8期，2001年12月，第222页。
② 徐珂编撰：《清稗类钞》第5册，中华书局1984年版，第2286页。

《善行》载，商人戴承霖"自蜀扶父柩归，过武昌，闻故友杨越芳负商银数百两，官追严急，即倾父遗财代还"。同治《瑞州府志》卷十五《懿行》载，高安县商人梁懋竹，"尝偕二友贸易，舟洞庭。夜半，盗挟利刃索财甚急。（懋竹）倾囊与之"。盗复向二友，梁懋竹给之曰："此吾兄弟耳。"盗遂去。如果是同乡共同出资外出经商，则互助帮衬的观念更为明确，相互之间在事实上构成了一种不待明言的契约关系。同治《南昌府志》卷四十八《国朝孝友》载，南昌县商人雷可权"尝与黄文魁同本贸易。甫二年，而文魁病故。可权经理医药埋葬，每岁必赡其孤，且延师教之。比长，仍给二百银助其生息"。同治《南安府志补正》卷五《质行》载，大庾县商人刘永庆，崇祯时"与同邑易明宇往来贸易吴越间，颇相友善。岁壬午，明宇病笃，以妻子相付凭"。李永庆说："是吾份也。微子言，吾将恝然耶？"已而明宇死，值康熙五年（1666）兵变，"明宇家产焚荡殆尽，永庆为其赡养妻子儿女"。康熙四十八年（1709），"易妻死，殡葬之。其子若女婚嫁，……皆竭力毕之。复分己产并童仆给与，为终身计"。

同乡商人身处异乡，则相互扶持，共谋发展。在湖南凤凰，清末民初凤凰四大商号之一的"裴三星"商号的创始人裴守禄，因为"邻村有熊祥昌在湖南镇竿，业操陶朱，富甲城乡，心窃羡之"，在光绪二年（1876）只身来到凤凰，做穿乡走寨的小贩谋生。当时江西人开办的凤凰大商号"熊祥昌""庆丰祥"让他赊销自己的花边、彩线、滚布等小百货，帮助裴守禄解除了本钱匮乏之忧。"孙森万"商号创建人孙柏林，在光绪十年（1884）随父母从江西逃难到凤凰城，十三岁时到"熊祥昌"商号当学徒。独立经商后，"熊祥昌"允他批发赊销货物，解决了资金周转的困难，致使生意日渐扩大。[①]清江县樟树镇垣下村的熊佑林，其父熊松涛早年来湘，在乔口熊长春药店帮忙生意。1921年，十六岁的熊佑林由父亲带出来送到望城靖港熊兆顺药店做学徒，老板熊介石，论辈分是他的堂兄。1938年，熊佑林从同乡手里借来五百块银元，在保安街开设泰康药店，并且

[①] 龙仕平、王嘉荣：《江西移民的经商之道及对凤凰早期民族经济文化的影响》，《吉首大学学报》2011年第6期。

逐步发展成为大药店。1945年后，熊佑林被选为江西旅靖乔同乡会理事长，私立豫章小学校长，还兼任靖港医药业理事长、镇商会委员等职。[①] 在湖南常宁，江西人无论是来到任何一家同乡开的店铺，老板都会负担每日的饭菜、茶水和住宿，任他住多久都可以，绝不会请他走，有时还给一点零花钱，如果老板自己需要人员就留他在店中工作，或者为他在同乡的店中介绍工作。这样，老板与店员之间因同乡关系而互相照应，店员也会把店铺视为自己的而努力工作。[②]

以地缘为纽带的同乡经济还表现在，在一些商业城镇中来自同一个地区的江西商人往往集中从事某一种或几种行业并形成一定程度的垄断。光绪《湘潭县志》卷十一《货殖》载：湘潭"有吉安、临江、抚州三大帮。……临江擅药材，岁可八百万，建昌专锡箔，吉安多钱店，其余油广杂，曰铜铅蜡丝，曰引盐，皆恃行帖擅利，他方人莫能挽也。"在萍乡安源，光绪二十四年（1898）安源煤矿成立，光绪三十一年（1905）株萍铁路全线通车，人口骤增，带来县城和安源商业上的繁荣。外地商人挟巨资流入萍乡市场并结成各自商帮。临江帮垄断了药业，丰城帮垄断了金银首饰业，吉安帮垄断了南货、糕点、冬酒、酱油业，湘乡帮垄断了陶瓷业，南昌帮垄断了钟表制帽业，本地商人除老万昌、鸿金升、日泰恒、姚义顺、惠丰和、大吉祥等大户外，其余经营规模较小，多系米酒、豆腐、粮食、鞭炮、制鞋等行业。[③] 民国年间，南昌市商业繁华地区集中在以洗马池为中心的胜利路和中山路以及广润门、塘塍上、棉花市、带子巷等地。商人与各自的家乡同行业人组建商帮，如安徽商人叫徽帮，奉新、靖安、安义商人叫奉靖帮，抚州、南城等地商人叫抚建帮，吉安、泰和商人叫吉泰帮，南昌商人叫南昌帮，赣州商人叫赣州帮。各帮商店雇用的店员大都是本地方的人。开中药店的大都是清江人，做金银首饰生意的大都是丰城和南昌县三江口一带的人，开饭铺、豆干铺、

---

① 熊佑林口述、张超整理：《中医行业六十年》，《望城文史》第3辑，1987年12月，第138—141页。
② 曾昭文：《常宁万寿宫及江西同乡会》，《常宁文史资料》第3辑，1987年10月，第184页。
③ 萍乡市工商联：《萍乡商会史略》，《江西工商史料汇编》第1辑，1987年6月，第103页。

制作红曲的大都是奉新人，开馆子的大都是安义人，开木器店的大都是进贤人，开营造厂、毛笔店的大都是临川人，开药酒、高粱酒店的大都是北方人，开百货店、土布疋头店的大都是南昌人，赣州出木材，开木头行的大都是吉安、赣州人，搞铅印的大都是高安、南城和奉新人。[1]

南昌市绸布业在民国年间曾有三十六七家之多，拥有二十万银元以上资本的有李祥泰、广益昌、吴长记、新盛、大隆、江聚丰、国泰、王德润、李怡昌等十四家，其余如同义兴、同振兴、和泰、德隆等也有五至十万元的资本。全行业拥有资金约五百余万银元，从业人员1100余人。绸布店分为五个帮，有南昌帮的李祥泰、吴长记、江聚丰、国泰等，徽帮的新盛、大隆、程安记、景昌等，建昌帮的李怡昌、益和等，浙江帮的芳凤馆德记，广东帮的广益昌。[2]李祥泰绸布号的开办可以清晰地展现地缘在商业经济中的作用。李祥泰的创办人是兄弟二人，兄名李禹亭（号祥发），弟名李静山（号元发），南昌县人。兄弟学徒出师后，都在同业隆兴福疋头批发栈当店员，因为做生意认真，得到资方的信赖，李禹亭被派到上海坐庄，担任采购职务，李静山则在店里掌管批发业务。这为他们以后创业创造了有利条件。那时他们的工资较高，年终又有红利分，加上省吃俭用，生活非常朴素，积累了一些钱，就想自己开铺坐店发财致富。恰好同乡黄子修在洗马池口开了一家"祥泰疋头号"，因后代不力，打算出让店铺。李静山趁机托人撮合，得到黄的同意转让到手。可是资本有限，又凑巧遇到他的本家叫李湘，在湖南为官，有一笔官俸，正想存放，李静山便以较高的利息吸收进来充实资本。[3]

南昌市钱庄在民国年间多开设在洗马池、佳山庙、米市街、西瓜套、磨子巷等处，如乾大信、德大信开设在洗马池，三泰、德昌祥开设在米市街，惠康开设在西瓜套。钱庄兼营盐业者多集中在直冲巷、塘塍上，挂钱盐吊牌，竖盐引分销座牌，如志成信、协昌厚设在直冲巷，悦来等

---

[1] 本刊编辑部：《南昌话旧》，《南昌文史资料》第1辑，1983年8月，第128—129页。
[2] 江协廉：《南昌市绸布业情况回顾》，《南昌工商史料》第1辑，1987年4月20日，第20—21页。
[3] 李善元：《南昌李祥泰绸布号简史》，《江西工商史料汇编》第1辑，1987年6月，第15—16页。

庄号设在塘塍上，慎安设在杨家厂，庆昌祥设在中大街，乾大昌设在瓦子角，元康设在下河街。钱庄兼营米业者，散处各街道，挂钱米吊牌，竖"六米通商"或"米荳"座牌，以便承揽生意。银行普遍设立后，钱庄逐渐被淘汰。大钱庄集股开设商业银行，钱盐号改营盐业，钱米号改营粮食业。① 在最盛时期（1913—1930），南昌钱庄曾达81家。1932年由于金融风潮的影响，歇业较多，全市只剩下61家。1937年抗日战争开始，仅剩31家。1938年南昌沦陷，金融业纷纷外迁，钱庄迁吉安为多。抗战胜利后，钱庄纷纷回来复业，获准复业者仅29家。②

表2-1　南昌市钱庄一览表（1948年）

牌名	复业时间	地址
永慎祥钱庄	1947年5月	西带子巷五号
福元钱庄	1947年5月	翠花街六号
永大兴钱庄	1947年12月	中正路三三号
信和祥钱庄	1948年1月	中正路一百零七号
德昌祥银号	1947年2月	中正路二四一号
协余银号	1947年7月	中山路一三九号
裕源和银号	1947年5月	中山路三四三号
和美银号	1947年8月	中山路五三六号
永昌银号	1947年11月	中山路五六六号
义昌仁银号	1947年4月	直冲巷四号
豫丰银号	1947年2月	直冲巷六号
义丰长银号	1947年7月	直冲巷七号
升济祥银号	1947年4月	直冲巷十一号
泰丰仁银号	1947年5月	直冲巷十二号
厚字银号	1947年10月	直冲巷十五号
裕赣银号	1947年6月	直冲巷十七号
裕通钱庄	1948年5月	直冲巷十九号
同大协钱庄	1947年9月	直冲巷二二号
咸宁钱庄	1948年4月	直冲巷三七号
详丰祥银号	1947年2月	合同巷十四号

① 石亭：《漫谈清末民初的南昌市钱庄》，《南昌文史资料》第1辑，1983年8月，第91—93页。
② 张启元、徐琳：《旧南昌市的金融业》，《南昌文史资料》第6辑，1989年3月，第42—43页。

续表

牌名	复业时间	地址
德丰祥银号	1947年5月	上河街十七号
祥隆银号	1947年6月	上河街五三号
裕隆钱庄	1947年5月	西瓜套二四号
同和银号	1947年6月	西瓜套十四号
润记银号	1947年6月	榕门路六号
恒隆祥银号	1947年10月	下塘塍上六二号
长茂益银号	1946年6月	下塘塍上九十号
悦来银号	1947年10月	上塘塍上五十号
义升恒银号	1947年10月	西棉花市十二号

（资料来源：张启元、徐琳《旧南昌市的金融业》，《南昌文史资料》第6辑，1989年3月，第44页。）

南昌的钱庄以老板的祖籍或钱庄的所在地形成自然的联结。1932年，61家钱庄可划分为五大行帮：抚建帮，以旧时抚州、建昌两府而得名，如余建丞的义昌仁，朱国珍的泰丰仁等四家；奉靖帮，以奉新、靖安两县而得名，如王德舆的源源长、张树斋的德昌祥等十二家；吉安帮，以旧吉安府而得名，如曾伯庄的润记等九家；南昌帮，以旧时南昌府而得名，如袁白涛的裕隆、万竹村的升济祥等三十家；徽州帮，以安徽徽州府而得名，如元升恒、益太协等两家。资本雄厚而营业范围较为广阔者，是吉安帮，他们团结较紧，颇能互助，擅长经营，除在本省主要城市设有分庄或联号外，省外如湖南的长沙、常德、衡阳、湘潭，湖北的汉口、荆州及上海等地均有分庄。奉靖帮资本也较雄厚，在南昌有优越地位，能与吉安帮争雄。抚建帮资本多，营业对象多为米商。南昌帮数量虽多，也很会联络，但资本较薄，在省外较少设立分庄。徽州帮在1916年以前很有势力，后来转移上海等地，在南昌为数不多，其营业地域主要是放款给景德镇的瓷商和赣北、皖南的茶商。除此之外，还有属于清江、安义等县的钱庄，均对米商、盐商经营业务。[1]

在赣州城，江西帮又分为吉泰帮和南临帮。吉泰帮系吉安府属十县

---

[1] 张启元、徐琳：《旧南昌市的金融业》，《南昌文史资料》第6辑，1989年3月，第48页。

人，南临帮系临江府属和南昌府属商人的统称。南临帮经营绸缎布匹、药材、银楼、洋货（百货）、草帽草席、瓷器等。吉泰帮多经营棉纱布匹、苎麻夏布棉花带子、谷米杂粮、槽坊、酱园和牙行堆栈业等。吉泰帮人众店多，资本雄厚，且有在湘鄂经商的吉安巨富周扶九投资的钱庄可与京、沪、宁各大商埠通汇，有居住上海的泰和肖百万家族在赣州置有大片房地产提供经营场所，加上吉泰帮经营灵活，财力称雄全城。赣州全城大小钱庄30余家，吉泰帮占有大钱庄数十家，如邹汇川开设的同聚钱庄，周扶九投资的裕盛隆钱庄，魏丽川与彭立达合资的元春钱庄。自牌楼街至棉布街，吉泰帮的大布店有"吉泰昌""龙瑞文""德美""永瑞隆""乾记""悦和""源茂和""恒裕隆"等十余家，资金均在数万到十余万以上。各店均设有染坊染制各色土布，多的染缸十二口，少的也有六口，每口缸用一个工人，日产色布十至十二匹，除供门市零售和批发外，还远销广东、福建等地。大布店还在上海、南昌常设办庄，采购呢绒布匹，减少中间环节，获利丰厚。20世纪40年代，赣州全城粮麦店大小300余户，吉泰帮占70%。豆麦瓜麻杂粮店多为吉泰帮经营，从盛产瓜、豆的吉安、樟树、三湖等地购运过来，除供本城和外县需要外，还远销广东、福建。由于米谷杂粮的购销业务大，运输搬运量也大，吉泰帮还在河边码头设有船帮公所和雇佣数百码头工从事装卸工作。吉泰帮在赣州人多财盛，嗜好乡土酒浆——冬酒，因而开设有裕泰福独资酒店，酿制冬酒和上等高粱酒，另外还有合资经营的怡昌福槽坊，酿制冬酒和酱货。酱油制作是吉泰地区的传统工艺，泰和沿溪渡名产三伏酱油，曾为贡品。在赣州，经营酱园的有数十家，分布在濂溪路、赣江路、东郊路、文清路一带。[①]

在今天，同乡关系仍然是商人共同创业的感情纽带，并推动着区域经济的发展。临川县唱凯镇东湖村是一个有近三千人的村庄，20世纪80年代以推销瓷器而成为赣抚平原上的一颗璀璨的明珠。全村一千多男劳

---

① 赖志刚、彭兆镳：《赣州吉泰帮的由来与发展》，《赣州文史资料》第7辑，1991年12月，第91—94页。

力，80%终年在外推销瓷器，相互扶持，足迹遍及大江南北，甚至跨越国境，加入边贸活动，1992年该村提前进入小康。果喜实业集团带动余江县经济，帮助整个县脱贫致富，支援全县14个乡镇办起了木雕厂，还办起了全国第一所木雕技工学校，培养了2万余名木雕人才。他们在外地和本县开办木雕家具厂，如今的余江县已成为中国木雕之乡。进贤县文港镇商人的文具批发靠的也是"抱团发展"，老乡扎堆开店。表面上看，有了更多的竞争对手，实际上增强了市场的抱团聚集功能。每个老乡店里都有主打的品牌产品，这样他们相互之间可以做到优势互补，满足零售及批发商的购买需求，这也让他们的市场名气越来越大，吸引更多的文具经销商来进货，生意也就越来越好。

中国商人的经营行为无不体现或渗透出浓厚的乡土情结和气息，这是中国区域商人的共性。以地缘为纽带的同乡经济脱胎于传统社会，虽然现代社会更重视业缘，但同乡关系在现代社会仍能为客商在处理客籍地遇到的难题时提供有效的帮助。同乡关系能增进相互的了解与信任，同时也方便在各种业务上的信息交流，并以同乡认同为纽带构成更大的同乡关系网络，以适应客籍环境。[①]

三、地缘纽带下的行会与公所

在商业领域，同行之间为了保证一定的利润空间，不得不考虑规范经营因而出现行业合作的局面，设立行会或公所。晚清民国年间，南昌泥木业工人设立鲁班会，建有鲁班庙作为集会议事之所，凡在城内做工的泥木匠均应参加鲁班会，谓之"上会"，并缴纳一定的会费，俗称"纳香钱"。学徒只交一半，谓之"半会"，而未入会者则不得在南昌做工。鲁班庙推举一名同行中有威望的人物为首领，称"总管"，另推若干具体办事者，谓之"值年"，并负责制定一系列行规和会约，值年一般一年一换。每年逢农历五月初五和八月初九，即鲁班的诞辰日和得道日，凡"上

[①] 宋钻友：《同乡组织与上海都市生活的适应》，上海辞书出版社2009年版，第7页。

会"的工匠都要前来聚会祭祀，烧香点烛，顶礼膜拜，还要捐款，谓之"助油上灯"。[1]另外也有修水县的各行业均组织行会，维持本行业的生产秩序。县城设有金、银、铜、铁、锡的老君会，石、木、泥、瓦、篾、机的鲁班会，缝纫、纺织、弹花编扎的轩辕会，还有鞋业的孙祖会、理发业的罗祖会、刊刻业的文昌会、装裱业的黎祖会、柴香业的福主会、油漆业的漆宝会、度量衡的三皇会等。[2]安福县从事阉割的艺人在1939年成立"聚华公会"，会长李富山。会员入会时须交稻谷一担作为会费，各会员阉割的营业范围由会长统一划定，如擅自超出范围者，由会长提出警告或给以其他处分。会员遇到阉割技术难题，则由公会共同研究解决方法。会员如遇生活困难，公会也酌情资助。聚华公会每年农历二月二十八日（华佗生日）和五月初五召集会员开会聚餐，同时办理账目结算，调整会员经营范围，批准新会员入会等事项。[3]

考察中国商人的业缘组织，从中可以发现强烈的地缘情结，业缘组织更多地表现为地缘纽带下的行会或公所。行会、公所是同业商人的议事之所，"同业的未必同乡，但同乡的多半同业"。[4]商人以地缘为纽带走上同业的经商之路，并受到地缘纽带下的行会、公所的制约和保护。景德镇的瓷业分工很细，大体上说，有掘瓷土业、匣钵业、烧窑业、制瓷业、彩瓷业、着色业、包装业以及为瓷业服务的其他主要行业，细分共有三十六行。[5]景德镇瓷业是考察地缘纽带下行会与公所的最好的样本。景德镇的会馆和行帮并非完全不同或不相干的组织，相反，它们之间存在千丝万缕的联系，二者都是血缘、地缘和业缘的聚合体，只在范围和侧重点上有所不同。会馆一般侧重于血缘和地缘方面，行帮则侧重于业缘方面。尽管如此，许多行帮的集会地点在会馆中进行，而许多会馆的会首同时又是某一行帮的头首。景德镇的会馆组织中大部分人既是同乡，

---

[1] 李国强、傅伯言主编：《赣文化通志》，江西教育出版社2004年版，第693页。
[2] 梅中生主编：《修水县志》，海天出版社1991年版，第610页。
[3] 余悦主编：《中国民俗大系·江西民俗》，甘肃人民出版社2004年版，第270页。
[4] 彭泽益主编：《中国工商行会史料集》，中华书局1995年版，第182页。
[5] 巢克谦：《瓷业的三十六行》，《景德镇文史资料》第1辑，1984年8月，第17—18页。

又是从事同一行当的同业者，但也不排除同行以外的同乡参加。

景德镇烧窑业中的"窑厂"行，又称为"窑帮"，在三十六行中势力最大。窑帮中成立了三窑九会，由经营大致相同的陶瓷制品的小业主和厂主分别组成。三窑，即陶成窑（烧槎窑业）、允成窑（造古器业）、裕成窑（造灰可器业）。九会，都冠社名，分脱胎、二白釉、青釉、四大器、四小器、酒令盅、七五寸、可器、碎古器等。此外，陶庆窑（烧柴窑业）独树一帜，没有加入，实际上有四窑九会。三窑九会负责人的职位分为值年、副值年、头首，若干人组成，任职限期一年。当年4—5月接任，在下年的同时交卸，不能连选连任。下届值年和副值年以及头首由上届值年和副值年商量指定，事前不必且不宜在会员大会上交接，只在丰盛筵席仪式上，用红纸张榜公布此届值年人等，即为正式当选者。三窑九会的经费来源，由会员分摊负责。新会员入会，还必须缴纳相当数量的入会金。所需经费，没有预算限额，用多少即负担多少。但值年和副值年，不负担经常费用并享有一定数量的酬劳金。三窑九会开会时，由正、副值年主持，布置任务，或由会员讨论。但正、副值年碰头后，可以独自专断决定重大问题，会员应无条件地执行。陶成窑和陶庆窑还在属下分别成立了保槎公所和保柴公所，并设有若干武装。三窑九会的活动重点是劳资协商、砍草鞋、禁春窑、挂扁担、囤积居奇、临时性禁窑、替官府派捐筹款、解决会员内部业务纠纷等。[1]这些行会的地缘性表现在负责人主要从都帮中产生。

装坯入窑烧炼的匣钵有大、小器之分。大器匣钵的器形是平口尖底，一律圆形，一只匣钵装一只坯；小器匣钵为平口平底，上下一样大，有圆形、方形和腰子形，装坯数量不一，每只匣钵有装一只坯的，有装三五只甚至三四十只坯的。做大器匣钵的叫大器厂，做小器匣钵的叫小器厂。[2]装小器工人集会议事的组织称为"五府十八帮"。五府，指的是南昌府、南康府、饶州府、抚州府和九江府。所谓十八帮，是这个行业中

---

[1] 刘胜：《窑帮的三窑九会》，《景德镇文史资料》第1辑，1984年8月，第10—12页。
[2] 方维新、方峻山：《匣钵厂的行规种种》，《景德镇文史资料》第2辑，1985年9月，第161页。

分成的小组，一帮等于一组。每帮有头首数人（又名上街），管理帮中一切事务（如写车簿、带徒弟、过帮、定事等）。每年四月初一到十八日，这十八帮的街师傅和徒子徒孙（散板），一天一个帮依次在都昌会馆聚会吃酒，演戏酬神。轮到初一的叫一帮，依次到十八日的叫十八帮。各帮人数有多有少，是随着帮内街师傅跑红走运和背时倒霉而定。[①]装小器工人的"五府十八帮"最能体现景德镇行会的地缘性。"五府十八帮"规定，只有南昌府、南康府、饶州府、抚州府和九江府五府属县的隶籍人可以参加装小器行业，学徒弟、操职业，非这五府籍贯的人不得参加。地缘纽带下的行会组织的形成是自然形成的，换言之，这是职业传承的自然选择，只不过到了一定时候通过一定的规则固定了下来。

以血缘、地缘、业缘为纽带，江西商人互相影响、互相提携，共同创业，共走富裕之路。江西商人结成或紧密或松散的商帮，或者结成以地缘为纽带的行会或公所，并以带有极强乡土特色的道德伦理和信仰，规范其社会行为，增强团体的吸引力和凝聚力，在一定程度上规避了江西商人内部的恶性竞争，并且有利于共同应对外来的威胁。

第三节　来赣客商的第二故乡

一、赣鄱大地会聚天下客商

隋唐时期，长江流域的商人大量往来于江西地区。唐代独孤及（725—777）曾说："豫章郡左九江而右洞庭……由是越人、吴人、荆人、徐人，以其竿行，络绎渐至大江之涯。于是乎弘舸巨鹢，触接舻衔。"[②]唐代刘禹锡（772—842）在《夜闻商人船中筝》一诗中描写了扬州商人来往江西经商的情形："大艑商船一百尺，新声促柱三十弦。扬州布粟商人女，来占江西明月天。"[③]在敦煌文献中有《长相思》小曲三首，其一：

---

① 刘重华：《五府十八帮》，《江西文史资料选辑》第7辑，1981年12月，第125—126页。
② （唐）独孤及：《毗陵集》卷十七《上元二年豫章冠盖盛集记》。
③ （唐）刘禹锡：《刘禹锡集》卷三十八《夜闻商人船中筝》。

"侣客在江西，富贵世间稀。终日红楼上，△△舞着棋。满酌醉如泥，轻轻更换金卮。尽日贪欢逐乐，此是富不归。"其二："哀客在江西，寂寞自家知。尘土满面上，终日被人欺。朝朝立在市门西，风吹泪△双垂。遥望家乡长短，此是贫不归。"其三："作客在江西，得病臣毫厘。还往观消息，看看似别离。村人曳在道傍西，耶娘父母不知。△上劚排书字，此是死不归。"①这三首小曲分别描写了唐代三种在江西从商者的不同生活情形。宋李昉等编的《太平广记》记载诸多在江西从商者的故事：卷二百零四《吕乡筠》载，洞庭湖地区的商人吕乡筠，"常以货殖贩江西杂货，逐什一之利"；卷四百零四《宝类下杂究》载，"临川人岑氏，发现二块宝石，拿到豫章，卖给波斯胡人"，"为生资，遂致殷赡"；卷四百二十一《阆州莫徭》载，莫徭得到一支象牙，"遂到洪州，有胡商求售，累加值至四十万。寻他胡肆，胡遽以草席复之。他胡问是何宝，而辄见避，主人除席云：止一大牙耳"。众多胡商在江西的频繁活动，足见唐代赣鄱区域商业的繁荣。

宋代江西也是外地客商逐利之地。江州是商旅之重要通道以及商品的转运站，商品经济十分兴旺。在北宋初年，江州的"田宅为江北贾人所占用"。②宋代编纂的《文苑英华》卷三十一载："郭常，鄱阳人，业医。有波斯安息国人自闽转道经饶，病且亟，他医莫能治。"元代外地商人亦有长期在江西经商者。徽州祁门人凌千十，长期离乡船居，"历涉江河有年，买卖轻重随其时"。经商范围主要在赣东北的饶河和信江流域，长女嫁于鄱阳，幼女嫁于贵溪，本人则卒于鄱阳，葬于贵溪。③南宋饶州鄱阳人洪迈（1123—1202）编撰的笔记小说集《夷坚志》载，洺州（治所在今河北永年县广府镇）人韩洙，寓家信州弋阳县大椰村，在县东二十里荆山开酒肆及店邸。乾道七年（1171）冬，南方举人赴省试，来往甚盛。一位黎秀才遗金银一包于店，韩洙将原包归还失主，且谢绝了失主的酬

---

① 罗振玉辑：《敦煌零拾》之六，上虞罗氏印行。甲子孟春罗振玉记："长相思写心经纸背，写字甚多，未敢臆改，姑仍其旧。"
② （宋）李焘：《续资治通鉴长编》卷十八《太平兴国二年五月庚午》。
③ 曲利平、倪任福：《江西鹰潭发现纪肆元墓》，《南方文物》1993年4期。

谢。有人题诗店壁，颂其美德云："囊金遗失正茫然，逆旅仁心尽付还，从此弋阳添故事，不教阴德擅燕山。"①

明代徽商势力如日中天，活动足迹遍及全国，江西是徽商的麇集之地。瓷器贸易利润颇丰，自宋以降，景德镇的瓷器已驰名海内外，各地客商纷来采购。在景德镇经营瓷业的徽商中，还出现了商人掌握生产，以流通领域支配生产领域的趋向。徽商潘次君"以盐筴贾江淮，质剂贾建业，粟贾越，布贾吴"，针对"昌江巧贩者率以下齐杂良金，次君至，则治牛酒，会诸贤豪，与之约：自今以往，毋杂下齐以厉陶。众服盟言，乃黜下齐"。②这是统一了瓷器生产价格，众多的生产者在潘次君的组织下从事商品生产。《祁门倪氏族谱》中记载了在景德镇经商的族人。倪前松，乾隆四十五年（1780）生，同治四年（1865）殁，原名前权，字均宜，号苍栝，"少贫甚，茹苦犹甘，坚于自守。及长悬壶于江右之景德镇，每视人疾，询其困乏孤寡不受酬。旋以货殖多才，亿则屡中，而家事日益隆隆"。倪前松先在景德镇行医，然后经商，后倪氏父子相传，在景德镇世代经营瓷业。其子倪兼三"陶于江右之景德镇，子母皆虚，负债三千余金，忧劳成疾，越一夕而遽陨寿"。其孙倪辉远"缵承旧业。智能尽索，守而兼创"，父倪兼三"所负之债，三年中不留纤芥。比及七年，生业隆隆。器不苦窳，获金累万"，"由是家道以兴"。③

民国年间，驻景德镇的瓷商有广东帮、天津帮、同庆帮、黄麻帮、马口帮、三邑帮、孝感帮、湖南帮、河南帮、扬州帮、宁绍帮、南昌帮、九江帮、关东帮等二十六帮。在长期的经营中，各地瓷帮形成了各自的销售地域。

表2-2　江西瓷器运销帮别一览（1936年）

帮名	籍贯	运销地点	帮名	籍贯	运销地点
天津帮	天津	天津	宁绍帮	浙江	上海、浙江
广帮	广东	广东、广西、南洋、美国	川湖帮	四川、苏州	四川、苏州

---

① （宋）洪迈：《夷坚志》，何卓点校，中华书局1981年版，第596页。
② （明）汪道昆：《太函集》卷五十一《明故太学生潘次君暨配王氏合葬墓志铭》。
③ 张海鹏、王廷元主编：《明清徽商资料选编》，黄山书社1985年版，第105—106页。

续表

帮名	籍贯	运销地点	帮名	籍贯	运销地点
关东帮	辽宁	东三省	桐城帮	安徽	广东、新加坡
同信帮	湖北	汉口一带	丰西帮	丰城县	汉口上游
同庆帮	湖北	长江上下游	粮帮	北平	北平
黄麻帮	湖北	汉口一带	扬州帮	扬州	扬州
马口帮	湖北	汉口	金斗帮	安徽	皖北及河南
三邑帮	湖北	芜湖苏州	南昌帮	南昌	南昌
良子帮	湖北	芜湖苏州	九江帮	九江	九江及长江上下游
孝感帮	湖北	芜湖苏州	内河帮	江西	江西各县镇
过山帮	浙江	浙江	古南帮	都昌县	南京、汉口
湖南帮	湖南	湖南	康山帮	鄱阳县	长江上下游
河南帮	河南	河南			

（资料来源：刘治干主编《江西年鉴》，江西省政府统计室编辑、发行1936年10月初版，第970页。）

1947年，江西省统计处统计了景德镇瓷器内销的情况，统计参与运销的有二十五个帮别，经营者除来自江西省外，其他来自湖北、江苏、安徽、四川、浙江、天津、广东、河南、甘肃等省，共计运销789000担。

表2-3 景德镇瓷器内销统计表（1947年）

帮别	经营籍贯	家数	瓷器产品	运销数量（担）	运销地址
同庆帮	湖北鄂城	80	脱胎、四大器	160000	沪、宁
马口帮	湖北汉川	40	灰可器	120000	川、汉
江苏帮	江苏	35	二白釉、四大器	105000	苏南、浙北
桐城帮	安徽	20	脱胎、灰可器	80000	云、贵、广、港
四川帮	四川成都	15	脱胎、二白釉	35000	四川
宁绍帮	宁波绍兴	13	脱胎、二白釉	45000	上海、浙江
河北帮	天津	16	脱胎、四大器	8000	京、津
南昌帮	南昌	14	脱胎、二白釉	20000	南昌
川湖帮	浙江嘉兴	8	脱胎、二白釉	5000	杭、嘉、湖
内河帮	江西	30	青釉、二白釉	10000	江西各县
古南帮	都昌	17	脱胎、灰可器	35000	芜湖、南京
省会帮	丰城	7	脱胎、二白灰胎釉	15000	上海
新安帮	婺源	2	二白釉、灰可器	5500	皖南一带
过山帮	浙江	24	二白釉、灰可器	50000	温州、台州
广东帮	广东	4	脱胎及艺术品	5500	粤、南洋、美国

续表

帮别	经营籍贯	家数	瓷器产品	运销数量（担）	运销地址
西南帮	临川	1	灰可器	5500	广西、贵州
河南帮	河南	5	二白釉、灰可器	4500	河南
三毛帮	湖北	6	脱胎、二白釉	5000	芜湖、苏州
良子帮	湖北	4	灰可器	5000	芜湖、苏州
金陵帮	南京	23	脱胎、二白釉	15000	南京
黄家洲帮	都昌	25	二白釉、灰可器	25000	江西各县
甘肃帮	甘肃	1	灰可器	5000	甘肃
粮帮	临川	5	脱胎、二白釉	5000	北京
江黄帮	湖北	4	灰可器	15000	鄂北一带
金斗帮	安徽巢县	1	灰可器	4000	皖北、河南

（资料来源：《景德镇文史资料》第2辑，1985年9月，第165页。）

除了瓷业外，来赣客商的经营范围还涉及丝织业、渔业、钱业、油盐、百货等。《顺治十一年汪氏阄书》载，万历三十九年（1611），休宁商人汪正科"同本村金陈等营肆于芝城景德镇，贸易丝帛，克勤克俭，兢兢业业，迨三十年"。①另有《清高宗实录》上谕中记下了休宁县商人程洪度赴江西卖腌鱼，由于管理关务的韩世格委家人巡役营私累商等弊被控告的经历：乾隆五年（1740）二月，程洪度等从盐城买腌鱼一百四十担，载往江西发卖，船至江心，被风打至大关对岸，暂泊老鹳嘴地方。另坐划船，赴关报税，路遇关役王华、王培并韩世格家人盛四，询知其事，即同程洪度等回船盘货，声言漏税，将程洪度等用绳拴至花船，要银五两。程洪度给银一两一钱五分，王华等不允。次日将船人俱带至关口，其船系在大江溜水，不能躲避风浪之所，将程洪度等押解到关，锁在班房过夜。韩世格发与茶引大使贺子溶讯明，实系遭风并非偷越，而王华等仍不发放以致忽起暴风，船载大溜，无人抢护，将船打沉，所有鱼货行李银钱尽行淹没。程洪度赴关呼冤，韩世格反以商人越关沉没，发江宁县查验。军机大臣传谕韩世格，令其速行梭改并将管关不妥之家

---

① 张海鹏、王廷元主编：《明清徽商资料选编》，黄山书社1985年版，第374页。

人巡役惩治革退，以恤商民。[1]江西是一个盛产木材的省份，所产杉木历史上统称"西木"，南昌府、赣州府、南康府、广信府都有徽商购买木材的记载。清代祁门县商人倪启垣，七岁时受经于同村之名孝廉吴兰府先生，先生说："是儿志趣远大，聪悟过人，如读书足以光倪氏之门闾者，其此子欤！"其父倪望铨闻之，桑然改容而谢说："先生之言，余当铭感于心矣。"无奈处境日窘，家贫不足以问学，弃举子业改为就商。倪启垣"年十六则往来贩木于鄱湖、闾水间"，"所得滋丰"。[2]

在抚州，寿林春药店在同业中独树一帜，创办人李寿林，湖南耒阳县人。民国初年，李寿林随岳父来抚州行医，在城外利生祥药店后面开办麻痘科诊所。当时抚州新法种痘只此一家，群众称为"栽洋苗"，称李为"湖南痘仙"，甚有名望。数年后，李即自己在城外萧公庙开创寿林春药店，医药一体，为小孩普种牛痘。每当麻疹痘疫流行时期，群众抱儿携幼来店就诊配药者，络绎不绝，医、药业务由此不断扩大。在以后的数十年中，他的儿子李绍泉继承父业，并以祖传中医、中药疗法为基础，又注射青霉素消炎退烧，中西结合，治疗稳妥，疗效迅速，声誉更高，在全行业中成为一家有麻痘专科医院性质的药店。[3]在赣州，光华电灯公司创办于1920年，正式投入生产是在1921年。该公司的兴建是由在赣州的十多位广东客家商人提议筹办的。以罗劝章为首，邀集了曾伟仁（赣州广裕兴百货商场老板）、王岳秋（瑞春茶庄老板）、罗涤良（惠和庄老板）、肖华祗（广华昌茶庄老板）以及王济才、王伯平、林玉田等数十名客家商人集资兴办，由罗劝章担任董事长兼经理，董事有曾伟仁、罗涤良、王岳秋、肖华祗、林玉田等。每股股金一千元光洋，共集资十万元。从广州购进一台英国造90千瓦交流煤气机，并从广州请来数名技工和技师罗绍裘等。厂址设东外江边磨角上，公司设八角井魏家大屋。[4]

---

[1]《清高宗实录》卷一百十三《乾隆五年三月丙寅》。
[2] 张海鹏、王廷元主编：《明清徽商资料选编》，第330—331页。
[3] 傅裕平：《抚州药业发展概况》，《江西工商史料汇编》第1辑，1987年6月，第186页。
[4] 肖俊光：《赣州光华电灯公司的兴衰》，《赣州文史资料》第7辑，1991年12月，第44页。

明清江西四大名镇是来赣客商的集中之地。在景德镇，来赣客商除从事瓷业贸易外，钱庄、钱店主要由徽商所开办。钱庄、钱店组织的钱业公所成立于宣统年间，开始时租了一所房子，为钱业的有关人员碰头集会商议商情的场所。后来会员逐渐增多，活动较繁，更重要的是为了垄断市场，有必要将这组织加强，于是集资在陈家上岭建造了新的所址，内部设置了专门执事人员。钱业公所又有大小不同之分，大同行以汇兑业务为主，小同行以兑换补水为主。集会时，大同行在楼上，小同行在楼下。集会时间，各钱庄负责人和跑街都集聚于此，决定和探听当日行市。行市经巨头决定后，挂出水牌，各钱庄一律遵照不折不扣地执行。[1]景德镇钱业公所主要操纵在徽帮手中。

樟树镇被誉为"八省通衢""天下雄镇"，是江南诸省货运集散中心之一。徽商程善敏，在此主持交易文约之事，权衡市镇上货物之精粗美恶，定立公平合理的价格，调解纷争，说合交易，制定章程约束众商，维持交易秩序。[2]牙行一般是当地人才能从事的行业。程善敏能够在樟树从事牙行业务，说明他在樟树的从商时间之久，并且已融入地方社会。

吴城镇会聚着资本雄厚的外来客商。在宣统元年（1909）的江西吴城镇商务分会己酉年总协理议董表中，二十六个议董中有十名外省籍议董，行业有钱业、油业、纸业、典当业、杂货业、烟业、粮食业、酒业、苎麻业、夏布业、油盐业、木业、船行业等。在1916年的吴城商会职员表中，四十位会董中有外省籍商人十四位，其中正会长是安徽歙县人许世瑗，五位特别会董中外省籍商人占四位，即湖北麻城人刘席儒、直隶束鹿人李义鉥、浙江余杭人许德林和江苏甘泉人周宝鐄。[3]

---

[1] 俞昌鼎：《国民党统治时期景德镇银行钱庄内幕》，《江西文史资料选辑》第7辑，1981年12月，第141页。
[2] 龙登高：《江南市场史》，清华大学出版社2003年版，第150—151页。
[3] 梁洪生：《吴城镇及其早期商会》，《中国经济史研究》1995年第1期。

表 2-4　江西吴城镇商会职员表（1916）

职务	姓名	别号	年龄	籍贯	商号职业
正会长	许世瑗	少伯	43	安徽歙县	正泰钱庄
副会长	杨光礼	敬之	41	江西安义	源远钱庄
特别会董	刘桢	挺斋	69	江西奉新	福生纸号
特别会董	刘席儒	焱南	56	湖北麻城	慎源纸行
特别会董	李义鍿	焕章	60	直隶束鹿	天成汾酒号
特别会董	许德林	葆初	49	浙江余杭	宝昌典
特别会董	周宝鐄	兰生	50	江苏甘泉	春生恒纸号
会董	苏翰	百波	39	湖南长沙	厚生公盐仓
会董	仇庆裕	春舫	31	安徽泾县	茂记盐仓
会董	冯球	序东	49	安徽绩溪	福泰钱庄
会董	章懋春	寅生	53	江西新建	汇康纸行
会董	王经麟	玉书	50	江西新建	鼎新纸行
会董	江图霖	应三	42	安徽旌德	永昌隆钱庄
会董	丁昌禄	锡龄	41	湖北黄陂	浚川纸行
会董	王世荣	春甫	36	浙江山阴	可大纸行
会董	吴范	洪畴	43	安徽歙县	丽生纸号
会董	刘大川	有道	53	江西奉新	晋丰盛纸号
会董	晏林锡	子兴	40	江西靖安	大吉祥纸号
会董	罗炯	焕文	38	江西新建	均和安纸号
会董	赵明钦	文安	35	江西南昌	安记煤油号
会董	吴树森	木三	56	江西临川	广隆麻行
会董	邓有诚	允卿	46	江西新建	万隆麻行
会董	林华玉	锦堂	58	福建龙岩	同茂祥烟庄
会董	李猷章	宗海	54	江西新城	永孚油行
会董	黄熙昀	子高	48	江西黎川	恒源杂货行
会董	王葆元	发之	76	江西新建	裕大锡箔坊
会董	喻香山	和久	64	江西新建	鼎新和油盐铺
会董	喻春熙	静山	59	江西南昌	瑞泰隆洋货号
会董	张福銮	厚生	59	江西安义	祥昌轮船公司
会董	汪世楷	彦生	57	安徽休宁	志诚南货店
会董	刘彝华	彩庭	56	江西新建	汇大粮食店

续表

职务	姓名	别号	年龄	籍贯	商号职业
会董	邓绍训	顺卿	54	江西新建	谦吉酒店
会董	叶立镜	鉴堂	39	江西新建	鼎益升粮食店
会董	詹彬文	炯庭	52	江西安义	仁大粮食行
会董	黄本怀	玉孙	38	江西安义	全美粮食行
会董	余盈科	俊臣	40	江西靖安	鸿发祥烟店
会董	罗海光	显宗	32	江西进贤	同裕木行
书记	查昶	永日	39		
会计	邓嵩	维岳	37		
庶务	罗廷杰	俊夫	29		

（资料来源：梁洪生：《吴城镇及其早期商会》，《中国经济史研究》1995年第1期。）

  河口镇"货聚八闽川广，语杂两浙淮扬"，号称"八省码头"。乾隆时期铅山县人蒋士铨记河口转运贸易的盛况："舟车驰百货，茶楮走群商，扰扰三更梦，嘻嘻一市狂。"[①]同治《广信府志》卷一之二《物产》载，河口经营纸业的富商大贾"大率徽、闽之人，西北亦间有"。在河口的繁华地段三堡大街上有一家首倡"真不二价"的朱怡丰商号，业主朱氏是安徽泾县人，朱氏家族一直在泾县开设茶号，以收购、加工茶叶销往国外而致富。光绪年间，朱氏家族在赣东、闽北一带收购茶叶，为了资金使用上的方便，选定河口开设朱怡丰商号。民国初年，朱氏家族在原籍分家，朱怡丰归朱大献一房经营。[②]

  在江西的一些小集镇，因为是特产的集散中心而会聚着众多外地客商，如金溪县的棠溪镇是一个夏布漂染和集散中心，各地商贾云集于此，道光《宜黄县志》卷三《形胜》载："棠溪为大市镇，街衢通达，商贾辐辏。"常驻棠溪的有上海、山东、山西、天津等地商人，将夏布运销全国各地，乃至朝鲜、日本和东南亚各国。来赣客商在江西从事商业活动，活跃了江西经济。他们常年在江西经商甚至老死不归，经历从行商到坐

---

① 同治《铅山县志》卷二十八《文征》。
② 吕品：《"真不二价"朱怡丰》，《铅山文史资料》第5辑，1991年12月，第49页。

贾，从客贩、侨寓到定居的双重转变后，逐渐减少了与原籍的联系，并将自己商业活动和日常生活的重心放在了客籍地。

二、来赣客商的土著化

来赣客商，特别是他们的后代，在对定居地的认同过程中逐步土著化。外来客商在客地站稳脚跟后，会逐渐将其触角向当地主流社会延伸，逐步与当地主流文化融合在一起。据吴承明先生研究："原来贩运商人属于客商，到交易城市须投行。明代大商帮兴起，已不尽是客商，而常挈眷在交易城市占籍。"[1]占籍的过程就是明清以来客商不断土著化的过程。来赣客商置办家产，举室迁移，在客地繁衍后代，形成一支商业移民。《张氏统宗世谱》卷九载，弘治时祁门县商人张君，"托迹于贾，游临清，逾淮扬，历金焦，过彭蠡，寓居江西乐平之众步镇。"《新安休宁名族志》卷一载，明末休宁县商人程周"贾居江西武宁乡镇"，"遂至殷裕，为建昌当，为南昌盐，创业垂统，和乐一堂"。康熙《徽州府志》卷二《风俗》载："徽之富商，尽家于仪扬、苏松、淮安、芜湖、杭州诸郡，以及江西之南昌，湖广之汉口，远如北京，亦复挈其家属而去。甚且舆其祖父骸骨葬于他乡，不稍顾惜。"清代廖庭奎《海阳记录》卷下载："休宁巨族大姓，今多挈家存匿各省，如上元、淮安、维扬、松江、浙江杭州、绍兴、江西饶州、浒湾等处。"在这几则史料中，江西的南昌、饶州、浒湾、乐平、武宁是明清时期徽商的定居地。

江西地方志中对土著化的来赣客商多有记述：他们长期在江西经商，一部分来赣客商落籍后往往利用其雄厚的财富，积极参与当地公益活动，以期获得当地社会的认可。同治《南昌县志》卷十九《善士》载，浙江盐商陶士逊在"南邑重修东湖书院，独捐千金以助经费；葺贡院坐号，添砌门外石路。绳金塔凡两次修筑，育婴堂之役则躬亲董率，岁多全活。

---

[1] 吴承明：《论清代前期我国国内市场》，《中国资本主义与国内市场》，中国社会科学出版社1985年版，第249页。

先贤祠庙暨义冢、义渡，如滕王阁、百花洲、螺墩诸名胜亦兼理焉。一切邑中公事竭力倡率，所费不赀，无少吝"。徽州商人许世奇"六岁随父由歙居抚州之浒湾，由浒湾徙南昌，遂家焉，性至孝"。乾隆五十六年（1791），"督漕观察因府学圮坏，劝谕府属捐赀修建。世奇独构明伦堂，规模宏敞，费数千金，率其子鸠工庀材，无吝啬、无惰容，他如修县学，醵文昌祭费，建考棚、桥梁、衢路以至古迹名胜，靡不欣然倡建。至于救荒赈饥，尤为踊跃"。来赣客商力求融入当地社会，时常通过善行义举来融洽关系。

客商侨居的根本原因是市场的发展和利益的驱动，良好的经济发展前景诱使来赣客商在江西安家置业，寻求长期发展。有些来赣客商一家几代在江西经商，江西成为第二故乡。浙江绍兴人沈瀚卿回忆了清末民国时期他们一家三代在南昌创业的情形。光绪十六年（1890）秋，沈瀚卿的祖父从浙江绍兴贩运绍兴的土特产腐乳、绍酒、虾米、淡菜、龙井茶叶来南昌肩挑叫卖。后来靠一个在府衙门当师爷的同乡的帮助，在九江路口租赁了半片店面，挂起了"沈开泰"的招牌，开了个小小的米店，兼销绍兴的土特产。后来在沈瀚卿父亲的经营下，"沈开泰"专营南货、海味、罐头、酒类，除照旧推销绍兴土特产外，同时采购各地名产供应顾客需要。随着批发和零售业务日益扩大，沈瀚卿的父亲又在德胜门新开了一家分店，叫"沈三阳"，由沈瀚卿独撑门面，管理这个新店。"沈开泰""沈三阳"在竞争中实行"薄利多销，加一放称，九折收钱"的营销策略。"加一放称"，用现在的话来说，十两为一斤，称十一两给顾客。"九折收钱"，就是当时糕点定价三十二个铜板一斤，只收二十八点八个铜板。结果"门庭拥挤，顾客如云"。在激烈的竞争中，"沈开泰""沈三阳"要求包括经理自己在内，全体师傅、店员、工人，对顾客一定要"热情接待不怠慢，耐心品货不厌烦，料足秤足不克扣"，使顾客高兴而来，满意而去。抗战期间，沈瀚卿将店里的货物尽量疏散，在赣州开设一个"瀚记庄"，门市兼批发；在吉安开设一个"瀚记庄"批发店，只是没有门面；在金华开设一个"沈开泰"，也专营批发。在金华办了一个大华罐头食品厂，请上海的师傅自制水果、鸭、鸡罐头食品。沈翰卿自己带一部分资金，凭借昔日在上海的老关系报销的优惠条件，长驻上海，一面经营，一面远距离指挥南昌、赣州、吉安、金华等地的店庄。抗战胜利后，沈翰卿第一件事就是着手筹划"沈三阳"在南昌开门复业。第二年又将"沈开泰"复业，专营大宗批发。后来又开办一个荣真绍兴酒厂，一个新生酱园。新中国成立后，沈翰卿将自己的四个企业办理公私合营手续，先后担任南昌市企业公司经理和江西省食品公司经理。[①]沈翰卿从祖父起就来到南昌，到沈翰卿这一代已更熟悉江西的山山水水和乡音乡情。

客商定居他乡后，逐步在客居地构建出新的社会关系网。汪德溥于光绪十六年（1890）六月三十日出生在赣州，他的父辈来自安徽歙县。在赣州的长期生活中，汪德溥逐步融入地方社会。汪德溥 12 岁以前完成了近五年的私塾教育，具备当学徒的基本要求。自 12 岁起，他开始了十年的学徒生涯，先后在赣州塘江米店和阳明路口大兴当学徒。在朝代鼎革之际的 1911 年，汪德溥进入赣县警察局当学生，毕业后先后担任巡警、警长、巡官、检查员等职。1923 年，转业到赣州东北路光华电灯公司担任经收员。1932 年汪德溥丢掉公职，进入职业调整阶段，先做了一年的肥皂生意，随后在龙南、信丰两县禁烟局短暂工作过，1934 年赴南昌哥哥那里筹钱做生意，这是他一生离家最远的旅行。1935 年回到赣州后，汪德溥正式步入经商领域，拾起经商本业。他最早涉足的是清茶业，中间有一段时间在赣州、泰和两地做蚊香生意，后来又与人合伙经营酒店。1946 年，他又开设新安茶社，生意规模开始膨胀起来。1947 年，他的儿子又在茶社旁边开了香烟店。1948 年，他本人到东郊又增设米号。[②]从汪德溥的父辈起，到民国年间汪氏在赣州已经三代。出生在赣州的汪德溥还对歙县老家有着牵挂，而到他儿子这一辈已更多地认同自己赣州

---

① 沈翰卿：《一个民族工商业者所走的道路》，《江西工商史料汇编》第 1 辑，1987 年 6 月，第 1—11 页。
② 李甜：《旧商人与新时代：赣州徽商汪德溥的生活变迁（1890—1955）》，《安徽大学学报》2014 年第 6 期。

人的身份。

土著化是一个循序渐进、不断发生的过程。落籍定居,商人经营网络随之变化,把侨居地与祖籍地的业务有机联系起来,建立联号。当商人在侨居地的业务扩大后,往往需要招徕亲友或接受同乡前来协助合作。随着业务的扩展,有些同乡亲友又在其他地区侨居下来,从而使商业关系网不断扩大。从进入到适应再到融合,客商土著化过程突破了传统中国浓厚的乡土意识。在客地安家置业,寻求长期发展,许多土著化客商在客地繁衍生息,逝后已经没有了返回原籍的必要,于是葬在了会馆的义园或者在客地新设立的家族墓区。许多商人在客地定居繁衍后,还以客地为中心重建了族谱,商人的地域特征慢慢淡化,并逐渐融入新的地域社会中。

外出经商的江西商人也存在土著化问题,江西地方志多有记载。同治《万安县志》卷一《方舆志·风俗》载,万安"贫人走蜀,由小买卖而致大开张,去家日久,多于彼处娶妻生子,资田入籍,不能举家归"。同治《建昌府志》卷八《孝友》载,南丰县商人赵希安,"服贾云南,数十年不归,素以信义为滇客重"。江西商人经营地的地方志中也有记载。嘉靖《光山县志·邑镇》载,河南光山县"江右、湖湘、金陵一带客商反牟大利,以致置产起家"。同治《龙山县志》卷十一《风俗》载,在湖南龙山县,江右商人"其先服贾而来,或独身持楼被入境,转物候时,十余年间,即累赀钜万,置田庐,缔姻戚,子弟并入庠序"。民国《醴陵县志》卷一《氏族》载,在湖南醴陵,赣人以贸易至县,"以贸易置家产者亦不少"。在湖南靖县,百分之九十以上是外籍商人,来自江西、福建、两广、贵州、长沙、衡阳、湘乡、邵阳等地,被称为八帮。中药以江西人居多。王石樵先生回忆:"这些外籍商人,长期侨居靖地,以靖县为第二家乡,对开发靖县资源,繁荣靖县经济,做出了贡献。"[①]客居他乡的江右商人特别注重对子弟后代的培养,设法使他们融入当地社会,进入官僚阶层。在湖南凤凰,赣籍商民凭借雄厚的经济实力,积极参与政治

---

① 王石樵:《解放前的靖县市场》,《靖州文史资料》第3辑,1986年12月,第97页。

活动，谋求社会地位。江右商人熊玉书、裴彤九等捐候补知县及监生等头衔。裴三星商号送长子裴晴初入学中举，历任贵州、澧州知事，民国初期三次连任凤凰县长。商民子弟顾家齐、戴季韬曾任国民党师长和湖南省政府委员。首届商会会长刘帮熙曾任湘西镇守使秘书长，龚佳荣在抗战期间曾任县议员，最后一任商会会长裴庆光也曾担任县参议员。[①]

土著化的来赣客商将他们的利润留在客籍城市，并扩大再生产，促进客籍城市发展，无疑成为当地经济的重要组成部分。走出江西的赣商，在繁荣客籍城市的同时也使远距离贸易两端的生产中心和销售市场进一步稳定，经营网络得以进一步细化和发展，为繁荣江西经济做出了贡献。由此，学者傅修延提出"新赣商"的概念，他认为"今天的赣商除了生于斯、长于斯、经营于斯的商业人士，也要包括从赣地走出去、走向省外、境外、国外的商业人士，还要包括从外地来赣投资创业、经营发展的商业人士"。在赣的、出赣的、来赣的，统统都是新赣商。他提出，只有注入求新思变的"新赣商"内涵，才能突破封闭保守的观念束缚；只有建立开放性的"天下赣商""世界赣商"理念，才能和现在这个日益变"平"的地球相适应；只有弘扬富有包容性的"中国赣商""中华赣商"精神，才能光大赣鄱文化海纳百川、兼容并蓄的优良传统。江西人对商人土著化问题的辩证认识，有利于对所有在赣经营的商家一视同仁，有利于对走出赣地在外打拼的企业家关怀有加，有利于在赣、来赣、出赣的赣商之间展开亲密无间的合作。[②]

[①] 裴庆光、熊良忠：《解放前凤凰商业拾零》，《凤凰文史资料》第1辑，1988年8月，第227页。
[②] 傅修延：《让"赣商"放射出更加夺目的光彩》，《江西日报》2007年12月31日。

【第三章】赣商营销文化

传统社会的商品交换仅仅作为自给自足的自然经济的一种补充形式而存在，特别是由于农本商末、无商不奸等思想的长期影响，限制了商业的发展，也限制了商业营销文化的发展。尽管如此，商业营销文化仍在夹缝之中逐步形成并发展起来。在商业营销过程中，赣商形成一系列的营销文化。他们认识到只有创造品牌，才能更好地赢得信誉，赢得市场。他们以质量为核心创造品牌，充分利用有效的内外部传播途径，形成消费者对品牌的高度认同，最终形成品牌忠诚。他们形成"注意市场信息，看准行情投资""揣摩消费者心理，迎合不同顾客需求"等经营理念。为保障商业秩序和商业利益，他们还制定出帮规行规。规范商业行为的帮规是以籍贯地而言，即由赣商商帮为维护商业利益而制定的有利于营销活动的商业规定，重在保护商帮的利益。适应市场需求的行规是以市场地而言，即由同一行业的赣商为维护某一区域市场的商业秩序而制定的行业规定，重在维护市场秩序。

第一节 谁砸品牌就砸谁的饭碗

一、以质量为核心的品牌意识

营销的起点是打造能够被消费者长期接受的商品。江西商人认识到生意做大做强需要品牌的支撑，要用品种齐全、质量优良的商品带动市场。樟树和丰城的药商合称临丰帮，是明清江右商帮中最具代表性的商人群体。他们以樟树为中心，向各地扩展，形成以樟树、湘潭、汉口、重庆为中心的四个据点，势力遍及湖南、湖北、四川、云南、贵州、广西等地区。临丰药商垄断经营地的药业市场，就是由于他们重视药品的质量，制造高质量的品牌药品。他们走到哪里，就把传统药材炮制技术带到哪里，凭借品牌药品在当地做大做强。

在四川成都，清嘉庆年间樟树赤岗村金兆临、金羽临兄弟开设的药店，研制出"天一阁眼药"，这种装在鹅毛管里的眼药曾以疗效显著而享誉三巴。在湖南，樟树药商的眼药、膏药和丸药，一度被称为三大名药。1931年，湖南常德发生水灾，水退之后时疫流行。樟树药商开办的吉春堂药店创制了一种"防疫丹"，病人服后立即见效，被称为灵丹妙药。这些品牌产品来之不易，有的是来自古典医籍，有的是从民间验方、秘方中整理、提炼而来，有的则是以巨资求购而来。湖北通城樟树药商的关全顺药店，为求得长沙百年老店劳九芝的配方秘本，不惜动用巨款将劳九芝配制成药的方剂全部抄来，作为自己的配方标准。樟树药商倾力打造品牌产品，品牌产品也成为樟树药商的制胜法宝。清江樟树镇药商何清泉在九江大中路开设樟树国药局，抗战时期九江沦陷，转移到桂林。抗战胜利后，樟树国药局迁到南昌六眼井开业。虽然在抗战中遭受巨大损失，但樟树国药局凭借独有的"紫雪丹""安宫牛黄丸""清心牛黄丸""回春丹""保和丹""纯阳正气丸"和补品丸散"参桂鹿茸丸""人参再造丸""李时珍全鹿大补丸"等品牌商品，很快恢复营业，并在南昌药业市场站稳脚跟。[①]

为创立一个品牌并且使其能够有不老的生命力，江西商人都是在质量上下功夫。药店常被人称为"黑漆门路"，意思是指药品质量优劣难测。而樟树药商以"天人共鉴"自勉，不敢欺心误人，自己砸牌子。他们从产品的设计、原料投放、生产工艺技术，到商品包装等方面都讲求精益求精。中药炮制提倡"制虽繁，不惜工"，一丝不苟。饮片配方决不以劣充优，以伪充真。所制膏、丹、丸、散，都要选料上乘，配料充足，货真价实。

南昌黄庆仁栈老字号之所以能够延续到今天，主要是由于他们严把质量关。黄庆仁栈的创始人是黄金怀，清江县店下乡院前黄家人。开始经商时，他在抚州做药材贩运生意，常年来往于南昌、抚州之间。道光年间，他在南昌中大街开设庆昌药店，后又在府学前地段开设黄庆仁栈，并将住在抚州的家属全部接到南昌安家落户。黄庆仁栈商号后重新找回

---

① 杨寿祥：《抗战前后南昌市的中药业概况》，《江西文史资料》总第14期，1984年9月，第36页。

宋代普宁寺高僧慈济大师遗存的急救秘方黑锡丸，并创新为参茸黑锡丸，成为独家生产的名药。黄庆仁栈严格规定柜上供应的药品均是地道药材，举凡次品和虫伤鼠咬的药品，一律不准上柜，制造的中成药都必须用质量好的上等药材。药头药尾也洗得干干净净，绝不用霉烂变质的劣药材充数。每年熬出的虎、鹿、龟、驴诸胶，均是提选正品。在药品的制法上都是一丝不苟地遵照古法炮制，从不偷工减料，以劣充优。黄庆仁栈有一次误进了大批假驴胶，发现后便当众将其装船运到江心抛掉。[1]

樟树药商傅汝堂在萍乡衙正街开设傅成记药店，经营药材批发，后来发展到在汉口、湘潭、樟树等地设有行庄，在萍乡市内设有两个傅成记药店，在莲花县设有一个分店。傅成记几个门市部均经营饮片、膏、丹、丸、散以及药酒。由于有批发业务的优势，对门市上的饮片尽量挑选优质品种，做到无零碎，无次货，无霉烂，并用裁出的头尾加工各种丸散或浸泡药酒，既没有降低丸、散、药酒的功效，又提高了饮片的质量。药品炒、煎、熬、炼，遵古炮制，每年熬制虎、鹿、驴胶绝不掺杂，保持店誉。傅成记的饮片和膏、丹、丸、散、药酒名声外播，许多医生在写处方时交代病家要去傅成记药店购药。[2]

丰城药商聂承宗创立的常德聂振茂药号，从开始创业到1949年常德解放为止有一百七十多年的历史，规模不仅在常德首屈一指，在湖南也是最大药店之一，其发展的秘诀也是重视品牌的打造。聂承宗最初开设聂元泰药店，店小资微，亦未雇工，以自制销售"八宝眼药""附桂紫金膏"为主要业务。由于药物疗效好，颇得患者赞赏，因此生意兴隆，获利很丰。他创设聂振茂药号之后，又创制名牌产品"聂振茂虎骨酒"。在制作中不仅选料认真，而且将虎骨熬膏，然后用汾酒浸泡。汾酒购自汉口的最大酒坊"李大有酒号"。李大有酒号在清末几将濒于破产，聂振茂药号为了取得专利特权，慨然贷给该号纹银万两，使其重振旗鼓，恢复营业。交换条件是李大有酒号卖给聂振茂药号的汾酒，必须比售给其他

---

[1] 杨寿祥：《我所了解的黄庆祥栈》，《江西文史资料》总第14期，1984年9月，第38—40页。
[2] 肖英瑶：《记萍乡傅成记药店》，《江西工商史料汇编》第1辑，1987年6月，第74页。

药号的酒高十度。李大有酒号为了感恩图报，子孙相沿从不背弃诺言。因此，聂振茂药号的虎骨酒，驰名湘黔，有口皆碑，成为以广招徕的优质产品，同时还为其他商品如参茸丸、全鹿丸、大补丸、附桂紫金膏、八宝眼药等提了了声誉，使之畅销于滨湖各县、沅水流域，远至四川、云贵等省。聂振茂药号收购土产药材远销外地，称作"下货"生意，喻之为生财的摇钱树。主要商品是湘西、川黔的特产朱砂、水银、吴萸、虎骨、穿山甲、麝香、杜仲等中药和常德出产的半夏、桃仁、夏枯草、金银花、龟板、鳖甲等土药材。这些土产药材分类销售，分为上庄、中庄和下庄，标注不同的商标。"上庄"拣选净货，标上"聂振茂"牌名，运销广东、宁波出口，"中庄"牌名"永茂"，"下庄"牌名"裕记"，主要销往华北地区。[①]

丰城药商何柱成，在铅山县河口镇创设金利合药号。从光绪二年（1876）开始，经过何家三代人的经营，"金利合"成为一块金字招牌，业务往来遍及闽、浙、赣三省数十个县市。何柱成在经营中努力创制名牌药品，自产自销的丸、散、膏、丹等中成药多达上百种，且多有名优之称。这些药品不仅选自地道药材，而且修制精心。制作参茸丸时，始终选用高丽参，决不减贵加贱以他种代替。所制驴皮胶系从产地购进的正宗驴皮，经刮净腐肉、削净筋膜和漂净腥味等工序后煎熬而成，因而成药明亮，无杂而不腥。它们和白凤丸、正元丹、全身丹、附桂紫金膏、小儿回春丸、如意丸、惊风丸等多种中成药一样，均属金利合的品牌产品，质量可靠，疗效显著，畅销赣东北和闽北地区，深受顾客欢迎。[②]

除了药商，其他行业中也出现重视创造品牌而取得成功的案例。景德镇"三尊大佛"首尊余英泾，是拥有家屋、窑屋、坯房、店铺50余幢的工商业巨头。他做生意最讲"信誉"二字，销出的瓷器按质定价。当时的瓷器质量分为青货（质量好的）、色货（一般的）、脚货（最差的，又称烂山），他决不允许鱼目混珠，欺骗客商。若谁在包装时稍有错装

[①] 聂庆钧：《聂振茂药号的兴衰历程》，《常德市文史资料》第2辑，1986年1月，第124—126页。
[②] 何洪祥：《百年药号金利合》，《铅山文史资料》第5辑，1991年12月，第43页。

的情况，都要受到他的责备。客商谈生意，不论生意成否，他都要热情接送。他生产的瓷器，底部盖有"余鼎泰"印章，有的客商订货时，首先就提出要此牌号的瓷器，因为这牌号受消费者的欢迎。①

南昌广益昌的老板曹朗初，光绪十九年（1893）出生于南城县。1920年，曹朗初来到商贾云集、店铺栉比的南昌，接管父亲设在南昌的布庄广益昌，专门采购布匹，供南城"广益昌"加工、染色、销售。五年之后，曹朗初在翘步街北段开设一家小杂货店，经营土布、鞋袜和杂货，仍沿袭"广益昌"的店号。自1920年起至1937年，广益昌的资本在短短十七年内由原来的银洋5000元发展到固定资产和流动资金不下银洋75万元，是原资本的150倍。曹朗初的成功也是源于他对品牌的执着追求。最初，广益昌店址偏僻，资本又小，加上商品单调，仅土布、鞋袜和杂货之类，营业数量不大。曹朗初便动脑筋，把土布的织染方法进行改良，将洋纱发放给郊区农户去代织，付给加工费，布质比原来用手纺的土纱织布细嫩光洁。在织染方法上也加以革新，先用蓝色作底色，再染黑色，染后加蒸，蒸后又煮，晾干后用元宝大石滚压碾光。每一道工序，他均亲自动手，经过数十次的反复试验，产品色泽鲜明，既不褪色，又不起毛，试验成功后，标明"广东青布"，与当时风行的"湖南青布"抗衡竞争。由于经营有方，到抗战前夕，广益昌已经发展成为大型的综合百货商店，当时有人把它比作上海的"先施""永乐"公司。②

在抚州桥东直大街有一家益大永杂货行，由饶隆茂、杜祥生、谢浩兰、唐树森、郑义祥、吴华慰等六人在1934年合资开设，主要经营南北海味、山货土产，以自营、批发为主，兼理代客买卖。全盛时，沟通闽、浙、粤、湘、鄂、苏、皖及上海等地货物，购销两旺，货畅其流。益大永经营得到不断发展，与其货真价实、名牌取胜的策略分不开。益大永经营笋干，在秋冬季节新笋干上市时即派专人常驻建瓯等地进行加工，

---

① 余荣眉、曹时生：《"三尊大佛"首尊窑户余英泾》，《都昌文史资料》第3辑，1991年10月，第56页。
② 罗自强：《记南昌广益昌百货商店》，《江西文史资料选辑》总第14辑，1984年9月，第25—26页。

剪兜去尾,分选出"绣湖""绣尖""绣片""黄标""凤尾"等几个等级,要求严格,杜绝以次充优,然后压成捆,用广益笋庄牌号,运往上海、武汉、长沙等地销售。为战胜同行,他们开始时甚至将较好笋干降级成捆销售,只求微利。客户因拆捆销售既得实惠,又不受次货损失,甚为满意。经过一两年的业务往来,只要是广益牌号的笋干,武汉、长沙的客户不用看样即争相购买,从而益大永创出了品牌,打开了销路,也压倒了同业。单件虽然利较薄,但大批量的销售,实际利润也很大。[1]

九江黄利源油行在抗战胜利后重新开张,经营高峰期日吞吐食油量达四百担左右,纯利润二百多元。重信誉、重商品质量是黄利源取得成功的诀窍。那时,有些油行老板为谋取暴利,不惜坑骗顾客,大秤买进小秤卖出,掺杂弄假,以次充优,做一锤子买卖。而黄利源重信誉,货真价实,买卖公平,赢得了客户的信赖。黄利源油行的水客到湖口、都昌收油时从不压秤压价,每百斤的收购价比别的油行还要高一至二角钱,但要求油的质量过关。出售时,所有出货都贴有"黄利源"商标。对来买油的客户,就在他们带的桶、篓、壶上贴上"黄利源"商标,以区别其他商号。尽管黄利源油行出售的食油每百斤比其他油行的价钱高二角钱,用户仍争相购买。[2]

重质量、重品牌的营销策略在今天的江西商人中得到传承。樟树四特酒是因清亮透明、香气浓郁、味醇回甜、饮后神怡四大特点而得名的老牌佳酿,被周恩来总理评为"清、香、醇、纯,回味无穷"的国家级名酒。1997年前樟树四特酒连续六年的效益急速滑坡,市场大幅减缩,企业严重亏损。1997年,邓寄鹏调到这个濒于破产的老字号企业时给自己立下生死令:"四特酒厂搞不好,我就跳赣江。"抓生产质量是新班子烧起的第一把火。从采购、质检、技术、企业管理层层把关,违规者当即处罚。一次,因一酒瓶商标贴歪了,一批成品酒被亮了"红灯",并通

---

[1] 许儒生、游文汉:《抚州益大永杂货行简介》,《江西工商史料汇编》第1辑,1987年6月,第68页。
[2] 黄鹏云:《黄利源酱园忆旧》,《九江文史资料选辑》第4辑,编印时间不详,第56—57页。

令违规者立即下岗。经过四年多的打造,四特酒厂终于又雄风再振。[①]仁和集团创建于1998年,植根于千年药都樟树市,是一家以医药经营为龙头,科研生产为基础,集科、工、贸于一体,产、供、销一条龙的现代医药企业集团。集团的发展以"品牌战略"为重点,董事长杨文龙在一次中层以上干部会上说:"市场的竞争就是品牌的竞争。中国是世界上品牌快速成长的最后一块处女地。我们一定要抓紧机遇,不惜一切代价做好仁和的品牌建设,尽快打造仁和产品品牌和企业品牌。"[②]仁和集团独立研发享有知识产权的"妇炎洁"系列产品,被中国质量检验协会评为"国家权威机构检测合格产品",先后荣获"优秀新产品奖""绿色消费质量跟踪合格产品""江西省名牌产品"等荣誉称号,并成为中央电视台上榜品牌。研发的健心胶囊,列入国家"863"科技创新项目。集团拥有的"伊康美宝""仁和""闪亮""达舒克"等品牌也先后被评为江西省著名品牌。品牌产品使樟树的仁和一步一步成为江西的仁和、中国的仁和和世界的仁和。

二、打造产业集群的地域品牌

品牌既可以是一个商品的名称,也可以是一个区域的名称。地域品牌是某一地域由产业集群而形成的某行业或某产品的知名度和美誉度。产业集群的效应正如人们一提到好莱坞和硅谷就会联想到美国的娱乐业和高科技产业。樟树和景德镇被誉为"药都"和"瓷都",就是产业集群而形成的地域品牌。作为无形资产,地域品牌增强了该地域的竞争优势,能够使区域经济走上持续发展之路。[③]

"瓷都"景德镇是全国甚至全世界知名的陶瓷地域品牌。"白如玉、明如镜、薄如纸、声如磬"是瓷都景德镇的城市名片。景德镇制瓷历史可追溯到东汉时期,唐代所制瓷器已有"饶玉"之称。真正奠定景德镇

---

① 王建军:《解析四特——访江西四特集团总裁邓寄鹏》,《华糖商情》2001年第21期。
② 傅伯言:《仁和是个传奇》,《人物》,当代中国出版社2008年版,第217页。
③ 陈方方、丛凤侠:《地域品牌与区域经济发展研究》,《山东社会科学》2005年第3期。

瓷都地位是在宋代，宋景德年间，真宗命昌南镇烧制御瓷，器底书"景德年制"，景德镇名由此而来。宋代，景德镇在五代生产青瓷和白瓷的基础上，成功地烧出影青瓷。影青瓷达到时代的高峰，造型秀美，胎质细腻，体薄透光，釉色似玉，"其器尤光致茂美，当时则效，著行海内"。[①] 元代成功创制青花白瓷和釉里红瓷，把瓷器装饰推进到釉下彩的新阶段。明代创制釉上五彩瓷器，开创瓷器装饰釉上彩的新纪元，明永乐、宣德时期还烧成了铜红釉和其他单色釉瓷。清代景德镇瓷器生产在前代基础上又有创新和发展。青花色彩更鲜艳纯净，釉上五彩更加丰富明丽，同时创制了粉彩和珐琅彩等名贵新品种。景德镇瓷器成为中国瓷器烧制水平的标志，郭沫若赋诗赞曰："中华向号瓷之国，瓷业高峰是此都。"景德镇瓷业通过不断改进产品生产技术来保持瓷都千年不衰。瓷器生产和贸易相互促进，当时景德镇窑户密集，商贾如云。清嘉庆浮梁县人郑廷桂作《陶阳竹枝词三十首》，其中第十一首称："九域瓷商上镇来，牙行花色照单开。要知至宝通洋外，国使安南荅贡回。"作者自注："御厂所制瓷器，大半备以回贡，故大内颁样烧造。然镇瓷通商天下，迄今来镇贩者络绎不绝。"[②]

今日的景德镇瓷业以日用瓷和工艺美术陈设瓷为主，民营陶瓷是主力军，高科技陶瓷企业正处于发展壮大之中。景德镇陶瓷科技资源雄厚，陶瓷科技创新体系更加完善，陶瓷创新能力进一步加强，投资环境和城市功能发生日新月异的变化，陶瓷工业园和陶瓷科技园成为陶瓷产业聚集的大平台，陶瓷产业市场运作更加规范。景德镇集全国名家之大成，汇各地良工之精华，陶瓷艺术创作人才济济，在工艺美术陶瓷产业化方面，不仅中国，全世界也没有任何一个地方可以与景德镇相比。景德镇陶瓷产业确定了"艺术陶瓷商品化，实用陶瓷艺术化"的发展方向，以科技为后盾，以人文艺术为诉求，以创意为核心，以市场为导向，生产

[①] 陈雨前主编：《中国古陶瓷文献校注》之《景德镇陶录》，岳麓书社2015年版，第756页。
[②] 陈雨前主编：《中国古陶瓷文献校注》之《陶阳竹枝词三十首》，岳麓书社2015年版，第864页。

具有竞争力的产品，同时景德镇对陶瓷遗址、遗产（包括非物质文化遗产）进行保护，做陶瓷文化的延伸产业，打造成无围墙的中国陶瓷文化博物馆。

"药都"樟树镇以传统的药材交易和精湛的药材炮制技术而著称。"药不到樟树不齐，药不进樟树不灵"，是药都樟树的城市名片。樟树药业有文字记载始于东汉献帝建安七年（202），奠基于唐宋，鼎盛于明清。唐代樟树形成"药墟"，东南皂山是药都的发源地，唐朝组织苏敬等人编写的我国第一部官修药典《新修本草》收录药品844种，其中樟树皂山所产的药材有茯苓、沙参、乌药、葛根、乌首、枯根等200余种。宋元时期，樟树发展为药市，药材炮炙加工技术已具特色，可用专门的刀具将细长根茎或草类药物切成小段或片子，统称"咀片"，嗣后又将药片切制后加水做成饮剂或煎剂服用，遂名"饮片"。宋末元初，侯逢丙（1216—1290）等人系统地总结樟树中药炮制技术，将其大致分为修治、水制、火制、水火共制等4类，将中药繁杂的炮炙法归纳为炮、炙、煨、炒、煅、制、度、飞、伏、曝、露等技术。明清时期，樟树药帮形成了"个个懂药业，人人有专长"的药业队伍，除樟树镇乡民外，还包括临江府各县人以及南昌府丰城县人，因此又称为"临江帮"或"临丰帮"。樟树药商不远千里开拓正宗药材的来源，康熙翰林院检讨、著名诗人潘耒有诗云："丛珍来百粤，异产集三巴。"[①] 各路药材齐集樟树后，经过科学处理和加工炮制以达"药灵"。以切药的工序为例，樟树药商要求"半夏鱼鳞片""甘草柳叶片"，一块寸余长的白芍，在樟树药师的刀下要切成360片。独树一帜的"齐""灵"之术，成就了药都樟树。

樟树药帮遍及全国各地。临江、丰城等地"成童即袱被出乡邑，佣于药肆为学徒。其能知俭苦者，十数年间，积得数十金，即可赁店铺，置药柜，向同乡药材批发行，赊取百数十金之生药，自行开业，一二十年，即可望成为小康。其善居积者，亦往往进而为批发行，成药店巨贾"。经数百年的发展，"不徒江西全省各县市之药肆，均为樟树人，即东至闽

---

① 彭泊：《樟树药业源流》，《清江文史资料》第1辑，1986年12月，第114页。

之长汀、邵武，浙之金华，北至皖南徽庐、六安，西至鄂之襄、樊、荆、宜乃至湘、黔，南至广西全、桂，广东南雄、曲江，莫不有清江人所设药肆"。长江流域樟树、汉口、湘潭三大药材集中市场，均操于樟树药帮之手，而且"分设办庄于各商埠及药材产地，诸如广州、香港、重庆、岷州、万县、大宁、汉中，以及贵州之思县，河南之禹州，河北之祁州，东北之营口，东南之宁波等地"。[1]樟树药商盟誓："公平交易，远近无欺，如有满称、吃价，永世不昌"，并规定"如有违犯就砸招牌"。樟树药帮规定各药材行不论合资独资，投资者必为临丰籍，朝奉、账房、牌房、信房、店伙、学徒也一律聘请临丰人，伙房伙计则多委请吉安府永新、安福、莲花三县人，并规定"不准带别籍人做学徒，也不准请别籍伙计，无论先生、伙计、徒弟，都不准赌博、嫖妓、偷盗、抽鸦片，不准挪售客货、扯欠客款"。倘有违规，轻则开除，重则公议在三皇宫焚其被帐、衣箱等个人生活用品，并通报全行业，永不录用。当地行帮药店，也不准录用被樟树药帮开除的人。[2]临清木帮在"放排歌"中唱到："（赞皂）高高山上一管泉，流来流去几千年；有人吃了泉中水，长生不老万万年。（赞药乡）荷湖开排出大江，袁临吉赣水荡荡。樟树镇上风光好，南北川广药材行。药材行有卅六只，另外三只卖硫磺；排哥离开药码头，带去药材阵阵香。"[3]放排歌传到临清木帮足迹所到之处，成了药都樟树的广告语。

新中国成立后，樟树与河南百泉、河北安国为全国三大"药交会"主办地。樟树每年一度的全国药材交流大会，其参与地域之广、药商之众、品种之多、时间之长、成交额之高均为全国各大药市之冠。1986年代表多达一万人。樟树的成药加工，从原有的膏、胶、丸、散、丹、酒、露等七个剂型的近六十种，增加到拥有糖浆、胶囊、冲剂、片剂、口服剂等剂型的一百余种。养血当归精、白金降脂丸、安宫牛黄丸、人参再

---

[1] 何敬群：《清江药材行业在广州之发展》，《清江文史资料》第2辑，编印时间不详，第39—40页。
[2] 李昆：《试述南国药都的成因与发展》，《赣文化研究》总第5期，1998年10月，第96—97页。
[3] 柳培元主编：《清江县志》，上海古籍出版社1989年版，第505页。

造丸、六神丸、附子理中丸、国公酒等产品,驰名大江南北。①随着"药交会"主宰药业命运时代的过去,樟树围绕实现中药产业化、现代化、国际化的发展目标,加速中药材产业的改造升级和创新。今天的药都人在合力打造"药都樟树"的新辉煌,药都樟树也给新一代药都人一个创业平台。仁和集团的总部设在药都樟树,董事长杨文龙多次说,"仁和是药都樟树的仁和","仁和的企业文化,是从药都樟树的药文化延伸下来的"。②

除"药都""瓷都"外,江西还形成了很多地域品牌。明清时期,江西各县商贾在长期的经营过程中就形成了自己的经营品牌,如"金溪人贾书,临川人贾笔,清江人贾药,饶州人贾瓷,各因其地所产与市镇所聚,耳目相习懋迁寄焉"。③金溪县浒湾镇以刻书业扬名全国,清代陈文瑞在《西江竹枝词》的第19首中描述了浒湾镇长铺街刻书盛况:"汗牛充栋浒湾书,帝虎差讹况鲁鱼;新刻时文标利试,多刊小说傲虞初。"④今天,鹰潭市利用余江县中童镇在清嘉庆年间(1796—1820)已出现的眼镜制作传统工艺发展眼镜业。20世纪80年代中期,鹰潭眼镜市场跻身于全国四大眼镜市场之一,被称为"眼镜之乡"。⑤进贤县文港镇被誉为"华夏笔都",利用制作毛笔的传统工艺,建成"全国第二、江南第一"的"毛笔、皮毛王国",成为全国最大的钢笔、圆珠笔和铅笔集散地。改革开放后,文港人以"老乡带老乡"的模式,一批又一批开始走出文港到全国各地推销毛笔及钢笔等文具。青岛市利津路文具一条街上有四五十家文具专卖店,其中过半商户来自进贤县文港镇。雪域高原97%以上的文具市场被进贤文港商人所控制。

地域品牌与商号品牌交相辉映,没有商品品牌在区域上的集聚、相

---

① 彭泊:《樟树药业源流》,《清江文史资料》第1辑,1986年12月,第117页。
② 傅伯言:《仁和是个传奇》,《人物》,当代中国出版社2008年版,第225页。
③ 道光《武宁县志》卷十一《风俗》。
④ 雷梦水等编:《中华竹枝词》,中国古籍出版社1997年版,第2365页。
⑤ 邹付水:《眼镜行业与鹰潭地方社会变迁》,《赣文化研究》总第8期,2001年12月,第226—229页。

互竞争，不会产生强势的地域品牌，同时地域品牌不是商品品牌的简单叠加，而是有机组合，它为商品品牌提供的不是地理平台，而是商业环境、人才保障和技术支撑等关键因素。地域品牌有利于资金的集聚、企业的成长和产品的创新，是商品品牌得以长期延续和发展的基础。

三、赣商老字号的文化特色

老字号代表着产品的品牌、企业的名称和商帮的形象，更代表着社会的认可，传承着中华民族悠久的商业文化。江右商创建了一批具有鲜明个性和强大市场号召力的老字号，有的到今天还有着旺盛的生命力。

江西茶叶品种繁多，素有"唐载《茶经》、宋称绝品、明清入贡、中外驰名"的美誉。修水居江西之西北隅，东南毗连武宁、铜鼓，修、铜二县旧属义宁州，因而三县之茶合称宁茶。清代修水较有名的茶商有罗坤化、郭敏生叔侄和莫雪岷四兄弟等。罗坤化三十岁学做茶，十年后自筹资金设厚生隆茶行。他以"大启茶市，扩利源而富地方，积德以遗子孙，造福乡里"为宗旨，精心研制茶叶。光绪十七年（1891），他的宁红茶在汉口销售时得到俄太子亚历山大·彼得的赞赏，从此，宁红茶便有"太子茶"之称。郭敏生叔侄为漫江茶乡的著名茶商，经营义泰祥茶行，所制宁红贡茗先后于1910年和1915年在南洋劝业赛会上两次获得"最优等"，并于1915年在美国旧金山举办的巴拿马太平洋博览会上荣获最高奖。浮梁县及安徽之祁门、至德三县所产茶合称祁红。宣统三年（1911），浮梁县境内茶叶商号约有二百户，最有名的茶商是江资甫与他的天祥茶号。江资甫，浮梁县人，家中世代经营茶叶。十三岁时，他跟随父亲常年往返于上海，二十岁时因父亲去世而独掌天祥号。他人脉很广，头脑灵活，不但种植茶山，还想方设法扩展产销业务。他所经营的天祥号茶庄重质量，重信誉，在业内地位高，在顾客中口碑好。1915年，天祥号茶庄所制功夫红茶参加在美国旧金山召开的太平洋地区第一届巴拿马万国博览会，获金质奖章。

樟树药帮在省内，以樟树、赣州、吉安、南昌为中心，几乎占据全省所有的药材市场。著名老字号有遂川的天保药铺，乐平的张致和药店，赣州的协和号、玉记号、庆仁号、福隆药店等，吉安的同仁堂、安记、协记等，南昌的全福堂、黄庆仁栈、同仁堂、卢同仁、元生药店等，九江的樟树国药局（抗战后迁南昌），以及樟树最大的中药店"咀片药店"和义兴美号。在外省，湖南湘潭有吉安、丰泰、张金福、恒升、义利、大德、生泰、乾元、正昌、恒昌等老字号，湖南常德有聂振茂药号，湖南津市有饶同仁药店、源远长批发号、协生和药店等老字号，湖南长沙有鄢福兴、陈源裕、劳九芝等老字号，其中劳九芝，除老板是江苏人外，从管事到伙计，几乎所有店员都是樟树人。湖北武汉有茂记、德记、亨记、万源兴、忠记、永康、瑞昌、怡德和、怡丰等老字号。湖北通城有关全顺、彭大成、钟兴发、徐大生、曾正兴、关聚顺、同庆泰等老字号。关全顺，店主关汝昱，康熙末年在通城学徒，乾隆二年（1737）创关全顺，嘉庆、道光年间，关全顺成为崇阳、蒲城、阳新、咸宁和湖南临湘五县的药材批发中心，拥有雇员三十余人，资金白银三万余两。彭如春所创的彭大成药店，也是历时八世的老店，在蒲城设有分店，亦名彭大成。重庆有裕隆恒、聂开泰、陈怀记、熊佑记、沈义记、熊长泰、张清兴、张星楼、万泰楼、保安堂等老字号。[1]

在湖南凤凰，江右商人创设了被誉为凤凰四大家的"熊祥昌""庆丰祥""裴三星""孙森万"老字号，以及"傅翰记"果号、"文聚华"银号、"春和祥"中药号。裴三星商号的创始人裴守禄，丰城县宝溪村人，光绪二年（1876）来到凤凰谋生，以挑货郎担卖杂货起家。商号的生意做得非常红火，周转资金一度达到三万五千银元。孙森万商号的创始人孙柏林，丰城县孙家铺人，1918年始开布店，凭借艰苦节约、经营得法，日零售额曾达到四百银元以上，为全县商号之首。傅翰记商号的创业人傅翰庭，丰城县人，先在沅陵拜师学糕点手艺，光绪二十六年（1900）由沅陵迁入凤凰。傅翰记除在工艺上精细操作外，在选料上也特别讲求精良，非上乘原料不用。使用的大米要选购麻阳县西望山冷浸田所产，面

---

[1] 彭泊：《樟树药帮漫记》，《清江县文史资料》第1辑，1986年12月，第123—129页。

粉要用北方麦子磨成的，红糖要用麻阳产的红片糖，白糖则要用从常德购进的台湾绵白糖。傅翰记生产的荤油饼要用玫瑰花做配料，而寸金糖则要用浸泡过桂花的水来制作，因而糕点深受县城各阶层的人喜爱。①

在贵阳也有不少赣商老字号。永隆裕盐号由光绪三年（1877）恩科举人华联辉创办。华氏原籍抚州临川县，康熙年间以行医入黔，落籍遵义，在团溪定居。光绪初年，华联辉创办永隆裕盐号，到光绪十二年（1886）华隆裕病逝时已积资金数十万。到辛亥革命前夕，永隆裕资金已在百万两以上。永隆裕盐号到20世纪30年代歇业，大约经历了七十年的时间，是贵州建省五百多年来规模最大、资金最多、影响也很大的商号。②贵阳傅恒镒油号由南昌县商人傅国华在咸丰元年（1851）创设，是贵阳享有盛名的老油号。在进货方法上，该号是"买到地头卖到处"，先是向邻近地区如龙里、贵定、开阳等地的榨房进货，后又扩展到安顺、遵义、贞丰、黔西等集散市场进货，所以成本较低，加上资金较为雄厚，仓储量大，故能与同业抗衡。③贵阳福康颜料店是南昌商人梅岭先在1938年从南昌永康福颜料店疏散来贵阳所开设。该店除批发商品到省内各县颜料店外，还互通有无于临近各省，成为驰名西南的颜料商店。④此外，新干县商人杨金生创设的怡源字号⑤、临川县商人张福川开设的张鹤龄笔墨庄⑥，清江县药商刘葆贞创设的思义堂国药店⑦等都是贵阳知名老字号。

赣商老字号的店堂名称有着丰富而深刻的文化内涵，反映了店主人的经营思想或职业道德或从业风范。民国年间，九江有名气的商号很多，绸缎呢绒业有大隆、大丰、凌长兴、黄裕记、新新国、协心源、姜心顺

---

① 龙仕平、王嘉荣：《江西移民的经商之道及对凤凰早期民族经济文化的影响》，《吉首大学学报》2011年第6期。
② 华树人：《永隆裕盐号述略》，《贵阳文史资料选辑》第36辑，1992年10月，第1—6页。
③ 傅北萍：《傅恒镒油号》，《贵阳文史资料选辑》第36辑，1992年10月，第21—23页。
④ 王伦：《福康颜料店》，《贵阳文史资料选辑》第36辑，1992年10月，第31页。
⑤ 卓建安、何涛：《怡源字号》，《贵阳文史资料选辑》第36辑，1992年10月，第49页。
⑥ 凤枢：《张鹤岭笔墨庄》，《贵阳文史资料选辑》第36辑，1992年10月，第86页。
⑦ 王一飞：《思义堂国药店》，《贵阳文史资料选辑》第36辑，1992年10月，第133页。

等，百货业（包括中西药）有永源、永昌、永隆、协成、联和丰、源兴隆、王万和、周大生等，服装皮货夏布业有大喜、宝华、永泰、兴昌、王华丰、济和庄等，印刷文具业有兴华、鸿文、华兴、正气等，五金颜料业有大中华、华盛昌、福茂、华康等，油盐酱酒杂货业有振兴、新雅、醉春、游春园、燕乐春、熙和园、百乐门等。"华康"之意，"华"为爱我中华，"康"为富国康民。"华盛昌"，意为祝愿中华民族繁荣昌盛。"周大生"，取义"生财有大道"。"王万和"，取义"万古千秋业，和平济世心"。"恰泰"，取"安恰太平"之意。[①]

老字号是传承赣鄱商业文化的载体，也是今日赣商开拓市场的利器。协和昌茶号是婺源茶商在鄱阳创建的老字号，始于清朝咸丰年间。俞杰然是第二代老板，他在伯父祖业的基础上做了两件大事。一是扩大了龙腾老家的茶庄，名为"永利茶庄"，二是在湖北沙市开设了协和昌分号，正是通过这个分号，1915年"渔涟珠兰花茶"获巴拿马博览会金奖。等到第三代老板俞仰清经营后，又先后在上海、南昌、九江、婺源等地开设办事处。1927年，俞仰清以该年的岁入购置全套机器制茶设备，开始协和昌机器制茶阶段。协和昌主营的产品全是自己制作的，按档次归为五大类，并分别以不同商标区分，即协和昌、馨祥、永馨、恒大、恒益。后来协和昌改为太少双狮，只用于珠兰茶精，这个商标印得很精致，黑底金字，中有圆形图案，双狮分立球旁，绕球环宇，寓意珠兰花茶誉满全球。双窨花茶用馨祥商标。珠兰茶精和双窨花茶都是协和昌茶叶店的上品。协和昌茶叶的包装很讲究，一律杉木方箱装茶，内有一层锡箔防潮，或一百斤装或五十斤装，此外还有锡箱装的精品。鄱阳协和昌茶叶店重视质量，坚守信誉，坚持不掺假掺杂。一次，协和昌从婺源运来二十箱四千斤珠兰花茶。货到鄱阳，俞仰清亲自开箱验收，闻看品过之后，由于花茶质量不符，当即要人重制。茶客提出，质量差就差点，一不要求减价，二不要求重做，照原数全部给他。俞仰清婉言谢绝，一面将符合质量的茶叶按时交付茶客，一面坚持把这批茶重新制作。

---

① 何德廷：《商道认同：长江流域的商务与商俗》，长江出版社2014年版，第88—89页。

事后，他对本店职工说："做生意最怕自己贻误自己，质量好坏关系到自己的名声，砸自己的牌子。贪小便宜最后都会吃大亏。"[1]1956年，协和昌改造成公私合营企业。改革开放之后，在江西省有关部门的重视下，聘请俞氏后裔在南昌恢复生产珠兰花茶，使消沉三十多年的名茶再度获得新生，成为江西的出口产品。2000年9月，江西协和昌实业有限公司成立。2002年5月，协和昌研制的"西山云雾"荣获全国首届"觉农杯"名优茶叶评比金奖，"洪州翠兰"荣获优秀奖。2005年4月，在第十二届上海国际茶叶博览会上，协和昌新研制的"洪州玉芽"荣获金奖，并在2005年中国国际茶叶博览会上获得银奖。2006年1月，协和昌被评为"中国名茶最受消费者喜爱十大影响力品牌"。

老字号南昌亨得利始创于1918年，以经营钟表而出名。改革开放后，亨得利确立"名店销售名优商品"的经营战略，奉行"质量和信誉是亨得利生命"的办店宗旨，树立了"生意与信誉同领，商品和人品共纯"的企业文化。公司过去单一经营钟表，随着市场的变化，公司一方面巩固亨得利的经营传统，一方面围绕市场适时开发新的经营项目。1985年，亨得利开发了照相器材的业务，1987年恢复中断了二十余年的眼镜业务，1992年又开拓了黄金珠宝业务，使公司经营范围从单一经营钟表发展成钟表、照相器材、验光配镜、黄金珠宝四大支柱业务，商品种类达到4000余种。由于适时地增加经营项目，公司销售额直线上升，1991年销售额突破1000万元，2000年实现销售额8358万元。[2]2008年销售额达近4亿元，被誉为江西黄金饰品第一家，市场占有率达70%。

江西商人追求在一定时期内、一定地域内所经营商品的声誉，以质量取胜，并依托优势产业打造区域品牌和受消费者认可的老字号，展现的是一种诚信。江西商人的品牌意识表明了他们积极主动地按照市场规则办事和全心全意地为消费者服务的态度。

---

[1] 陈先贤：《鄱阳协和昌茶叶店和珠兰茶》，《波阳文史资料》第6辑，1990年11月，第80—87页。

[2] 杨龙：《科学管理优质服务——记南昌亨得利钟表眼镜公司》，《赣文化研究》总第9期，2002年，第331—332页。

第二节　苦心经营，讲究贾术

一、"以小买卖而致大开张"

在历史记载中，有众多江西商人出身贫苦，经商初期资本微小，但他们能够苦心经营，累积资财，由小买卖而"致大开张"。[①]徐珂《清稗类钞》记载了一个很典型的事例："南昌有布肆，号'一文钱'，闻其创始之主甚贫，惟余钱一文。乃以购面糊，拾破纸鸡毛于市，范土为儿童所玩之鸡狗等售之。久之，积钱渐多，乃渐作小本经纪，勤苦贮蓄，遂设布肆，以资财雄于会城矣。"[②]这则事例真实性无考，但在江西商人中确有很多因苦心经营而成功者，他们携带本地土产，负贩往来，以求养家活口，奋力于商业经营、贸易于南北各地，艰苦创业、俭约持家，最终成为富商大贾。在创业过程中，他们各自形成了既有共性又各具特色的营销策略。

李宜民（1704—1798），字丹臣，临川县温圳杨溪村人，"少贫，以笔一枝，伞一柄，至广西。不二十年，致富百万"。[③]他是一位颇具胆略、心计的商人，同治《临川县志》卷四十六《善士》载，李宜民"幼孤露，依外氏。长，学贾楚中，不利，之桂林，佣书自给，积有余赀，偕五人往太平土司贩"。他们把食盐之类贩卖到太平府土司地区，再把土司地区的土特产转运出来，利润很大。但太平土司地区布满瘴气，有一次，五位生意伙伴"病瘴"，皆死，他也晕倒在地，半夜感到有人把他扶起，说"快喝点水"，幸运地躲过一劫。他把其他五人运回桂林埋葬，几乎耗尽积蓄，但提高了他在生意伙伴中的信誉，生意也慢慢地做大起来。雍正年间（1723—1735），清政府在两广进行盐法改革，裁商鹭归官，各地设

---

① 同治《万安县志》卷一《方舆志·风俗》。
② 徐珂编撰：《清稗类钞》第5册，中华书局1984年版，第2325—2326页。
③ （清）袁枚著：《随园诗话》，王英志校点，江苏古籍出版社2006年版，第264页。

立巢运司,"有司以宜民诚悫练达","令其勾当北流,既而桂林、柳州、浔州、太平、镇安诸属盐廪悉任之"。乾隆二十三年(1758),清政府复议罢官销,集商运,无敢应者。粤商率其众请于大府说:"非宜民不可。"于是,李宜民"规画公利,岁发巨舶百余艘,濒海出滩峡,水风宴如,运日济。大府寻议加引,诸商畏缩,皆谢去。(宜民)遂独任焉。而醝务日见起色,家益日饶",成为两广有名的大盐商。①

杨星拔,清江县樟树人,光绪十三年(1887)樟树遭受特大水灾,为谋生计,只身来到芦溪经营小买卖糊口。随着安源煤矿的开发,袁河水路成为萍乡重要运输要道,杨星拔的生意也越做越兴旺,由箩筐扁担变成了货亭摊子。四年后,他转营药业,还将妻子儿女带到芦溪定居。光绪十七年(1891),杨星拔邀请二哥及侄子美芹来做帮手,开办了同春堂药店。随着业务的扩大,又将同春堂改名永安堂,分设德春堂。他将三子瑞芹派往湖南津市经营协和生药店,又将长子华芹派往湘潭与人合伙开办生泰药行,自己带着二子霭芹和侄子美芹经营德春堂。1927年,叔侄分开经营,德春堂一分为二,一名吉庆堂,由星拔、霭芹父子经营,一仍为德春堂,由侄子美芹经营,原来的同春堂店房成为货物堆栈。经过杨星拔的艰苦创业,杨氏家族成为"芦溪巨商"。②

罗福生,吉安县人,从最初租屋开办罗森发米店,发展成景德镇粮食行业中数一数二的大商号。1912年元月,罗福生借了一些家具,购置了两副砻、两口碓开始创业。到1918年,罗福生已买了店屋,由开始只有两把土车发展到每天平均有三十辆土车往邻县和近乡运谷。他又在店屋附近的姚家上弄购置了十余幢民房,建成可囤一二万石谷的堆栈。米店的营业范围由市内扩展到四乡,扩展到祁门、鄱阳、余干、乐平等县,资本额也由开张时的八百元积累到十万元之巨。罗福生的经营策略是首先树立信用,从广种薄收到少种多收。他对零售升斗小主顾很重视,不

---

① 同治《临川县志》卷四六《善士》;光绪《江西通志》卷一百五十四《抚州府·李宜民传》。
② 余厚彩等口述,戈夫整理:《芦溪巨商吉庆堂》,《萍乡文史资料》第8辑,1987年12月,第44—45页。

但称足还做赊销。小主顾成了他的义务宣传员,附近的零售主顾几乎全被罗森发米店揽过来了,甚至远在几里之外的主顾也来罗森发米店买米。每年年关,罗福生会放出一大批账,利息比一般高利贷要低些,待新谷登场,按当时行市还谷也可,还钱也行。这样,农民不但乐意接受,而且还感谢罗森发米店帮助他们度过了年关和荒月。购买地主的租谷,罗福生也有优待办法,就是谷到店中收数后,暂不结价,尽它看涨。一到相当时候,即邀请地主,酒肉相待,议价结账,每石谷最少可赚得几角或一元的进价。而且谷早已进店,加工出售,利润早已取得。谷价议定后,地主并不即刻提现,大部分仍存在店中,由店给代办货物和交钱粮。售出现金存入钱庄,一转手又是息金。即使全部提现,身边有的是钱庄期票,也可得笔月息。代完钱粮,也有利可图,那时有一种马都督票(官家钱票),市面流通极少,可以抵解税收和钱粮。马都督票是六五扣,抵税却是十足使用,代完一百元钱粮,可以净赚三十五元。罗福生后来回忆说,别看米店本小利微,只要不狂嫖滥赌,孜孜为利,日积月累,发展起来也是很快的。[1]

  杨达聪,小名杨李福,湖口县人,生于光绪十二年(1886),自幼聪明,读书至十八岁。家贫,他以岳父给他的十八吊钱做本钱开始做生意,先在九江开小漆匠铺,叫"杨荣猷漆匠铺",后发展到"杨荣猷木匠厂",1921年又发展到"杨荣猷营造厂"。业务范围扩大了,工人最多的时候有一百多人,有木匠、泥水匠、油漆匠等。杨达聪刻苦钻研,年轻时学会了做油漆匠、木匠,会盖房子,还学会了设计和打图样。他开办营造厂,能吃苦,业务能力强,在九江、庐山等地承建不少民房和公共建筑,曾独家承包建造庐山图书馆,还承包油漆九江赛湖大桥。[2]

  邓艺文,清江县人,1923年奉父命变卖老家房产,租下赣州牌楼街一个店面开办裕源福百货商店。当时经营规模较小,有打袜工、店员和

---

[1] 罗福生等:《我所经营的"罗森发"粮食店》,《景德镇文史资料》第1辑,1984年8月,第119—123页。
[2] 蒋顺华:《杨达聪在九江的"杨荣猷营造厂"》,《湖口文史资料选辑》第2辑,1986年7月,第59页。

学徒共十几人。后因打袜子生意不好，改为专门经营百货的商店。邓艺文在经营管理上比较严格，店里订有店规，购货、财会、供销都有专人负责。招来的店员和学徒都有些亲戚关系，伙食免费，且吃得很好。店员每月按职务高低和工作年限发放工资，生活有了保障，因而工作努力。裕源福注意信誉，谈好的生意一定如期将货款寄去，一天不拖，一分不少，因此上海中华橡胶厂、上海太平洋棉织厂、三友实业社、上海金钱水瓶厂、上海金龙水瓶厂、上海蜜蜂绒线厂等都是与裕源福相互信得过的厂家。裕源福货源充足，商品丰富，价格适中，因而顾客都乐意到裕源福购物。经过十多年的苦心经营，邓艺文买下了原租来的店面，1935年又买下了旁边卖烟的店面，裕源福百货商店也改名为裕源福绸布百货商店，由原来租来的小店铺扩大为一百多平方米并且拥有产权的大百货商店。[1]

  怡源字号是江西商人以小买卖而致大开张的又一典型例子。老板杨金生，新干县人，光绪十年（1884）生。光绪二十八年（1902），杨金生到贵州黄平谋生，最初在一家手工作坊当伙夫。慢慢积攒一点钱能够买一张牛皮时，他便买了货托人捎到重安江出售。几年后，杨金生攒下数百元，辞掉手工作坊的工作，与江西同乡一道从事小量商品的短途贩运，到民国初年，他已拥有近万元资金。1920年前后，杨金生开始以湖南洪江为据点，利用洪江地处湘黔边境、交通方便的有利条件，从黔东南、黔南一带收购桐油、木材贩运到洪江，再由洪江转销汉口，然后从汉口贩运湖北黄冈出产的土布回到洪江批发给零售商，或者直接运到贵州镇远、重安江、贵阳等地销售。由于一个人忙不过来，他便把三个弟弟从江西老家接出来共同经营。他往返于贵州、湖南之间，三个弟弟有的在洪江管账，有的协助他在湘、黔各地从事采购、押运工作。兄弟四人同心协力，到1933年前后，怡源字号已拥有资金五万元左右。抗日战争爆发后，杨金生和许多江西帮同行一样，继续暂留洪江。他的经营改为从重庆、宜昌的三斗坪等地贩运棉纱、布匹到贵州、湖南，再把贵州、湖

---

[1] 邓东明整理：《裕源福兴衰记》，《赣州文史资料》第7辑，1991年12月，第50—51页。

南的土特产运到重庆、内江等地出售。由于他精打细算、重信誉，及时掌握各地市场的供求关系和价格变化，到 1945 年，资金已不下十万银元。抗战胜利后，物价狂涨，后来只涨不跌，生意难做。杨金生有钱就购货，没有货可买就斥资购买金条银元。他的具体作法是：一批货到手，就准备现金办第二批货，不购到第二批货，第一批货决不脱手。到 1947 年，他的资金总额就已经超过二十万银元。①

今日赣商继承了苦心经营的传统。仁和集团的药业之路就是董事长杨文龙从山沟里打赤脚走出来的。杨文龙，宜春丰城人，1983 年取得大学药学专业文凭。他没有选择"铁饭碗"，而是立足药都樟树，利用自己的专业优势，自主创业。他请来几个亲戚，同他一起到万安、抚州、赣州等地的山里，一家一家地上门收购各种地道药材，又一袋一袋地背驮肩挑运出山，晒干加工，再用汽车运送到河北传统药市安国销售或者就近在樟树销售。1992 年，杨文龙在樟树的商品大市场注册成立了"华东药材站"。在一年一次的樟树全国药品药材交易会上，他利用自己在樟树的人脉，给其他药材商家提供方便，牵线搭桥，在成全别人的同时，也广泛地构建了全国各地药界的人脉。杨文龙以樟树为基地，从事中药材的采购和贩运，一干就是十年。后来，他又在四川打拼了六年。1998 年，杨文龙揣着上千万的资本走出四川，踏上了回乡创业的新征程，也就有了植根樟树的仁和药业集团。②

二、揣摩心理，精于筹算

19 世纪末，德国地质学家利希霍芬来中国游历考察时曾说江西人与邻省的湖南人明显不同，几乎没有军事倾向，却在小商业方面有很高的天分和偏爱，掌握长江中下游地区的大部分小商业。清代郭嵩焘亦曾说中国商贾虽"夙称山陕"，然"其椎算不能及江西、湖广"。③正因为有

---

① 卓建安、何涛：《怡源字号》，《贵阳文史资料选辑》第 36 辑，1992 年 10 月，第 49—51 页。
② 傅伯言：《仁和是个传奇》，《人物》，当代中国史出版社 2008 年版，第 213—215 页。
③ 欧阳琛、方志远：《明清中央集权与地域经济》，中国社会科学出版社 2002 年版，第 235 页。

商业头脑，众多江西商人在进退取予间精于筹算，从而获得成功。徐珂《清稗类钞》记载了一位南昌商人的经历："传有某商者，经营折阅，岁除，仅余钱二百，而债主毕集，走丛冢间，欲自缢。见先有人在，知为与己同意者，急救之，相与慰劳。其人问商所苦，商告之故，其人笑曰：'异哉，有钱二百而犹觅死耶？'商告以无事可为。其人又笑曰：'子视世间若无事可为，此子之所以困也。二百文犹在囊乎？请以畀我，我为子经营，子但坐享其成可也。'又谓商曰：'请少待，吾为子贩货来。'乃持钱去。须臾，其人至，携酒一瓶，猪肉一方，小儿玩具数十事，拉商同至一古庙中，两人席地饮啖。天明，商寤，其人已先起，授以昨所购小儿玩具曰：'今日新年，士女相率嬉游，汝持此向市上售之。遇大人来购者，廉之；其携有小儿牵衣索市者，昂之。'商如其言，获利倍蓰，甚喜。反见某曰：'子策善哉。明日请再贩小儿玩具售之。'其人大笑曰：'此子之所以折阅也。昨尚岁暮，市中玩具价较廉，故贩售之可以获利。今已新岁，市中玩器价亦涨矣。吾侪成本无多，利货速售，方足以资周转，非若多财善贾者流，可居奇货以待善价也。'"[1]这则故事的真实性已经很难考究，而且也不能算是经商成功者，但其迎合不同层次顾客需求的经营方法却是对江西商人的客观记述。

江西商人因善于揣摩消费者心理而致富者颇多。明末清初南丰人梁份（1641—1729）为该县商人王文佐作传时就称，王文佐从小"饶心计"，"念生殖莫如服贾，乃挟赀遍南北，审时度势，变通以中要会，人之智竭能索而不得，顾独得之"，家业渐起。[2]嘉庆《龙山县志》卷七《风俗》载，江右商人"贸易于此，衣冠华饰，与土苗异"。此地出产桐油，江右商人"归皆易桐油，转售他处"，且能审时度势，洞悉市场。每年桐树开花之时，多是桐户青黄不接之日，富有的江右商人趁机向贫困的桐户预购桐油，桐户"预领油价，言定油若干斤，钱若干千，价亦无一定。自四月至八九月多少为差，十月兑油，或兑桐子，如期不得误，而权子母者，遂举倍称息"。同治《会昌县志》卷三十一《艺文志》载，

---

[1] 徐珂编撰：《清稗类钞》第5册，中华书局1984年版，第2325—2326页。
[2] （清）梁份《怀葛堂集》卷五《王文佐传》。

会昌县商人欧阳振銮经商，"不屑屑计较锱铢，凡物产盈虚之数，贱征贵，贵征贱，靡不灼然于胸中，故一出一入，动以万计。不数年，积累之厚甲于一邑"。①

景德镇瓷商在经营过程中注意到在什么地方销售什么货。宋代蒋祈所著《陶记》载，"江、湖、川、广，器尚青白，出于镇之窑者也。碗之类，鱼水、高足，碟之发晕、海眼、雪花，此川、广、荆、湘之所利。盘之马蹄、槟榔，盂之莲花、耍角，碗碟之绣花、银绣、蒲唇、弄弦之类，此江浙、福建之所利，必地有择焉者。则炉之别：曰狻，曰鼎，曰彝，曰鬲，曰朝天，曰象腿，曰香奁，曰桶子。瓶之别：曰觚，曰胆，曰壶，曰净，曰栀子，曰荷花，曰葫芦，曰律管，曰兽环，曰琉璃。与夫空头细名，考之不一而足，惟贩之所需耳。两淮所宜大率皆江、广、闽、浙澄泽之余，土人货之者，谓之黄掉。黄掉云者，其以色泽不美而在可弃之域也。"②陶瓷考古学者也发现世界上不同国家、不同地区在同一时期输入的中国陶瓷在质量上差异很大。菲律宾出土的"中国陶瓷质地是非常低劣的，属于急速控制及大量生产的。至少有一种由贝尔教授命名的'盆底有孔'的中国陶器显然系专为对菲岛及附近地区贸易之用，并特定作为道地的'出口货'。大多数运抵菲岛的中国陶器系省区陶器的产品，专供中国日常用具——属于'民间的陶器'——精明的贸易商人将其中品质最差者择出以供销东南亚各岛屿"。而在文明古国埃及的权力和财富集中地的福斯塔特城遗址中发现的同一时期销售的中国景德镇陶瓷片种类相当丰富，而且质量很高。③这种迎合不同层次需求的销售策略有利于生产和销售，增强了景德镇瓷器的销售范围和竞争能力。

樟树药商也是善于营销，讲究贾术的商人群体。易恒春药号是湖南武冈县药业的首富易景田创办的，其是丰城县唐家墟栌坊易家人。光绪二十八年（1902），易景田在武冈租赁铺面，开设易恒春药号，做中药饮

---

① 同治《会昌县志》卷三十一《欧阳致和先生善行传》。
② 陈雨前主编：《中国古陶瓷文献校注》之《陶记》，岳麓书社2015年版，第4页。
③ 富斯：《菲律宾发掘的中国陶瓷》，《中国古外销陶瓷研究资料》第1辑，1981年6月，第49页。

片零售，后增加中药材批发及当地产药材收购。易恒春药号用人慎重，一是在同业中物色有特长者，二是忠实可靠，三是有乡土观念。该店根据顾客需求严格管理，凡门市饮片，精益求精，色妍质纯，能显出"黄芪不现边，白芷飞上天，白芍走波浪，桔根叠打叠"的咀片特色。炒制蜜炙药品，遵法泡制，坚持用不同辅料加工，酒炒有助升提，姜汁制可以温中发散，盐制走肾脏，醋制入肝经，土炒可以增强健脾和胃，蜂蜜制滋补润肠。为方便病者，可以临时小炒小制，专人负责。零售、批发价格秉其公道，衡器经常查校。对顾客不论生意大小都热情接待。药材挑选既重视粗壮特的等级，又重视色香味的正宗。[①]宜春万春福药店在1941年从株潭迁到宜春，仅数年就战胜同行，在宜春药业居首位。老板杨海峰，清江县人，在经营策略上以远地办货为主，本地收购为辅，附近进货则是拾遗补缺。在药材保管方面，他经常进入仓库检查货房里商品整洁状况和货物摆放情况，严防药品霉变。他要求员工保管药材做到五勤，即心勤、眼勤、口勤、手勤、脚勤。万春福药店，除成药外，经营品种达六七百种，常用药占百分之六十，共分参、根、皮、花、草、果、仁梗、藤、叶扁、禽兽、虫蛉、香水、珠宝、砂石等类，但陈列要有条不乱。在药材加工方面，一律遵古炮制。[②]

在南昌，广益昌、李祥泰、江西大旅社等老字号的老板也都有自己独具特色的经营策略。广益昌是一家百货商店，老板曹朗初的销售策略有：（1）薄利多销，明码实价，足尺加一，外带赠品；（2）货真价实，童叟无欺；（3）重视广告宣传；（4）发行礼券；（5）电话购货，派人送货上门；（6）特约经销；（7）对于滞销或污损商品，化整为零，及时销价处理；（8）利用电报、电话互通消息，跌价货物立即抛出，涨价商品大量收进或停售。[③]这些措施对今天百货业的发展也很有启示意义。李祥

[①] 皮天亮：《武冈易恒春药号的始末》，《邵阳文史》第14辑，1990年12月，第128—131页。
[②] 宜春市工商联：《宜春万春福药店简史》，《江西工商史料汇编》第1辑，1987年6月，第60—62页。
[③] 罗自强：《记南昌广益昌百货商店》，《江西文史资料选辑》总第14辑，1984年9月，第29—30页。

泰绸布号老板李梦赓的经营策略有：(1) 在本市和农村以及外县、集镇等地大肆张贴宣传广告，以广招徕；(2) 经常寄发行情单给外县同业，招揽业务；(3) 灵活批价码；(4) 延长营业时间（每天营业时间达十四五个小时）；(5) 城市与乡村顾客一视同仁；(6) 挂出过街旗，承诺"老李祥泰绸布布疋头批发号，始终诚实廉价，不事虚伪折扣"；(7) 及时补充货源；(8) 利用代销牟利。[1]江西大旅社的创办人李晋笙有创新的经营思想。他注重多元化经营，千方百计地做南昌尚没有的业务。他先是代理英美烟草公司在江西的总经销，后又将隔壁李怡茂布店改为怡茂罐头食品店，专门经营高档的洋酒、洋烟和进口罐头，为军阀豪门、阔老阔少服务，赚取他们的大钱。他在上海买进的外国吕宋烟，也叫雪茄烟，每盒20支，上海进价两三块现洋一盒，到了南昌每支可卖一元多现洋，利润高达近十倍。洋酒罐头以及进口化妆品也有几倍的利润。民国初年，南昌旅馆餐厅都是低等的。李晋笙选择中山路中段闹市区，请上海建筑师设计，集资创办高级旅馆江西大旅社，五层大厦，屋顶为花园茶社，底层为婚丧喜庆大礼堂，两旁为接待厅，其余二、三、四层前部为中西餐厅，后部为旅馆客房。他还在胡琴街创办新光电影院，聘请毛耀卿担任经理，开创了南昌电影事业。[2]

在经营过程中，江西商人还总结出一些行之有效的生意经。在湖南凤凰，"裴三星"老字号要求店员学徒对顾客做到"四个一样"，即生意大小一个样，男女老少一个样，苗汉土家一个样，亲疏城乡一个样。在售出货物时做到"三点"，即尺足一点，打油满一点，称秤旺一点。"孙森万"老字号要求店员学徒对顾客要彬彬有礼，笑脸相迎；对顾客选购要百取不厌，百问不烦。顾客成交离店还有专门的公关礼仪：一要点头送客，二要笑对顾客说"以后请再照顾"。对店员学徒的衣着仪表有严格的规定：每月理发三次，穿戴整洁，一律小帽长衫。[3]在江西庐山，胡鼎

---

[1] 李善元：《南昌李祥泰绸布号简史》，《江西工商史料汇编》第1辑，1987年6月，第20—23页。
[2] 曾逸凡：《李晋笙其人其事》，《南昌文史资料》第6辑，1989年3月，第132—133页。
[3] 龙仕平、王嘉荣：《江西移民的经商之道及对凤凰早期民族经济文化的影响》，《吉首大学学报》2011年第6期。

康商号老板积累一套管理经验并印好发给店员牢记，内容是："做生意，先正身，千条经，信为本。无笑脸，休开门，热心肠，吸引人。价格严，货要真，不坑人，不骗人。掺假术，失民心，乱涨价，毁自身。薄利销，人说蠢，货不停，利息滚。观行情，动脑筋，信息灵，土变金。勤调查，多创新，抢冷门，补缺门。摸心底，做知音，能拜人，满店春。"[1]在南昌，《生意经》小调至今传唱："生意经，仔细听。早早起，开店门。顾客到，笑脸迎。送茶烟，献殷勤。顾客问，快答应。待顾客，要恭敬。货与价，说得清。不怕烦，要耐心。顾客骂，莫作声。讲和气，陪小心。"[2]

三、广而告之：商业广告的应用

在传统社会，广告活动与商品生产者和经销者的活动三位一体，未能形成独立的广告行业，但传统广告的形式是异彩纷呈的。商铺牌匾，油漆成黑底金字或金底黑字，俗称"金字招牌"，既是品牌也是广告。楹联商联是过去商铺必备的一种装饰，俗称"门对"，也是传统广告中的一种。张廷在《九江老字号楹联趣谈》中介绍，裕康钱庄联文为"亨大成裕，长乐永康"。此联是清代德化县京官蔡金台手书瘦金体，上下联结尾嵌名"裕康"。李万泰药店联文为"杏林三月茂，橘井四时春"。上联典故源出于晋代葛洪《神仙传》，内容是吴人董奉，隐居庐山，为人治病，不取钱帛，只求病愈者植杏树数株，几十年后蔚然成林；下联典故同出《神仙传》，内容是桂阳人苏耽，将仙去，谓其母曰："明年将大疫，庭中井水，檐前橘树，可以治染病者。"后来果如其言，于是取橘泉治病，痊活者千百人。天禄阁刻字店联文为"借六书传四海，愿一刻值千金"。上联"六书"本为汉代许慎《说文解字》中分析小篆的形、音、义而归纳出来的造字要例，即指事、象形、形声、会意、转注、假借，此处引申为多种书体。下联"一刻"是双关语，古代记时，一昼夜为一百刻。此

---

[1] 何德廷：《商道认同：长江流域的商务与商俗》，长江出版社2014年版，第77页。
[2] 张涛：《中国歌谣集成·江西卷》，中国ISBN中心2003年版，第60页。

处既有珍惜光阴之意,又指持刀篆刻,一语双关。一个含义深刻、朗朗上口的商铺牌匾或商联,的确能够给商铺带来很好的广告效应。

器物音响广告和货声叫卖广告是最普遍的传统广告形式。在老南昌,拨浪鼓是卖小百货小贩的响器,铁串铃是走方郎中的响器,大洋鼓是卖雪花膏的响器,双面锣是卖清渍和卖面条的响器,三弦是算命先生的响器,竹梆是卖汤圆的响器。此外,还有修脚师傅用铁丝穿铜钱的金线板,磨刀师傅的铜连环,糖果小贩的小镗锣等响器。除这些响器外,还有吆喝的沿街叫卖,如卖油炸豆腐、卖大刀糖的,有些吆喝还别具特色。卖茶蛋的吆喝:"茶蛋吃得过,不吃就错过,茶蛋味道好,要吃就赶早,过时买不到,茶蛋便宜卖,要吃就赶快,卖罢了就冇买。"①卖梨膏糖的吆喝:"有哪个吃了我的梨膏糖,可以逍遥走四方。消痰化气是槟榔,当归川芎活血糖。当归川芎出何处,出在那个峨眉山上。"响器、叫卖声长年累月地在街头巷尾此起彼伏,市民们可以凭借不同的声响去选购自己需要的商品和办理自己要办的事情。

一些有关商业销售的小调、歌谣也属于传统广告。临江县商人陈发光创办的成都同仁堂受到人们的信赖。当时盛传有几句歌谣:"同仁堂,药最良,惊风丸,过山香。白痧药能开七窍,金红二丹急救方。人马平安离不得,黑白膏药治恶疮。膏丹丸散医百病,老少不欺一言堂。"②这首歌谣既是成都同仁堂的真实写照,同时也不排除是成都同仁堂刻意制作的歌谣广告。在南丰县,有首《卖饺子歌》的小调:"今朝圩上在做戏,小妹子开店做生意。小妹子你做的什里生意?一卖饺子二卖烟,三卖瓜子落花生,还把油条煎。小妹子饺子里面包什里?精肉拌葱味道长,客人不信买碗尝,越食嘴越香。小妹子饺子几多钱一碗?别人饺子一角五,我家只收一角钱,口味香又鲜。"③

江西商人还利用旗帜广告、灯笼广告、实物广告、招牌广告、商标

---

① 郑小江、王敏主编:《草根南昌——豫章风物寻踪》,学苑出版社2006年版,第35页。
② 姜梦弼:《联绵二百年的成都同仁堂》,《四川文史资料选辑》第24辑,1981年编印,第188页。
③ 张涛:《中国歌谣集成·江西卷》,中国ISBN中心2003年版,第60—61页。

广告、赠品广告、印刷品广告等进行广告宣传。晚清民国年间，南昌的商业广告可谓各具匠心。洗马池的同仁堂和济春堂两家药店，在店里展览活老虎，以示所售虎骨、虎膏都是真品。杨家厂的胡卓仁药酒店，在窗口展览活蟒蛇，显示其药酒的特有功能。有些商店用特制商品实物模型吸引顾客，茂盛博店挂着一顶直径五尺的大草帽，永安皂厂陈列一块五公斤重的大肥皂。夏季，黄庆仁药栈在门前设置饮茶亭，用店内生产的午时茶、神曲茶，免费供给行人饮用。大三元酒店免费供应杨梅汤。①广益昌百货商店的老板曹朗初用特价肥皂、毛巾、搪瓷脸盆作广告，肥皂每箱七十二连，标明广益昌制，蚀本一元（木箱可退二角，实际亏八角），向外大量销售，自制天、地、仁、和四种毛巾，毛巾两头皆印有广益昌招牌图案和"日用百货、应有尽有"的字样，搪瓷脸盆也印有广益昌商店监制字样。这些商品收利极微，有的甚至蚀本，主要是作为广告宣传品。另外，在郊区和县城、镇市以及通行要道，粉刷大幅广益昌彩色图案广告，收效也很大。②萍乡九和绸缎庄在赣西享有盛名，前身是景星昌绸布店。1927年，景星昌绸布店改组扩股，另组九和绸缎庄。九和绸缎庄在开张和换季时令节日，都会张灯结彩，贴广告，送宣传画，从长沙请来西乐队，大吹大擂，还绕街游行，并以大减价、大放盘、大赠送，大放尺等刺激性宣传，吸引顾客。又以比期、赊销等方式批发，吸引小商小贩及外地客商上门购货，还采用"封红包"卖布，以及采用最先进门的几个顾客以半价购货等形式，达到广告宣传的目的。③

广告业是近代以来出现的新生事物，报刊是现代广告业的主要媒介。最初，外商报刊广告占主导地位，随着广告宣传效果的显现，报刊广告也逐渐被中国商人所关注，江西商人也是如此。1929年10月出版的《江西全省商会联合会特刊》刊登了数则广告如下：

江西裕民银行广告：本银行为官商合资，股本收足一百万元，于十

---

① 郑小江、王敏主编：《草根南昌——豫章风物寻踪》，学苑出版社2006年版，第34页。
② 罗自强：《记南昌广益昌百货商店》，《江西文史资料选辑》总第14辑，1984年9月，第29页。
③ 李清岩：《萍乡九和绸缎庄》，《江西工商史料汇编》第1辑，1987年6月，第83—84页。

七年一月开幕，经营商业银行一切业务，并得受省政府之委托，经理库券还本给息以及地方各项赋税等款。兹为推广营业便利顾客起见，除九江、吉安开设分行外，其余省内外通商各埠均订有特约往来。如蒙惠顾，无任欢迎。营业种类：定期存款、活期存款、短期折款、各埠汇兑、贴现抵押放款、买卖期票及有价证券其他关于普通银行的一切事业。分行地址：九江、吉安。电报挂号：3046号。总行地址：江西南昌市总镇坡伞街1号。电话：二十四号。

南昌市立银行广告：本行为活泼市面金融，发展市政事业，专营国内外汇兑、定期、活期存款、定期抵押放款、信用贴现放款、买卖生金银、有价证券、办理保管信托以及其他属于银行业务均可承办，手续简便。素荷各界信仰，如蒙委托，极表欢迎。总行设南昌市中山马路西段。

南昌怡康烟公司招请外埠分经理启事：本公司经理上海华比烟公司所出各种国货香烟，系用上等烟叶制成，装潢新致，烟色黄嫩，可称首屈一指，久许风闻遐迩，深蒙社会爱国同胞赞美。兹为推广营业发展起见，招请本省各外埠分经理，如有愿意担任者，待遇优良，请向本公司接洽，无任欢迎。简章函索即寄，谨将各烟牌名列后：八十支名姝牌（内有赠品），五十圈的温（赠送洋画），十支名姝牌（空包可换赠品），二十支美浴（赠送画片）。地址：西大街宏昌京果号内。

顺德瑞记号广告：本号开设江西省会带子巷正街，迄今五十余年，选用上等国产棉纱靛青原料织染各种布匹，精益求精，久蒙各界人士所钦许。乃近有无知之徒伪造本牌，希图射利，鱼目混珠，购者被其欺蒙，敝号连受影响，用将上项五彩石印商标（图略）呈请国民政府工商部商标局核准注册在案。兹逢江西省商联会发行特刊盛举，用将商标披露，惠顾诸君幸垂察焉。

万载复懋福广告露布：本琢坊开设万载，已数十年矣，分设江西省广润门外蓼洲正街，坐东向西，土库门面，历年以来颇受社会之欢迎。兹特改良推广营业起见，聘请最优等名师，精制各种荆边爆竹，日益精良，不惜工资，另加五彩石印刘海戏蟾商标为记。诸君赐顾，幸垂注焉。本主人谨启。

总的说来，江西商人已经开始关注新兴广告业并用报刊广告开展广告宣传，但还不能说已经给予充分重视。1932年，秦山僧编辑出版《九江指南》时希望得到九江商人的支持，实际情况并不理想。他在第九编商业总论中批评江西商人思想陈旧，不甚明了广告与自身营业之间有绝大利害关系。他认为，虽然"九江为赣省门户，通商要埠。当南浔路通车，凡全省进出各货，皆由此间转运"，但由于多方面原因造成市场萧条，经营不易，"兼之商人目光短浅，未知为积极进行，营业未见推广"，苟思补救之法，"一方面当整顿金融，减少分利，增加生利，信用之讲求，商品之改良，使外埠客商，近悦远求，不再裹足，以及商之联合，商务之刷新，商业广告之宣传，皆是振兴商业之要图"。接着，他说：

指南一书，有振兴商业，繁荣市场性质，凡往来客商，人人必争阅之。书中刊登广告，效力异常伟大，只登一次常年永远有效。本书刊行之初，即在各报招登广告，又因第一期为普及起见，对于刊费格外减小，只及上海指南、上海电话簿广告刊费五分之一。奈本埠各界刊登者，固属有之，不登而观望者尚居多数。可知浔地商人思想陈旧，不甚明了广告与自身营业有绝大利害关系在内。店主人心目中，以店中生意之盛衰，年终获利之多寡，悉视本身命运如何，命运佳则不须自谋，营业自然兴隆，其理由莫名其妙，颇堪发噱。近年商人亦渐开通，得知沪汉各商，藉广告宣传，而获发达者甚多，所以亦稍稍注意也。

最后，他希望更多的江西商人能在《九江指南》上刊登广告。[①]随着时间的推移，民国年间，江西商人用新式广告进行经营宣传者越来越多。1946年，谭代权在九江开办衡茂茶庄，初期生意清淡，每天只卖五元左右（银元），还不够付房租。为打开局面，谭代权重装店堂，重新油漆招牌，安装霓虹灯，并且在《九江报》上刊登广告，介绍衡茂茶庄的经营

---

①《九江指南》社：《九江指南》，1932年版，第65页。

品种，宣传该茶庄买卖公平，童叟无欺，生意逐渐兴旺起来。①

　　市场经济环境下，商场有如战场。如何打出自己的品牌，做到"众所周知"，广告宣传的确十分重要。出色的广告运作有助于塑造品牌。应该说，今天的江西商人已经注意用广告加大品牌的宣传，如鹰潭眼镜业利用电台留言、电视留影、报纸留文，塑造自己形象。1994年，他们配合市委宣传部和市广电局拍摄《鹰潭眼镜人》电视专题片，对南昌、江苏丹阳等地鹰潭眼镜商人进行采访报道，在市电台、省电台以及美国中文电台播放。但是江西商人对广告宣传的重视度还是远远不够的，央视等大媒介中仍然很少见到江西品牌的身影。市场竞争需要广告的润滑，江西商人应该更多地运用广告这个锐利的武器，去赢得市场竞争的主动权。酒好也怕巷子深，好货也要勤吆喝。

第三节　赣商营销的帮规行规

一、规范商业行为的帮规

　　江右商人中的行商将货物长途贩运到目的地后，需要与牙行议定价格，称之为"做盘"，然后将货物发在栈中，由牙行向本地商人发售。到某地经商的江右商往往不止一家，因此就需要制定帮规规范商人之间以及商人与牙行之间的关系。学者刘秋根在南昌古物市场购得的信范"前二十八封信"中记载，江右布商在溧阳组建"厘金堂"，按布销售额，而每卷抽洋若干，并且议定了夏布销售做价的规则。信中称："吾帮前后共到布一千六百有零，虽云发出四五百卷，作销不过百余……今溧地起就厘金堂，夏布每卷抽洋三分，于本月十九日唱戏饮酒，众帮议定，前后所到布做价，评行估值，亦与帮中品较公批，不能私行低作改盘，要至五月公同酌议，一体同行。如有私行改盘乱卖者，查出罚酒六席、戏一台。"江右布商在溧阳的帮规至少有三条：第一，夏布做价，"评行估值，

---

① 谭代权：《衡茂茶庄》，《九江文史资料选辑》第5辑，1989年1月，第136页。

亦与帮中品较公批";第二,"不能私行低作改盘",如要改盘,得等到五月,大家共同酌议;第三,"如有私行改盘乱卖者,查出罚酒六席、戏一台"。①

在湖南长沙,作为坐贾的丰城县成衣行业最迟在咸丰年间已设立会馆"文昌阁",奉轩辕神位并制定规章。丰帮内部"设立七会,首曰轩辕,次为福佑,此两会归衣东经理。又曰福主、福胜、福兴、福生、福庆,此五会系店伙、客师、成衣经理",帮内老板、店伙、客师、经理参加不同的"会",各有所属。丰帮帮口很紧,团队精神强。如同帮中人亏损后难以维持经营时,同帮则共同借贷援助,使其尽快恢复元气。本店的同乡伙计被解雇,仍可在原店免费食宿,直到找到工作离店。丰帮成衣行业内部所议章程本来"无不美备",然光绪年间"人心不测,紊乱条规",视章程为具文,"趋利是图,罔知忌惮",因此,丰帮成衣行业再次"合集同行",重整帮规,以期"扫除恶习,革故鼎新,合志同心,勉旃勿怠",更好地约束同乡,保证丰帮成衣行业的整体利益不致受损。酌议条规如下:

(一)同行人等,不准私引客贩赴外省衣店买办货物。违者,罚戏一部。(二)同乡丰城客师,不准帮买外省外府衣店,只准帮丰城本县衣店。违者革出,三代不许入帮。(三)同乡开店者,裁就衣物,不准发与外帮,只准发丰城县。违者,罚戏一部。(四)衣店并成衣,概行不准带外省外府徒弟,只准带丰城本县。违者,罚戏一部。(五)衣店并成衣,只请丰城本县客师,不准雇请外省外府客师。违者,罚戏一部。(六)同乡成衣生理,不准私地剪裁接做外省外府衣店货物,只准做丰城本县货物。违者,罚戏一部。以上重整条规,均宜恪守。倘若犯者,内有知此情弊,隐瞒不报,罚戏一部。如不遵,罚革出,三代不许入帮。②

---

① 刘秋根:《清代中后期江西商人长途贩运的经营方式》,《首都师范大学学报》2015年第1期。
② (清)湖南调查局:《湖南商事习惯报告书》,劳柏林校点,湖南教育出版社2010年版,第357—358页。

樟树药商将南北川广药材汇集于樟树镇炮制加工，并向全省、全国发展，以樟树镇为中心，通过传统的地域和血缘关系形成全国著名的樟树药帮。樟树药帮各药材行、号、店的老板、店员只有加入了堂会组织才算入了樟树药帮，也只有入了帮才能取得在本帮药材行、号、店内工作的资格。樟树药商中不同身份的人参加不同的堂会。在樟树镇，各药材行、号、店的老板参加同仁堂，朝奉、掌柜参加守信堂，伙计们参加集贤堂。①在南昌，老板参加敦仁堂，店员参加敦义堂。②在湘潭，临丰药帮为协调、保障各方面利益组织的"八堂"，即全美堂、崇谊堂、崇庆堂、崇福堂、福顺堂、聚福堂、怀庆堂和公正堂。全美堂为药材行老板的组织，崇谊堂为各药材行店字号的老板、员工的组织，崇庆堂为所有老板、朝奉、账房、伙计、学徒都要参加的组织，崇福堂为买货客的组织，福顺堂为经营川货客的组织，聚福堂为经营汉货客的组织，怀庆堂为经营淮货客的组织，公正堂为统一校秤的公堂组织。③各堂会设有董事或首事，头领由各行号店老板轮流担任，一年一换，称为"值年"。后来，一般由有影响的大行号老板和有威信的朝奉、伙计、徒弟等中推举产生头领。樟树药帮各堂的活动地点多称"三皇宫"或"三皇殿"或"仁寿宫"。在湘潭，凡涉及相关事件，由相应堂会组织具体办理。药材行所收取佣金的比率，不经全美堂公议，不能变更。药材行使用的秤，规定由公正堂于农历每月下旬二十四日统一在指定衡器店校验一次，校验费和修理费也均由公正堂负担。此日，公正堂值年主持办"校秤"酒席二桌。药材买卖，不论药材数量多少，一律通过药材行成交。违者，采取一致行动，与买卖双方断绝交易关系。关于佣金，只从卖方收取，买方不负担任何手续费。各药材行保证公买公卖，不瞒秤、不吃价、不短斤少两，也不贴秤、贴价、贴行佣，做到无论买主卖主在不在场均一样，远近无

---

① 罗辉：《清代清江商人的经营活动》，《赣文化研究》总第6期，1999年12月，第185页。
② 杨寿祥：《抗战前后南昌市的中药业概况》，《江西文史资料选辑》总第14辑，1984年9月，第33页。
③ 张秀文：《湘潭药材行的经营情况》，《湖南文史资料选辑》第17辑，湖南人民出版社1983年版，第187页。

欺。交易完成，一律悬写粉牌，便于买卖双方洽谈和监督，以取得客商的满意和信任。在各药材行财务管理方面，有统一的财务表账，如交易的流水账、银钱往来的明细账、购销商品的分户账、银钱和财务总账、招进招出药材的明细账。要求做到货账相符、钱货相符。每届年终，应造具收入支出平衡表，以备行业组织核查。[①]

建昌药帮是以建昌府商人为中心而形成的擅长传统饮片加工炮制，并以药材集散交易著称的药业商帮，与樟树药帮合称为江西帮。建昌药帮带徒弟只带南城籍，如有违背，立即受到排挤，落到"买不到药卖不出药"的困境，直到破产或倒闭。在外遇到落难或无业同乡，店号均有招待三天吃住、给工作或介绍工作的规矩，离店时还给些盘缠。师带徒一律口传心授，无本本相传，以防泄密。一些有特色的饮片的炮制（如煨附子等），视为帮内绝技，仅在南城、南丰少数几个地方制作。各类人员按等级分工，职责明确，不得随便越级干活，连栈、店内各级人员座椅的摆放、用膳座位次序都有一定布置，不得随便乱搬乱坐。各店徒工不得互相串门，见面也不得泄漏技术秘密。学徒有"三年徒弟，一年帮做"的规矩，出师后留店工作一年之后，去留听便。这些帮规使建昌药帮在流传地域能够一直处于垄断地位。[②]

鹰潭眼镜业起始于嘉庆年间（1796—1820），当时余江县中童便设有眼镜帮会，直到1949年中童鸭塘周家还是帮会所在地，会员一度达到三百多人。会员一般由眼镜师傅充任，每个师傅以下有若干弟子。会长则由技术好、生意大、在行业中素有威信的人担任。同行之间不能进行不正当竞争，不能互相破坏对方的生意。会员合伙做生意，不能互相隐匿钱财不报。外地来的同行必须先拜见会长，会长则安排解决其食宿问题，若该同行有意在本地做眼镜生意，他应注意摊点或店面与本地同行要保持一定距离。眼镜帮会实行年饭制度，每年举行一次，由会员轮流做东。会员利用年饭时机互相拜年，同时畅谈各自今后的打算，讨论本行业的

[①] 张秀文：《湘潭药材行的经营情况》，《湖南文史资料选辑》第17辑，第183—184页。
[②] 张芳霖主编：《赣文化通典·民俗卷》上册，江西人民出版社2013年版，第165页。

发展方向。还会在年饭上处罚当年违规的会员。轻者处以罚金若干，重者开除会籍，并驱其出境，不准他再在该地从事眼镜业。①

二、适应市场需求的行规

同一行业之内或者是同行之间以及此行与彼行之间，为了维护市场秩序需要有一定的行业规定，因此各地区形成了众多的商业行规。民国初年，吴桂辰等编撰的《中国商业习惯大全》称："凡开同样之商店，或经营同类之工商业者，即引为同帮，又称为同行，每行必有行规，且同一行中，店主（即老板）与工作（即司务）又微有不同，故于同行之中，复分为某某社，每社又另有行规。然究其所以立行规之本意，无非约束本行同志，不许与他行自由买卖，则权利可以垄断，或排挤外行之人，使不得经营同行事业，则生意可以把持而已。"②行规对于制定者来说确有达到商业垄断的目的，但在维护行业内部的利益均衡，维护市场秩序以及保证公平竞争等方面也的确发挥着重要作用。

明清江右商为了保护自己的利益并同时为建立相对规范的市场，由同行商人根据市场的需求公议后制定出行业规范，提交当地政府官员逐级审批，并常以勒石为碑的形式公布出来。云南昆明为货物集散地，是江右商的重要活动区域，江西会馆坐落在昆明得胜桥外。江西抚州所属临川、金溪、崇仁、乐安诸县商人在昆明经营棉花。昆明棉花行"向例每银一两，抽用一分"，但日久弊生，"名加用补苴之术，每两抽用二分"。云南承宣布政使司"查实饬禁，只许照旧抽收行用银一分，并追浮收银两充公"。江右商人熊积山、梅占先、罗鼎、饶振荣、邹文彰、李高等认为，"从前原定行中规事，远年湮居，多更易，秤制银色各项均不划一，难免狡混"，呈请云南承宣布政使将棉花行条规勒石，"以垂永久"。云南承宣布政使江兰，饬昆明县吴大雅核议评报。该行规经过县、省两级政

---

① 邹付水：《眼镜行业与鹰潭地方社会变迁》，《赣文化研究》总第8期，2001年12月，第228页。
② 吴桂辰等编：《中国商业习惯大全》第十四类《商业行规》。

府的核准，最后由云南布政使江兰给示公布，示文中称："仰棉花行并客民人等知悉"，遵照条规划一办理，"各宜凛遵毋违"，"倘敢阳奉阴违、查出定将从重治罪不贷"。乾隆四十七年（1782）八月，抚郡棉花会众在江西会馆勒石立棉花行条规碑，内容如下：

（一）棉花到行，间有在途被雨淋湿者，先为晒晾志码，对客较准秤花。如有重志舞弊，应听客商禀官治究。至棉皮照旧除皮五斤，笋叶、绳、席即在其内，如果有包扎太重者将原包称过，卸出花斤，再除绳、席等项，以杜△△之弊。（二）银花照旧九七五扣色，九九纹银，如有元宝、足锭，升水一色；如若潮色多者，估补以免争竞。（三）棉花每价银一两，准抽用一分，其行中工人服劳、奔走，应听客商酌酬，毋得额外另添杂费名色，致滋弊端。（四）花价令买者看明棉花高低，照时议价值，行户不得串通商人暗中抽换、夹杂、设计诓骗。如有此等情弊，禀报查究。（五）货账多寡不一，期约亦迟速难齐，总听商、铺两相定议，限日清还行铺。唯当选择殷实铺户与商交易，不得△任本经纪任情赊与，以致拖延客账，坐困商旅，有干追赔。（六）大小志秤，宜校准发给令用，不得私制大小舞弊。（七）棉花到省，自必投行，有行户觅客转售。如无业游棍觅客，包揽客货至家私售者，查出照例治罪。该牙行亦不得约会，遏低时价，苦累商民。[①]

在同一市场，同业中有不同商帮，江右商帮在单独制定行规的同时，又会与其他商帮相互合作订立同行公议的行规。湖南长沙的包金业有江西帮和本地帮，两帮合一行规，为日已久。由于"行商坐贾，日多一日。但人心不古，各自滥为。行外之人，巧于射利"，因此光绪二十四年（1898）十月初一日，江西帮和长沙帮"永远分析，各立行规，毋相水火"。到光绪三十四年（1908），因生意难做需要共同涨价，江西帮和长沙帮会商议制定了《包金行同行公议条规》，会商"今百行昂贵，惟我包金一行，资

---

① 王日根：《中国会馆史》，东方出版中心2007年版，第219—220页。

本实贵，生意难做。同行议妥，大金每张涨价八十文，小金每张涨价五十文。刻板成章，以垂不朽"。"如有不遵规条，抛金少价者，公同议罚钱六串文。各归各帮"。"本行内查出或行外仕商查明，送信报公者，公同谢酒钱二串文。各归各帮所出"。"两帮合行涨价，一同知悉。各正其各，毋许私违"。"两帮老立，俱照旧章。所有一切办会，新带徒弟摆茶上会。如有不遵，抛金烂价，若犯规章，各归各帮值年总管理落禀究，不必两帮合一"。"老君瑞诞二月十五日，各归各帮。值年总管各整齐衣冠，以昭诚敬。十六日办会一周。派值年毋得推避。一切账项，上交下接。倘账项不清，归上手是问"。"行单两帮公刻公用"。[1]

湖南长沙的药业分属江西、江苏、河南、山东、湖南五帮，五帮各立条规，严禁外帮势力渗透。各帮之间竞争激烈，"其生意最大者，莫如江西帮之药材行，专做批发生意，不做门市零卖"。到咸同年间，江西帮见小药店零售获利不少，小药铺纷纷兴起，"各城门口、各僻街小巷，无不有江西小药店出现"。这些小药店多是江西帮药材行帮伙所开，"因药材进手颇廉，又能向药材行赊账，成本轻、开设亦易"，经营有声有色。清末民初，各帮见湖南帮有死拼之势，为顾全资本起见，有意讲和。五帮药业联络一气，创设"五帮药业公会"，会址设在黎家坡仁寿宫，即临江会馆。五帮公议：（一）"各帮公同推定总管二人，值年八人"；（二）"共同议定药材价码，划一价格"；（三）"不许私自涨跌、破坏行规，违者议罚"；（四）"会内供奉名医孙思邈为祖师，并设神农帝像一座"。至于会内常年经费，收取牌费捐每招牌一块，收二十洋元，如改牌加记则收十元，不足款项，另收月捐补助。[2]

湖南湘乡的香业历来就有章程，清末"奈人心不古，紊规乱矩，糜所底极"，且"货料昂贵，采办辛勤，虽价值累增，尚难敷本供用"。永丰县人在湘乡从事香业行者众多，为约束本县同行业者，制定条规如下：

---

[1]（清）湖南调查局：《湖南商事习惯报告书》，劳柏林校点，湖南教育出版社2010年版，第367—368页。

[2]《省城药业及药业公所沿革》，湖南《大公报》，民国十四年九月十一日，第9版。

（一）"香店设集福堂，议定本店帮伙雇工，不准出门接客，以及游手闲徒藉称接客名色，拦截邀入，并许挑夫背手钱文，索取带引重费，一概禁止。如违，公同禀究"。（二）"香店雇请帮伙劈香封烛，代书套面，务期盥手洁净，不得草率"。（三）"香客带用银两花边货物，均照时价，不得高抬，店主亦不得故抑，以昭公平"。（四）"接连永市之通道伙铺，新开香店，出费入会。均不准拦路牵扯香客。违者禀究"。（五）"香店议禁接客。嗣后游手闲徒，藉与香店熟习，或造谣拨弄主顾香客，暗地勾入他店，阳奉阴违。查出公同指名禀究"。永丰县人制定出永丰香业条规后，又邀集湘乡香业同行重整共同遵守的香业条规：

（一）庆祝神诞，公择香主，不得推辞。违者，议罚戏一本。（二）新开香主，上隔七家，下隔八家。议定以后，内行开者，除出捐项外，补钱二百八十文。新添外行合伙开者，捐钱一千二百文。又出牌费钱八百文。倘不遵者，不许司务帮琢。违者，罚帮琢人钱一千文入庙。（三）四乡挑货来城卖者，须出捐钱一千二百文入庙。若未出者，值年查获，公议每万抽香二千入庙。违者，公同禀上。（四）铺家带徒弟，只许进一人。候出师方准另带。违者，罚戏。（五）请司务必由引荐，不许先交钱。请司务不许勒向长支。所有长短工夫，听老板择取。不论先后捆晒，照依中湘规矩。（六）司务身俸每天六十文，工夫拾篐三二足。余香每篐十二文。新正歇至初八起手。未在店者，初八告辞。元宵歇工一天。五八腊每月歇五天，其余每月二天。（七）新来司务及出师徒弟，各出捐项一千二百文入庙。两月收全。如过期未出，惟值年是问。（八）香尺公同较定，不许添长减短。每月值年查视。违者，罚钱一千入庙。（九）司务不守法者，公出革条，永不许入帮。违者，公同逐究。（十）香价，罗汉香每千价一百二十文，观音香篐价一百文，尺八蓝柄每千价一百文，新尺八香上铺六十文。以上公议各条，毋许阳奉阴违。查出，罚钱一千文入庙。[①]

[①]（清）湖南调查局：《湖南商事习惯报告书》，劳柏林校点，湖南教育出版社 2010 年版，第 272—274 页。

为维护江西省内某一市场的秩序，江西商人亦制定了一些行业规范。清代，赣县布衣行业较为发达，成立布衣行业组织锦衣行。咸丰四年（1854）三月，赣县锦衣行公议制定行规如下：（一）"各店出货，务明目标价，不得私行加贯，互相撺掇，如源泰、永泰二店，私将宏泰店所出南康益典之货，原已定价，未曾出完者，不顾同行，私行加贯，今已罚出钱陆拾千文，演戏敬神，余存本行生息"。（二）"大小各典出货之事，以本行如不合意者，另召别店，原店各分一半，务须问明上手，照原价让加一贯，方可交易，决不宽饶，各宜遵守毋违"。光绪初年，布衣行业乱章，"行中逐年受累"，鲁莽之徒，"强争蜗角，虽以解释，累及同行"，光绪三十二年（1906）三月，锦衣行"特邀同侪公行议允，重整旧规"，内容如下：

（一）各店出货与大小质铺，向有宾主交易，同行不准撺掇。自今以后，守望相助，协力相扶，互相遵守，不准私行加贯，如敢故违，一经查出，每出大小典货，罚钱三六拾吊文，至少者将货充公，存公敬神，罚后其货仍归原宾主所出，无得争论。（二）同分典货者，其字号贯利，务须公定，不准私谈，违者罚钱三十吊文。（三）质铺往来宾主，倘有嫌隙不合者，其字号定出别家，然谊属同行，何忍坐观成败，势必照原盘减让，加一贯利，至少五厘，方右承受，原店仍要均分，违者公罚。（四）同行存货多，不能畅销者，其字号分让别家，然需货务须问明上手向来章程，方可得受，否则照依私自加贯者，一律公罚。（五）柜而携来之货，以及往来客商公馆铺户，有货批卖者，务须问明上手来历清白，方可承买，无论先后看过，愿者一律均分。（六）新开大小典铺之货，满牌后先尽未有典货者议价，限三个月内议定，如过不要，任凭别家互相交易，不得争论，亦不准私行押柜，违者重罚。（七）各号货少者，向本社内货多者现钱分销，无拘大小典之货，除费用照本贯前半年外加红利五厘，后半年加红息一分，始终如一，无论每月，尽可将衣包贯分，违者公罚。（八）向出大典者，原以大货为主，然其中兼出小押者，乃系宾主相契，不忍遽捐，兹拟将小押货贯与同社未出小押者分匀售销，俾免同行有货有余不足之叹，所有分货章程，照原本贯另加五厘，其字号有无账期数家合贯者，照期宜立联号票据，至期一家欠多少联票者，众赔，自后无得争论，违者分罚。（九）同出大小典之货，无拘现盘账期，数家同分，诚恐有一误期欠少，势必填补质铺，该号周年本息，归清数家，其货照原分配，无得争论，违者分罚。①

赣县皮箱行业由于"向无章程，竟有外来司务，混乱行规，是以爰集同人"，于道光七年（1827）三月成立庆荣社，"酌定条款，毋得仍蹈前辙"，以期永遵公议，毋得混乱，并规定"倘有徇情隐匿者，日后查出罚戏文至少一台敬神，决不容贷"。庆荣社所议条规如下：

（一）新来徒弟，进师上社边四元正，出师之日，帮用边一元正，进师之日，即交值年首事，另加边五毫正，以备中元资用；（二）各号带徒弟，务要三十个月为满，方可再带，如有三十个月未满，各店再带徒弟者，上社边十元正；（三）外来司务者上社边十六元正，先交钱，后做工夫，即交值年香首，收存公用；（四）各店司务，毋许裁料在外做货，倘有在外做货，罚边二元敬神；（五）零工每日工资边一毫五丝，长零工每夜工五丝，另晚酒钱二十文，毋许包月，如有包月者罚边二元正，本店司务隐匿者，日后查获，罚边四元正；（六）逢社期在店不做社者，帮香边五毫正，歇业者帮香边二毫正；（七）逢社期值年香者首发社票，打到字，无催无请；（八）外行老板一概不准做货，如有做者，上社边十六元正，先交边，后做工夫，本店不报者，罚边二元四毫正，存公敬神；（九）长年司务毋许三节开发，倘有老板三节开发，要一年工资钱，司务辞老板，一年工资钱全无；（十）司务晚酒钱，毋许并工钱在内，倘有不遵者，罚边三元二毫正，交值年首事，收存敬神。以前议定章程，如有不遵者，罚戏一台敬神；（十一）会期皆因派份，拖欠不清，尚无一定章程，邀集合行公议一定章程，每逢会期，预先发会票后立到单，如若做会，打到字，收银派份若干，到字限至三月初二日止。议定之后，各宜踊跃。

---

① 吴桂辰等编纂：《中国商业习惯大全·商人通例》第一章《商人》第十四类《商业行规》。

赣县皮箱行庆荣社后改称永荣胜社。1918年2月，赣县皮箱行永荣胜社因"皮本腾贵，工食骤增，只图生意旺相，不顾耗亏资本，且上年有等皮囊假箱大小货物，任意做底，跎射减价，以致连年称有不能相保之势，且各店人等故意出外做货"，为"恪守旧规"，达到"务宜货真价实，远近驰名，仕商闻风，源源而至"之目的，"爰是邀集同人，公众酌议"之后，再次公布旧规：（一）"新开店本、外行，上会花边十四、十六元，内外行合伙上社花边八元，遇有改牌打记添姓，均照所议"；（二）"本店大小货不准故做皮囊假箱等件，如违查出，将货当众焚烧，公罚戏文全部，悬单敬神，如该店之人，隐瞒不报者，每人罚钱一串文，归庆荣社首事追收，倘有报信确实，给洋一元，均由做货之人负担"；（三）"本行司务老闰，不准出外做货，公同应可，嗣后如有私行在外做货者，查出公罚花边四元，报信确实，给洋二元，均由做货之人负担，如该店知情不报，另罚花边二元，归庆荣社首事追收"。①

景德镇的民窑业，依靠各种复杂而严格的行规，维持着行业内有序、稳定、缓慢的发展。各行业之间存在一种长期的合同关系，被称为"宾主制"。烧窑、做坯、红店、瓷行以及五行头（看色、把庄、包装、打桶、打络等）行业之间，进行了一次交易后，即不能随便更动，双方要保持长期交易，有的甚至成为世袭。倘有一方违反（主要是客方），行会便会出面干涉，这就是所谓的宾主制度。例如满窑店和烧窑户之间的"宾主制"，就是某窑与某满窑店须按常规履行合约，其他店不能满窑。即使这个店因为太忙，也是由这个店出面另请别人，烧窑户是不能擅自雇请人的，否则便产生"参行"纠纷。坯户开业前，要向坯厂"街师傅"登记，把几乘做坯辘轳车、几乘修坯辘轳车写上账簿，以后雇请装坯工，要永远属于这个帮。工人上工，也要先找"街师傅"写车簿，开列制作的各自范围，不能随意更动。写车簿本帮交费五元，外帮交费十元。如果有人违反行规，会受到来自团体内部和外部人员的处罚。轻的一种是到茶馆喝茶，由违规者付账并罚款若干元，重者则"剁草鞋"，即赶过渡口，

---

① 吴桂辰等编纂：《中国商业习惯大全·商人通例》第一章《商人》第十四类《商业行规》。

驱逐出景德镇。即使不走，留在景德镇，也没有人再敢请他工作，所以非走不可。不仅是工人，就是老板也必须对行规有足够重视，如窑户对工人有苛刻和欺压的情况时，工人可以向街师傅反映，后者即请窑户老板进茶馆吃泡茶，根据所违犯的情况，轻者支付茶钱另加罚款，打爆竹赔礼道歉，重者要演木偶戏，放爆竹过街，当众赔礼道歉，态度生硬者还可能被处罚停产歇业。如果老板买通了街师傅，工人就会采取"打派头"，即罢工的方式与其进行集体式的理论。①

景德镇瓷业中的制坯行业分化成圆器业和琢器业，这两个主行业之间以及行业内部工人跨行有过帮规约，共分四条：（一）圆器业、琢器业相互转行，必须缴交银洋两元作为上会钱；（二）圆器业成型各行业中相互转行，无须缴交过帮费；（三）琢器业成型各行业中改做他行，须交银洋两元；（四）槎窑、柴窑烧炼业中必须小伙手、一伏半、二伏半、三伏半、收兜脚、驮坯、架表、把庄各脚依次递升。但升到上柴脚，应请脱手酒，否则就不能做。景德镇的箩行、散做店是景德镇百货贸易业中的专做码头搬运的服务行业，具有很强的垄断性。其各自的服务范围，内部规约中划分得很明确，共分六条：（一）凡买有箩行者可以在本镇挑运六尘（米、麦、谷、豆等）五金（铜、铁、铝、锡、镍）等类货物；（二）箩行扁担主如因年老疾病或死亡，其扁担可以传与其子，但不得转相让卖，间或可以请人代挑，其挑力所得，必须交半数与扁担主；（三）散做店扁担挑驳（挑瓷器、子草），不能世袭，扁担数目无定，每根卖二元或三元，如扁担主因事外出，不任时间多少，回来仍可照挑；（四）窑柴扁担和夹篮可以随到随挑，但挑力必须与箩行二八抽头；（五）凡买扁担者须先出一元茶牌钱，请大家铭叙，表示初次见面，并在第一天可以尽先挑运一担；（六）在挑货时，必须按照扁担上名字先后挑运，不得争先掺越。②

---

① 方李莉：《传统与变迁：景德镇新旧民窑业田野考察》，江西人民出版社 2000 年版，第 185—187 页。
② 熊贤礼：《近代景德镇瓷业行帮管窥》，《陶瓷学报》2015 年第 2 期。

景德镇烧瓷器所用松柴，又称窑柴，本身含有松油，烧起来火力较大，温度较高，所烧的瓷器成白玉色。窑柴分为三等：一等"天字号"，是树干直径为一尺到二尺多的松树锯成的，松油也较多；二等为"地字号"，是树干直径为五寸到九寸多的松树锯成的；三等叫"鹿子"，锯成这等窑柴的松树或直径不满五寸，或是大树的树梢和枝桠。1912年前后，窑柴行成立，成为组织窑柴货源和调剂窑柴品种的必要机构，松柴要经过窑柴行卖给烧窑户，用作烧瓷器的燃料。窑柴行先分为抚帮和杂帮，后又分为抚帮、都帮和杂帮。抚帮的老板都是抚州人，都帮的老板都是都昌人，杂帮老板有南昌人，也有祁门和临江等地人。由于帮派之间，相互排挤，争夺利益，常常进行殴斗。为了调和矛盾，维护各自利益，三帮协商产生了保柴公所，推举抚帮的章梦林为所长，并由政府批准三条协定：（一）柴客自愿把窑柴卖到哪家就卖到哪家，不准以高于市场的价格来拉客；（二）柴客在哪家贷了款，柴就由哪家卖，别家不准私下代卖；（三）窑柴是烧窑燃料，任何人家不准用窑柴为薪。以上三条，违者罚款或者没收官帖。[1]

在乐安县流坑村，清代曾出现专门经营竹木贸易的行帮组织木纲会。流坑本地盛产竹木，其上游的招携、金竹一带更是竹木资源的总汇之地。由于董氏以强大的宗族势力为后盾，使之可以凭借地理上的优势而把持竹木贸易。凡董姓从事竹木贸易及运输者，一般均需入会并交纳会钱，方可取得经营资格。木纲会成员必须遵守会规，包括不得带外地客商进山，不得争夺他人的主顾、撑手和订购的竹木，遵守排工工价等。违者视情节轻重而定，予以罚款或者停止经营，特别严重者可送董氏大宗祠处治。会员的经营活动及正当权益则受木纲会的保护和维护。如遇意外，均能得到木纲会救助，甚至竹木有时散排，木纲会也有义务予以帮助，将竹木赎回发还个人。[2] 外来客商购买竹木必先与流坑董姓木商洽谈认购，再由木纲会组织人手进入上游山区买木采伐，顺水放出。木纲会在

---

[1] 周国杰：《景德镇的窑柴行》，《景德镇文史资料》第2辑，1985年9月，第149—150页。
[2] 周銮书主编：《千古一村——流坑历史文化的考察》，江西人民出版社1997年版，第55页。

保障其成员利益和限制成员竞争上，与社会各种帮会是一致的。但其成员资格是先定的，它只是流坑董氏宗族内部一姓的业缘组织，基本作用在于保证本姓族人对竹木贸易利益的垄断与独占。

婺源县清华镇洪村盛产茶叶，茶农制定的公约也可以看作该村的茶业行规。道光四年（1824），婺源县清华镇洪村将一块"公议茶规"的石碑刻镶嵌在该村祠堂墙中。该碑长130厘米，宽60厘米，碑文记载了全村茶农就茶叶流通所规定的村规民约，原文如下："同村公议，演戏勒石，钉公秤两把，硬钉贰拾两。凡买松萝茶客入村，任客投主入祠校秤，一字平称，货价高低公品公卖，务要前后如一。凡主家买卖客，毋得私情背卖。如有背卖，查出罚通宵戏一台，银五两入祠，决不徇情轻贷，倘有强横不遵者，仍要倍罚无异。买茶客入村后，银色言明，开秤无论好歹，俱要扫收，不能蒂存。"[①]这种村规民约，反映了当时的婺源茶叶贸易中对诚信经营、以义为利的追求，在当时的条件下促进了茶叶的买卖，推动了当地茶叶贸易的发展。

为了维护市场秩序，有些行业甚至制订了异乎寻常的严厉行规。光绪三年（1877）二月十七日的《申报》载江西内河航运业处罚违反行规的船只事，标题《行规太猛》表明了报馆的态度，内容如下：

> 江右内河往来船只，其程序不一，各号各异。有所谓官板子、满江红、湘扁子、三板子者，多属装载差事。他如南昌之呀尾子，赣河之杨叶子，吉属之沙筝子、梭子，广信之舠子，河口之二宜子，贵溪之罗舱子，瑞河之驼狗子、三舱子，抚河之抚船，以及湖广之巴斗子、湖划子。各船亦皆聚集一处，并立有帮规，设有会馆，据有码头，以包揽客货焉。相传前年有某商议定（湖广）湖划子船数艘，装运货物，内有二艘，行至半途，私将客货盗卖，放舟长行。商人得知，立向船行理问，行家不惜巨费，多雇健夫，沿途追赶，竟在数百里外曳回。随请某商至，议将被卖之货，照值估计，由船行船户各认一半照赔。如船户力不能偿，则

---

① 余悦：《江西茶俗的民生显象与物质》，《农业考古》1996年第4期。

将本船焚烧，以惩其盗卖之罪。客谓若辈作此不法情事，想亦迫于无奈，从何赔出？船户以船营生，若付之以火，则一家生命何所倚恃。我自不向彼取偿，愿勿造此孽也。行家首肯，同帮闻之，坚持不可。谓立法而不用，何以法为？虽客有命，我等弗敢与闻。竟将该船焚去。月前又有一事与此相同。缘某茶商雇定（吉安）沙筏船一号，由省装钱前赴宁州茶庄需用，不料为舟子松串动用多文。据传共解下一千数百串。至每百抽用几文，亦不得知也。茶商当向船行追问，行家乃鸣地保、河保及同帮等，立将该船曳至岸上，实以芦柴，先将舟子眷属及应用什物搬在会馆内，即举火焚之，并请客商前来观看。烟焰所经，悉皆焦灼。舟子眷属，惟对火哭泣，众人置之罔闻。须臾焚毕，众乃向客拱手曰：敝帮中不法之徒，已照例惩治之，但令贵客耗财，殊深抱歉，幸恕罪。遂各散去。[①]

航运业行规的执行看似过严，《申报》在报道的结尾称"见者均以为立法太甚"。但是，如果不如此，不仅商人的人身及货物安全得不到保障，航运业自身也不会有长远的发展。另外，在一些行业还形成了看似"无理取闹"的行规。南昌丁坊酒是江西传统的甜型黄酒，以南昌县丁坊村所产品质最佳，故名"丁坊酒"。丁坊酒"以秫米酿成"，酒度十八至二十度，糖分为百分之十六至百分之十八，酒色清亮金黄，入口香绵，鲜甜醇厚，酌量饮用有清心明目、心悦神怡之效，而且丁坊酒"价格便宜"，"本地人多嗜之"。在南昌，酒作"共有二十七家，凡出售皆有一定价值，究减不究加。如定价每担二千文，有能售至加倍者，亦无人过问，若少售三五十文，则群起而相攻，谓之坏规。然欲令坏规者俯首受罚，其权又不在同业，而在米行。盖众酒作一有此种事，即向米行告知，嘱其不再粜米与某作，如仍照旧粜与，则我等自后皆不落行，将自招客矣。故米行亦遂如约"。米行"一若酒作隶其管辖者，遇有坏规之作"，即"雷厉风行，收其斗斛"。光绪七年（1881），"德胜门某作有减价售酒一事，

---

① 《行规太猛》，《申报》，1877年3月31日，第2版。

广润门外之米行，即照此办法，该作略与争论，米行几至下其招牌，始经街邻排解，某作情愿罚戏一台，并请米行及同业酒席，事方和谐"。酒行的规矩，可以提高酒价，却不能降低酒价，目的自然在于抑制不正当竞争。但酒行处置违规者的办法，却是通过向米行进行要挟，由米行"越俎代庖"，收其斗斛、摘其招牌，必至罚戏请酒、赔礼破财方才罢休。四月初五日《申报》评论认为，对于米行来说是"无理取闹"，"如该米行者，何其好为奋勇野战，而不自审量若是也。设该作竟与为难，得遇略明事理之官，有不谓其事不干己乎？"[①]其实，这就是行规，米行与酒作坊利益相关，酒作坊与米行的联合抵制活动制止违规酒坊的低价竞销行为，米行的行为也是为了自己的经济利益。

帮规、行规是中国最初的商法，犹如宗族法规为最初的民法一样，规范着本行与市场之间的关系、本行内部的各种关系以及各坊、店主伙之间的关系，成为维护商业团体共同利益的一种适应市场需要的调解机制。晚清民国年间，中国开始制定商业法规，近代法律工作者对中国各地商业习惯进行了调查。民国初年，《中国商业习惯大全》的编纂者这样论述道："凡属同业之商店或经营同样之商业，苟无同行公议之行规以拘束之，势必扰乱营业，使多数人受少数人之影响。"行规有"垄断市面、排挤外帮"的一面，但"营业全在经营之人，凭道德信用去做，营业自然发达。反此，纵有把持之行规，亦属无济于事"。他们认为在调查研究中国商业习惯的基础上对各行业已经订立之商业行规予以"订立及修改"，"万一同行违背行规，生讼事，法庭始可依据行规为之裁判"。[②]

[①]《坏规受罚》，《申报》，1881年5月2日，第2版。
[②] 吴桂辰等编纂：《中国商业习惯大全·商人通例》第一章《商人》第十三类《同行营业之限制》。

【第四章】赣商伦理文化

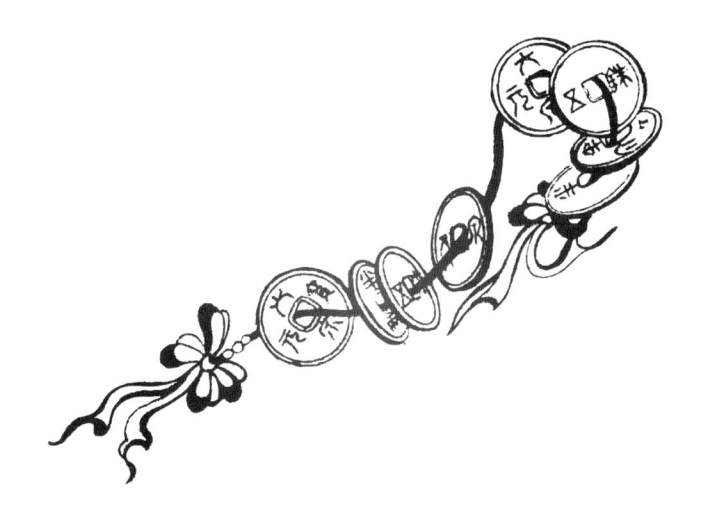

商业伦理是商业文化的核心,"是指商人从事贸易活动中处理相互关系的行为规范和准则,或者说是商务活动中各方理应遵守的一套规范和行为准则,既指商人采取什么样的态度对待贸易中的各种关系,又指商人在贸易关系中如何进行道德自律"。[①]换言之,作为一种内在约束力,商业伦理通过社会舆论、风俗习惯、规章制度等形式唤起商人的良知,促使商人内省。中国有着悠久的商业伦理文化史,明清时期是商业伦理文化形成的重要阶段,赣商伦理文化也是在这一时期形成基本理论体系,并在近现代逐步完善,成为中国商业伦理文化的重要组成部分。作为具有中国传统伦理精神与赣鄱人文色彩的商业道德体系,赣商伦理揭示了商业活动中的道德规律,在赣商发展历史中扮演着思想引领的角色。

第一节 赣商伦理文化内涵及形成条件

一、赣商伦理文化的内涵

商业伦理是一种职业道德,也是一种社会道德。江西商人在商业贸易活动中,以儒家伦理道德律己,以商求富,立行立德,仗义疏财,恤孤济贫,对家庭和社会有自发的责任感和义务感,形成一套相对稳定的、指导其商业实践活动的商业伦理体系。赣商伦理涵括商业财富伦理、商业经营伦理和商业消费伦理等方面的内容。

商业财富伦理,是指商人创造、占有和使用财富的方式,以及在认识、创造、支配和使用财富的过程中对个体与个体、个体与自然、个体与社会之间相互关系的一种观念把握,是经济行为的价值依据,也是商人根据财富本质去创造财富、积累财富和使用财富的精神动力。商业财富伦理主要解决三个问题:一是创造财富的冲动力,二是节约财富的抑制力,三是合理运用财富的智慧。[②]换言之,商人对财富加以哲学的考虑

[①] 纪良纲:《商业伦理学》,中国人民大学出版社2005年版,第22页。
[②] 唐凯麟:《财富伦理引论》,《中国社会科学》2010年第6期。

和意义的审视，追问如何创造财富、谁来消费财富以及如何消费财富等问题。在赣商财富伦理文化中，我们能够看到江西商人"使予而商，身劬母康"及"仗义疏财，回馈社会"的担当精神，和"会通经商与治国、平天下"的社会责任感。江西商人自觉地认识到，商业活动的目的是在创造财富的过程中发展自身的个性和潜能，通过合理运用财富来获得生存的意义，追求财富与人、财富与自然、财富与社会的和谐共生，终极目标是在促进社会经济的发展过程中实现自我价值。

商业经营伦理，是指商业经营活动中的各种伦理关系和伦理道德等问题，包括经营者与消费者以及经营者之间在生产、经营和管理的实践过程中所形成的伦理意识、伦理原则和伦理规范的总和。在赣商经营伦理文化中，我们能够看到江西商人讲求"贾德"、诚信为本、义利并重、义字当先的商业行为原则和"以众帮众"抱团发展的互助精神。"诚信为本"是江西商人的基本经营理念和行为规范，也是他们成功的经验。江西商人把诚信不欺作为处理与顾客、同行、债主关系的基本行为准则，在商品交换中遵循商业信用，在经营活动中信任合作伙伴。他们从儒家性善论出发，强调以心换心，将心比心，相信自己以诚信待人，别人也必然以诚信回报。"贵和尚礼"是江西商人的另一个基本经营理念和行为准则，表现为以和谐的态度营造一种良好的外部环境，在竞争方式上注重把"和"的因素引入竞争过程，以和济争，从传统的你死我活的残酷竞争模式转化为双赢的竞争模式，注重不同经营者之间的互利合作，寻找共同的生财之道。

商业消费伦理，是指商人如何处理自己创造的财富，如何有意义地用自己创造的财富满足个人的需求和社会的需求。商业消费伦理本应属于商业财富伦理的一部分，但由于消费是有关人类生存和发展的永恒主题，因此又有独立的伦理体系。在赣商消费伦理文化中，我们能够看到江西商人"克勤于邦、克俭于家"的俭约精神和"重学助学"的儒商消费传统。江西商人以儒家中庸之道为指导，"乐善好施，经世济民"，"得志，泽加于民；不得志，修身见于世。穷则独善其身，达则兼善天下"。

江西商人的消费伦理是以人的幸福为终极目的，通过追问、反思和批评消费生活的正当性与否，确定消费行为应遵循的道德原则，从而为理性地规划生活、享受生活和创造生活提供理论根据。

二、赣商伦理体系的形成条件

中国历代有不少倡导商业伦理思想的帝王、官吏及思想家，经典文献中记载着大量的商业伦理思想。神农氏述及"日中为市，聚天下之货，交易而退，各得其所"的公正交易思想。《商书》提及"殷人重贾""商贾功德"。《周礼》曰"贾民禁伪而除诈"。周文王提倡"公平交易"。范蠡主张"商富不忘其德"。孔子宣扬"重义轻利""游必有方""廉贾经商，取利守义"。孟轲以为"欲富必先仁"。白圭提倡以"智、勇、仁、强"为经商之道，认为真正的商人不应唯利是图。《淮南子》曰"市不豫贾（"豫"为不欺骗，公平交易）"。《管子》曰"非诚贾不得于贾"。《史记》曰"贪贾三之、廉贾五之"。《盐铁论》曰"古者通商物不豫"。东汉王符强调"商贾者，以通货为本"。唐代刘晏明确提出"抑制奸商贪贾，扶助义商兴国"，等等。这些丰富的商业伦理思想是赣商伦理体系形成的基础。

在商品活动中形成的商业谚语，言深意赅，包涵着很有实用价值的商业伦理思想。商业谚语很多，略举数例："公平交易，童叟无欺""市不二价""一诺千金""诚招天下客，誉从信中来""忠诚不蚀本，刻薄不赚钱""自古待客在诚信，一言为重百金轻""人无信不立，商无信不财""法道当身，勿以物感""人心一杆秤，心正秤才准""顾客至上，宾至如归""商店誉揽万人心，招牌无声却有魂""诚信为本""一客失了信，百客不登门""财从道生""取之有道""交以道，接以礼""买卖不成仁义在""一分服务一分收入""人叫人千声不语，货叫人招手就来""货真价实""一分钱一分货""人无笑脸休开店""丢买卖不能丢仁义""人心挟人心，伙友变亲人""上下一家亲，才是长财人"，等等。这些商业谚语押韵、合辙，代代相传，是口头相传的生意经，也是赣商伦理体系形成的思想来源。

江西地域文化与赣商伦理体系的形成亦有着密切的关联。江西是中国南部少有的与中原文化有着强烈依存关系的区域。在外出经商的江西人中，这种正统的思想观念与其商业活动乃至与人际交往相伴随。江西儒家文化思想深厚，有"家孔孟而人阳明"之誉。两宋时期，江西被称为"文章节义之邦"，涌现了一大批文人雅士和刚正义士。宋代江西为理学思想传播之地，理学思想中的积极成分，如注重品德气节，讲求发奋立志以及强调实践与社会责任感等，助成了一种忠贞节烈、直行无畏的性格。周敦颐的《爱莲说》与文天祥的《正气歌》，就是这种性格的文学诠释。欧阳修开"疑经"风气，王安石被称为"拗相公"，胡铨上书请斩秦桧，这些人的共同点都是坚守大义、宁折不弯，为信念和原则而义无反顾、赴汤蹈火。江西商人深受儒家传统的哺育，深受人文气息的熏陶，深受先人事迹的启迪，在商业文化与商业理念方面将仁、义、礼、智、信深深地镌刻在脑海之中。他们自觉地在经商活动中讲究商德，坚持货真价实、诚实守信，甘当廉贾，宁可失利也要维护廉贾形象。

弃学经商的读书人，架起中国传统文化与赣商伦理文化之间的桥梁。读书求仕，最后博个金榜高中、扬名显亲和封妻荫子的锦绣前程，乃是千百万士子梦寐以求的理想。在传统社会，士为四民之首，视商贾为末等。但是，随着商品经济的发展，这一延续了近两千年的传统观念入明以来受到严重的冲击。广大士子越来越清楚地认识到"士成功也十之一，贾而成功也十之九"。这种巨大的反差使得众多士子不想再穷经到皓首了，发出"白首穷经，非人豪也"的感叹。从入仕启蒙，十载寒窗，中经院试、乡试、会试乃至殿试，百般遴选，好不容易跻身仕途，到头来仍不过是追求一个"钱"字，这不能不促使未入仕流的更多士子"豁然顿悟"，弃儒经商。例如，新城县邓洪道，邑庠生，其子邓世侃，监生。家事清贫，其后，父命邓世侃外出经商，"以服贾起家"。[①]新城县陈以汴，"困诸生三十年，贫甚"，终命其子陈世爵习贾，"贸迁于吴楚闽越燕齐赵

[①] 同治《新城县志》卷十《孝友》。

魏间"，积赀巨万，成为当地首富。①丰城县李钟喆，性介洁，一心于举业，"衣食缺，不假贷以挠其操"，更不愿以士入贾而坏"名节"，故坐守穷困。但其后来命"二子贾于楚"，因而致富，孙辈得竟举业，自己则因次孙鹍化显贵而赠文林郎。②士子逐渐抛却祖辈恪守不渝的"科第为先""耻于为末""讳言利"等信条，转而竞相从事工商业活动或者让子孙从事工商业活动，"以货殖为急""以畜贾游于四方"，成为明清时期引人注目的社会风气。③

各地宗谱中对江西弃学从商者的记述颇多。临江府地当航运要冲，自古商业贸易发达，明代中后期，士人"或窜身市籍"。④光绪《清江香田聂氏重修族谱》记载聂安斋、聂如高、聂裕才等少年业儒，后弃儒经商的史实。聂安斋，"生而颖异"，"塾师每器重之，以为若不废业，他日成就，正未可量"，"无如家计逼人，治生不给"，父嘱之曰："墨稼经畲，固丰牟所自出，而通商服贾，亦洗涑所由供。孰缓孰急，愿与汝筹之。"聂安斋不得已，谨遵庭训，"乃弃毛锥而权子母，家业以是大起"。⑤聂如高，"自幼就傅受业，鸡鸣励志。稍长，穿贯经史，骥足期腾。无如家务窘迫，实难专诵于诗史，身处坎坷，乃思行商于井，由是术效技轩，踪追思邈，遨游萍邑"。其后又"通商楚南，持筹诸药，立号'万泰'"，"不数年，利赀颇厚"，成了著名的药商。⑥聂裕才，少时业儒，"志在青云，乃因家务而贷殖，揆机度务，臆则屡中，厥后盈千累万"。⑦光绪《清江杨氏五修族谱》记载杨之陵、杨余盛等弃儒经商的史实。杨之陵，"幼习举子业，惜数奇而屡踬，爰迹湖海，仿陶朱公谋略，自是而家有起色"。⑧杨余盛，弃举业后，与兄泰臣、弟体臣业农，经营日用，并"勤苦市廛，

---

① 同治《新城县志》卷十《善士》。
② 道光《丰城县志》卷十《孝友》。
③ 黄瑞卿：《明代中后期士人弃学经商之风初探》，《中国社会经济史研究》1990年第2期。
④ 崇祯《清江县志》卷一《风俗》。
⑤ 光绪《清江香田聂氏重修族谱》上卷《大学生聂安斋老先生传》。
⑥ 光绪《清江香田聂氏重修族谱》上卷《大饮宾之宾伯父老大人传》。
⑦ 光绪《清江香田聂氏重修族谱》上卷《太学生聂裕才老先生传》。
⑧ 光绪《清江杨氏五修族谱》下卷《杨公伟明先生暨元配徐孺人墓表》。

稍得赢余"，乃从事长途贩运，其后人修撰家谱，极尽赞美之词："遨游三楚间，逆赤壁之雄风，吊江上之丈人，气概所感，几于蒸云梦而撼岳阳，间或沂江而下，过彭蠡，登匡阜，又往往从襟江带湖中得力争上游之势，以故胸次开拓，人弃我取，有古鸱夷子皮风"，"家道渐隆起"。①《新淦习氏四修族谱》记载新淦县商人习源雄，"自束发受书，目数行下，师长咸以国器相期。嗣因常武生意，祖父恐继起无人，爰命弃儒服贾。不数年，即缵诸掌理，大展端木之才，亿而辄中"。②

都昌县与景德镇毗连，乡人多业陶于镇，有"十里长街半窑户，迎来随路唤都昌"的说法。据统计，从乾隆年间起，殁葬于景德镇的都昌人，仅冯、余、江、曹等七姓就达千人以上。这些都昌人中有很多是弃儒从商者。③《南峰冯氏宗谱》卷四载，冯宗旺，字春发，号汉卿，光绪二十三年（1897）监生，世为古南之南峰乡人。父冯承畯设肆于本乡，勤俭朴素，以富闻于乡。冯宗旺"居十数龄时，已随承畯公肆商事于乡肆"，"年浦冠，即懋迁于镇"。《南峰冯氏宗谱》卷五载，冯斯丰，道光二十七年（1847）国学生，同治六年（1867）授予直隶州左堂，次年（1868）又因协济军饷而诰授奉直大夫。冯斯丰"入乡塾，颖悟异常，识者异之。会食指日增，有桂玉之忧，遂焚弃笔砚，就昌江肆陶务。庇材饰工，器无苦窳。不数年，累赀数千金"。《余家湾余氏宗谱》卷首载，余锦屏，生于咸丰四年（1854）。父余待臣送其"读书志甚坚"，频年使其就读于叔父。叔父视其犹子，课读甚严。十八岁时，父亲与叔父相继逝世，家徒四壁，仅以馆蒙糊口。余锦屏"矢志课徒兼以自谋，日夜攻苦，希图上进。光绪辛巳年（1881），时年二十八，洪宗师岁试，取入邑庠。后馆事日丰，考课日益利，戊子（1888）正科领房荐，己丑（1889）恩科顶荐堂批，憾未售"。年四十，作抒怀七绝八首，中首云："看来光景胜于前，儿辈双双立比肩。若果成人俱努力，安知创业不承先。"及子女们渐

---

① 光绪《清江杨氏五修族谱》下卷《敬庵公墓志铭》。
②《新淦习氏四修族谱》之《大学生习公勤斋岳祖老大人暨德配习母岳祖母张孺人合传》。
③ 石奎济：《都昌人在景德镇的崛起》，《都昌文史资料》第3辑，1991年10月，第9页。

渐长大，各谋生计。余锦屏乃与"同族合伙创立陶业十余年，甚得意。其后拆伙自立门户，连年获利厚"。①

各府州县地方志对弃学从商者也多有记述。道光《丰城县志》卷十七《善士》载，南昌府丰城县商人熊作宾，幼年业儒，长而从商，"累橐金盈亿"，对同行经商者多加扶持。有刘某贷金千，因经营不善而折阅，"复予之，刘卒获三倍利"。同治《德化县志》卷三十九《善士》载，九江府德化县商人郑报谷，弃儒业贾后，"独力借公款钱三百缗"，开通县城西市集。同治《广信府志》卷九之五《孝友》载，贵溪县商人项林皋"中年废学，以服贾游吴越荆襄间"。同治《南城县志》卷八之五《义善》载，建昌府南城县商人单章，自幼读书，才甲一方，可惜屡试不第，于是"设教乡里"，后因"家给耗繁，计非寸管所克支，遂以上舍生涉贾"，远涉江湖，从事贩运，"累金万镒"。光绪《抚州府志》卷六十八《善士》载，金溪县商人王嵩一"祖旧贾贵阳，嵩一承家业，以例贡生服贾，居滇十余载，积数千金，旋复贾汉口"。

嘉靖二十二年（1543）进士、泰和县人胡直（1517—1585），在为同邑商人萧朝赏撰写墓志铭时称，萧朝赏"始尝勤力举子业，既脱颖，足进取，寻以家累弃之"，出而经商治生。②清代魏礼（1628—1693），宁都人，"易堂九子"之一，在为新城县商人孔昭文作五十寿序称，孔昭文"少读父书，长游于太学，耻囿乡曲也，往往挟货走燕、楚、吴、越之疆"。③所谓"耻囿乡曲"，实是科场失败，羞回故里的婉转说法，孔昭文因科场失败而弃儒从商。这些弃学经商的读书人把为商之道与儒学伦理道德相勾连，在经商活动中既看重谋生与谋利，又注重自身的德性和名声。他们熟悉中国丰富的商业伦理思想和江西地域文化，把伦理思想、地域文化与商业实践在文化层面进行有机的融合。

---

① 《晚清余、冯、江氏几位窑户谱序像赞》，《都昌文史资料》第3辑，1991年10月，第70—72页。
② （明）胡直：《衡庐精舍藏稿》卷二十六《萧小峰处士墓志铭》。
③ （清）魏礼：《魏季子文集》卷五《孔昭文五十序》。

三、赣商价值取向的冲突与调适

价值取向是指某些价值观成为文化所选择的优势观念形态，或为个体所认同并内化为人格结构中的核心部分，具有评价事物、唤起态度、指引和调节行为的定向功能。[①]价值取向有个体价值取向和社会价值取向，个体价值取向取决于社会价值取向，社会价值取向为个体价值取向做出了一些规范。在江西商人价值取向的冲突与调适之中，赣商伦理文化逐步形成。

（一）孝悌之道与行商坐贾的冲突与调适

中国孝文化源远流长，孔子丰富和发展了孝文化的内涵，提出了"孝悌也者，其为仁之本欤"的观点。"仁"是众德之总，而"孝悌"被视为众德之"本"，是社会宗法道德的基础。孟子提出了"老吾老以及人之老，幼吾幼以及人之幼"的观点，并指出"天下之本在国，国之本在家，家之本在身"，"人人亲其亲、长其长，而其天下太平"。他还进一步强调"事亲，事之本也"，认为尊亲、事亲是人生最大的事情。孔孟对孝的论述，已经涉及后世孝道的方方面面，确立了传统孝道的基本面貌。孔子在其思想中已经注意到孝悌之道与行商坐贾之间的冲突，并提出如何处理二者之间的关系。《论语·里仁》篇载"子曰：'父母在，不远游，游必有方。'"意思是说，子女应奉养并孝顺父母，但也不反对一个人在有了正当明确的目标时外出奋斗。

明清江右商形成了浩浩荡荡的商业大军。明代郑晓（1499—1566）作《地理述》，称江西之民"不务稼穑，至有弃妻子以经营四方、老死不归者"。[②]康熙《西江志》卷二十六《风俗》引述明代新城县人邓元锡（1529—1593）的《方域志》称，抚州府"人稠多商，行旅达四裔，有弃妻子老死不归者"。明末清初历史学家傅维鳞（1608—1666）所撰《明书》卷四十《方域志二》载："江西三面距山，背沿江汉，当吴楚闽粤之交。

[①] 阮青：《价值哲学》，中共中央党校出版社2004年版，第160页。
[②] 光绪《江西通志》卷四十八《舆地略》。

外析险阻，中包壤地，安危轻重常视四方。……江右之人，好谈儒术，尚理学，民朴质俭苦，有忧勤之风。洪治以来，赋役渐繁，土著之民，少壮者浸不务稼事，出营四方，医卜工艺遍天下，至弃妻子不顾，老死不归。则里俗日偷，里多恶少。"①从上述记述中使用的词语"弃"和"老死不归"来看，文人对江西商人不能养老抚幼的行为是持批评态度的。明代吉水县人罗洪先（1504—1564）以吉安为例发过一番议论，颇具代表性。他说："吉郡地虽广，然生齿甚繁，不足以食众。其人往往业四方，岁久不一归，或即流落，不识家世何在。而长沙与吉郡接畛，其产故饶，其留滞又为特甚。吾尝治谱，见客游而葬其地者，心窃悲之。……窃恨处异域而忘故乡，使父母盼盼然，无以待老，诚不知其何心也？"②罗洪先不反对外出经商，但反对某些商人以此逃避养老抚幼的家庭责任和社会义务的做法。

"父母在，不远游"的孝亲观念还是束缚着远行的江西商人，因孝亲而裹足不前者在江西不乏其人。文献中记载因"父母在"而放弃经商的江右商人颇多。明后期，建昌府新城县已是商业较发达地区，江西的大米、福建的私盐多从此地进出，而烟草的种植则推动了农产品的商品化过程，但许多商人不愿远行。鲁仕骥（1732—1794）认为，其中的原因便是"惮于弃父母妻子"。③清代庐陵县举人王骥，任会昌县儒学训导，他记述了会昌县一位小商人的从商经历——曾汉茂，兄弟六人，汉茂居长，家素清贫，以耕作为业，养家活口。迨曾汉茂年三十，食指日繁，家给日窘。欲外出谋生，又恐母老无侍，终日以家事为忧。忽一夜，梦神告曰："尔如此辛苦养亲，何不取至近之地，谋一生理，则可以养亲，兼可获利。"曾汉茂醒而异之，"信神明之示以生路也。爰向邻人借贷钱本，做豆生意，朝夕往来村圩间，得时与母相见而仰事之，资更充然有余。越数年，家业渐起……称小康焉。"④曾汉茂的从商经历反映了江西

---

① 傅维鳞：《明书》卷四十《方域志二》，商务印书馆1936年版，第739页。
② （明）罗洪先：《念庵文集》卷十五《明故白竹山徒柘乡族叔兆轩墓志铭》。
③ （明）鲁仕骥：《山木居士外集》卷三《送邑侯李任庭先生序》。
④ 同治《会昌县志》卷三十一《曾汉茂先生孝友传》。

商人在赡养父母与外出经商二者选择上的矛盾心态：一方面由于家境窘迫，不能不思"谋一生理"；另一方面，"父母在，不远游"的观念使他们顾虑重重、裹足不前。同治《南昌府志》卷四十八《国朝孝友》载，武宁县柯性刚，精通医术，又兼营药材。人劝其走川下广，柯性刚说："吾舍母，吾早以技致富矣。"卒不往，以清贫终。同治《广丰县志》卷八《孝友》载，广丰县吕以坿，负贩养家，或劝远出可获重赀。吕以坿笑着说："母心所乐，不在厚利也。"终至家事平平。同治《玉山县志》卷八《善士》载，玉山县王长发服贾数年，略积有余赀，但"念母老，不复出，朝夕视善，母子甚慰"。"父母在、不远游"还表现在归省上，许多商人每至岁末，"必束装归养"[1]，"每岁必归一省"[2]。但凡有父母丧、病凶耗，必星夜赴丧，而置利润得失于不顾。明代吉水县人罗洪先（1504—1564）为该县一位刘孝子撰写墓志铭，称其远贾汉口、九江间，"闻母丧，弃赀而奔"，其后家益贫。[3]道光《丰城县志》卷十四《孝友》载，丰城县徐文豹，"父早殁，家无恒产，母命贩湘楚间"。后母病故，亦"千里弃赀而归"。

"父母在，不远游"的观念，使不少江西商人难以专心致力于自己的经营活动，即便商贩于外，一旦能够满足父母、妻小的口腹之需，也就意味着他们商业活动的终结。有些商人则依赖妻子照顾父母或者兄弟分工而调适二者之间的冲突。同治《玉山县志》卷八《列女》载，玉山县商人吴士哲，常年在苏州经商，养母抚孤的责任"皆赖妻林氏"，而"无内顾忧"。同治《南昌府志》卷四十八《国朝孝友》载，南昌县刘元成，兄客湖南衡阳，元成"以馆谷养父母"。光绪《江西通志》卷一百七十四《列女》载，南城县商人夏曦远"经商于粤"，"妻兰氏居家筹理"。

（二）义与利的冲突与调适

如何调适利与义之间的冲突，是建构商业伦理的核心议题。在利与

---

[1] 同治《建昌府志》卷八《孝友》。
[2] 光绪《抚州府志》卷六十八《善士》。
[3] （明）罗洪先：《念庵文集》卷十六《明故刘孝子墓志铭》。

义的关系上，中国传统文化倡导"夫义者，利之足也；贪者，怨之本也。废义则利不立，厚贪则怨生"；"民之有君，以治义也。义以生利，利以丰民"，所以"夫义所以生利也……不义则利不阜"。在对义和利的价值选择上，中国传统文化倡导"君子喻于义，小人喻于利"，"君子义以为质"，把"义"作为自己行为选择的标准。在具体行动上，中国传统文化倡导"君子之于天下也，无适也，无莫也，义之与比"。义与利的冲突表现为经济价值与道德价值的冲突，换言之，一方面人们在心理上对唯利是图的言行表示反感，另一方面在商业经济活动中，市场竞争又不得不迫使人们把追求和实现利益最大化作为重要的目标。

在江西商人中，部分不诚信的奸商行为亦见诸文献记载。绍兴三十年（1160），抚州知州张孝祥见人卖假药，遂出榜禁戒，他说："陶隐居、孙真人因《本草》《千金方》济物利生，多积阴德，名在列仙。自此以来，行医货药，诚心救人，获福报者甚众……又曾眼见货卖假药者，其初积得些小家业，自谓得计，不知冥冥之中，自家合得禄料，都被减克，或自身多有横祸，或子孙非理破荡，致有遭天火、被雷震者。盖缘赎药之人多是疾病急切，将钱告求卖药之家，孝弟顺孙，只望一服见效，却被假药误丈，非唯无益，反致损伤。寻常误杀一飞禽走兽，犹有因果，况万物之中，人命最重，无辜被祸，其痛何穷！"[1]他以积阴德，获福报；卖假药，受横祸，劝人自省。

在许多地区，一些江西商人的唯利是图在一定程度上也影响着自身形象。江西商人"挟子母钱，入虔入粤，逐什一之利"[2]，明嘉靖曾任南京礼部尚书的广东地方名士霍韬（1487—1540）记述道："江西人多在地方放债，害民激变，良民甘于从盗。"[3]在云南，明成化初期姚安府有江西安福、浙江龙游等地客商不下三五万人，这些商人在此进行大量的借贷活动。《皇明条法事类纂》中记载说："遍处城市、乡村、屯堡安歇，

---

[1]（宋）张孝祥：《于湖居士文集》，上海古籍出版社1980年版，第404页。
[2]（明）郭子章：《郭青螺遗书》卷十二《山溪白溪石塘三桥碑记》。
[3]（明）霍韬：《渭厓文集》卷十《两广事宜》。

生放钱债,利上生利。收债米谷,贱买贵卖。"云南按察使明令对此进行查究。① 在湖北,万历《承天府志》卷六《风俗志》记载了钟祥县江右商人的借贷情形:"地多异省之民,而江右为最。商游工作者,赁田以耕,僦居以居,岁久渐为土著,而土著小民恒以赋役烦重,为之称贷,倍息以偿之。质以田宅,久即为其所有。"江右商人到钟祥后租田耕种,积累资金后向当地人进行借贷活动,约定以田产房屋作为抵押品,后来就有一些民众因无法偿还而产权归江右商人。在广西,康熙《平乐府志》卷四《风俗》载,贺县往来市中贸易者,江右商人占三分之一,其中有放高利贷者"每揭财来此生息,剥取异常"。江右商人的高利贷活动,被当地人认为是一种"剥取异常"的奸诈行为,因而心理上减少了对江右商人的好感,甚至直接排斥。万历十四年(1586)进士、吉水县人罗大纮,在一篇文章中就称吉安府的放贷商人为"下贾",批评商人吴香山"代父收债于粤……君之金钱布岭海间矣。归则以其术施之家,施之乡"。②

追求"利"源于人的天性,崇尚"义"则取决于人的修养。利与义是人们在物质与精神两方面的追求。取利应合乎常理,合乎法度,不悖"天理之所宜"。不择手段、巧取豪夺或者唯利是图的逐利行为是应反对的,正当的、合理合法的逐利行为则应该受到保护。江西商人在义与利的冲突中寻求调适之道,逐步形成"正义谋利""诚实守信,童叟无欺""义利并重"的普遍价值取向。这将在下一节江西商人的经营观中重点阐述。

(三)公与私的冲突与调适

公与私的冲突是义与利冲突的延伸。传统文化引导商人通过合理合法的方式取得个人利益,孔子说:"富与贵,是人之所欲也,不以其道得之,不处也;贫与贱,是人之所恶也,不以其道得之,不去也。君子去仁,恶乎成名?君子无终食之间违仁,造次必于是,颠沛必于是。"意思

---

① (明)戴金编:《皇明条法事类纂》卷十二《云南按察司查究江西等处客人朶住地方生事例》。
② (明)罗大纮:《紫原文集》卷五《吴香山姻丈七十序》。

是说，有钱有地位，这是人人都向往的，但如果不是用"仁道"的方式得来，君子是不接受的；贫穷低贱，这是人人都厌恶的，但如果不是用"仁道"的方式摆脱，那宁可不摆脱它。君子一旦离开了仁道，还怎么成就好名声呢？所以君子在任何时候，哪怕是在吃完一顿饭的短暂时间里也不离开仁道，仓促匆忙的时候是这样，颠沛流离的时候也是这样。就商人而言，在公德与私利之间，要以"仁"律己，商人应秉承"君子爱财，取之有道"，在合法合规的前提下获得个人私利。

部分江西商人违法违规、不择手段地谋求经济利益的事例见诸文献。明代来自南城、万安县的萧明举等人经商至满剌加，正德年间萧明举以该国通事"伴送进贡番夷，道杀其数人，而私货材"。[1]清代官修《明史》对此事有更详细的记载："正德三年，使臣端亚智等入贡。其通事亚刘，本江西万安人萧明举，负罪逃入其国，赂大通事王永、序班张字，谋往浮泥索宝。而礼部吏侯永等亦受赂，伪为符印，扰邮传。还至广东，明举与端亚智辈争言，遂与同事彭万春等劫杀之，尽取其财物。事觉，逮入京。明举凌迟，万春等斩，王永减死罚米三百石，与张字、侯永并戍边，尚书白钺以下皆议罚。刘瑾因此罪江西人，减其解额五十名，仕者不得任京职。"[2]萧明举等人的不法行为不仅损害了江西商人的声誉，而且还影响到江西人的仕途。在国内的商业活动中，江西商人的不法行为也屡见不鲜。成化十年（1474），刑部就明令禁止江右商在四川地区进行商业活动。[3]用违法违规的方式取得经济利益，损害公共利益，必然会受到国家法律的制裁。在公与私的冲突与调适中，江西商人逐步形成追求正当经济利益以不违反国家法律为原则的基本价值取向。

概言之，江西商人行走四方与"父母在，不远游"观念的冲突与调适是一个长期的过程，因而赣商伦理文化难以摆脱乡土与家族的影子。利与义的冲突与调适，公与私的冲突与调适，也影响着赣商伦理文化体

---

[1]（明）陈洪谟《继世纪闻》卷三，中华书局1985年版，第87页。
[2]（清）张廷玉等撰：《明史》卷三百二十五《列传》第二百十三《外国六》。
[3]（明）戴金编：《皇明条法事类纂》卷三十八《听讼回避》。

系的形成。利与义，二者没有善恶之分，分别善恶的是人心，是取利还是取义，完全取决于人心。利要取得合理合法，才能心安理得，如果不合理合法，最好还是坚持正义，而舍弃利益。公与私的选择，则有强制性，损公肥私必然受到制裁，但也需要内化为自觉的行动。在弃学经商士子的参与下，江西商人在商业实践中逐步形成了较为完善的商业伦理文化体系。

第二节　赣商伦理文化的基本内容

一、身劭母康与造福社会的财富观

江西商人把赡养父母作为追求财富的起始点。永乐二年（1404）进士、泰和县人王直（1379—1462），曾在一篇文章中谈及泰和县商人"不忌远游"，"小民或转货于江湖，贸鬻于市区，营什一之利，以养父母育妻孥"。①嘉靖八年（1529）状元、吉水县人罗洪先（1504—1564）曾为一位吃苦耐劳、聚小钱成大钱的商人周松冈作传。周松冈，吉水人，"为鲁溪中子，总角失怙，与兄业儒，弟才数岁，母寡居，力不给"。周松冈自计曰："使予而儒，母氏劭劭，使予而商，身劭母康，吾何择哉？"于是，他"弃儒，独力走楚之汉川，贷人子母钱，居奇化滞。久之，诸用渐舒，兄得卒儒业，弟妹婚嫁咸有倚"。罗洪先借周松冈之口，总结出江右商人追求财富的初始目的，即"身劭母康"。罗洪先最后铭之曰："父母于子恒虑其单，亦曰仲季众辅以安。子各有心，孰念父母宁，居其劳以身相辅，如彼松冈。有望有凭，我扬其幽鄙薄斯惩。"②父母辛苦养育子女使其长大成人，当家境困难、父母衣食有虑时，子女就应该为父母的安宁，劳自身而尽赡养父母的义务。经商是能较快地获取财富的途径，很多江西人转而经商的目的就是以自己的辛劳换取父母的安康。

---

① （明）王直：《抑庵后集》卷六《送郑知县之泰和序》。
② （明）罗洪先：《念庵文集》卷十六《董岭周君松冈墓志铭》。

为赡养父母而经商的江西商人不在少数,在江西各府州县地方志中多有记载。道光《丰城县志》卷十四《孝友》载,丰城县商人熊登轨,幼孤家贫,始则与其兄"卖薪养母",到十五岁,就"负贩入蜀",贩卖丝布。同治《赣县志》卷三十九《善士》载,赣县商人兰玉田,"幼明敏好学",被乡人视为小秀才,到十八岁,失怙,母老家贫,"弃儒业贾",供养老母。光绪《抚州府志》卷六十四《孝友》载,吴禹,字翼臣,崇仁人,父丧,母亲苦节抚养长大。甫七岁,"其叔居货于市,合守之。叔日给米半斤,禹食其半,私归其半以养母";卷六十五《孝友》载,聂宗亮,字汉臣,金溪人,"少孤,负贩养母。每晨起,荷担出,周历村墟,逮昏而还。有少赢余,悉市甘鲜为母供"。这些江西商人皆为了更好地赡养父母而走上负贩治生之路。江西商人不仅对父母尽"孝",而且还坚守"悌"道,尽兄弟手足之谊。同治《临川县志》卷四六《善士》载,临川县商人常冕,贾于滇,历十二年,"归,发囊中金分奉两兄,不私赢一钱"。又载,同邑商人宋世儒,"客滇南,拥赀归。兄迪云贫,不自给,推产与同居。凡兄子婚教悉如己子"。光绪《抚州府志》卷六五《孝友》载,新城县商人陈佩玉,"岁取所获,悉寄弟以养母",不问出纳,"后贾事绌,所寄不给,妻子至缺食。佩玉归,或劝其析居,不答,退语诸子曰:'兄弟如左右手,断其一可乎?'"

当财富满足家庭需求之后,用财富改变社会成为江西商人更高层次的追求。他们由家庭扩展到家族,进而扩展到乡里,仗义疏财,以无用之钱作有用之物,扶危济困。明代万载县人彭颢,字遵道,经商致富后,每语人曰:"天生财必有用,无则取于人,有财与人,乌用作守钱佣为!"[①]万安县龙溪人严致祥,邑庠生,读书通大义,性孝而家贫,遂服贾以尽孝养。致富后,乐善好施,于困乏则济之,于争讼则解之。凡修祠建桥,虽费重金而不吝。常训导其子:"吾勤俭起家,非徒以衣食足遗汝辈也。宦达功名皆身外物,唯忠义慷慨之事力能逮者,宜勉为之。创与守不专在封殖,宜知散财也。"长子肱读书入仕,官四川巡检,捧檄时严致祥嘱

---

① 《万载县志》卷十之一《人物·列传》。

以守清白家风。[1]在一些江西商人的投资中，社会公益投资占很大比重，他们关心本家族的其他成员，给予衣食上的帮助，以及建宗祠、修宗谱，保持家族的和谐、团结，在建桥修路、赈灾救荒等诸多社会公益事业上更是慷慨解囊。学者方志远选取明清时期临川、东乡、金溪、崇仁、新城、丰城六县69位商人的投资情况进行列表分析。在社会性投资中，建族祠修族谱置祖产26人次，兴义塾助科举20人次，修桥铺路及其他社会公益投资23人次，救灾赈荒15人次。[2]

由于江西商人在造福社会方面的所作所为，他们多在地方史志、文集别传及家传谱牒中列入耆善、懿行、孝友、善士等人物传。同治《新城县志》卷十《善士》载该县商人陈世爵、鲁廷才、邓兆馨等造福社会事。陈世爵，字浣修，号立轩，居新城西乡锺贤里，弃儒经商后，初"执业甚微"，后积赀巨万，他曾说："人必自重其身，而后能其成才。"陈世爵在吴城经商，一日，归途中"舟覆，没其资"，其"念皆受人所付托，归无以见人，独行湖畔，欲投水死"。既而自念：奈何为匹夫之谅！遂步泥淖中百二十里，归与与金者约曰："吾不幸罹此，必悉家所有以偿。不足，以佣终之。"与金者皆曰："君岂欺人者。"复借给他数千金，再往，获利数倍。陈世爵尽偿前所负而加赢。乾隆七年（1742），里中大饥，陈世爵自南昌运回六千余石谷，命其子道平粜，赖活者无数。诸弟皆赖其分财以为生，陈世爵为高祖以下设祭田，又规划立义产以赡族中婚丧寡弱者，惜未就而卒。鲁廷才，字襄揆，"监生，弱冠习治生之道，在吴城经商，有赢余即用于置祭产义田"。乾隆四十九年（1784），岁荒，鲁廷才买谷千余石碾米，"减价平粜"。嘉庆七年（1802），"水灾，家亦在巨浸中，时廷才方病剧，犹以地方饥溺为忧，合力捐赈一月，并募工掩埋死者，且捐租二十余石为修桥经久计"。邓兆馨，字英明，号德甫，援例按察司经历。父亲邓世侃，监生，"以服贾勤瘁起家，馨继父业，扩旧产数十倍。自奉菲薄，仗义则挥掷无算。有同乡客死久厝不能归，千里

---

[1] 同治《万安县志》卷十四《人物志·善行》。
[2] 张海鹏、张海瀛主编：《中国十大商帮》，黄山书社1993年版，第403—414页。

送回并侻其家"。道光三年（1823），邓兆馨"命长子独修祖庙，自曾祖以下各捐祭田数十亩"。道光八年（1828），族人设义仓，邓兆馨"倡捐租田五十亩，又念族士应试维艰，捐租田二十亩"。道光十四年（1834），邓兆馨"设粥赈饥，倡捐义谷数百石"。道光二十六年（1846），邓兆馨又"独修惠德桥，费千金，并在城东外建报母亭"，方便行人。

同治《饶州府志》卷二十三《义举》载鄱阳县商人徐肇惠、徐正伦造福社会事。徐肇惠，字养心，贾于太湖南北，"嗣闻江右饥急，自楚运米数艘归，归则斗米千钱，因减价平粜，数日艘空，后艘复至。设厂二，一施米，一施粥，全活不少，人皆德之"。徐正伦，字泽万，"性豪迈，散财以济人"。晚年，"北燕南闽驰驱数千里，任人事如己事"。徐正伦与文人交游，并整理友人文集，"黄梅亭死，搜遗文刊刻之，又刻陈孝若文集四卷"。

光绪《抚州府志》卷六十八《善士》载金溪县商人陈文楷、黄瑜、黄观光以及崇仁县商人谢廷恩造福社会事。陈文楷，曾贾四川，后"由巴入黔，开场冶铁于桐梓、綦江间"，积赀颇厚。同父兄弟九人，皆早卒，遗下子女六人，皆分财让其自成家业。陈文楷的社会公益性投资有以下诸项：（一）嘉庆五年（1800）创"与人社"于重庆、汉口、吴城，拯溺掩骸，费金二千；（二）远贾滇黔，"夏施汤药，冬施棉花，访急难困苦授之。值岁余，袖白金，分贻孤寡炊烟不举者"；（三）道光元年（1821），设"少怀堂""育婴堂"于南昌、金溪县城，欲挽江西溺女薄俗，费金一万八千；（四）嘉庆二十五年（1820），江西大旱，陈文楷从四川贩米万余石到吴城，听说新城、泸溪两县米价尤贵，立即倍道赴之，至则减价出售，米价立落，亏折六千余金。自后岁以为常，当地居民遇饥困，则指望陈家米船，并作歌"平粜行"。仅以上四项，费白银近三万两。不仅如此，陈文楷经商至西北，见居民苦旱灾，创"接泉洒润法"，"以机斛水，力省功倍"，绘制图式散于各村并投资助建。黄瑜，"年十三，随叔父显达客新喻，念母氏孀居，且春秋高，每于无人处挥泪。显达侦知，命归省"。黄瑜经商致富后，"重建左家桥，建憩息亭及修路，费金四百。

岁饥，买谷数百石减价售本里，有贫而卖妻者，皆以钱赎回，让其团聚"。黄观光，族中本有义仓义田，后被分掉。他竭力倡捐，又积谷千石，"族人赖其周济，后因岁敛，义仓稻米用尽，又捐家资买谷继之"。谢廷恩（1765—1841），字拜赓，少时家贫，初"学书算，负贩于蜀"，赀财既裕，乃通货闽广，二十年中，资累钜万。谢廷恩"捐赀四千缗以贷商。约三岁，息千缗"，以助族人参加乡试、会试。谢廷恩"于家祠设仓储谷以贷族人，输谷一万六百石"。县遭大水灾时，谢廷恩"出资购谷，人给三斗"。嘉庆二十年（1815），谢廷恩"出二万金建社仓，贮谷万余担"。崇仁黄洲桥每年均会被水冲垮，道光十六年（1836），谢廷恩倡导地方大户将木桥改砌石桥。历时四年，黄洲桥建成，"长四十七丈，费用十万金"，谢廷恩"捐资六万"。谢廷恩还捐资建育婴堂、芹香会等。

抚州府临川县商人李宜民（1704—1798），是江西商人中"乐善好施，不遗余力"的代表人物。他虽遥在桂林，但对江西老家怀有浓浓深情，"葺祖祠，置义田，构书塾，修公所，岁寄金以赒戚族，歉岁倍之，不能婚嫁者更益之，老弱无以治生则月给薪米，盖待以举火者，恒数十家"。[1] 里中秀才骆仪仙，在广西贵县业盐。骆秀才死，经李宜民疏通，"所亏课，鹾使已开示各商，将释其孤孀不问"。贵县之埠，无人顶办，既坏之产，常人惧难恢复，李宜民"慨然出千三百金顶之，则一二年后，休囚仍转旺相"。李宜民"与骆瓜葛，又屡资之"。李宜民"非以此求誉者，然而天下誉翁者益炽"。因此，"士大夫及落魄无聊之人，自两粤来者，咸称江右李翁疏财而好义"。有鉴于李氏亦寒士出身，经营置产之不易，蒋士铨叹道："夫难聚之物，以勤瘁致之者，恒护惜宝贵，唯恐或失，常人之情也。翁先贫后富，汲汲以蜩济为务，若恐所识穷乏者偶失其所，咸使安且吉焉。郭震、鲁遗之心，如是云耳，是可敬也。"[2] 李宜民以盐业游走于两广，多行义事。乾隆十九年（1754），梧州发生疫灾，病死者沿途

---

[1] 光绪《江西通志》卷一百五十四《抚州府·李宜民传》。
[2] （清）蒋士铨：《忠雅堂集校笺》卷八《寄丹臣李翁书》。

皆是，李宜民出钱"买棺收瘗，岁以为常"。①嘉庆《临桂县志》卷十六《梁津》载，乾隆五十年（1785），李宜民捐资数千金修缮被大水冲垮的雉山太平桥，更名为"长宁桥"；卷三十一《流寓》载，李宜民"性诚悫，有干济才，尤喜施与，既富益乐善不倦"，"桂林有开元寺、虞山庙，停旅梓至多，率岁久朽露，为营地瘗之，而别建巨厦为厝殡所，使僧掌焉。桂林府学圮，为助兴葺。城东南有桥久坏，行者病涉，出金独成之"。

1926年，景德镇瓷商界因摊派北洋军阀刘宝提的勒款，按家产进行排队，前二十五位被称为"三尊大佛、四大金刚、十八罗汉"。②都昌商人余旺青（1858—1928）是"三尊大佛"之一。余旺青，号毗九，"年弱冠，陶于浮，跃然崛起，一二十年间，富累钜万"。他为人温厚和蔼，不面斥人非，但嫉恶如宿怨。自奉淡泊，处丰能约，"解械斗巨案，赀助千金。结砌景镇中渡码头，费近万缗"。他创设"本乡通南峰街芗溪义渡，垫用巨数。凡地方公益募款者，必先登其门，慨然捐资无吝色"，以故"总董陶业，创办商会，邦人士得其一言许可，则事无不立办"。③在萍乡，明济药房的老板孙焕亨常说："我以药物集财，还得以药物散财，赤膊来，赤膊去，不以财为子女累。"他毕生以事业为重，视钱财如浮云，遇有穷人来自己药店买药，常会不收分文。他还特制一种黄色处方笺，委托老中医程任父、康愚殊等视病家家庭景况，确实困难的用此特制处方笺，只要病情需要，不论药物贵贱，都可开向本街约定的新甡记、傅成记等中药店捡药。药店凭该处方发药，不收钱，待每月终，孙焕亨登门结账付款。④江西商人以商求富且不为财富佣，在满足自己需求的同时，用财富造福社会。

---

① 光绪《江西通志》卷一百五十四《抚州府·李宜民传》。
② 谭克镛口述：《三尊大佛四大金刚十八罗汉的由来》，《都昌文史资料》第3辑，1991年10月，第48页。
③《晚清余、冯、江氏几位窑户谱序像赞》，《都昌文史资料》第3辑，1991年10月，第69—70页。
④ 何章生：《孙焕亨先生与明济药房》，《萍乡文史资料》第7辑，1987年8月，第137页。

江西商人中有诸多弃学从商的读书人，他们经商致富后，其子女有了家庭财富的支撑，多有科举入仕者。因此，中国社会一直存在着"亦商亦绅"的现象，特别是近代以来，随着经济发展和社会变迁，商人开始从边缘走向中心，开始直接参与地方社会的管理，并创造有利于经济发展的社会环境。江西商人进退于士商之间，会通经商与"治国、平天下"。陈梅生（1825—1885），字载阳，靖安县人，由太学生援例捐江苏试用同知、钦加知府衔加四级。为了养亲而辍学行贾，以儒之道行于贾之道，所谓"以为贾之道无异于学也，必诚必信乃无负于人，而心以安。故行之数十年，无几微诈谖为人所指摘，其志行然也"。陈梅生开始经商时正值太平军起兵于长江流域，盐运道梗，清政府新颁盐政，设局招商，为筹饷允许私人买盐引运输淮盐，但"诸素操居积术者，辄瑟缩不敢前"。陈梅生独首应其募，"设方略赴长淮，虚往实归。帆樯上下，道金陵时，城上炮声隆隆，燃子如雨下，终未损其毫末，间有故辄出奇计以免，往复数四，民食以济，而家益以起"。①陈梅生凭借"精于治生，乐观时变"的智慧和胆略，为其后人开辟了一条通往或商或仕的大道。陈梅生娶官田黄氏，生有三子二女，继娶郑州黄氏，生有一子，共四子。长子敏致，候选同知；次子幼梅（家述），光绪八年（1882）举人，二品顶戴赏戴花翎，署湖南岳常澧兵备道事，军机存记，补用道加五级纪录十次；三子筱梅（永懋），光绪十一年（1885）举人，同年报捐刑部郎中，签分广东司行走奉派主稿，旋晋加三品衔，赏戴花翎，分发安徽以道员补用；四子家述，早殁。长子陈敏致、次子陈幼梅和三子陈筱梅都曾中举，但举仕不高。当为官不能实现其抱负的时候，他们毅然弃官或息隐或以新姿态斡旋于官场之间。陈筱梅（1861—1921），光绪二十六年（1900）委充全省求是学堂总办。光绪二十七年（1901），委充全省商务总办，继由农工商部大臣奏充商部议员督办安徽全省商务。同年，以丁继母黄太夫人忧交卸回籍。此后，陈筱梅弃官继承父业，在南昌开有乾大信、德大信两大钱庄及生昌信盐庄，在天津、上海、武汉、扬州拥有多家钱庄、盐

---

① 陈宝琛：《梅生墓碑铭》，《顾山老基支陈氏族谱》。

号。他乐善好施,重乡情,在南昌设立"靖安公馆",广纳靖安同乡来南昌经营钱、盐业,形成一个大商帮。宣统元年(1909),他当选谘议局议员,第一次常年会当选常驻议员,宣统三年(1911),谘议局第三次常年会当选副议长。辛亥革命后,他被推举为省财政厅厅长,任职半年多,"其时省库悬罄,骄军莠民,杂还狼狈,而经纬擘画,钜细就绪,市肆安帖如平常"。陈筱梅还担任全省慈善总会会长、重建江西万寿宫总理、清节堂总理、育婴局总理兼管章江安济义渡事务等。①1917年4月,督军李纯、省长戚扬以维持地方厥功甚伟,呈请黎大总统优奖五等嘉禾勋章。陈氏家族成员适应社会的变化,很好地完成了官绅商的融合,以商业为基础而为社会谋。

曾秉钰(？—1916),字平斋,南昌县璜溪村人,"少失怙恃",十三岁时在南昌万寿宫一家头绳染制店做学徒。满师后,在大姐的支助下在南昌上谕亭开办土布染色店,陆续在乐平县购进土靛,利市数倍。他锐意扩充自己的业务,先后创办寿昌钱庄及工艺局。曾秉钰"不避险难,通晓中外大势,思用工商略输新法,牖导乡人图自振。凡所经营设立若义塾、工艺局、商徒贫儿商业诸学校、蚕桑局、育苗圃、清节堂之属,咸有效"。后捐纳功名,为花翎四品衔,跻身于绅士行列,完成由商而绅的转变。他热心地方公共事务,乐善好施,"屡缮堤捍水灾,数千里裹粮赈饿者"。父老妇孺莫不引领泣曰:"天赐长者活我也。"曾秉钰筹办江西商务总会,成为首届商会会董、第二届江西商务总会总理,主持拟订《奏办江西商务总会简章并增订章程》。他主持商会事,"平准钱货,剂其盈虚,群商有争议纠纷不平者,不之公府,就决于商会"。曾秉钰"接以恩谊,剖判忠允,往往意满称便。利病之所在,及国有大事,得便宜论列陈请于朝廷"。辛亥革命爆发,"四境震骇,会城益汹汹,迁徙相踵",曾秉钰"乃集商团捍卫拊循之,其他销患施政无巨细,官吏士民一倚君为重"。②北洋军阀李纯进入南昌,为了联络南昌商民,聘请曾秉钰为督军

---

① 黄大埙:《靖安陈氏十修族谱序》,《顾山老基支陈氏族谱》。
② 陈三立:《散原精舍诗文集》,上海古籍出版社2003年版,第941—942页。

公署顾问，随时咨询南昌地方情形。曾秉钰总是述谈地方穷困，要求宽缓民力，减少征求。在李纯任内，对江西地方的诛求，远不及后任督军陈光远、蔡成勋等凶狠。曾秉钰还为地方做了不少事，如重建被火焚的南昌万寿宫，修理西山万寿宫，重修南昌青云谱亦由商会支持完成。对于培修赣抚两河大堤，曾秉钰也出力不少。群众赠以"桑梓关情"及"西江砥柱"匾额。①

现存最早的编年体史书《左传》载宋襄公二十四年（公元前628年），鲁国大夫叔孙豹到晋国。范宣子问："古人有言曰，'死而不朽'，何谓也？"叔孙豹回答说："大上有立德，其次有立功，其次有立言，虽久不废，此之谓不朽。"②意思是说，一个人在道德、事功、言论的任何一个方面有所建树，传之久远，他们虽死犹生，其名永远立于世人之心，才是不朽。江西商人以财富报效国家，就是立德、立功。陈三立在为曾秉钰作传时对此有很高的评价，他说："余读太史公《货殖传》所列白圭、程郑、卓王孙之俦，……为雄于财耳，而劳形成务，蹶踣而手援人国，未有闻也。君奋锥刀之末，独隐系一方之安危，为所利赖如此，岂徒治生廉贾之比耶？"③有人说，企业家是和平年代的民族英雄，社会经济发展的脊梁。这是公正的评价，他们用商业智慧书写自己的历史，用财富改变我们的社会。

二、诚信为本与和衷共济的经营观

诚和信二字古义相同，可以互训。所谓"诚"，就是真诚不欺，诚实无妄。所谓"信"，就是指讲信用，重信誉。朱熹认为，诚是人的内在德行，信则是人的外在表现，即"诚善于身之谓信"。具体落实到商业活动中，诚信表现为"重信"与"贵诚"。重信，即是见利思义、循义经

---

① 熊柏畦：《著名绅商曾秉钰与龚士材》，《南昌文史资料》第9辑，1993年4月，第131—132页。
② 浦卫忠等整理：《春秋左传正义》卷三十五，北京大学出版社2000年版，第1149—1153页。
③ 陈三立：《散原精舍诗文集》，第942页。

商。衡量商人是否讲诚信，一个基本的标准是看他经商是否诚实不欺，是否买卖公平。江西商人深知，失"信"即失"本"，一件缺乏诚信的"小事"就会使门庭冷落。只有以诚待人，别人才会信服，才可能把生意做成。

北宋时期，吕南公作《不欺述》，其中记述了建昌军南城县的三位商人陈策、危整和曾叔卿。陈策，尝买骡，得不可被鞍者，"不忍移之他人，命养于野庐，俟其自毙"。一天，一位官员路过此地，丧马。陈策的儿子和"猾驵"（即奸诈的牙人）谋划，将骡背表皮磨破，表示是被鞍骑坐过的，卖给了这位官员。陈策知道后，追上买骡官员，告以实情。此人不信，经当面试鞍不行，退了款。陈策还做典当生意。有人为省钱，要买典当铺的罗绮做嫁妆。陈策不愿将已经变质的布料出卖，宁肯投入炭火中烧掉。危整，曾去鱼行买鲍鱼，"其驵舞称权，阴厚整"。卖鱼人走后，驵对危整说："公买止五斤，已为公密倍入之，愿畀我酒。"危整大惊，追卖鱼人数里，把鱼钱补给了他。又与驵饮酒说："汝所欲酒而已，何欺寒人为？"曾叔卿，长年采购瓷器"转易于北方"。有一次，他准备了一批瓷品，却没有运销，遂有资本较少的转手商人"从之并售者"。曾叔卿问准备卖往何处，他坦白地告诉叔卿："欲效公前谋耳。"曾叔卿向来人说："不可，吾缘北方新有灾荒，是故不以行。今岂宜不告以误君乎？"于是退还货款，不卖给来人。[①]洪迈对陈策、危整、曾叔卿等人诚实经商谋利的行为十分赞许，计划将他们的事迹写入国史。

诚实不欺的商人在南宋也能找到。抚州金溪县的陆九叙是陆九渊的二哥，为陆氏家族精心经营药店。陆氏家族有"义门"的名望，又以精研理学著称于世，治家特别强调思想劝导，对家族经济的发展也丝毫不马虎，栽培水稻格外注重精耕细作，药材生意亦遵守诚实不欺的信条。陆九叙以诚待客，药材生意很好。陆九渊介绍说："（九叙）独总药肆事，一家之衣食日用尽出于此。"陆九叙经营药店有独到的门道，"商旅往来咸得其欢心，不任权谲计数，而人各献其便利以相裨益，故能以此足其

---

① （宋）洪迈：《容斋随笔》卷七《洛中盱江八贤》，上海古籍出版社1978年版，第90页。

家而无匮乏。后虽稍有田亩，至今所收仅能供数月之粮。食指日众，其仰给药肆者日益重"。①陆氏家族上百人的日常开销，主要依靠药店的利润，可见其生意旺盛。陆九叙经营的基本原则是"不任权谲计数"，不搞欺诈，不玩弄手段，以诚待人，达到与其交易者"咸得其欢心"，使双方都能获利，即所谓"各献其便利以相裨益"。

明清时江右商以诚经商的例子更多。清江县商人杨俊之，一直秉承诚信经商原则，"贸易吴、越、闽、粤诸地二十余年，虽童叟不或欺，遇急难不惜捐赀排解，严取予，敦然喏"。②婺源茶商朱文炽因贩运茶叶至珠江逾期，新茶已成陈茶。照理他可以私下以新茶名义售出，但他在交易文契中"必书'陈茶'二字，以示不欺"。虽然"牙侩力劝更换"，他也不为所动，"坚执不移"。为此，朱文炽付出了沉重的代价，"屯滞二十余载，亏损数万金，卒无怨悔"。③临川县商人张世远、张世达兄弟交替往汉口贩卖纸张。乾隆七八年间，张世达往汉口贸易纸张，经行户估价，将货物卖与钟良佐后，取清单与货银返乡，"与兄（世远）合算，多百金，皆曰：'此非份之财，必还之。'明年，将银皆买纸，世达带往交良佐，告以故。良佐感服"。④新城县商人吴大栋，父母死时，留有债务未偿还。十余年后，吴大栋因长年在广东经商，稍有积余，就带着财物往寻债主。这时，债主早已逝去，借资也无文字凭证，其家人亦不知此事，吴大栋仍然反复说明原委，偿还了这笔债务。⑤南昌县商人雷可权，"有徽商朱衣远服贾饶州，回家时存千金于可权处，逾年而殁，家人不知也。（可权）乃访其子而归之"。⑥

明清江右商的拾金不昧，更为社会所推崇。同治《饶州府志》卷二十三《义举》载，明代乐平县商人蒋寿，字许宫，遇荒岁，每设粥以赈

---

① （明）陆九渊：《象山全集》卷二十八《宋故陆公墓志铭》。
② 光绪《清江杨氏五修族谱》下卷《例赠文林郎杨公俊之先生墓志铭》。
③ 光绪《婺源县志》卷三十三《人物·义行》。
④ 同治《临川县志》卷四十六《善士》。
⑤ 张海鹏等：《中国十大商帮》，黄山书社1993年版，第400页。
⑥ 同治《南昌府志》卷四十九《善士》。

饥者。万历四十年（1612），蒋寿"挟赀适楚贩襄菇饼，事毕，买舟归。偶如厕见布囊裹物，欲置之去，恐他人见而私之，因携归旅舍，启视则皮匣缄金百余，为留舟不发。三日，有奔走号泣而来者，询与数符，即出还之，其人欲分半酬寿，固辞，乃叩姓名及所业，再拜谢去。然感德不置，将半金市襄饼以待。明年，寿至，以半价售之，寿作色曰：尔金尔得，亦何德于子，而委曲若此耶。卒不受"。又载，清代鄱阳县商人徐肇惠，贾于太湖南北，"遇遗金，访还其人。汉市主者误封物，值数百金，送至舟，解缆后惠始知其误，遂将所误金往景镇置瓷器。逾年，舟至汉镇，令主者起瓷另贮。主者讶，语之故，促阅客岁簿籍，果如其言"。

光绪二十二年（1896），在鄱阳县经商的典当商婺源人江永泰，因"生意冷淡，费用浩繁，甚至入不敷出"，宣布歇业。江永泰禀鄱阳县知县给示停当候取，禀文称："光绪二年在东关外开设永泰质铺，旋于光绪十四年领帖改开当铺。只以近年来生意冷淡，费用浩繁，甚至入不敷出。职商踌躇再四，非沐恩准停业，实属力难支持。为此，粘呈印帖，恳请转详并恳给示，以便收歇。"鄱阳县知县除禀批示并据情详缴印帖外，给示停当候取。四月初八日，鄱阳县知县在告示中称："该江永泰典铺，现已禀缴印帖，停当候取。尔等所当衣物等件，赶紧照章措备钱文，携票取赎。若系日期未满，该典铺不得藉词不缴；已期满者，不准留利，亦不得强取。自示之后，各宜禀遵毋违。特示。"[①]这纸依法申请歇业的告示，向广大客户告知尽快来典铺清理债权、清算债务的信息，既维护了商人江永泰的商业信誉，避免了因债务或债权纠纷而导致的经济诉讼，又保护了债权人和债务人的合法权益。

由于注重信誉，又懂经营之道，一些江西商人成了经营地的商界领袖。同治《建昌府志》卷八《孝友》载，南丰县商人赵希，服贾云南，"素以信义为滇客重，市事资裁决"。同治《新城县志》卷十《善士》载，新城县商人鲁廷才，字襄揆，监生。弱冠习治生之道，在吴城经商，"凡大江南北、闽广川楚，拥巨赀、权子母者，皆亲就之，服其信义也"。光

---

① 《光绪二十二年江永泰停业告示》，原件藏安徽省图书馆。

绪《抚州府志》卷六十八《善士》载，金溪县商人傅谦，客居四川巴县，"久充客总，盖八省商侣所推择者，剖决是非曲（直）。先后修城垣，筑堤岸，费数万金，皆兼经理"。他还砌石立碣，将重庆给孤寺的棺墓，分省类葬，并捐资为祭扫费。又载，东乡县商人陈登瀛"商于楚北之汉口，以笃实称"。于是，"自滇、黔、岭南以达吴城，无不设有巨肆，行旅辐辏，信贷来往，皆主登瀛。时郡人聚汉镇滇黔物者恒百十人，亦群事登瀛"。

民国年间，江西商人因诚信而成功的案例亦很多。南昌李祥泰绸布疋头批发号的老板李静山很讲信用。有一次，某钱庄将一张李祥泰出的定期兑现一千元银元的现票，因洗衣洗掉了，钱庄很担心李祥泰不会认账，向李静山声明时，出乎意料，李静山满口答应："不要紧"，并到期如数照兑。从此，他取得钱庄更多的信任和赞誉，借款也更方便了。① 樟树大字号义兴美老板，人称"信誉长老板"，从四川进一批价值万余银元的附片，不幸船在长江出事，化为乌有，但他照付药款。他善于经营，又以"信誉"取胜，以赊来价值一千多银元的货物和十几两金叶子作为资本，只几年功夫，资金又暴增至五十余万银元，而成为传奇人物。② 萍乡惠元斋南货糕点店由吉安商人林赞勋和族兄林郎庭开办，主要经营南北杂货、山珍海味、糕点、酱园、蜡烛以及畜力磨粉等。惠元斋在激烈的竞争中久盛不衰，与经理彭茹芎的诚信经营分不开。彭茹芎担任经理期间，注重取信于人。一般商店在卖红枣、大虾、木耳、粉丝等比较干燥的商品时，往往要浇点热水，既赚秤又好看。而他却不同意那样做，要求有关员工用湿布将红枣稍稍抹净，不浇热水。其他不需要抹净的商品，更不准洒水。不论零售、批发，都不准短斤少两。对糕点、酱油等，坚持合理配料，精工细作，不准粗制滥造，更不准偷工减料。对商品质量，他总是亲自检查，发现问题及时纠正。他认为，"弄

---

① 李善元：《南昌李祥泰的发家简史》，《江西工商史料汇编》第1辑，1987年6月，第18页。
② 李昆：《试述南国药都的成因与发展》，《赣文化研究》总第5期，1998年10月，第96—97页。

虚作假，只能短时欺骗，终究会被人识破，失掉信誉，无人进门。把产品质量搞好，虽然成本高一点，价钱贵一点，顾客还是乐意买，店中也是有利可图的"。①

在武汉金银首饰业界，邹协和号有着很高的声誉。邹协和号的老板是丰城县的兄弟五人：邹沛之、邹济之、邹沅之、邹澄之、邹润之，最早的开创者是邹沛之和邹济之。兄弟五人原在丰城县读书，光绪末年，因家大口阔生活艰难，为谋生计，便由姑父带到汉口在熊和兴银匠铺当学徒。老大邹沛之满师后在首饰行业中已有些名气，人称"六大名师之一"。邹济之虽然学艺不及大哥，却颇有经营头脑。宣统元年（1909），五兄弟以邹沛之积蓄的三十七两银子，在汉口前花楼正街开设邹协和银匠铺。开张不久的一天，有个和尚拿了一尊小罗汉上门来卖。邹济之细看之后，发现这尊小罗汉是真金的。邹济之告诉和尚说："里面含有金子，但店小本微买不起。"不料，和尚听后却连连点头："走遍汉口，今天才遇着识家，情愿便宜卖给你。"于是邹济之就借钱以优惠价格将金罗汉买了下来。经过提炼以后，净赚了四两多金子。邹协和因诚得福，没有贪财之心，反得意外之财。诚信待客不仅给邹协和带来了源源不断的客户，又带来一次意外之喜。1920年间的一天傍晚，店里快要打烊了，有位穿着很讲究的人在柜外看了很久不肯离去。邹济之上前接待，客人却并不告知来意，只说是"随便看看"。恰逢店里办酬客酒，邹济之邀其入席，他也未加推辞。推杯换盏之间，客人道出来意："我是直鲁豫巡阅使派来的副官姜显宗，带有一点金子，放在旅馆不便，想交给你们柜上，留下印鉴，等我买了东西，陆续按当日牌价折算，由你柜上付款，行吗？"这是难得的大买卖，邹济之旋即派店员把重达九百两的金子取回来。后来，姜副官又介绍邹济之认识吴佩孚部下的许多人物，邹协和的业务由此发展到军政两界。②邹协和号以诚信不欺而赢得信任，以生财有道而获得成功。

---

① 王舜笙：《惠元斋与彭茹芗》，《萍乡文史资料》第8辑，1987年12月，第34页。
② 周德钧：《逝水流星"邹协和"》，《武汉文史资料》2006年第8期。

江西商人还秉承和衷共济的经营观。中国传统文化"以和为贵"的和谐观,反映在商业领域就是对"和气生财"的推崇。关于"和"的思想,孔子曰:"礼之用,和为贵。"孟子说:"天时不如地利,地利不如人和。"荀子说:"上不失天时,下不失地利,中得人和而百事不废。"这些话都是强调人要和睦相处。宋明理学倡导"致中和",张载认为"君子心和则气和",主张以发自内心的和谐与宽容的态度协调人际关系,实现"和则众"的目标。"中和为德,团结乐群"在赣商经营伦理中有着突出的意义。

名扬四川的太和号酱园靠和气兴业,以和衷共济的经营观而生财聚财。太和号酱园的创办人姓胡,抚州府金溪县人,道光年间中举入川,候补多年不得官做,囊中日匮。一天,一个姓张的道人建议他效仿陶朱公弃仕从商,他便与两位同乡合凑白银千两,在成都棉花街开了爿酱园,名叫元利贞号。胡某虽不懂生意,却饱读诗书,善于用人,对请来的技术师傅和工人非常厚道,故内外协调,上下齐心。开业之后,年年都有盈余。咸丰年间,资金已累积到万两银子之多,两位同乡动了思乡之情,退股取本,回原籍去了。于是酱园成了胡某独家产业,他将元利贞号改为太和号,继续经营。改名之后,胡某便划分了家产,长子胡石庵留在江西接管胡家祖业,而将妻室及次子接到成都,培养次子掌管成都太和号的经营。不料,次子因病早丧,遗孀无后,胡某又年事已高,已考取秀才的胡石庵便遵从父命,携家人入川,全力协助酱园的经营。胡石庵脱下长衫,系起围腰,虚心向师傅学习,经过一年多的历练,不仅学会了做老板,而且还成了制酱专家。胡石庵接管太和号时即约法三章:第一,生意主权属于二房,他只负责经营,按时向二房报账;第二,盈余款额,由二房奶奶处理,绝不越俎代庖;第三,他只挣薪水,每年白银五十两,绝不多用分文。不仅如此,他还将一个儿子按学徒培养,将来按家规接管酱园的经营,也同样只领取薪金,不涉及二房的半点产权。在产权与经营权分开的状况下,经营者本着以"和"为贵的精神,以家族利益为重,不争一己之利,辛勤公正,苦心经营,至光绪二十八年(1902),太和号的总资产已达到白银十万两。胡家从未因争夺家产而发生内讧,倒是二房奶奶过意不去，置水田三百亩酬谢胡石庵，以资晚年。胡氏家族以"和"兴业，以"和"生财，以"和"聚财，富甲一方。从咸丰年间到1956年公私合营，太和号延续百年之久，成为江西商人秉承"和衷共济"经营观的典型案例。①

江西商人出贷而不责偿、焚券还质的例子，更能体现以"和"生利的经营伦理。弋阳县庠生毛宇文，承父毛士鹏之志经商，"克承父训，为善一如父在时，有称贷者不追取，徽商某欠银二百两，议将鬻妻以偿，宇文止之，焚其券"。②胡钟，余干县人，有乡人向其借贷而无法偿还，将自己的房契抵债，而迁往他乡，胡钟知道后非常不忍，连忙派人追回，将房契归还原主，并将借据烧掉。③刘光昌，金溪县人，晚年居家，仍做典当生意，许多乡民用衣被典贷粮食，这年因歉收，无法赎回，天气渐寒，刘光昌将这些乡民召来，让他们将衣被全部取回，所贷粮食均不再索。有人不解，刘光昌说："天气凛冽，族邻号寒，吾忍厚绵独拥乎？"又将所有的债券合数千两尽行烧毁。④这些不乘人之危、讲求仁爱、不利用天灾人祸谋取暴利的行为，受到舆论的好评。虽然这些商人有一时之失，但他们的行为必将为自己进一步的商业活动带来更多的谋利机会。

在长期的商业活动中，江西商人以信用走天下，以做诚贾廉商为荣，把实践诚信的道德规范作为自觉的追求。同时，做生意的最好境界就是买卖各方一团和气，同行业的竞争者之间也是一团和气，商业内部更要一团和气，这样大家才能其乐融融地共享利益。诚实为本、和气生财、和衷共济的经商理念被江西商人奉为圭臬。

三、崇俭黜奢与重学助学的消费观

由于在长期的艰苦奔波中亲身体验到商业经营的艰辛，大多数江西

---

① 吴宁：《商亦有道：长江流域的商事与商规》，长江出版社2014年版，第191—192页。
② 何德廷：《商道认同：长江流域的商务与商俗》，长江出版社2014年版，第31页。
③ 同治《饶州府志》卷二十三《孝友》。
④ 光绪《抚州府志》卷六十八《善士》。

商人能自觉地与声色繁华保持一定的距离。在湖南凤凰经商的江西商人，怀着改变自身命运的愿望，一个包袱、一把雨伞，毅然走出家门，从小本经营开始，踏上了艰苦的创业之路。他们特别节俭，有时简直到了十分苛刻的地步。据老一辈的江西商人说，在长途跋涉赶来凤凰的途中，或在穿乡走寨的叫卖之中，他们自备的饭食多以炒黄豆为下饭菜。炒黄豆装在一个小竹罐里，一次只能夹起一颗，一盒饭吃完了黄豆却用不了多少。当他们淘到第一桶金之后，一切用度仍然从简，不取奢阔。大到吃穿购置，小到点灯用油。晚上用一盏灯就可照明，则绝不会点燃两盏。每到夏天西瓜上市，常将吃下的西瓜皮削去外层，切成小块，煎炒成一道下饭的菜肴；到了秋季，则又将削下的柚子壳内层，添上辣椒炒成一道菜。这些吃法，在凤凰本地人看来简直不屑为之，但在这些江西移民家中却吃得津津有味。江西移民的大中商号，女眷不参与商务活动，但家务是必须要做的。特别是凤凰城乡有纺纱织布的风气，商人女眷也摇动纺车，架起织机，自给自足，以减少生活开支。万寿宫每年举办"盂兰会""厘金会"及"许仙寿诞会"等活动。凤凰流传这样一句话："天王庙的匾，万寿宫的碗。"①意为天王庙悬挂的匾牌很多，万寿宫吃饭用的碗也很多。每逢这种数十桌的盛宴摆过，江西商人在处理这些剩菜残汤时总是很有一套。厨房的人员先把剩菜残汤混在一起，加热到汤汁滚开，再盛入到大缸内，散席时江西人每家均可分到一份。回家后，就各自用大钵子装好，放在凉水里浸泡一夜，第二天加热吃掉，绝不浪费一分一毫。

  在江西各地宗谱中记载崇俭黜奢的商人颇多。光绪《清江杨氏五修族谱》载，杨福圆，清江县商人，历年经营后，"良田畮畮，夏屋渠渠，而臧获之备，指使者甚众"，妻张氏却仍是"裙布荆钗，操作犹昔"。②光绪《清江香田聂氏重修族谱》载，聂君文，清江县商人，起家之初，穷途落魄，颠沛流离，艰苦创业十多年，终至家计丰饶，却是俭朴如故。有人不理解，聂君文解释说："乐富贵而悲贫贱，我岂异人！但丰悴有时，

---

① 裴庆光、熊良忠：《解放前凤凰商业拾零》，《凤凰文史资料》第1辑，1988年8月，第227页。
② 光绪《清江杨氏五修族谱》下卷《族曾叔祖母张太孺人墓志铭》。

一去一来而不可常者，骄慢奢靡，何敢焉。"①又载，聂如高，清江县商人，"通商楚南，持筹诸药，立号'万泰'。交易惟公，而且性好俭约，一腐二餐，性恶奢华，粗衣饰体。动作云为，每以朱子格言墨守"。②各府州县地方志中对崇俭黜奢的商人亦多有记载。同治《九江府志》卷三十九《善士》载，瑞昌县商人蔡锡畴，以监生涉贾，"起巨万，虽丰于财，犹节俭自处"。同治《新城县志》卷十《善士》载，新城县商人涂肇新，字敬三，号安恕，监生，援例布政司经历，少贫，以服贾致富，生平"自奉俭约"。同治《玉山县志》卷八《善士》载，吴敦朝有七子，"士发居长，次士登、士仰、士哲、士勋、士沛、士昱"。敦朝殁，士发理家政，"命登、沛整理山田"，"仰、哲贸易姑苏"，吴士发"亲课勋、昱以学"。"登、沛手植成材"，吴士发"弃书，偕登售木武林"。这是一个亦耕亦贾亦儒的大家庭，"食指逾千"，但"不趋游荡，凡声色狗马摴蒲之戏，从不入其门"。

江西商人致富之后，生活上崇俭黜奢，但对子孙就学绝不吝啬。重学助学的消费伦理源于儒家文化。《论语·子路》载，孔子到达卫国，看到卫国的社会经济状况良好，感叹说："富矣哉！"弟子冉有问："既富矣，又何加焉？"孔子回答："教之。"意思是说，富裕之后，要加强教育与教化，提高文化修养。只有不断教化，才可能更富有。大凡在外经商小有积累的江西商人，首要之事必然是投资于后辈的教育，期待子孙通过科举之途而登天子之堂。自两宋至明前期，江西"习举业"者之众、科甲之鼎盛为世瞩目。明景泰七年（1456）七月，江西泰和籍大学士陈循在一份奏疏中声称："江西及浙江、福建等处，自昔四民之中，其为士者有人，而臣江西颇多。江西诸府而臣吉安府又独盛"。③江西"习举业"者之众、科甲之鼎盛的现象之所以能够出现，应该与江西商人重学助学的消费伦理分不开。因为科举考试，要以经济实力为后盾。明嘉庆道光

---

① 光绪《清江香田聂氏重修族谱》上卷《君文公传》。
② 光绪《清江香田聂氏重修族谱》上卷《大饮宾之宾伯父老大人传》。
③ 《明英宗实录》卷二百六十八"景泰七年七月丙申"。

年间，举进士的花费"过六七百金"，清代物价持续上涨，各项费用大增，"科考支出大概非千金不办"。①

江西商人服贾获利，为子孙的读书求学奠定了经济基础。明弘治十八年（1505）进士、分宜人严嵩（1480—1569），记述丰城县商人郭俊，世居县西北十里曲江之上，"尝行贾吴越间，致饶裕"。其子郭锦，字尚绚，儿时举止严整，不肯同群儿戏，里中长者多器之。初习贾，后改往业儒，"负箧徒步从师受易，又受春秋，已又受尚书。精于尚书，工为文词"，但"就试有司，连弗利"。其孙郭希颜亦习尚书，嘉靖壬午（1522），年甫十四，举于乡。又十年郭希颜登进士，入翰林为庶吉士，授国史检讨。②郭俊以商致富，儿子郭锦习举业没有成功，到孙子郭希颜终于登进士第。前述临川商人李宜民弃学经商，但深感要想事业有更大的发展，家族有辉煌的前途，子孙必须有真才实学。在经营盐业的同时，他非常重视对子孙的培养，力邀社会名流到其家授学，希望子孙们在优越的环境下饱读诗书，早日扬名。乾隆五十七年（1792），李宜民之子李秉礼作诗一首曰："桂岭与江西，相距三千里。乡国岂不恋，淹滞聊尔尔。两儿既长成，惟令亲书史。阿宝素沉静，为文解研理。蕊子质少钝，渐亦得原委。屈指槐花黄，匆匆整行装。古人恒力学，不为拾青紫。汝辈非所论，未可一例拟。汝祖年九十，黄发垂两耳。望汝早成名，亦足生欢喜。黾勉在此行，犹胜侍甘旨。"③此诗是送李宗瀚、李宗涛回江西乡试而作。由此诗可见，年已九十的李宜民，还时时刻刻关注着子孙的前程。在李宜民的着力培养下，李氏子孙不负众望，由盐业巨贾成功地转向达官显要和学界名流。

江西各府州县志记载捐资助学的江西商人颇多，略举数例。道光《丰城县志》卷十四《孝友》载，丰城县商人李海麟，"命诸子出资兴建本县童子考棚"，"又捐五百金赞修省城乡试号舍"。同治《临川县志》卷四十

---

① 范金民：《明清江南商业的发展》，南京大学出版社1998年版，第343页。
② （明）严嵩：《钤山堂集》卷三十一《明故封翰林院检讨郭君墓志铭》。
③ 李秉礼：《韦庐诗内集》之《宗瀚宗涛还家乡试作此示之》。

六《善士》载，临川县商人董三策，建义馆，"召同里子弟贫者读书"；同邑商人桂殿芳独力捐资建汝阳书院，并买田为办学经费，共费白银一万四千余两；同邑商人吴士元为县学捐制钱二百千。同治《新城县志》卷十《善士》载，新城县商人涂肇新，监生，援例布政司经历，"少贫，以服贾致富。遇宾兴、平粜诸义举，倡捐多金，无吝色。子孙游庠多人"，孙涂宗藩辛亥副举。光绪《抚州府志》卷六十八《善士》载，金溪县商人郑文彩的五个儿子置店十七所，所得收入尽用于资助社学，郡县试、乡试、会试均出资赞助。

江西的宾兴活动在清代极为盛行。所谓"宾兴"，本指国家考校取士，明清时期主要指地方成立各种基金组织资助科举考试的活动。同治三年（1864），贸易于湘潭的清江县商人监生张祖恩和职员熊景仕、张荣久、熊源元、罗钟舆、欧阳尚礼等，"念切桑梓兵之后，百孔千疮，而读书人其苦甚。虽幸名列胶庠，欲肄业者，书院苦无膏火，欲设帐者，闾阎复无子弟，不几孔孟之道危乎其危哉"，乃倡议成立清江宾兴会（又称宾兴堂），"商妥同人，由买卖货物中抽取厘金"，设立基金。从同治四年（1865）至九年（1870），共募集白银11825两（内含汉口清江商人抽厘捐助的白银297.748两，以及商帮公产租金、利息等），用其中8700余两购置店房，以其收益和其余银两资助清江宾兴和书院膏火。同治九年（1870）二月，张祖恩等人正式呈报清江县，县令准其请，并发谕全县劝捐，获钱财11000余贯。湖南常德的清江商人亦捐厘助资，得白银1300余两。经县、府批准，设立清江县宾兴局，由秀才罗仰伊、杨逢泰、杨熙露、任文藻和贡生陈道南五人主持局务，复设宾兴典质铺于樟树镇南桥街，经营宾兴局的资产。按照当时的银钱比价，仅湘潭、常德两地商人捐资就达全部基金的50%以上，而在本县内城乡集资钱款中，也有相当部分来自商人。不仅如此，此后湖南湘潭等地的清江商人一直向清江宾兴局定期拨付用宾兴基金所购店屋产出的银两。从同治九年到光绪七年，清江县宾兴典共得到资助款银8850.604两，外加银元7元，制钱1002.864串（所有捐款均在湘潭换成钱币运送到宾兴典）。宾兴局资助出生于贫穷家庭的有识有志青年进京赶考,"凡童生考试卷价,入泮之学师束修,省试之旅费,会试之公车费,优拔贡朝考旅费,萧江书院之山长束修,生童考课之奖金,皆于此取给"。清末废科举后,宾兴经费改为学款,除设立学堂两所外,并津贴在外学子和各乡学堂,"凡留学外洋,京省沪汉及其他学校学生,无不赀欤"。①

私立心远中学是江西商人重学助学而造福社会的典型个案。私立心远中学的创办资金来源于南昌熊氏家族商业财富。熊育钖曾祖因家贫经商,其叔祖谏和于太平天国后期在汉口买盐票获大利,此后经营盐、茶、典业,终成巨富。在伯父禧祖手中,家族商业活动达到鼎盛。熊家富裕后,创办了家族教育机构"心远堂",每年从商业利润中拿出一部分生息,用于奖励中科举的子弟。到熊元锷、熊育钖这辈,他们热衷于阅读维新论著及严复的著作。废科举后,他们把家塾改为心远高等小学和心远女塾,在省城创办英文学塾,后又改为中学,注重自然科学和外语。②在家族商业财富的支持下,熊育钖将新式教育引入赣地,对江西教育的影响不仅是同时代其他人所难以企及的,即使在江西历史上也是罕有其匹的。私立心远中学在近五十多年的办学历史中,培养出了一大批优秀的人才,如彪炳史册的陈寅恪、饶毓泰、吴有训、胡先骕等大师级的人物。正如有学者所说:"就文化的命脉而言,倘若没有心远中学,江西便依然如晚清民初,不过是一名游荡于现代文明主潮之外的破落户子弟;因为有了心远中学,在中国叩响世界的大门上才有了江西些许的声音。"③历史告诉我们,商人富裕起来之后,重学助学,把财富投到家族教育和区域教育中,不仅促进教育文化的发展,同时又会促使财富的新集聚,更是社会良性发展的助推力。

---

① 邵鸿:《清代后期江西宾兴活动中的官绅商》,《赣文化研究》总第8期,2001年12月,第83—84页。
② 薛隆基:《熊育钖与心远中学》,《南昌文史资料》第8辑,1992年4月,第28—38页。
③ 胡平:《第三只眼睛看江西》,江西人民出版社2004年版,第272页。

第三节 赣商伦理文化的时代价值

一、几种商业伦理观的辨析

江西商人建立的商业伦理体系，旨在促进商务与伦理相结合、商业文化与传统道德以及与江西地域文化相结合。赣商伦理文化对于指导今天赣商的商业活动有着重要的意义，但仍有一些商业伦理观需要探讨。下面，仅就"小富即安"与"知足常乐"，"能聚能散"与"造福社会"，以及"俭"与"奢"等几组观念进行辨析。

（一）"小富即安"与"知足常乐"

明代福建人谢肇淛（1567—1623）在《五杂俎》一书中对最善于经营的徽商和江右商做了一番评说，他认为"天下纤啬者必推新安和江右，然新安多富，而江右多贫者"。[①]学界一般认为，江右商人多贫者的原因固然是多方面的，但小富即安的观念应该是重要因素之一。一些江西商人在稍致盈余、略有成功之后便不愿再冒风险去拓展经营范围，而是选择归乡守成。同治《南昌府志》卷四十八《同朝孝友》载，南昌刘善萃，自幼聪明过人，见父兄在田里辛勤劳作，发誓要改变这种情况，成年后"服贾汉口"，"家计饶裕"后，"不复出门"，做了土财主。同治《宜黄县志》卷八《风俗》载，宜黄县"商贾囊橐稍裕，不贪利离乡，必归故土"。光绪《抚州府志》卷六十四《孝友》载，金溪县徐延辉，父亲死后，家无恒产，受母命经商。十七岁赴滇经商，积赀"稍裕，遂绝意远贾"。这些江西商人往往将积累的商业资本大部分用于家业的扩大，买宅置地，以求保险。另外，对于江西商人中的一些人而言，经商无非就是满足自己生存的需要而已，一旦这个基本需求得到满足，宁可"闭门赋诗书"。民国新纂《云南通志》卷二百五十七《寓贤一》载，抚州赵雪涛，贾滇

[①]（明）谢肇淛：《五杂俎》卷四《地部二》，傅成校点，上海古籍出版社2012年版，第69页。

黔,"多技能",但"计所谋足一日之费,即闭门赋诗书",不假外慕。这种小富即安的观念使明清江右商资本较大者不多,"究之曾不得比于通都大邑之一小贩"。[①]

有一点想说的是,有学者在评价江西商人时常常把"小富即安"与"知足常乐"混在一起使用。其实,小富即安与知足常乐不是同一种概念。知足常乐是指一种在逆境中保持乐观平衡、意志坚定、积极进取的健康心态。即如孔子所说的那种"饭疏食,饮水,曲肱而枕之,乐亦在其中矣"的"贫而乐"的境界。而小富即安则是指在顺境中满足于过去的一点小成就,而损失进取的动力,迷失前进的方向。小富即安是极端利己主义的"温床"。中国商人真正像陶朱公那样,心甘情愿抛弃荣华富贵而去经商者,实在凤毛麟角。大都因为"穷"怕了,才下决心从事艰苦的商业经营。有了钱而没有进一步进取的欲望,就会从冒险家变成了"守财奴""吝啬鬼"。这种流于个人层面而忽略社会责任的财富观,就会导致安逸享乐、纵欲放任,窒息了商人的生命活力。而且,小富即安的财富观还由于忽视社会责任,容易造成社会财富的过度集中,使商人成为被鄙视、仇恨的对象,并造成市场的萎缩。一个人可以知足常乐,但决不可以小富即安。"小富即安"是必须摒弃的财富观。

(二)"能聚能散"与"造福社会"

明清江右商"仗义疏财",不以聚财敛财作为追求财富的目的,而"以无用之钱作有用之物",扶危济困,周恤乡里,亦即所谓"积有为而积,散有为而散"。[②] 的确,财富是水,是从市场流向商人手中的,到了一定程度又必须从商人手中流回市场,否则,市场就要崩堤,就要出现大的问题。不明白这个道理的人,一定不能成为大商人。真正的大商人,一定明白其自身的角色,那就是"为社会理财,为百姓造福"。临川商人李宜民督理广西、云南一带盐务前后长达数十年之久,以盐业起家后,他

[①](明)鲁仕骥:《山木居士外集》卷三《送邑侯李任庭先生序》。
[②](清)王猷定:《四照堂集》卷五《大宾郭维诒传》。

仍然"刻苦如贫时",并常言:"物聚必散,天道然也。且物之聚,愁之丛也。苟不善散,必有非理以散之者。"[1]丰城县商人熊琴也常常对子侄辈说:"尔曹不缺衣食足矣。积而不能散,恐多藏益怨也。义所当为者,慎毋吝。"[2]能聚能散,富而好德,讲的就是用德来支配财富,反哺社会。这是对商人最准确不过的社会定位,也是市场对商人的最基本要求。从这个意义上说,"能聚能散"是与"造福社会"意义等同的财富伦理。

但是"能聚能散"又可能导致商人存在"水满则溢""月满则亏"的观念,以致认为钱多了并不是件好事。明正德年间,瑞昌县商人董伯益,家资较富,远近皆知。恰值宁王朱宸濠起兵将他儿子抓去做人质,胁迫董伯益出银一千两作为军费。通过这一事件,董伯益悟出一个道理,他对儿子说:"千金活汝,亦几杀汝。"[3]于是,董伯益尽散家财。同治《广丰县志》卷八《善士》载,程俊扬,广丰人,道光十三年,县城倾圮,"请于官,倡捐千金,身守监督。至修谱系、造庙宇、济人穷困、全人伉俪、修桥路、施棺药,则更难以枚举"。至晚年,"囊无余赀",犹"孳孳为善之忧,未尝少懈"。对于程俊扬来说,笔者不忍找出理由来批评他的散财,但是这种散财对于经营活动尤其是资本积累和扩展而言,都应该是具有悲剧性的。这种散财观最终会使商人少了勇于进取的胸襟和追求利润的抱负,从这个意义来说,"能聚能散"与"造福社会"的财富观又是不同的。造福社会的财富观,是一个以经营财富来达到促进社会发展的财富观。

(三)"崇俭黜奢"与"适度消费"

节俭的消费观是农业社会的主导性消费观,因为它与当时的科技生产力水平相适应。崇俭黜奢是江西商人推崇并践行的消费伦理,但江西商人亦提倡适度消费,不做"守财奴"。广东南雄是沟通大庾岭南北的重要商业市镇,商业历来比较发达,外地商人在南雄设立了四大会馆:广

---

[1] 同治《临川县志》卷四十六《善士》。
[2] 道光《丰城县志》卷十七《善士》。
[3] 同治《九江府志》卷三十九《善士》。

州会馆、福建会馆、豫章会馆和嘉应州会馆。江西商人在南雄以经营洋杂货、国药为多，他们在南雄豫章会馆戏台前留有一副长联颇有意味：

今日之东，明日之西，风尘仆仆，车马栖栖，走不尽楚水吴山，图不了肥田广厦；力兮项羽，狡兮孟德，乌江赤壁总成空；贪什么？劝君息游敛翼，闭户康居，行好事，读良书，除妄想，种千株。吟乃成吟，卧乃成卧，几何为多？几何为少？得安闲处且安闲，适体须寻欢乐地。

忽然而古，忽然而今，世界茫茫，人情渺渺，娶不完娇妻美妾，养不足孝子贤孙；富若石崇，贵若子仪，白镪朱冠同西散；悭奚益？愿尔解袋松囊，沽鱼酌酒，煮流云，斟皎月，醉长天，歌八节。食云即食，坐云即坐，勿计其前，勿计其后，有可用时斯可用，平生莫作守财奴。①

长联劝说江西商人不要过于忙忙碌碌，为钱财费尽心思，"有可用时斯可用""莫作守财奴"。这种"适度消费"的消费观，也是积极的财富观。消费是整个社会再生产承上启下、承前启后的关键环节，是经济、社会健康协调发展最持久的原动力。方志远教授在分析江右商帮衰落的原因时认为，"即使在明前期江右商人独领风骚、明中后期及清前期江右商与徽商、晋商三足鼎立之时，江右商人也没有在江西本土营造出一个像广州、汉口、南京、上海、杭州、苏州那样的大都市或消费中心，因而无法刺激消费水平的提高，也无法吸引外来的消费者而积累资金。同时，在江西本土也没有形成以大都市为中心的市镇网络，整个商业活动始终停留在以商补农、以商脱贫的低层次上，始终没有达到资本化、规模化和产业化的水平"。②笔者也赞同这个观点，崇俭黜奢与适度消费应该都是值得提倡的消费伦理。

但消费的确会带动社会风尚的改变，出现所谓的"奢侈"之风。建昌府是江西通向福建的要道，经济作物种植普遍，商业较为繁盛。正德

---

① 章文焕：《万寿宫》，华夏出版社2004年版，第199页。
② 方志远、孙莉莉：《地域文化与江西传统商业盛衰论》，《江西师范大学学报》2007年第1期。

《建昌府志》卷三《风俗》载，建昌府在"天顺、景泰以前，男子窄檐高帽，衣腰中裙幅周身，袖曲肱而已。妇女平髻，衫制古朴，婚会以长衣。成化间，男饰或莲子帽、桃尖帽、平顶帽，宽衣大袖，或腰及于膝，或近于胸，咸非中制。近时稍稍复古，而侈妇饰僭拟妃嫔娼优。隶卒之妇，亦有黄金横带者"。先时宴会，"果肴用大器，多不过五品，谓之'聚盘'；后用小盘，至数十品，谓之'簇盘'。近时仿京师，杂陈奇品"。清代新城县人鲁仕骥（1732—1794）称，建昌府新城县"俗尚浮华，衣服官室务求靡丽。岁时宴会、婚嫁庆祝之举，贫富征逐，争为繁侈，以饰观听"。结果导致"中人之产，长育儿女，既有室家，不数年遂无立锥之地矣"。[1] 明清江右商提倡不做"守财奴"，而消费的活跃会导致社会风气的奢侈。如何妥善处理消费活动中的"俭"与"奢"，明清江右商似乎没有找到解决的方法，这一问题同样也考验着今日赣商的智慧。

二、赣商伦理文化的当代传承

商业伦理的功能可以概括为认识商业文化，评价商业道德，调节商业关系，约束商业行为，激励商人士气，凝聚商人人心，引导商业活动，树立商业形象。它能够促进商业主体树立正确的经营观念，提高经营管理水平和整体竞争力，自觉维护市场秩序。中国特色商业伦理的构建，需要既正视现实又珍重历史，并把二者有机统一起来。赣商伦理文化的当代传承，应注意以下几个方面：

（一）传承赣商财富伦理，构建健康新型的财富观念

市场经济以创造财富为导向，是最崇尚财富的一种经济形态。因此，发展市场经济，尤其重要的是对财富有正确的认识，主要包括财富获得与创造的方式、财富怎样消费以及怎样看待有财富的人。社会主义市场经济强调"以群体目标为对象的财富观""以缓解贫富矛盾为原则的均富观"和"以社会整体利益为终极目标的公利观"。江西商人以商致富，疏

---

[1]（清）鲁仕骥：《山木居士外集》卷三《中田保甲图说》。

财参与社会建设和管理,是意识到自己的社会责任和历史使命的表现。他们把从商看成服务社会、奉献社会、实现个人价值的一种途径,"造福社会"的财富观已被今日赣商所传承。鹰潭市余江县中童镇水上村村头的石碑上刻着本村眼镜人捐资修路的名单。[①]张国喜一直本着"交足国家、留足企业、富裕职工、造福社会"的利益分配原则。20世纪80年代初,在企业的利润刚达到百万时,张国喜就向余江一中捐款兴建一座科学馆。以后又陆续兴建了县电视塔、福利院,修建了长达百米的"国喜桥",并积极支持国家抗洪救灾、烛光工程等公益事业。汇仁集团秉着"仁者爱人"的理念建功立业。"交足国家,满足消费者,给够员工,再求股东利益最大化"是汇仁的价值观,"汇仁近期是汇仁人的,远期是社会的"是汇仁的资产观。正邦集团总裁林印孙在一次演讲时说:"把小公司做成大公司,把大公司做成大家的公司","我追求的是事业,不是钱"。他明确说出了江西商人的财富观,即不满足于做财富的拥有者,而是做财富的经营者。社会委托商人、企业家来经营财富,商人、企业家所得的不仅是由经营而获得的报酬,更重要的是获得在此过程中的成就感。

(二)传承赣商经营伦理,促进市场经济的和谐发展

诚信是市场经济的基本条件和必备的道德理念。在市场经济条件下运行的企业,诚信是其生存发展的最高原则,诚信经营可以使企业在消费者心目中建立良好的口碑。企业的信誉作为一种无形资产,它与企业技术等硬件方面的优势一起成为企业强大的市场竞争力。赣商在传承经营伦理时也有扬弃。"与人为善、以和为贵"是明清江右商处理商家内外关系的准则。同治《新城县志》卷十《善士》载,新城县商人邓兆龄,"尝置产,某绅居间,为所绐,空费千金。或劝之讼,辞曰:'吾但破钞而已,讼即累某绅名也'"。同邑商人涂肇新,字敬三,号安恕,监生,少贫,以服贾致富。晚年家居,不轻易出,"尝付巨金与伙某往吴营贩。某荡其资,买二妾回。或嗾肇新械某送官。新笑曰:'彼虽不义,但取我

[①] 邹付水:《眼镜行业与鹰潭地方社会变迁》,《赣文化研究》总第8期,2001年12月,第233页。

之财，而致彼败名丧命，何忍乎？'竟置不理"。其后，复"有闽盐商某通负巨万，诸索者邀新讼，将窘商以取盈"，肇新复居间为闽商排解调停，"曲全之"。①同治《南昌府志》卷四十八《国朝孝友》载，胡析启，服贾宝应，货值千金，行户窃售，不偿价。客伴怂恿控官不听，垂囊而归。这些行为在地方志中作为"以和为贵"的例子加以褒扬，但现代社会是法治社会，为更好地维护社会的公平和正义，就需要在商业实践中更好地理顺情与法之间的关系，寻求平衡情与法冲突的途径和方式。江西商人是讲诚信和重情义的，同时也应该是具有理性精神的现代商人。在今天，赣商依法从事经营活动，依法维护自己的权益和社会的公正，将更有利于商业实践的良好发展。

（三）传承赣商消费伦理，倡导适度消费、公平消费

任何事情都有两面性，节约对于个人来说是好事，是一种值得称赞的美德，但对于整个国家来讲，则并不一定是件好事。如果一个社会一味强调节俭，裤子补了又补，鞋子穿了又穿，破碗碎盆总舍不得扔掉，那么社会就不可能实现再生产，经济就难以实现周期性的循环。因此，在适当的范围内，应该鼓励消费。同时，消费不等于浪费，但现实生活中有些人经不起富而有钱的考验，或者自私自利，或者骄奢淫逸，挥金如土，造成资源浪费，风气败坏，这种"消费至上"观又是现代经济社会的畸形消费伦理。构建社会主义和谐社会，应该把消费伦理定位在适度消费上。适度消费伦理并不是一种消费的"折中"，而是在多元之中探求一种"平衡"。另外，明清江右商重学助学的消费伦理和"富而教不可缓也"的思想值得在今天大力提倡和弘扬，从而引导当今的"土豪"更多成为"绅士"，使商人从财富的富有者而成为知识的富有者和社会协调发展的中坚力量。

最后，笔者引述2001年阮正福研究员对改革开放后江西商人情况的分析，作为本章的结尾。阮正福认为，江西商人有商业智慧，在商机的

---

① 同治《新城县志》卷十《善士》。

洞察和把握上常常表现出先人一步的智慧，但是缺乏市场经济所需要的竞争意识、"做大"意识、危机意识、冒险意识。因此，江西商人往往取得一点成绩，就不思进取，虽有好的开场，但免不了被后来者打败的结局。他认为，江西商人缺乏现代商业精神不是与生俱来的，而有历史渊源和自然基础的。历史渊源是明清江右商挣了一些钱，就小富即安，少有做大商人的野心。自然基础是江西气候温暖多雨，适宜农作物生长，优越的自然条件养成了人们对土地的依恋。江西商人缺乏冒险精神，从某种意义上说是江西的大自然娇养的。[①]这个论断能否全面概括江西商人，姑且不论，但就"小富即安"的观念而言，阮正福研究员的分析还是值得今日赣商深思的。

---

① 阮正福：《差距与反思——江西经济20年发展评析》，《江西财经大学》2001年第1期。

【第五章】赣鄱商人组织文化

会馆是旅居异地的同籍人士建立的同乡组织,主要分为官绅试子会馆、商人会馆和移民会馆。官绅试子会馆出现最早,是由官绅出资创置的同乡联谊、会举试子之所。商人虽然也资助官绅试子会馆的建设,但这种会馆的管理权多由官绅掌握。官绅试子会馆哪怕是商人出资兴建,一般也不让商人使用,于是专门服务于商业的商人会馆纷纷出现。商人以商人会馆为依托,捍卫自己的商业利益,以便在竞争中处于有利地位。商人会馆是明清会馆中数量最多的一部分,散布于全国各大都市和工商城镇。[1]江右商人有着强烈的地域观念,每到一处必然会建立商人会馆作为会聚之所,会馆体现了江右商人"以众帮众"抱团发展的互助精神。清末以来,在官方的倡导和支持下,江西商人又组织商会和同业公会。通过商人会馆、商会、同业公会,江西商人吸引更多的资金、技术和人才进入商业领域,在某一地域或行业中形成经济优势。

第一节 江右商人会馆文化

一、会馆的修建与建筑形态

在省外和东南亚各地,江右商人在重要的商业市镇一般合建省级会馆。江西各府县商人在某地的经商者人数众多的话,还会建本府或本县的会馆,形成各馆并立的状态。若某府县商人在某地经商者多,而他府商人相对较少或者未曾涉足的情况下,此府的商人也会建立省级会馆以江右商帮的形象出现。江右商人修建的全省会馆多以"万寿宫"或"真君宫""许真君宫""轩辕宫"为名,南昌府多以"洪都祠""豫章公馆"为名,临江府多以"晏公庙""萧公庙""仁寿宫""临江公所"为名,吉安府会馆多以"文公祠""五侯祠"为名,抚州府多以"昭武馆""昭武公所"为名。湖南善化县万寿宫创建于明代,清代数次维修,可以说代表了江西会馆的一般建筑形态。同治《善化县志》记载:

---

[1] 王日根:《明清时代会馆的演进》,《历史研究》1994年第4期。

县治西有万寿宫由来久矣，明末寇乱毁于兵。国朝顺治四年为僧占住，理于官得直，其后渐恢而大之。嘉道间岁久物敝，众醵赀庀材大兴厥工，积数年竣事。地因旧址，广袤百余丈，高峙省垣，收衡、岳、湘江之胜。中为真君殿，两旁廊庑。前建戏楼坊表，殿后为至斯堂，乡官宴集于斯。西为公正堂，乡有公事集议于斯。沿旧更新费若干缗，以其余赀增置义园于各乡郡，附以庄田取其租，值以充岁修祭祀之赀，经营规划垂二百年。但长沙虽首郡，商贾生计恒绌于常、澧、衡、湘。咸同年间，公务支绌，馆殿椽桷不无朽坏，董事集议筹捐经费，聿焕新猷。后之来者，重念真君仙迹之所寄，及前后诸董事缔造之艰难，继继绳绳毋坠厥绪，则真君之福祝，岂有涯哉。

同治《善化县志》还记载了江西各府州县商人在善化建立的各郡邑馆的情况："馆之东为洪家井，南昌衣行之文昌阁，并奉轩辕神位。东南黎家坡为临郡仁寿宫，祀萧公附以药王。西则抚郡之昭武馆。最近则石阳、安成二馆，石阳馆旧有观音堂，为吉安合郡故址，以庐陵首邑，遂绕于石阳，而乡馆峙其中。各郡邑馆环而拱之，远则不过半里，近则百数十步，地相联情相接也。"①

苏州江西会馆筹建于康熙年间。康熙二十三年（1684），江右商和客于此地的江西籍官绅"裒金购基"②，在苏州金阊门外合建江西会馆，"祇缘规制迫隘，未尽周详"。③康熙四十六年（1707），安徽宁池太庐凤淮扬十府和滁徐四州布政使司参政督粮道兼巡池太地方加三级李玉堂，见会馆"规模亦颇宏敞深密"，但"第岁远渐倾，艰于修葺，几有风雨莫蔽之叹"，"梁虫朽，岑岑欲堕，恻焉伤之，爰捐俸倡修"。④李玉堂称："名胜之区，凡文人骚客，莫不群萃。况吾乡若忠孝，若节义，若理学，若经

---

① 同治《善化县志》卷三十一《祠庙·会馆》。
② 苏州历史博物馆等编：《明清苏州工商业碑刻集》，江苏人民出版社1981年版，第345页。
③ 江苏省博物馆编：《江苏省明清以来碑刻资料选集》，生活·读书·新知三联书店1959年版，第359页。
④ 苏州历史博物馆等编：《明清苏州工商业碑刻集》，第325页。

济文章诸品流，代不乏人。贤关圣域崇祀者，真君独以一儒者，躬修至德，道气凌云，长蛟降服，凡属水乡，咸沾过化存神之妙，其功不在禹下。是盖纯忠孝节义经济，急宜捐赀购材，择吉鸠工，将前后二殿，庄严其制，壮丽其观可乎。"于是，吴天爵、徐德珍、叶向荣、何国辉、丘公勋"勷之力多矣"。①修缮计工料、砖瓦、竹木之费约千余金，董其役者为同里巡检司刘衡珠。②雍正十二年（1734），江西会馆竖立碑刻《江西会馆万寿宫记》，对江西会馆的此次修缮和建筑形态有详细的记述，从中可知修缮资金主要来自江右商人。记曰：

我辈同乡挟资来游此地，各货云集，慨慷持躬之风，郡郡皆然，历年以来，白麻一货，盛行于苏。唯吾君子皆有心人，公议白麻每担抽赀肆分，是时众志同心，踊跃从事。一岁之内，即可集赀八百余两。不数年，共勷盛大，非曩日迫隘之规制矣。是祠也，其基址来龙行派，租于虎丘，四围周正，地税三亩六分，岁纳粮四钱。溯源流也。其祠为通衢，通衢之外浚河一道，便通津也。祠大门稍进，则分中门东西两角门，中门阃内，则设演戏台，拱立北面，以祝真君寿诞，以歌太平有道休征，奏敷功也。中有大院，为甬道，宽绰可容旋马。两旁各建回廊，深邃而直上，有廊楼以便同尊严，高三丈有六，宽八丈有奇。殿之中，巍然高坐，肃肃雍雍，即真君圣像。香台几案，无所不备，昭其敬也。大殿东西两院，各设客厅一所，高轩爽朗，凡拜祝公议人客，以及首士驻足之中，亦有院进，则后殿在焉。高四丈余，宽亦如前。上有楼，楼之中，祝天后圣母，四壁高窗，目极千里。虎丘远映，诚玩昼门户，以待同乡皇华当路之贵，衣冠文物之士，安客途也。且不特此也。一殿两墙后房楼七向祠前店屋五间，出租收真君岁时伏腊香灯，崇享祀也。此则周祥备矣。倚欤伟哉。此祠之精丽光华，焕然仑然，皆赖诸君子用心之周且密。用力后，神灵妥矣，俎豆隆矣，梓谊洽矣。③

---

① 江苏省博物馆编：《江苏省明清以来碑刻资料选集》，第359页。
② 苏州历史博物馆等编：《明清苏州工商业碑刻集》，第326页。
③ 江苏省博物馆编：《江苏省明清以来碑刻资料选集》，第359—360页。

乾隆七年（1742）、乾隆二十四年（1759），苏州江西会馆又进行两次修葺。此后又过去三十余年，江西会馆"殿宇墙垣，戏台楼阁，渐就倾圮"。乾隆五十八年（1793）春，董事周维岳、程赓飏倡捐重修。据《重修江西会馆乐输芳名碑》载，"吾乡官于斯，客于斯者，咸捐资斧，踊跃相从"。其中，商人捐款者涉及南昌府、丰城县、南城县等府县，其中南城县众商捐献最多，元银1600两；南昌府纸货众商，元银700两；丰城县漆器众商，元银460两；丰城县熊立兴号，元银100两；德兴县纸货众商，元银105两。从行业商人看，包括麻货、纸货、炭货、漆货等行业，其中麻货商人捐献最多，元银1200两；枫桥镇饼行众商，元银700两；炭货众商，元银650两；山塘花笺纸众商，元银300两；瓷器众商，元银150两；桐城县纸商，元银80两；烟箱帮众商，元银75两；永福众烟商，钱85千文；管城帮众商，钱64千文；镯桐山布商，钱50千文；其余各商102人（或商号），捐资元银602.95两，钱84.5千文，洋钱25元。合计银6322.95两，钱283.5千文，洋钱25元。乾隆五十八年（1793）夏，大兴工作，换旧更新，沟渠深浚，以疏壅滞，其余房屋，以及甬道街衢，无不修理平治。乾隆六十年（1795）秋，厥工告竣，焕然改观。①

上海江西会馆始创于道光二十一年（1841），"其时赣人之旅沪者，尚不及三数百人"。虔南厅人曾承显，时任松江府上海知县，"乃与袁章煦、王振凤、郭光溶、邱鸿钧、魏崇山、杨详昆诸公谋创会馆，且自捐官俸以为之倡"，商人抽纳货厘筹集经费。②道光二十一年（1841）二月，曾承显在《创建豫章会馆劝疏碑》称：

上海处松江下游，古曰沪渎，在宋为镇，元始置县。其地陵江滨海，四达通津，估舶辐辏，由来旧矣。我朝累泽，二百年来，民物承平乐业，

---

① 苏州历史博物馆等编：《明清苏州工商业碑刻集》，江苏人民出版社1981年版，第345—349页。

② 彭泽益主编：《中国工商行会史料集》，中华书局1995年版，第856页。

通九州岛出产，萃总汇于东南，以鸿商善贾，廉五贪三，操计然筹策者，踵接肩摩，日无虚晷。信乎就一邑以窥各省之财货，即偏隅而聚四方之珍奇，顾不在海之汪洋，江之泱漭也哉！余以己亥冬，量移兹邑，治剧理繁，每以旌盖送迎，略乘余隙，藉历咨观邑之喧阗，惟大小东门为最，而货迁侔侣，亦稠集于兹为多。各省栈商如闽、如粤、（山）东、（山）西等皆建设会馆，惟讶吾乡之躬是业者遍天下，而于此独缺然建造，心实异之。今年春，会吾乡之世业于此者，袁、王、魏、郭、邱、杨买得小南门外旧屋壹所，本为吾乡熊君世业，拟即改筑为江西会馆，以祀吾乡福主旌阳许真君，合禀求立案。因曰："吾乡人之业于是者有年矣，数十年来，盖未尝遇乡之先达官斯邑也，今欣逢嘉庇，适购馆基，匪仅为兹方之客者，桑梓欣然，要皆吾福主真君之灵所感也。"余闻而愧焉。薄宦十年，方适斯土，又力不能出一己成此，而和神人，乃劳诸君谋度，既定而来，庸有不顺众志、而犹怯乡谊耶？除批准将契存卷立案，复捐廉撰是说而为之倡。夫真君当典午既东，旌阳息政，共抱铜鸵丛棘之慨，遂铁柱开花之期，以治民之术而救民，以乐道之心而达道；江河翕定，式有千秋，又岂止大有造于江西而已！今吾宦与诸君商旅斯会，亦江海萍蓬尔，感神灵之是副，惟乡谊之克修，冀皆济济乐输，津津善助，储材勾匠，蠲吉营成。从此黄浦澄波，不异故乡，雨帘云林，丹垣琳寓，永虔式飨，鼍鼓鹅笙，至于每年修葺，则有各商货色抽分入为资费，一如苏垣旧规，已订成约。而工良力实，秉义杜私，是又在司其事者，务适宜而励志也。并书此以弁募册之端。[①]

道光二十一年（1841）三月，上海县为江西会馆房产立案并立告示碑称："具禀监生袁章熙、王振凤、邱鸿钧、魏崇山、郭光溶、杨详昆……今于治下小南门外二十五保十六图二十三铺地方，向马姓处经中买得房屋一所，并随屋基地一亩二分零，东西阔四十，南北长二十一丈五尺。三面言明，悉照上首原契价洋银一千圆整，当日成契，凭中交付契价洋

[①] 上海博物馆图书资料室编：《上海碑刻资料选辑》，上海人民出版社1980年版，第333—334页。

银一千圆整。自后任便拆卸兴筑。所有上首原契及田单共拾纸，并马姓卖据一纸，前后十一纸。生等均在客旅，未便私执公据，理合陈请正堂大老爷台下，恩赐饬房立案，永远备存，以杜后无更变之虞。江右沾仁，实为公便，谨呈存案。批：房基在董家渡，坐南朝北，准于存案。买契一纸，候发房收税粘尾盖印，饬回各契单一并发还。"①闰三月，上海县为起建江西会馆立告示碑称："据江西董事监生袁章煦、王振凤、邱鸿钧、魏崇山、郭光溶、杨详昆等禀称：俱属江南投治贸易，凡遇公事向无公所，△△△春爰集同乡捐款起厘，购买马姓地基，建造江西会馆，（中缺）方现在办料起造。诚恐无知棍△△内（中缺）除批准，合行给示禁约。为△△该地甲邻人（中缺）内骚扰，以及窃取料物，有荒工作者，许（中缺）县，以凭严拿究治。该保甲如敢徇△容（中缺）毋违！特示。"②告示碑是上海县对江右商人买地建造江西会馆合法性的示谕。有了政府的庇佑，可免无赖之徒打击压迫、藉生事端，也可避免日后会馆成员或后代霸占产业，又可与其他势力相抗衡。

道光二十九年（1849），江西会馆建成万寿宫前殿。同年，江西会馆又"购有茅山殿及赵家湾房屋地址各一所"。③江西会馆又称豫章会馆，道光二十九年（1849）八月，江西会馆董事撰并立《新建豫章会馆始末碑》称：

昔闻诸父老曰，间尝走通都，过大邑，见夫士商云集，或游宦，或服贾，群然杂处其地者，罔不设立会馆，为同乡汇叙之所。各直省尽然，尤莫盛于北之幽燕、南之吴越。其时余年尚少，辄识之于心而不忘。迨余壮年离家，在申贸易，吾乡人之藏于其市者，实繁有徒。平居各勤其业，弗尚往来，即伏腊岁时，彼此过从，仅十之二三。方欲创一公所，凡事遇公私，集议其中，藉可时常亲近，未始非联属乡情之善举。终以

---

① 上海博物馆图书资料室编：《上海碑刻资料选辑》，上海人民出版社1980年版，第335页。
② 上海博物馆图书资料室编：《上海碑刻资料选辑》，第332—333页。
③ 彭泽益主编：《中国工商行会史料集》，中华书局1995年版，第856页。

俗务纷投，刻无休暇，而事不果行。迟至道光二十一年，知上海县事虔南曾公，籍本江西，与余同省。久入仕途，颇敦乡谊。下车伊始，招叙衙斋，询及豫省士商，众居兹士，宜营会馆。俾春秋佳日，宴集谈心，不时聚首。虽处异乡，情同故里，一举三善，其快何如！于是退而图之，旋于县治小南门外念三铺董家渡街，先行垫款，买得马姓地基一亩二分。遂向各乡劝募捐赀厘金接济。又荷茶商连岁厘金输将踊跃，经费于以有资。随时亲往他郡，采办木石、砖瓦等料，诹吉鸠工，起造门台、殿宇、楼屋、厅堂若干间。正殿供奉许圣真君，旁殿供奉五路财神，厅楼供奉文昌帝君诸神像。令我乡人良辰佳节，躬诣进香，得以瞻仰慈辉，普邀真君福主之灵，所以积日久而事竟成也。爰述创造会馆始末缘由，勒石纪之，以垂永远。[1]

咸丰二年（1852），江西会馆竣工，总共计收洋钿一万七千四百五十七元整，计出洋钿一万七千二百三十元一角七分，仍存洋钿二百二十六元八角三分。江西会馆选出董事王振凤、袁章煦、悦来生、邱鸿钧、魏崇山、杨详昆等六人。[2]咸丰九年（1859），"由袁公及周、李、王诸君董事，购入上邑二十五保十三图短字圩地十九亩余。建厝屋三间，余充义冢"。[3]江西会馆职员袁章煦、包埙、阮鸣岐、郭光溶、余登麟、黄仰三、李应祥、李沛霖、黄世林、王德华等向上海县禀称："窃职等籍隶江西，于道光二十一年，公建江西会馆一所，坐落小南门外，董家渡地方。历年凑捐置买店栈田地数处，均经禀明税契。思维创始之艰难，尤虑守成之匪易，将来事经众手，时阅多年，诚恐契据失凭，占侵不免，谨将原契底簿存案。求赐给示，勒石久远。"江西会馆董事提出申请立案，以保障会馆原有财产不受侵占。十二月二十九日，补用同知直隶州江苏松江府上海县刘县令批示："据此。除将呈到原契发房存案，并将底簿印发外，

---

[1] 上海博物馆图书资料室编：《上海碑刻资料选辑》，第336页。
[2] 上海博物馆图书资料室编：《上海碑刻资料选辑》，第337—338、344页。
[3] 彭泽益主编：《中国工商行会史料集》，第856页。

合行给示勒石。为此示，仰该地甲人等知悉：此系江西会馆职董凑捐置买店栈田地，自示之后，毋许侵占，倘敢故违，许即指名禀县，以凭提案究治，决不姑宽，各宜永遵毋违！特示。"①

光绪二十年（1894），"赣之仕宦及商贾于沪上者，称盛一世"。上海道台、知县均由江西籍官员出任，上海道为庐陵县人黄幼农，上海县为萍乡县人黄蔼堂。江西商人在上海的经营品种和规模也都有较大的发展，江西会馆采用"抽纳货厘"的办法，资金充足，进入鼎盛期，会馆增加客房、扩大了义冢，并且为适应日益增多的江西商人的需要，商人唐泉伯、朱拱之、陈润夫、包晖章等"联络官、商，创修客所戏台"，共费五千余元，"草捐启者，为户部小军机瑞金陈炽"。光绪二十九年（1903），"周贞甫及唐、朱、包诸公，复以文昌、财神为仕商之所仰崇，不有其祠不足以致其诚，于是捐、厘并举之策复行。后墙房屋亦同时翻造，计共去银四千余两"。宣统元年（1909），董事李筱山、李寿山、曾瑞麐，"以茅山殿之房屋倾颓不堪，遂翻造改名为豫章里。会馆侧面之东洋式房屋，亦同时建筑"。宣统三年（1911），董事曾瑞麐"以原有义冢无隙地，特垫款购买虹桥义冢，先后共三十一亩余"。义庄逼近高昌庙，于民国元年被炸毁。1913年，董事包笠峰、李筱山、李寿山、储湘泉经办重建，宏创七十二间殡舍及养病室等，计占地五亩余。1924年，万寿官"因工巡捐局扩建马路，照墙遂重建，照原址推出六尺"。1926年，宁都周亦盘撰写《上海江西会馆史略》称："本会馆自始创以至今日，共历八十余年，隆替虽由运会所遭，仔肩实代有其人，不可谓非幸事也。亦盘无似，追随各董事者，数月于兹，细查产业约计不下十余万元，先贤缔造经营之功，于斯可见。现任各董事，自整顿以来，策划进行，每周一会，其不避劳苦，殉可钦佩。惟会馆乃一省所共有，此后之兴废，又岂独董事之责，骥负千钧，蚁荷一粟，是则旅沪诸乡当共勉矣"。②

景德镇因瓷业的发展带来工商业的兴旺和市场的繁荣。江西以府县

---

① 上海博物馆图书资料室编：《上海碑刻资料选辑》，第344—345页。
② 彭泽益主编：《中国工商行会史料集》，中华书局1995年版，第856—857页。

为单位，在景德镇成立多处会馆。新中国成立初期，景德镇市政府组织力量对公产进行过调查，统计江西各地在景德镇的会馆有十二处，多名之书院。

表 5-1　江西各地驻景德镇会馆一览

会馆名称	坐落地点	现在情况
建昌会馆	老弄口下弄	第九小学
鹭州书院（吉安会馆）	戴家上弄	粮食局
芝阳书院（饶州会馆）	周路口	第三小学
紫阳书院（婺源会馆）	小黄家上巷	拆改部分两边住家
昭武书院（抚州会馆）	抚州弄	第七小学
丰城会馆	程家上弄	仍存，现住家
湖口会馆	龙缸弄内	建国瓷厂租用
古南书院（都昌会馆）	风景路	陶瓷加工部用
筠阳书院（瑞州会馆）	八卦图	新华印刷厂宿舍
新芙书院（奉新会馆）	毕家下巷	采茶剧院，文艺工厂
洪都书院（南昌会馆）	中山路毕家弄口	邮电局门市部
章山书院（临江会馆）	程家下巷	第八小学

（资料来源：《景德镇文史资料》第 4 辑，1987 年 12 月，第 190 页。）

都昌会馆的筹建在明代，"其时都邑人士之旅镇者，惟念四姓为最多"。按照来到景德镇的先后次序排列，二十四姓氏为邵、冯、余（东边）、黄、游、徐、李、谭、陈、彭、江、周、余（西边）、刘、石、孙、胡、向、王、洪、但、吴、傅、袁。[①]二十四姓之先人旅景德镇经营陶业者"日见其多"，因此需要"有团集地点，不至散漫而无所统"，"有见于此，就念四姓之志同道合、相视莫逆者"结成金兰社，"购筑数椽为社址"。其后，"处心积虑，力谋开拓，遇有机缘虽多费金钱，在所不惜，苦心孤诣"，建成"地面阔大，规模雄壮之会馆"，会馆额之曰"古南书院"。同治《都昌县志》卷二《规建志·亭馆》载："景镇公馆在景德镇螃蟹山西南，向系都昌业窑各户集费捐建，除本镇联乡情议公事外，凡士人膺贡举者到镇，均侨寓于是，故亦题其门曰'古南书院'。"因为"倡首建筑与所需经费，念四姓不得不专任其责"，因此会馆建成后"管理之责于二十四姓"。后因

---

① 谭克镛口述：《都昌会馆概况》，《都昌文史资料》第 3 辑，1991 年 10 月，第 15 页。

"会馆之产业不多，二十四姓既任管理之责，念缔造之艰难，常怵于公款之不足"，"继金兰社之后增立芳信社，另置有产业，年收租金，藉作应酬，并另立经理，与会馆公款绝不相混"。①都昌会馆还有一个组织叫"福缘社"，是会馆下设的慈善组织，专门从事社会救济，举办公益事业。②

抚州会馆由抚州府的临川、东乡、崇仁、宜黄、金溪、乐安等六县共同捐资兴建。各县决定：由各县提出琢器、屠业、柴行三业中殷实户名单，商酌捐助金额，动员带头完成；按人丁（赤贫例外），不分性别年龄，每个捐助一吊钱；每县各选派一人，按划分的地段收取同乡无嗣孤老所献遗房的租金。历时约半年，凑合白银近四万两。会馆建成占地总面积四千余平方米。会馆大门为排楼式八字开，门楣嵌一长方形石板，上书"昭武书院"。一进正厅为关帝殿，二进正厅为文昌殿，三进正厅为议事厅。③

南昌会馆由南昌府的南昌、新建、进贤、丰城、奉新、靖安、安义、武宁八县同乡筹资共建，占地面积约两千三百平方米。会馆的正面门墙，是牌坊式建筑体，梁、柱、墙、框、楣、槛、阶，以石砌成。牌坊貌似"山"字形，顶中嵌有竖刻"万寿宫"的石匾。大门正中的门楣上方，有石横匾一块，上刻"洪都书院"四字。登阶跨入大门，顶上是背靠门墙的古戏台，台面向东，以十六根大圆木分四行排列为柱。台前是一块开阔的露天场地，地面以石板铺就。穿过场地，是会馆的主体建筑群，融宫殿庙宇于一体，由大殿、真君殿、夫人殿、观音堂、祖先堂、花园及议事厅组合而成。④

二、基本功能与内部运作

江西商人会馆一般由董事分年管理会务（俗称"值年"）。董事由选

---

① 《古南书院来源补序》，《都昌文史资料》第3辑，1991年10月，第23—24页。
② 谭克镛口述：《都昌会馆概况》，《都昌文史资料》第3辑，1991年10月，第19页。
③ 杨仲春：《抚州会馆》，《景德镇市文史资料》第11辑，1995年8月，第320—322页。
④ 余德清：《南昌会馆》，《景德镇市文史资料》第11辑，1995年8月，第329—330页。

举产生，有管理财产执行规约的权利，一般由殷实德厚者担任，如"临湘万寿宫董事丁春和、丁谦益、黄万太、熊义生，都是资望、财力皆属兼备"。①董事负责对外联络交涉、处理帮内争执纠纷、协调本帮与外帮关系、制定帮规、主持祭祀等，一般不支年薪，每年由会馆支付一定数额的车马费。江西商人会馆也有由首士负责的情况。景德镇都昌会馆由二十四姓都昌人推举人员担任首士，二十四姓分为四帮，头帮由邵、冯、余（东边）、黄、游、徐六姓组成，二帮由李、谭、陈、彭、江、周六姓组成，三帮由余（西边）、刘、石、孙、胡、向六姓组成，四帮由王、洪、但、吴、傅、袁六姓组成。轮任期内的六名首士推荐一名担任总首士，任期为一年，不得连任，另定一人管理收租，其余四人也到会馆值日。值日首士每天需到会馆当班，应酬日常事务。中饭由会馆准备，菜蔬有统一规定，五菜一汤，每餐供大米两升。日常来客，会馆备有茶叶、黄烟以供招待。会馆内设账房先生一人，管理会馆账目收支、零星购置，设庙祝一人，主要任务是祀奉庙堂菩萨，点灯，烧香，扫地，并兼弄会馆首士中饭，供应茶水。这两个人不得请都昌人，均请徽州人担任。会馆另外还雇用一名脚夫，每天为会馆送传单和信件。会首属义务性质，仅年终由会馆供一斤婺源茶叶，另由会馆定置一盏灯笼，上写有"古南书院"和会首姓氏，作为会首的一种荣誉。②

江西商人会馆的日常经费主要来自房产、田产的租金，还有来自商人或官员的捐款。1927年，景德镇都乐械斗时，都昌会馆关帝殿被烧毁，乐平赔了三千元。1936年着手筹建，1937年动工，设立古南书院重建委员会，设主造和监造共计五人组成。为筹集经费，重建委员会召都昌旅镇工商界、教育界等各方面人士商议，确定凡在景德镇有工商招牌的老板都要募捐。"三尊大佛"的首尊余英泾的儿子余英豪列第一名，捐一万元，冯承就捐七千元，十八罗汉之一王家琨捐五千元，向德捐五千元，

---

① （清）湖南调查局：《湖南商事习惯报告书》，劳柏林校点，湖南教育出版社2010年版，第89页。
② 谭克铺口述：《都昌会馆概况》，《都昌文史资料》第3辑，1991年10月，第18—19页。

谭克镛捐五千元，邵裕如捐三千元，其他最少的数百元。[1]有的会馆还规定官员的捐款数，清末重庆江西会馆规定"总督须捐款二百两"。[2]为了会馆的长期维持和发展，许多会馆建立管理团体捐款和团体财产的规章条例。汉口江西会馆规定：（一）凡新开店者，当出钱一串二百文。（二）新来汉口为店员者，当出入帮钱四百文。（三）自他帮雇入之徒弟，当出钱五百文。（四）徒弟入会者，当出钱五百文。（五）在汉口贸易者，若入帮延迟一月者，公同处罚。[3]会馆的日常经费还有采用抽厘捐的形式筹集，湖南"古丈坪之江西帮，抽下河厘头为万寿宫费用"。[4]上海江西会馆还制定了《各项捐款暂行征收规例》，内容如下：

（一）本会馆为筹集经费，力谋整顿起见，特照向例并斟酌目下情形，订定各项捐款暂行征收规例。（二）本规例由董事会酌议规定之。（三）本规例自公布之日起，凡属旅沪赣人，无论行商庄号及工商店栈，皆有遵从履行之义务。（四）各项捐款额例如左：甲、棉纱匹头每件银二分。乙、纸张每千两抽一两一钱二分。丙、夏布、米、杂粮、烟叶、磁器等每百两抽银五分，茶每箱抽银一分。丁、海味、洋杂货栈号商店，均按月征月捐，分为六元、四元、二元，其数目应听自由担任。戊、工界店号月捐分为三元、二元、一元，其数目应听自由担认。（五）本会馆经费除上列例捐及财产项下收入外，如有不足时，得由董事会议决，举行特别捐募。（六）纳特别捐者，不得停纳其应纳之例捐。（七）纳捐人之营业所在行栈者，应由行栈家账房代收，分为五、八、腊三期汇交会馆，存放于指定之银行或钱庄，纳捐人之自有营业所者，则由会馆派人于每月底核收。（八）各项捐款交纳时，须擎取本会馆收据，并须经手人签押，方足为凭。（九）存款处暂指定北市吴南记、南市福豫安。[5]

---

[1] 谭克镛口述：《都昌会馆概况》，《都昌文史资料》第3辑，1991年10月，第17—18页。
[2] 彭泽益主编：《中国工商行会史料集》，中华书局1995年版，第78页。
[3] 彭泽益主编：《中国工商行会史料集》，第97页。
[4] （清）湖南调查局：《湖南商事习惯报告书》，劳柏林校点，第88页。
[5] 彭泽益主编：《中国工商行会史料集》，第860—861页。

商人会馆类似宗祠，同乡商人在共同祭祀乡土神灵的形式下，走到一起，荣辱与共，忧患相恤，达到"虽异姓之聚，不啻同宗之戚也"的状态，病时可以延医供药，年老不能经营时，有一定数额的安置费，返乡时也有川资路费提供。商人会馆发挥着敦睦乡谊、调解纠纷等社会功能和作为商业中介、商业担保、融资场所等有的经济功能，以及一定的市场管理功能。

（一）敦睦乡谊

商人会馆是商人在异地他乡的避难所、寄宿地。有些商人会馆直接起源于同乡商人接济在外困顿者，乃至安置客死他乡者之所。当同乡中有人遭遇不测，如泛舟沉船、过路遇劫等天灾人祸时，一般由会馆给予一定的接济，若数额巨大，则由会馆出面，在同乡商人中征募，帮其渡过难关。在湖南醴陵豫章会馆，即万寿宫，"在西后街，明代西帮创建，清乾隆间重修，光绪元年复修"，管店房数所，田一石有奇，"凡赣人落拓于醴者，饮以川资。病给医药，死无所归者，则畀以棺槽"。[①]衡阳有新、老万寿宫各一所。老万寿宫坐落在城南新街，坐西朝东，面临湘江，建筑年月无考，正门石额有"江西会馆"四个楷书大字。江西会馆南侧门首额曰"斯道"，为江西同乡人停柩之所。北侧门首额曰"回恒"，为事务管理及病人疗养之处。另有庄田、店屋等不动产，还有棺木制作坊，分"天、地、人、和"四个等级，专供同乡人使用。"天"字号棺木价格昂贵，供富户使用；"和"字号棺木低于成本，售于赤贫户。又有助衣、助药、助路费等福利开支。另有新、老义山两座，专为掩埋旅衡病死者的尸骨。[②]

在广东佛山，乾隆初江西会馆设立江右义山。同治十二年（1873），同人契买城门头新宅设立江西义庄，为病人养病所，或各棹可旋里者暂厝。佛山镇江西会馆首事职员王章、彭寅宾、刘尧瑞、萧积中、孙体泰、

[①]《醴陵县志》之《建置·公所》。
[②] 萧善卿：《衡阳江西会馆——万寿宫》，《衡阳文史资料》第 8 期，1990 年 4 月，第 206—207 页。

刘友邦等向南海县呈称:"江西一省,客粤谋生者,人数殷繁,其间腰缠万贯、衣锦荣归者固不乏人,而身滞一隅,萍梗老死者亦多。……虽扶榇有资,一时未能起运,亦须暂厝。缘是前辈于省垣北门外捐建义庄一所、义山一幅,以备厝葬同乡客死棺榇(以下缺字),此省垣会馆之义举也。伏思佛山镇商贾云集之区,职乡经纪,往来如织,设遭不幸,举目无亲……捐资契买黄姓坐落佛山城门头洛水旷围一所,改建义庄,另觅隙地一块,作为义冢。诚恐异乡置买业产,或有附近棍徒(以下缺字),或盘踞霸占。至于运柩厝葬,花子强乞,藉事生端,不可不防。为此联名公恳廉明,出示严禁,永远遵守,并乞批示立案。"闰六月二十九日,南海县杜县令发帖江西义庄,立石告示:"义庄义冢系为厝葬旅榇之地,尔等毋得从中作践,盘踞霸占。倘敢故违,一经访闻,或被告发,定即从严究治,决不姑宽。"[①]都昌在景德镇做工的贫困瓷业工人死后,可由都昌会馆福源社提供免费棺材。1934年农历十一月,都昌会馆立《古南福源社重建碑》称:"野莩堪怜,饥饿频仍,道仅以目,若不施之以片木,掩之以撮土,露骨抛尸,岂不为孤犬所噬耶。本邑同社人等殷鉴于此,输捐集社,广布阴功,原恻隐之心,人所同具;乐善之志,有加无已。俾野鬼得所依旧,孤魂亦免凄苦。草葬掩埋,上不负好生之德,下可重人民卫生。苟非借资挹注,何以垂诸久远。会将增进业产,一一披露于左,善善从长,以垂不朽。(开列产业从略)以上业产为备施棺木以示久远之计。凡管理者,洁己奉公,每值轮派,本一诚相孚允洽众望,则无负前人发起之遗意。本社有厚望焉。"[②]

(二)调解纠纷

房产的典押、店铺的承转、股权的分合等商业活动常常会伴随有商业纠纷,因此帮内同乡当事人一般到会馆公正堂,请首士或值年公证,三方签字以绝日后隐患。若纷争发生,也一般由会馆出面调解。另外,

---

① 广东社科院历史所等:《明清佛山碑刻文献经济资料》,广东人民出版社1987年版,第154—155页。
②《古南福源社重建碑》,《都昌文史资料》第3辑,1991年10月,第26页。

会馆还调解帮内同乡间的民事纠纷和处理部分民间诉讼。据民国时期担任过会馆会首的谭克墉回忆："每当阳春二月，会馆必备几桶茶，接待来人。在那年代，打官司的人很多，到会馆诉讼或请求调解的叫作接茶，打官司的要在会馆开'一堂茶'。一般口角纠纷，当时处理。如遇重大案件，则需要立案。接茶人要负责'一堂茶'的茶水费。若办理延误时间，则不另收茶费。民国九年至十年间，旅镇都昌陈姓人与邵姓人，因口角是非闹得很大，双方相杀，均有伤亡。都昌会馆出面调解，始获平息。旧社会里，如争产业，争地盘，或家庭纠葛闹得投河自杀的，时有发生。这类纠纷都是由会馆出面调解的。"[1]若同乡与他人间发生较为重大的纠纷或遇有官司时，也多由会馆出面或在会馆支持下得到妥善的解决。光绪二十三年（1897），景德镇大器匣厂道路工人饶天喜、王典和、黄昌波、徐见喜、邓接喜、余昌发、江索礼、洪明敏、曹高汉、章发元、段明风、方发抖、徐墩基、石士春、倪应林、方贵安、许义和、方禾尚，小器匣厂道路工人余福贵、黄茂华、吴吉律、周细眼、胡耀堂、杨英宗禀称："景德镇五六杂处，每遇醮娶，屡被不法棍徒妄收开销，恃强滋事，酿成命案。前经三帮绅首举人魏承熙等禀奉上宪，批县出示严禁在案。今伊等因见地方流棍及匣厂未领工夫人等，遇有醮娶之家，动辄逞凶横行，藉收开销，讹索不已，诚恐再酿巨祸，牵累匪轻，公恳出示勒石永禁。"这次禀官严禁就是在都昌会馆支持下进行的。十一月初三日，浮梁县知县出示告示，在景德镇都昌会馆刻碑严禁。碑文称："仰合镇居民各色人等知悉：嗣后各宜安守正业，如遇醮娶之事，毋得藉收开销，讹索钱文，滋闹横行，大干法纪。自示之后，如有蹈前辙，张收开销，讹索滋事者，一经访闻，或被告发，定即从严拘案，按法究办，决不姑宽。各宜凛遵，毋违。特示。"[2]

（三）维持市场秩序

同乡商人如果一味追求商业利润，不顾同乡间的融洽关系，相互竞

---

[1] 谭克镛口述：《都昌会馆概况》，《都昌文史资料》第3辑，1991年10月，第19页。
[2]《出示严禁》，《都昌文史资料》第3辑，1991年10月，第25页。

争，结果必然是同乡整体利益的受损，外帮借此得利。不少会馆建立的缘起亦为避免同乡商业竞争，保证同乡获利。江右商人在上海建立会馆，向政府申请"立案"，即强调会馆有促进经济协调发展的功能。袁章煦、王振凤、邱鸿钧、魏崇山、郭光溶、杨详昆等在倡建会馆禀文中称："窃生等籍隶江西，在治为商为贾，每逢运货到上，价值参差不一，以致各业难以获利。缘无集议之所，是以同乡共业，不能划一。生等虽市廛，谊属同乡，故作首举义倡，邀集同都妥议，劝捐购基，以便起造会馆，将后条规有赖。凡在同乡贸易，不致涨跌参差。现今议妥，各愿乐输，勷成斯举。"[1] 价值参差不一，以致各业难以获利，这单靠个人力量是很难解决的，因此江西同籍乡人凝聚在一起，团结起来劝捐购基，建造会馆，依靠会馆这一团体组织的力量以达到行业之间分工协作、协调发展的目的。有些会馆以"划一价格，避免同乡竞争"作为基本条规，商户若有违背，将受到严厉制裁。乾隆五十九年（1794），监生杨先同邓、杨、薛、朱、包、郭等姓捐建新城县四十八都西成桥万寿宫。在新城县"向有射利之徒，以故贴冒充，私索买卖粮食行税"，杨先等"较准公斗，用铁索锁于殿外柱上，令买卖粮食均于此处印用，不得妄取分毫。经同安司呈详，请县宪徐颁示勒碑存案，其弊乃息"。[2]

（四）商业担保

店铺一般有这样的规矩，不明底细的人不能收留在店内做帮伙。这使得辞家远道而来者，在陌生的环境中难以立足。如果能得到会馆的推介，为工为贾便是易事。而店铺、作坊如急需雇人亦向会馆反映。大多江西会馆都能为远道而来的同乡谋生路，会馆事实上已成为同乡谋职的桥梁和纽带。抚州金溪县的张鸿模在湖南长沙从挑河水卖的外来"打工仔"到拥资千万的金融家，就是由于得到了江西会馆的帮助。光绪十六年（1890），十六岁的张鸿模辞别母亲只身来到长沙，身上仅剩500文钱。

---

[1] 上海博物馆图书资料室编：《上海碑刻资料选辑》，上海人民出版社1980年版，第335页。
[2] 同治《新城县志》卷二《建置·坛庙》。

最初在一位江西同乡的帮助下挑河水卖，一次卖水遇一位同乡钱铺老板，并得到钱铺老板的喜欢，想收其在钱铺当学徒。在找担保人时，张鸿模想到了江西会馆。江西会馆的抚州同乡看张鸿模一副忠厚相，破例盖了保戳印，成全了张鸿模入钱铺学做生意的心愿，也成就了一个金融家。[①]在湖南凤凰，凡来此谋生的江西人因种种原因陷入了困境，而在没有亲朋或虽有亲朋却无法提供资助的情况下，便由江西会馆从其收益中提供一个月的食宿。如一个月后仍生计艰难，江西会馆可以发给返乡的盘缠。江西会馆还为江西商人融资作担保，在有大生意但手头资金不够的情况下可以找会馆帮忙，在同乡间发起"摇会""抬会"集资，待生意做成之后按原先议定的利率归还。或者由会馆介绍有实力的同乡集资入股，共担风险，共享利润。

商人会馆还有沟通商业信息的功能，不少江西商人从事长途贩运贸易，如木材、粮食、药材、桐油多跨数省经营，各地物产的丰歉、物价的消长、运道的畅阻以及沿途的安全状况等等商业信息直接关系着经营的成败。商人会馆除了为同籍过路商人提供食宿和货物储存之外，实际上还发挥着商业信息沟通站的功能，各地的商人会馆联成一张巨大的信息网，为同乡获利提供了条件。客于异地的同乡在与外商竞争中是荣辱与共的，商业经验交流是必要的，定期集会的商人会馆自然成为经验交流的好场所，对于府县地方商人行业相对集中的商人会馆而言更是如此。这也是同乡商人对会馆修建慷慨输捐的重要原因。另外，商人侨寓异乡，有时子弟同往，在不能与土著共享教育资源的条件下，不少会馆设立学校，解决了商人子弟求学的难题。如1937年，由都昌会馆牵头，用都昌会馆房产和都昌会馆福源社的一部分房租，在景德镇创办了静山中学。[②]

三、会馆的衰落和同乡会的兴起

清末以来，各地商会普遍建立，商人会馆逐渐衰落或功能发生转化。

---

① 《湘赣商缘——江西商帮战长沙》，《湖湘论坛》2000年第5期。
② 谭克镛口述：《都昌会馆概况》，《都昌文史资料》第3辑，1991年10月，第21页。

当业缘组织与地缘组织发生矛盾时,在绝大情况下出于本身的利益考虑,商人会选择实在的业缘关系而放弃相对空泛的地缘关系。但是,地缘会馆组织的衰落,并没有使同乡的社会组织消失。商人在客地与桑梓之地的具体利益诉求非商会所能顾及,这是20世纪上半叶同乡会兴起的缘由。以业缘为主的商会与以地缘为主的同乡会从一开始就形成互补,商人以行业不同而隶属于各同业公会、商会,同时又以乡籍的不同而隶属于各同乡会。①

江西同乡会取代江西会馆的社会功能,成为一种新型的社会组织,一直延续至新中国成立前。民国《汝城县志》卷十八《商业》载:

> 汝本山邑,陆不可方轨,水不可航舟,交通阻绝,故无富商大贾出于其间。城市店铺可三四百家,大抵足头杂货、酒、米、油、盐等行为多。惟东西两河之木,东南二区之纸,行销于临近各省。纸以粤之城口为贸易地,木以湘之湘潭、赣之塘江为贸易地,商业颇旺,然亦不多有。自民国六年钨砂发现,矿厂林立,而商务渐盛。近又因特货(时国禁鸦片,讳为是名)之运行,率以汝城为西南收兑中枢,于是商贾辐辏。衡帮、宝帮(由衡州、宝庆等商驻汝营业)、广帮(由广东嘉应、新宁驻汝营业)、西帮(由江西吉安、赣县等商驻汝营业)各设同乡会以资联络,街市殷阗,偏僻颇成繁会。

在湖南汝城,江西商人设立同乡会以资联络。在湖南常宁,江西同乡会最多时候有会员一百多人,会长、副会长一般民主推选,但很自然地都会由有声望有实力的富商担任。同乡会的活动主要有以下几项:(一)为同乡主持正义。凡是同乡中有受外界欺负,以一个人的力量难以解决的,则由同乡会会长或副会长出面与对方交涉,一般都能得到妥善解决。如经交涉仍无法解决,需要打官司,同乡会则负责到底,代其打官司,直到问题完全解决为止。如果同乡会会员中,有人做了亏理的事,会长、

---

① 唐力行:《徽州旅沪同乡会与社会变迁(1923—1953)》,《历史研究》2011年第3期。

副会长也自动进行说服教育，批评帮助，有时也代其向对方道歉。会员中有了矛盾或意见分歧，同乡会也负责调解。（二）农历八月二十六日是许真君的生日，每年的这一天同乡会都要举行盛大的纪念活动。大家欢集一堂，共叙思乡之情。在许真君像前上香火，到财神、文昌、观音菩萨像前作揖跪拜。之后便是会餐，碰上好戏班在城里，晚上还要唱戏。（三）农历七月半是祭祀祖先的时候，同乡会亦由掌管财务的同乡，买些纸钱、纸衣、纸裤、纸屋、香火之类的东西焚化，以纪念客死他乡的同乡。同乡会的经济来源，除每个会员入会时交纳一块银洋外，其余的大部分由那些殷实的同乡自愿捐献。捐献的多少，一般视其能力的大小、业务兴衰情况而定。[①]

在湖南衡阳，江西同乡会内各行业还有各自的组织。染坊业有致远堂，钱业有国宝堂，纱布业店员有慎锦会、老板有公锦会，南货业店员有公益堂、老板有合益堂。学徒、店员的入会金每人缴缗钱四百文（后改为四角），由店支付，升为老板时，则须自缴白银四两，作为参加老板层组织的入会金。各业的堂、会，每年须造报新会员名单及提缴一定比例的入会金，才能取得江西旅衡同乡会会员资格，享受会员待遇和参加同乡团拜会及其他福利事项。1930年后，改为按各店实有会员发给一定金额的"会酒费"，各店分别聚餐，不再举行大规模的"团拜会"。吉安县商人肖瑞山先后在衡阳开设瑞丰绸庄、宝聚丰、宝丰盈等店行，曾任衡阳江西同乡会会长。旧衡阳有排斥外省商人的习惯，常与江西商人不睦。肖瑞山与莲花厅朱益藩结为兄弟，时朱益藩兄长朱益浚来知清泉县事。肖瑞山托朱斡旋其间，终使前嫌尽释。继肖瑞山长江西旅衡同乡会者为卢瑞芳。1920年间，卢瑞芳主持创办了豫章小学校。卢瑞芳曾在衡阳大东华门开设"怡园"，园中包括酒厅、旅社、浴池、戏院、影剧院，为衡阳旅馆第一家。吉安商人遇有涉及官方事务，常到怡园拜托卢瑞芳代为出面，据理交涉。同乡内部发生矛盾时，也由卢评断是非。江西人

---

① 曾昭文：《常宁万寿宫及江西同乡会》，《常宁文史资料》第3辑，1987年10月，第182—183页。

有未就业者，经同乡会介绍，可在江西籍商店"借歇"半年，只供食宿，不给工资，但可随时转为正式店员。如期满而未转正者，则主动离店。店员如有偷盗舞弊事情，经查证属实，可以随时辞退，同乡会可因其请求而代为说情，继续留店工作。如属重范，同乡会也不予理睬，只好悄然离店，他店也不雇用，这种人被指为"卖码头的人"。①

各地同乡会兴起，江西商人会馆则成为同乡会管理的产业。1926年，上海江西同乡会重新制定上海江西会馆章程，该章程受商会章程的影响，条款内容规范，行文简练明白。虽然此时上海江西会馆仍称万寿宫，但章程中已没有关于祭祀活动的条文，民国时期的上海江西会馆的功能更接近同乡会。当时新制定的《上海江西会馆章程》共十章二十二条：

第一条，定名曰上海江西会馆，设事务所于上海小南门。第二条，以维持公产、增进赣人工商业务利益为宗旨。第三条，董事之额数：（一）董事十八人；（二）值年董事六人；（三）特别董事无定额。第四条，董事之选举：（一）董事由会员投票选举；（二）值年董事由董事推定之；（三）特别董事须品重望优，富有经验，于会馆有劳绩及卖力赞助者，得会员五人以上之公举，须常会通过方为合选。第五条，值年董事之权限：（一）得推定会董担任会务，及聘任各项职员；（二）担负筹划会费；（三）于法定会期外遇要事得召集会议；（四）于会议时得公同议决各事。第六条，董事之权限：（一）选举值年董事及被选为值年董事；（二）筹划会费及监察一切会务；（三）于法定会期外得商请开会；（四）于会议时得公议决定各事；（五）须随时协助值年董事主持一切。第七条，特别董事之权限。特别董事得提议专议，听本会馆裁定之。第八条，董事均以三年为限，值年董事则以一年为限，但连举得连任。第九条，设坐办一人，文牍、书记、会计、庶务、调查、交际各职员，按事之繁简，由董事会酌量聘任。第十条，会员分列二种：（一）他凡在上海有职业之江西人，年纳捐在五十元以上者得为会员（纳月捐及货捐者不在此限）；（二）曾

---

① 萧善卿：《衡阳江西会馆——万寿宫》，《衡阳文史资料》第8期，1990年4月，第207—209页。

纳特捐在百元以上者得为特别会员。第十一条，会员之责权如下：（一）有选举权及被选举权，但有选举权者年龄须在二十五岁以上；（二）有担负会费及条陈会务之责；（三）于法定会期外，遇有要事得商请开会，但须得值年董事之同意；（四）于会议时得公议法定各事；（五）遇有纠葛情事，得叙述事由，请本会馆排解时设法援助；（六）本会馆所设备之各种公益事项，得共同享受。第十二条，凡江西人在上海有正当职业及行号头入会者，无论个人或行号，须得会员二人介绍，并具入会信约及会员介绍书，送经董事会通过，予以入会证书。第十三条，左列各类不得入会：（一）营业不正当者；（二）褫夺公权者；（三）受破产宣告未撤销者；（四）有精神病者。第十四条，会员自愿出会，须声明实在理由，送会馆备核。第十五条，会员犯有左列各项之一者，经会员三人以上举发，查有实据，开会公决令其出会：（一）违犯国法者；（二）不守会章反破坏本会馆者；（三）犯第十三条各项之一者。第十六条，会议分三种：（一）常会每月（拣一星期日）举行一次，由坐办通知各董事与议；（二）特会或召集全体大会，召集董事开议，随时酌定之；（三）每年于夏历九月九日举行报告预算、决算事务费及各项开支。第十七条，会议规则另订之。第十八条，本会馆经费以各项捐款、会费及本会馆财产项下收入充之，分额支及临时开支两项，额支由董事会预算列表，开全体会议决，由坐办签字照行。第十九条，每月额支及临时开支，会计员造具月报册一份，附帖发票或收条，送常会查核，办后收存备查。第二十条，每年收支各款，于次年年会时公举查账员二人，按款清查，由查账员签字发印报告。第二十一条，会费及捐款交会馆时，掣付收据，须由值年董事签字，其他收条则须由坐办签字。第二十二条，本章程经全体通过后即遵行，如有修改仍须大会公决方为有效。[①]

1945年抗日战争胜利后，国民政府通令，凡会馆、祠堂公产收入，没有办慈善事业的，一律收归国有。湖南凤凰江西同乡会为维护江西会

[①] 彭泽益主编：《中国工商行会史料集》，中华书局1995年版，第857—860页。

馆公产，决定兴办小学，在凤凰县沙湾的万寿宫馆址创办一所私立豫章小学。豫章小学设立学董会，筹集办学经费，修建校舍，选聘校长，向县府呈请备案及对外一切重大事宜，均由该会负责。建校资金，由江西同乡会拍卖房屋八栋，把万寿宫整修为校舍，粉刷教室墙壁，配制玻璃窗户，购置新课桌椅一百套，黑板八块，办公桌椅十套及办公用具，并在清沙湾园地开辟操坪。办学经费除学生缴纳俸米外，还有万寿宫出租房产租金及田地租谷等收入，以补工薪的不足。1952年土改后，万寿宫田地房屋依法改掉后，部分租金来源断绝，经济日趋困难。1953年，政府正式接管了该校，成为一所公办的完全小学。[1]景德镇章山小学是由临江府旅景同乡会创办。当时，临江会馆的绝大部分被国民党团管区（收容壮丁的）占据，只剩理事会会议室和厨房。同乡会理事长邹华才（邹三吉堂药店老板），召开同乡理事会商量，暂时办两个班。于是成立学校董事会，选举周兆麟为董事长，简明才、熊国英、胡选、周国杰、胡光泉、刘子亮等为董事，学校经费主要来自会馆的房产租金收入，校址在临江会馆。同乡的子弟入学，一律免交学杂费，并赠送书簿和文具，非同乡人的贫困子女也可免交学杂费。1946年10月，经浮梁县教育局批准办校，1947年2月正式开学。[2]

对于游弋于外的客商而言，传统组织的联谊、互济、营造精神家园的社会功能具有极大的吸引力，同乡会在各地普遍兴起是对商人会馆的继承和发展。商人组织的演变体现了这个多元组织的适应性，说明传统社会内部因素并非与现代社会绝对对立，而是有着传承性和同构关系，包含着对现代社会的潜在适应性。商人组织通过自身的演变或改造，以适应急剧变革的社会发展，达到与社会发展协调共处的目的，依然充当着现代社会发展的基础。

---

[1] 裴宏骏、熊良忠、裴庆光：《商办豫章小学》，《凤凰文史资料》第4辑，1991年11月，第140—143页。

[2] 周国杰：《章山小学》，《景德镇市文史资料》第11辑，1995年8月，第344—345页。

第二节　来赣客商会馆文化

一、来赣客商会馆的兴建

来赣的商人既是江西的客商，又是在同一片土地上创业的新赣商。来赣客商兴建的会馆，每逢诸神过生日，同乡亲朋便聚集于会馆中大祭和欢宴数天，并请戏班唱几天大戏，鄱湖民歌、黄梅古调、昆曲名剧等轮番登台，热闹异常。景德镇、吴城、河口和樟树在明清时期是经济发展水平较高的工商业城镇，都出现了数量不少的商人会馆。

景德镇因瓷业的发展，人口不断增加，有所谓"民窑二三百座，终岁烟火相望，工匠人夫不下数十万"以及"景德镇是吃千猪万米的码头"等说法。来赣客商长期驻景德镇或采购瓷器，或为瓷业服务，来赣客商会馆也应时而起。据解放初期景德镇市政府组织力量对公产进行调查统计，来赣客商会馆主要有12处。

表5-2　来赣客商驻景德镇会馆一览

会馆名称	坐落地点	现在情况
苏湖会馆（苏湖书院）	何家窑	第六小学
广肇会馆（岭南书院）	五间头上弄	红卫电影院
福建会馆（天后宫）	中华路周路口	周路口派出所
石埭会馆（广阳公所）	苏家坂	红卫瓷厂租用
宁波会馆（宁绍书院）	中华路	公安局
宁国会馆（宛陵书院）	中华路邓家岭	第五小学
蓉城公所（青阳书院）	求子上弄	仍存，现住家
徽州会馆（新安书院）	中山路新安巷口	第一小学
祁门会馆	中山路风景路口	石狮埠房管所
湖南会馆	沿江斗富弄	大众剧场
湖北会馆（湖北书院）	彭家下弄	前厅营业，后面住家
山西会馆	祥集下弄	赣剧班，现已拆除

（资料来源：《景德镇文史资料》第4辑，1987年12月，第190页。）

徽州会馆占地约四千平方米，宫殿式的，有三道门。大门正上方书有"新安书院"四个镶金大字。门前约一米处有一对石狮，大门两旁各有一面直径二尺余的石鼓。第二道门上方书有"五凤阁"三字，顶上是戏台，脚下是青石板台阶。再走进去，是坦场，面积约占整个会馆的五分之一。中央有一大天井，天井地面有浮雕"苍龙腾飞"。穿过坦场便到正厅，即朱夫子殿。紧接朱夫子殿的是关帝殿。南侧有文昌宫，是会首、各县首士集会的场所。文昌宫与朱夫子殿之间有一小殿，叫义醮祠，供奉着各县颇有声望的列祖列宗灵牌。从农历二月份开始，徽帮的每个行业轮流做会三天。每个行业都有社，如钱业称大成社，布业称聚建社（老板组成）、聚成社（伙计组成）。做会时，各社社员可以凭带有绸布的竹片（标志）到会馆领取二斤饼。[①]

苏湖会馆建在景德镇黄家洲，"苏湖"为江苏苏州和浙江湖州的简称。黄家洲最初多是都昌穷苦人摆地摊卖下脚破烂瓷器的地方。苏湖人在景德镇有钱、有势力，主要经营陈设瓷和高档产品。为争夺黄家洲，苏湖人和江西人到官府打官司，官府最后判定：靠西头照原由江西人搭棚摆摊卖瓷器，但每年农历十二月二十四要拆棚，过了正月十五之后才能搭。东头造苏湖会馆。[②]苏湖会馆飞檐翘拱，大青石铺地，大青砖砌墙。大门朝西，青石门楣，上方匾额题"苏湖书院"。门前一小庭院，北通何家洼，南通富商下弄，青石拱门。进大门为一方屏障，人自两边入内。南北两侧各有长廊，中间有一小庭院。过庭院为前殿，走过前殿又有一方大庭院，南北有廊，廊中有亭，与正殿相连接。正殿前有台阶，中间有一块用青石雕刻而成的大蟠龙。正殿的柱子全为有一人合抱之粗的珍稀楠木。殿中央有三尊丈余泥塑，中间为关公，后立者，左为周仓，右为关平。穿过正殿又有一个小庭院，后殿中间砌约一米高的小戏台。后殿靠富商

[①] 曹时生等：《徽州会馆与群众团体》，《景德镇文史资料》第9辑，1993年5月，第231—232页。

[②] 刘贤诚等：《都昌人在景德镇专营的几个行业》，《都昌文史资料》第3辑，1991年10月，第45页。

弄一侧开有后门。整个会馆横梁上有数不清的木雕戏文和飞禽走兽。[1]乾隆十九年（1754）的一天，会馆门首旗杆折断，首士徐世纶、沈大仁为进一步占有黄家洲，在闰四月二十一日将旗杆竖立在向由都昌贫民摆摊卖破烂瓷器的洲中央，并搭戏台。洲民首领冯长先率众反抗，徐、沈贿赂官府，官府捉拿洲民，后来洲民告状告到刑部，刑部于乾隆二十年（1755）八月做出判决，由知县方宏智、县丞薛成绣查办，最后苏湖会馆败诉，首士徐世绣，杖一百，流三千里，首士沈大仁，原本同罪，减为杖一百，徒三年，苏湖会馆与黄家洲洲民立石为界，毋许犯越。此后，苏湖人逐渐败落。原来苏湖籍采办瓷器的商人纷纷转回原籍，留下来的都是做小本生意的。[2]

湖北商人因掌握湖北、西南等地的瓷器销售，形成了实力雄厚的瓷器商帮。湖北会馆一度成为景德镇瓷行老板商议扩大陶瓷贸易、研究经营事项的场所。民国二年修《古寿昌贝矶黄氏宗谱》记湖北商人黄雨亭先生的事迹，提到了湖北会馆创立的经过。黄雨亭"咸丰年初，懋迁来镇"，被"聘办磁厘，清廉勤慎，官商均倚重"，还被"举入三帮首士"。同治年间，"楚北行商坐贾力举先生为会首，以安羁旅，先生按客资丰啬，劝助分毫，集腋鸠工，建鄂乡书院，朝夕经营，几忘寝食，廿余年始观厥成"。[3]据湖北籍老瓷商黄少眉的回忆，"湖北会馆所属共有七帮：同庆社（鄂城县）、良子帮、同信帮（汉口）、黄麻帮（黄冈、麻城）、三邑帮（通山、阳新、大冶）、马口帮、孝感帮。民国年间，同庆帮人最多，有瓷号一百多家，马口帮次之，后来合为三良感（即三邑帮、良子帮、孝感帮）又次之"。[4]

福建会馆建于康熙年间，后又增修了后殿。1977年拆建时，发现两个印盒，上写"乾隆甲寅十二月新建后殿。会首刘永庵，管事陈元楷监制"。福建会馆曾是景德镇古陶瓷运往海外经销的一个集散地，福建瓷商

---

[1] 陈海澄：《苏湖会馆》，《景德镇市文史资料》第11辑，1995年8月，第342页。
[2] 陈海澄：《苏湖会馆》，《景德镇市文史资料》第11辑，1995年8月，第340—341页。
[3] 《古寿昌贝矶黄氏宗谱》之《雨亭先生八秩寿序》，《景德镇制瓷业历史调查资料选辑》。
[4] 《黄少眉先生访问纪要》（1962年11月2日），《景德镇制瓷业历史调查资料选辑》。

云集于此，有客房、议事厅。[1]

吴城镇地处江西北部，鄱阳湖西岸，赣江和修水的鄱阳湖入口处，是航运码头。早在唐宋时，吴城就有商人驻足，不过规模和影响一直不大，在明中叶以前，依然是"居民稀少"，"店屋百十数耳"。明正德（1506—1521）以后，随着全省和全国性商品经济的发展，赣江、抚河、修水日趋繁忙，吴城的地位也日显重要，"商贾辐辏，烟火繁而阛阓藜市廛萦迤，几无隙地"。[2]清代康熙以后，吴城转运贸易进一步发展，时人记载称："吴城，西江巨镇也。拨起中流，蜿蜒数里，大江环其三而民萃族而居，日中为市，商舻趋之。"[3]到清嘉庆、道光年间，吴城镇规模和经济发展达到鼎盛。当时有几句顺口溜："嘉庆到道光，家家喝蜜糖，狗不吃红米饭，十八年洪水未上坎。"据说，吴城镇极盛时期人口过十万，街区规模有九垱、十八巷、六坊、八码头。全镇有店铺二百五十余家，凡疋头百货、南杂烟酒、饮食服务、牙行、金融、手工业店等，应有尽有，有"茶商木客盐贩子，纸栈麻庄堆如山"之说，又有"装不尽的吴城，卸不尽的汉口"之誉。[4]据梁洪生通过对实物及口碑资料考察，吴城镇的来赣客商会馆有徽州会馆、山西会馆、全楚会馆、广东会馆、福建会馆、潮汕会馆、浙宁会馆、麻城会馆等。

广东会馆位于吴城闹市区豆豉街南侧、下街头西边的一块坡地上，左面紧靠伍显庙，右边邻接卢家坟。大门宏阔，正对赣江，建筑面积约一千五百平方米。会馆为东西纵向二进式庭院，呈中轴对称。罗汉山墙高耸，清水墙面，屋顶覆盖琉璃瓦和小灰瓦。前设中门、天井、大堂，后有小堂、天井，配有寝房、客房、库房、厨房及其他附属设施。大堂顶部用细木构件榫接成螺旋式藻井，四角悬挂荷花含苞欲放状垂花柱，雕工十分精细，梁上绘有"金陵十二钗""敦煌飞天仕女图""吹箫引凤图"，横楣用透雕技法雕着"狮子滚绣球"图案，门窗上刻有狮子、凤凰、

---

[1] 汪维培：《景德镇的会馆》，《景德镇文史资料》第4辑，1987年12月，第192—193页。
[2] 道光《新建县志》卷七十五《重修望湖亭记》。
[3] 同治《新建县志》卷七十九《艺文志》。
[4] 张新国：《吴城镇史略》，《新建县文史资料》第1辑，1988年6月，第26—27页。

牡丹等传统纹饰。广东地处岭南，故广东会馆又名"岭南馆"，馆内供奉着天后娘娘（妈祖），所以广东会馆又称"天后宫"（因福建会馆也称"天后宫"，为区别起见，人们把广东会馆称为"上天后宫"，福建会馆称为"下天后宫"）。据说，起初广东商人在吴城颇受排挤，吴城商人不准他们在当地购买建筑材料，不想让他们在吴城有立足之地。于是，粤商把砖石等建筑材料与糖、盐等货物混装在一起运到吴城，砖石上还刻有"粤东"字样。最终一两年便建成了规模宏大的广东会馆。广东会馆最后一次重修在嘉庆元年（1796）。

河口镇位于铅山与信江交汇处，属广信府铅山县，明中后期的短短七十余年间，由一个只有二三户人家的临时市集一跃而为较大规模的镇市。明万历时铅山人费元禄曾惊叹地说道："河口，余家始迁居时，仅二三家，今阅世七十余年而百、而千，当成邑、成都矣。"①明万历年间成书的《铅书》，详细记载了当时河口镇的商品市场情况："其货自四方来者：东南福建则延平之铁，大田之生布，崇安之闽笋，福州之黑白砂糖，建宁之扇，漳海之荔枝、龙眼；海外之胡椒、苏木；广东之锡、之红铜、之漆器、之铜器；西北则广信之菜油，浙江之湖丝、绫绸，鄱阳之干鱼、纸钱灰；湖广之罗田布、沙湖豆；嘉兴之西塘布、苏州青、松江青、南京青、瓜州青、芜湖青、连青、红绿布；松江大梭布、小中梭布；湖广孝感布、韦坊生布、海布、大刷竞、小刷竞、葛布；金溪生布、棉纱、净花、籽花、棉带褐子花、布被面、黄丝、丝线、纱罗、各色丝布、杭绢、绵紬、彭刘缎、瞿绢、福绢，此皆商船往来货物之重者。"清咸丰二年（1852），一位外国人描写河口商业盛况时写道："河口镇是红茶贸易的一个大市场，……到处都可遇到大客栈、茶行和仓库，沿河一带更多。停泊在市镇附近的船只非常之多，有载单身乘客的小船，有大的渡船及悬挂旗帜的华美官船。上海和苏州是靠近海岸的商埠，而河口则是靠近西部腹地的商埠。"②清同治《铅山县志》载，"河口之盛，由来久矣。……

---

① （明）费元禄：《甲秀园文集》卷十三《清课》。
② 贤镐：《中国近代对外贸易史资料》第3册，中华书局1962年版，第1536页。

货聚八闽川广，语杂两浙淮扬。舟楫夜泊，绕岸灯辉；市井晨炊，沿江雾布"。河口镇有"八省码头"之誉，会馆曾有十六座之多，其中较著名的来赣客商会馆有福建会馆、浙江会馆、山陕会馆、湖南会馆、徽州会馆和旌德会馆等。徽州会馆，梁柱巨大，材质优良，工艺精湛，大厅主体建筑的地面均以长条青石和磨光的方青石铺墁。[1]

九江是江西的北方门户，特别是开埠以后成了更繁荣的商业聚集之地。民国年间，南浔铁路通车，客商往来，益见增多，各省人士均纷纷来此经营。来赣客商来者日多，来赣客商会馆就成为联络情感、同乡聚会、商人交流信息的重要场所。1932年统计，九江有十一座商人会馆，其中九座是来赣客商会馆，其中徽州新安会馆有两个，一个在庾亮路，一个在新安里。

表 5-3　民国九江商人会馆表

会馆名	地址	会馆名	地址
福建会馆	岳师门外即滨江路	四明会馆	老马渡
江苏会馆	都天巷内	南城会馆	小坝
湖南会馆	塔岭北路口	广东会馆	庾亮路名岭南会馆
江宁会馆	四码头巷即庾亮南路	洪都会馆	小乔巷即甘棠北路
湖北会馆	老马渡	新安会馆	一个在庾亮路，一个在新安里

（资料来源：九江指南社《九江指南》，1932年版。）

二、来赣客商会馆章程与运作

太平天国运动之后，景德镇湖北瓷商重修湖北会馆，订立章程。职员黄霖瑞，监生刘崇道、吴化南、张国宾、魏魁星、余炳文、胡殿杨、陈邦楷、廖锦章，生员赵楷松，职员向铭等禀："窃以事宜善后，必杜渐以防微。功欲图成，须思深而虑远。职等籍隶楚北，懋迁昌南。仰托仁佛，不占睽于羁旅，共安乐土。恐志涣而情离，因于兵燹以还，重修会馆。操夫土昔之旧，敦睦乡情。必敬必恭，不尔虞而我诈。以引以翼，

---
[1] 俞怡生：《古镇古建筑漫话》，《铅山文史资料》第5辑，1991年12月，第124页。

庶善始以成终。然人愿如箕毕难齐,且世事若桑沧多变。不分条款,丝虑其棼。匪定章程,基虑其坏。顾私立之约,服习久而玩弃易生。必上示之箴,严惮深而遵行勿替。是以职等拟规胪列,肃禀善呈,叩恳鉴情。赏给示禁。"浮梁县令给示晓谕:"为此示,仰诸色人等知悉。尔等须知职员黄霖瑞等议立条规。为谊重桑梓防范未然起见,嗣后务宜查照示后条规遵行,毋得紊乱,致干重咎。其各遵照毋违。特示。"湖北会馆在会馆内将条规勒石刻碑,条规如下:

(一)同乡人等在镇务宜各守本分。不许纵情滋事,外人亦不得藉端欺异。如有等情必先声明会首,酌其是否理处。若不先为投鸣,与会馆无涉。(二)同乡如有不法之事,公同理论。不许询情退避。倘不法之人强项不服,公同送官严治,解回原籍。(三)会馆原以敦睦乡谊各尽敬恭。如有不平,准到会馆理论。不许在此滋闹。(四)会馆演戏酬神,务照旧章,不得溷争。(五)本省客捐,临行时结账。务交会馆经手清收,瓷行不得捐扯。倘有捐扯等弊,照三倍加罚。(六)本省各客投行,仰行家裁捐票。不准以多报少,尤不准溷迹骗捐。如有等情,一经查出,照章三倍加罚,外罚戏全日。(七)会馆经收之人,务必按期收齐。如有不齐,与经收人是问。倘拘情舞弊,查出照三倍加罚。[①]

会馆的条规,报请官府备案,并请官府出示晓谕,表明官民之间的相互利用。民间组织期望借助官方的权威,官府也利用民间公共团体控制民间社会。从章程可以看到湖北会馆有对本籍旅居者的管理和保护功能,既要求"同乡人等在镇务宜各守本分",也有保护来赣客商不让外人"藉端欺异",碰到此类事情,必须票告会首,再行处理。对于同乡之间的矛盾,"准到会馆理论",湖北会馆也是调解来赣湖北商人之间纠纷的机构。

景德镇徽州会馆按行业设有董事,会馆的理监事会、会首会、监事

[①]《景德镇制瓷业历史调查资料选辑》之《景德镇明清以来碑刻选录》。

会一般设有例会。每年祀神祭祖会、与外县外省纠纷以及财产结算等，经过会首（或理监事、董事）开会议决。各县会首每年定期与不定期在徽州会馆内文昌宫共同处理对内对外事宜。会首之下，设一名管账先生，一个收租者，还有一个斋公专司看门、烧水、打杂。会馆收租息集中在每年的上半年、下半年二季三节进行，即年前年后，遇有久拖不交者，会首则随同多人上门催交。平时，会馆不离人，到会馆接茶者，规定先交一元茶水费，也有自带烟、瓜子来的。[①]徽州会馆的功能包括：（一）祭祀神明。每逢春秋大祀，即集徽人祭奠朱熹。（二）联络同乡。为乡人来景德镇宿栈、饮食提供方便。（三）兴办义举。为聚会、议事、办学提供场所。（四）敦睦友谊。为同乡排解纠纷，息其争议。（五）襄助救济。为同乡中的失业、流浪者供以落脚之地，帮助介绍就业。此外，旅景德镇的徽商多数只身在外，一旦得了重病或突然身亡，家属无法及时照料与处理善后工作。徽州会馆因此在董家栅门建立"仁恤堂"，作为旅景徽州商人疗养疾病和停放灵柩的善举场所，并设有专人管理。[②]徽州会馆有田产若干，房屋一百三十六幢，每年收入租息约计万元左右（九千九百余银元）。1924年2月，徽州六县旅景德镇各行业开会筹议保管办法，由各业董事分组清查，划为新字、安字二号，凡出租者统编入新字号，其余凡属义坟山、仁恤堂等不租者则编入安字号。均经调阅租簿核对契据，分别绘图清文编订租户门牌，并议决自经此次清查造册之后，无论何人，均不得私自调换，以杜弊端。徽州会馆绅董吴锡璋、张锦明、程绍鑠、余恭堡、倪前珍、唐鞠人、时森等造册呈请浮梁县知事备案并布告周知，以垂久远。[③]

来赣客商会馆还通过相互协商，达成合约，化解行业之间的矛盾，维护来赣客商的利益。景德镇瓷器销售，向由瓷商委托茭草行进行瓷器包装，并有商定好的规格和价格，基本保持不变，但交易常规有时会被

---

① 汪维培：《景德镇的会馆》，《景德镇文史资料》第4辑，1987年12月，第195页。
② 程振武：《景德镇徽帮》，《景德镇文史资料》第9辑，1993年5月，第4页。
③ 郑乃章编：《景德镇新安书院契录》，江西人民出版社2012年版，第5页。

打破，瓷商与茭草行存在摩擦。湖北商人在景德镇贩运瓷器，与茭草、看色、把庄及散子店、脚夫等均有旧章，但"因积久弊生，屡多争执"，宣统元年（1909），湖北会馆合省首士黄幼堂、徐海滨、胡维清、孙恒记、王润香、黄炳臣、张复兴、肖惠乡、余永兴、魏云亭等与茭草帮首士吴富安等会议，重订《茭草议约章程》《看色把压茭草三行议决规条》《散子店脚夫头目面议章程》。湖北会馆将重订条规呈乞浮梁县示谕，十二月十五日，浮梁县代县令给示晓谕："为此示，仰茭草、看色、把庄及散子店、脚夫各行人等一体知悉，尔等须知各项工价。现经会议重订条约，务须各自遵守，毋得互相争执。倘敢故违，一经访闻，或被告发，定即拒案严惩。"茭草行所有茭草扎篾凳价，向有定章，茭草行与瓷商之间多年毫无异议。宣统元年（1909）夏间，茭草工头"欲翻旧章加价"，湖北会馆同庆社与茭草行各开具节略，呈请景德镇商会，议订草篾皮数，重订《华帮草篾章程》，双方均各遵允"每条凳加钱三百文"，湖北会馆禀请勒石，俾垂久远。十二月二十二日，浮梁县代县令给示晓谕："为此示，仰该茭草人等知悉。嗣后尔等工价，务须遵照此次商会议订章程办理，不得稍有违背争竞。俯感故违，一经查出，或被告发，定即拘案严惩。"[1]

来赣客商以地域为纽带，建立各自的会馆，不仅凝聚了各商帮的力量，还承担了诸如办理社会公益、调解民事纠纷、制定行业规章制度等社会功能，并处理一些民间诉讼。来赣客商会馆对于来赣商人的管理以及协调经济发展发挥了重要作用。

第三节　江西商会文化

一、清末江西商会的创立

商会之设开始于19世纪末维新派与工商界人士的呼吁。清末，尤其

---

[1]《景德镇制瓷业历史调查资料选辑》之《景德镇明清以来碑刻选录》。

是甲午战争后，帝国主义列强取得在华投资设厂的权利，加紧向中国输出资本和倾销商品。工商业者希望打破行帮的壁垒鸿沟，联络各业力量以与外商抗争，清廷各级政府亦愈来愈感觉到组织商会的重要性。光绪二十七年十二月，即1902年初，江西地方政府成立商务局，商务局章程第二条称："省城除钱业、布业原设有公所董事外，其余绸缎、洋货、纸张、木材、粮食、土药、烟叶、油行、杂货等业向无董事，以致各商心志不齐，行规歧异，饬令各业迅即各举正副商董二人，遇有商情窒碍，即由各该商董订期会议。此外，城镇各同业如有下情不能上达者，同业之绅董亦可代陈。"[1]清末新政加快了设立商会的进程。光绪二十九年十一月二十四日，即1904年初，商部决定仿照西方国家的商会模式，倡导华商设立商务总会和分会，以期达到保商利、通商情、发展商业的目的。清廷很快谕批颁行商部拟定的《商会简明章程》，随后商部向各省颁布劝办商会谕帖。此后，从沿海沿江通商大都向内地和中小城镇逐步推广，中国最早的一批商会相继应运而生，江西的一些府州县也开始筹办商会组织。

光绪二十九年十二月，即1904年初，袁州府守傅钟麟折报，宜春县出产以煤、油、纸、夏布四项为大宗，行销甚远。近年获利微薄，动辄歇业，亟宜设立商会，以资振兴。[2]光绪三十年（1904），南城县谕各行店会议设立商会，以通商情而免利权外溢。[3]光绪三十年（1904）八月，余干县令认为"农工所出产物，必赖商以流通"，而"乡镇行铺情势不通，即欲考查货物种类，行销数目，价值涨落，无从查问"。于是"谕饬各会议局绅分劝城内、黄金埠、瑞洪三处商人，各设商会，选举明白诚实之商，作为会董，议定章程开办。会董每月集议三次，令考求境外商情及本境商业推广改良之法，于每月终，将境内货物出入，填表报县。该县则力任保护提倡之责，务期渐收成效"。又因农工商矿同时并举，不可无

---

[1]《赣省兴商》，《申报》1902年2月13日，第2版。
[2] 傅春官：《江西农工商矿纪略》之《袁州府·商务》。
[3] 傅春官：《江西农工商矿纪略》之《南城县·商务》。

总会以挈其纲,故又谕令议绅会筹,在城内设农工商矿总会,公举明干殷实的绅士四人为会绅。其义务有四:曰调查一切,曰提倡诸务,曰维持实业,曰传达下情。凡已设的公司及将来添设的公司,其创办绅董,皆在总会入册注名,作为议绅,有事会商,力予赞助。县城商会议定章程于十月二十七日借抚建公所开办。光绪三十一年(1905)正月二十日,城内及黄埠商会开会。①

光绪三十年(1904)三月,抚州府粮食商人黄复裕等禀请在郡城先设粮食商会,并将浒湾镇附入,其余各业随时可以入会。公举聂希璜为总理,缮录章程十七条,由府核明转详至江西农工商矿总局。经总局移请商务总会核议,嗣请巡抚批复。旋奉江西巡抚吴重熹批示:"独立立会,上海书业、金业分会,均经商部批准有案。该商人等所请,似可照准。若改为各业商务分会,自应再询各商,听从其便,转饬该府换缮章程,送局详咨。"随即,分会总理职商聂希璜等禀称:"遵集各业商人会议,现据钱、土、杂货以及煤炭各业商人,均称愿入商会,并邀集诸商推举各业会董,酌改章程,并请刊发图记,转给钤用。"江西农工商矿总局于光绪三十年(1904)五月具详请咨,六月奉江西巡抚瑞良行准部咨:"所拟章程尚属周妥,员外郎衔聂希璜既据声明,堪胜总理之任,自应加札派充,并发图记式样一纸,转给具领。兹据该府申称,据分会总理聂希璜呈报奉发图记,照式刊就,择于八月初一日,设局开用。"②光绪三十一年(1905)正月,庐陵县各帮绅商设立商务公所,公举总董、副董维持各项生意,呈送章程十五条,经批饬改为商会。护理江西巡抚周浩批饬督率绅商妥协经理,务期有利无弊,商业日隆。③

江西商务总会的设立在光绪三十二年(1906)。江西巡抚胡廷干接商部奏定商会简明章程后,即饬令筹办江西商务总会。光绪三十二年(1906)三月二十五日《东方杂志》载:"赣省开办商会集议已久,尚未定局,近

---

① 傅春官:《江西农工商矿纪略》之《余干县·商务》。
② 傅春官:《江西农工商矿纪略》之《抚州府·商务》。
③ 傅春官:《江西农工商矿纪略》之《庐陵县·商务》。

经赣抚胡鼎帅札饬职商陈君作霖邀集众商遵章妥议,先在省城设立总会,俟成立后即行推广外属各设分会。"①后公举总协理曾秉钰等传谕各商公举合格会董,议设江西商务总会,并拟具会章。光绪三十二年(1906)六月,商部咨催江西巡抚吴重熹饬令从速筹办,商会会董曾秉钰等"遵即传谕各商公举刘景熙、朱葆成二人为总协理,并拟具章程三十二条",禀巡抚吴重熹"转咨农工商部批准,札委并照例发给关防,以资信守"。②七月初九日,商部批江西商会会董曾秉钰等禀,要求将指驳各节妥议禀覆,俟核准奏明后再行札派该总协理。批文称:

江西省会前临长江,后拥百粤,舟车荟萃,物产丰饶,自是商务繁盛之区。即设立商务总会,所举候选道刘景熙为总理,候选道朱葆成为协理,既系投票公举,众情允洽,自应一并照准。唯查核所拟章程,第四章经费项下甲乙两条,查公司注册本部业经定有专章,奏准通行,商会并无办理公司注册之权;凭据一项,查本部会章内曾声明层折较为繁重,本系先列条目,各处商会均未实行。现在各省商会经费,或由官家筹办,或由各商酌认,或移地方无益之费充用,尚能相安,该会应即参酌仿办。所有注册、凭据两项,应即删去,以免滋弊;第六章第七条中证费亦应一律删除,余尚妥洽。仰即遵照以上指驳各节,另行妥议,禀覆本部核准明后,再行加札委派该总协理等,并颁发关防,以资应用,可也。折暂存。此缴。七月初九日。

曾秉钰等更订章程后,九月二十六日,工农商部(据光绪三十二年九月二十日上谕,工部并入商部改称农工商部)认为此次更订章程尚属妥洽,俟奏明后再加札委派总协理。批文称:"查该商会此次所禀更订章程,已将本部指驳各节,逐一删改,所拟尚属妥洽,自应照准。前举候选道刘景熙为总理,候选道朱葆成为协理,应俟奏明后加札委派,并颁

---

① 《各省商务汇志》,《东方杂志》第 3 年第 3 期,光绪三十二年三月二十五日。
② 《江西商务》,《东方杂志》第 4 年第 9 期,光绪三十三年九月二十五日。

发关防，以资应用，可也。此批。九月二十六日。"① 江西商务总会的报批过程经过了两个来回，最终得以批准的时间是光绪三十二年九月二十六日，即1906年11月8日。但是"颁发关防"要"俟奏明后加札委派"。农工部部上奏江西省城设立商务总会发给关防折，内称：

窃臣部接准江西巡抚吴重熹咨开，据江西商会会董、花翎四品衔、分部主事曾秉钰等禀称，奉发商部奏定商会简明章程，饬办江西商会，公举总协理秉钰等，遵即传谕各商，公举合格会董，议设江西商务总会，酌量江省情形拟具会章。试办以来，商情允洽。兹举得江西矿务议员、候选道礼部主事刘景熙为总理，花翎三品衔、候选道朱葆成为协理。该二员公正练达，商情熟悉，综理会务最为合格。举定之后，各商均无异议。恳请核咨商部立案，加札委用，并请援案发给关防，以资信守等情，咨请查照核办。并据该商董曾秉钰等禀同前因。臣等伏查江西地方物产富饶，商业繁盛，日后铁路开通，转输尤便，自应照案设立商会，以期联络振兴。是以臣等于本年六月间，咨催江西巡抚饬令从速筹办。兹准咨送该商董曾秉钰等所拟试办章程，臣等复加查核，计分宗旨、办法、选举、经费、会议、规制，凡六章三十三条，条理完备，尚属可行。所举总理刘景熙、协理朱葆成，既据声称，商情熟悉，众望所孚，应即照章准予派委；所请援案发给关防，核与臣部历办成案亦属相符，拟并照准。恭候命下，由臣部照章分别办理，所有江西省垣设立商务总会并请发给关防缘由，理合恭折具陈，伏乞皇太后、皇上圣鉴训示。谨奏。②

此折较详细地记述了江西商务总会的试办情况及筹办的过程，《商务官报》第二十八期载，光绪三十二年十一月十八日批复："奉旨依议，钦此。"

江西商务总会初设在高陞巷小西园，后迁于华佗庙建立会所。江西

---

① 《商务官报》光绪三十二年七月二十五日和光绪三十二年九月"要批一览表"。
② 曾秉钰：《奏办江西商务总会简章并增订章程》附件，光绪年间刊本。

商务总会第一届总理刘景熙，赣县人，光绪二十四年（1898）进士，授礼部主事，外放广西知府（未赴任）。光绪二十八年（1902），倡办华宝公司开矿，后官绅合办。光绪三十年（1904）由巡抚特派为农工商矿局协理，官商合办造纸公司。协理朱葆成，安徽泾县人，派江苏试用道，曾有捐助建桥及建立育婴堂等公益善名。光绪三十三年（1907）正月二十五日，《申报》报道："省垣商务总会本年更订章程，选举候选道刘景熙为总理、朱葆成为协理，业已由农工商部颁到关防，于本月十九日开用矣。"[①] 江西商务总会第二届总理是曾秉钰，协理熊元锽。曾秉钰也是江西商务总会的发起者，陈三立在《南昌曾君家传》中称他功绩卓越，"尤以创办商会为最著。……江西居腹地，声气隔塞，图建商会自君始"。[②]（见表5-4）

表5-4 江西商务总会第二届总理、协理及各会董名单表

职务及姓名	字	出生地	职务及姓名	字	出生地
前总理刘景熙	浩如	江西赣县人	前协理朱葆成	培真	安徽泾县人
总理曾秉钰	平齐	江西南昌人	协理熊元锽	文叔	江西南昌人
监会袁蔚章	秋舫	江西丰城人	值日坐办罗志清	文青	江西清江人
值日坐办龚士才	梅生	江西南昌人	值日坐办黄邦懋	子修	江西南昌人
值日坐办晏鹿芹	东圃	江西庐陵人	值日坐办朱鸿勋	体安	江西南昌人
值日坐办张文济	佐卿	广东大埔人	值日坐办罗嘉珍	学徐	江西南昌人
评议罗兆栋	朗山	江西南城人	评议徐士修	竹亭	江西吉水人
评议邹安孟	毅丞	江西南昌人	评议舒斯玉	子涛	江西丰城人
评议丁庭元	拔轩	江西南城人	评议徐守任	觉斯	江西南昌人
评议章福宗	润齐	江西进贤人	评议涂符清	渭滨	江西靖安人
会员梁一鹅	和亭	山西文水人	会员朱臧成	树齐	安徽泾县人
会员毛兆麟	振之	江西新建人	会员朱士传	潜齐	安徽泾县人
会员侯铭鼎	勋臣	江西庐陵人	会员徐克珍	礼轩	江西清江人
会员朱大经	博亭	安徽泾县人	会员黎兴柏	秀廷	江西南昌人
会员张安定	善安	江西南昌人	会员揭绍祖	吉昌	江西南昌人
会员刘本铎	木齐	江西南昌人	会员徐庭惠	春如	江西丰城人

---

① 《赣省商会开用关防》，《申报》，1907年3月9日，第2版。
② 陈三立：《散原精舍诗文集》，上海古籍出版社2003年版，第941—942页。

续表

职务及姓名	字	出生地	职务及姓名	字	出生地
会员李元洽	翰臣	江西南昌人	会员钟绳武	郁亭	江西南昌人
会员史宗海	子江	江西南昌人	会员吴肇映	志清	江西南昌人
会员叶家齐	尔贤	安徽歙县人	会员李尚墀	适然	江西临川人
会员欧阳仪	岐山	江西庐陵人	会员郑丰玉	德孚	福建龙岩人
会员卢大宾	敬先	福建永定人	会员魏毓光	鸣冈	江西安义人
会员邹禹门	静齐	江西南昌人	会员刘秉南	彩文	江西武宁人
会员杨沼池	聚堂	江西南昌人	前文案修思永	辛齐	江西金溪人
前文案贺赞元	羽逸	江西永新人	文案朱家骏	冉争	江西浮梁人
庶务书记谭章必	墨山	江西南昌人	前庶务招待聂凯阳	芸牧	江西清江人
收发书记冯捷	埙伯	江西丰城人	庶务会计万炳焱	楸江	江西南昌人
翻译张柱灼	芍严	九江德化人	收捐夏敬恩	子森	江西新建人
司稿张以言	虚谷	江西新建人	缮写熊似文	质宜	江西新建人
缮写胡其琛	耿臣	江西南昌人	庶务招待余生蓉	镜秋	江西南昌人

[资料来源：（清）曾秉钰《奏办江西商务总会章程并增订章程》，光绪年间刊本。]

清末江西商会形成商务总会、商务分会的组织体系，广泛分布于各商业较发达、集中的府、州、县、镇等区域内。光绪三十二年（1906）十二月，新建县吴城镇各帮商董议设商务分会，公举光禄寺署正衔朱锡龄为总理，由商务总会禀报农工商部立案。光绪三十三年（1907）二月，奉批核准，加札委用，缮发图记式样。四月初五日，吴城镇商会刊就开用。[①]光绪三十三年（1907），高安县设立商务分会，公举宋照枢、黄秉离二人为总协理，由该县黄大令禀报江西巡抚瑞良，转咨农工商部立案。临川各业商人在抚郡设立商务分会，分举各业公正会董，各司其事，议具章程，禀请农工商矿局，详请江西巡抚瑞良咨达农工商部立案。[②]

光绪三十三年（1907年）四月，九江商会由官方刊给关防，加札派充，遂正式成立。九江商民于光绪三十年间（1904）开始筹划成立商会。从九江钱商公呈关道议办商会条陈中可以看出，设立九江商会的目的在于"商家贸易习惯，不娴官场仪文，难悉公门体制，虽有商务禀陈，人

[①] 傅春官：《江西农工商矿纪略》之《新建县·商务》。
[②]《江西商务》，《东方杂志》第4年第9期，光绪三十三年九月二十五日。

人皆以见官为难"，若能成立商会就能使"在下者既能各抒己见，在上者利弊罔不周知，由此官商同气，联络一体，事可商酌，人皆乐从"。①但因当时尚无同业公会，又均未设立董事，故奏折又"请示各业各行自举，立案札饬"，务于商会筹划前"急宜建立"各业董事。据光绪三十年（1904）五月二十一日的《申报》报道："江西广饶南兵备道兼九江关监督瑞莘儒观察，以浔上为通商巨埠，宜开设商务总会，以联中外商情，特请招商局总办郑月岩为之提倡，某日在署设席柬请各商饮宴，计茶、土、钱典各业到者十七人，既定一切章程，随令将所举商董姓名、籍贯开报到道，存案备查。"②由此可见，光绪三十年（1904）上半年九江商会的筹划已见端倪。傅春官在《江西农工商矿纪略》较为详尽地记述了九江商会成立情况："九江府为通商口岸，市廛栉比，商务繁兴，光绪三十年间，经升任九江道瑞，谕饬各业商人，按照部章，设立商务总会，公举招商局总办郑道官桂为该会总理，惟协理一职未举定，嗣由九江府暨同知德化县，督同各帮商董，仿照泰西投票选举之法，择得六品顶戴绸业商人卢元珪为该会协理。光绪三十三年四月，经本局造具总协理职务并以九江地方为通商往来之场，华洋杂处，商业发达，援照上海、汉口、天津、烟台等处办法，详请抚宪瑞，转咨农工商部，设立总会，以便与部直接，奉部核准，奏请刊给关防，加札派充，而九江商会遂以成立。"③光绪三十年（1904）至三十三年（1907）间，九江还先后成立了钱业公所和商船公会。光绪三十一年（1905）二月初，九江典业"在城外概济宫设立公所，举同泰出官之沈君质夫经理其事"。④光绪三十二年（1906），九江十四帮航业商队联合组成以候补道员孙茂德为总理、江庆楷为协理的"商船公会"，活动与农工商部直接联系。⑤

光绪三十二年（1906）二月二十八日，浮梁县景德镇"仿照省垣商

---

①《九江钱商公呈关道瑞议办商会条陈》，《江西官报》光绪三十年（1904），第21期。
②《浔上官场纪事》，《申报》，1904年7月4日，第3版。
③ 傅春官：《江西农工商矿纪略》之《九江府·商务》。
④《九江》，《申报》，1905年3月15日，第11版。
⑤ 傅春官：《江西农工商矿纪略》之《九江府·商务》。

会章程会同各绅士，分别总理、协理，其公所暂借育婴堂试办。经理首士皆系富商大贾，公正明干"，以期"嗣后工商争执，秉公善为调处，庶安居乐业。工可争强于艺作，商可竞胜于资财"。[①]光绪三十四年（1908），吴简廷等禀请抚院暨农工商部奏明立案。农工商部上奏景德镇设立商务总会援案请给关防折称：

> 窃臣部前据景德镇职商吴简廷等禀请于景德镇设立商务总会，当即咨行江西巡抚查复，旋准江西巡抚复称，饬据农工商局查明，该镇设立总会并无疑义，已饬速具章程咨部核办等因。十一月间，复据吴简廷禀称：遵拟试办章程八十三条，并公举经理瓷业公司之内阁中书康达为总理，经理瓷业公司之县丞陈庚昌为协理，缮具职名履历到部。臣等伏查景德镇为中国古四镇之一，产瓷之富，甲于全球，每岁运销计值三百万元以上，工作既盛，远近商贾，捆载争道，遂为赣皖接境各州县商务扼要之地，亟应设立商务总会，以资启智识，而资联络。该职商吴简廷等所拟章程，尚称周妥，公举总协理各员，既经创办实业，且属众望咸孚，自应照准札委，并援照历办成案，由臣部刊刻关防一颗，文曰：景德镇商务总会之关防，颁发钤用，俾资信守，即责成该总理等于奏定商会章程所载应办各事，悉心筹划，妥慎经理，以期仰副朝廷振兴商务之至意。所有景德镇商务总会援案请给关防缘由，理合恭折具陈，伏乞皇上圣鉴。谨奏。奉旨依议，钦此。

农工商部同时呈上的还有吴简廷等起草的《景德镇商务总会章程》，十三章八十三条，详尽阐述了商会宗旨、选举、入会、出会、经费、议事、责任和规则等。景德镇商务总会会址设在花园里（民国初年迁麻石上弄新址）。宣统元年（1909）二月，景德镇商务总会行开印礼，各商号到会者一千余人。由陈庚昌代表总理行叩阙礼，由书记员胡郁文宣读上谕及农工商部奏折札文，庶务员吴瑶笙启用关防并宣布报部暨各省公文

[①] 傅春官：《江西农工商矿纪略》之《浮梁县·商务》。

三十余件，全体会员公贺，提议俟康总理出都，本会再择吉行开幕礼，提议会场规则请书记员再行详订。会议从上午开到午后三点钟，来宾庆贺者犹络绎不绝。①景德镇商务总会总理康达，徽州府祁门县人，光绪二十四年（1898）拔贡，后授内阁中书，创办江西瓷业公司。协理陈庚昌，光绪二十六年（1900）秀才，后补为廪生，知县候补，由仕而商承父业继办新光瓷厂。议董十二人，即吴简廷、胡承邺、周绍彭、秦振藩、朱若舟、吴廷钰、冯鹏凌、余树荣、汪龙光、江宗汉、陈继韶、胡立文；坐办一人，程运熙；书记一人，胡耀华。会员定额为 50 名，但由于景德镇工商界的都、徽、杂三帮的形势已成，因此按三帮来分配。商会成立之初，全体会员只有 41 人，三帮分配如下：属于都帮的会员 14 名，即陈赓昌、秦振藩、冯鹏凌、余树荣、江宗汉、李鉴开、吴廷瑞、陈平章、刘裕贞、王锡三、冯焕奎、秦振歧、冯寿仁、江清；属于徽帮会员 15 名，即康达、胡承邺、朱若舟、吴廷钰、胡立文、胡耀华、董乐书、程荣仪、叶元本、胡大祥、胡正修、江国鋆、黄高捷、张鉴藻、丁瀛春；属于杂帮会员 12 名，即吴简廷（鄱阳）、周绍彭（广东）、汪龙光（浮梁）、陈继韶（丰城）、程运熙（鄱阳）、王汝杨（东乡）、方德元（乐平）、黄元恺（临川）、徐士林（临川）、周龙藻（新余）、赖廷桢（宜黄）、熊芳华（丰城）。②

铅山县河口镇地居冲要，商务殷繁。铅山县城已经设立商务分会，然距河口数十里，事事不能直接。光绪三十四年（1908）十二月，经职商汪雨时等组织河口镇商务分会，由农工商矿总局酌定，凡河口商铺及附近的石塘、陈坊、紫溪、车盘等村均入河口分会注册，其他各乡市场商铺均入铅山分会注册，以免争执。③萍乡县芦溪市商务繁盛，设有巡检一员分治。宣统元年（1909）正月，经商号集议拟设商务分会一所，以结商团，举定总董，呈请商务总会报部立案。④有学者统计，光绪二十八

---

① 《景镇商会成立》，《申报》，1909 年 3 月 18 日，第 2 张第 4 版。
② 黄少眉：《景德镇最早的商会》，《景德镇文史资料》第 1 辑，1984 年 8 月，第 80 页。
③ 《河口商务分会之界限》，《申报》，1908 年 12 月 26 日，第 2 张第 4 版。
④ 《芦溪市设立商会》，《申报》，1909 年 2 月 16 日，第 2 张第 4 版。

年（1902）至1912年间江西共成立大小商会65个，仅少于四川（96）、浙江（84）、江苏（67）和直隶（66）四省。①

清末江西商会在地方经济、社会生活等领域发挥重要作用。商会成立后，确有一定的效果，如余干县"原有货物，生货居多，间有制作，类多窳陋，现经设立商会三处，讲求工艺，俾渐改良"。②景德镇商务总会每星期召开常会，以推进景德镇商务的发展。宣统二年（1910）二月初二日星期常会，"宣布上年商界全体禀控巡警支应局内容腐败"；二月二十三日星期常会，"主席宣布支应局反对诸人砌词省控禀稿，宣布本会全体会员暨二十二业联名控告支应局腐败，破坏法团等禀件并奉到抚宪批词"；二月三十日星期常会，"主席提议现奉抚宪批饬本会会同地方官澈算支应局历年账目，应即移请县尊饬令兹局绅将丙午以后收支账册迅即缴本会以凭核算"；闰二月二十八日星期常会，"康总理起言，商会是言论机构，非实行机关，应俟委员接事后再行遵照，抚宪批示相助为理可也"；三月初六日星期常会，"吴简廷君提议，景德镇惯例，客商买瓷批价论钱，归账用洋，做户还烧户柴钱亦是如此办法。故银钱作价由烧户商同做户于春盘规定，通年遵守。今年商情困难，此中不免有压抑取巧情事。上年秋间，市价落至每银一两值钱一千八百数十文。而烧做往来仍照春盘压作一五，客商怨言四起，货物滞销，价值跌落，受亏愈甚。且前旧两年，做户与烧户即为争论银价屡起大讼，累年经月，劳费无已。今幸商会正式成立，此事恳请总理、协理先事传烧做各户妥商，以免再起违言致滋讼蔓。康总理、陈协理起言，此事商会固责无旁贷，唯内含种种窒碍，尤非片言可以解决之事，恳请全体议董逐日来会，悉心研究，俟稍有端倪再开特会决议"；七月十四日星期常会，"报告连日磋议菱草工人暨合镇满窑店要求加价补色未能就范情形"；七月二十一日星期常会，"本日专为报告连日磋议菱草工人争论加价一事"；八月二十七日星期常会，"宣布二十一日第七次特会决议满窑店要求升色事。……公布二

---

① 虞和平：《商会与中国早期现代化》，上海人民出版社1993年版，第75—76页。
② 傅春官：《江西农工商矿纪略》之《余干县·工务》。

十二日谈话特会为大器小器匣增加匣户价事"。①

清末商会还把影响渗透到社会生活的其他领域。江西商务总会参与了江西谘议局的筹建工作。江西商务总会和教育总会拟定谘议局筹办处设立的大概办法呈送巡抚冯汝骙。②巡抚冯汝骙批呈文，称："来呈遵旨慎选官绅创办其事，郑重言之，正与本部院所见相同。所拟分课办事，自是筹办处应有之义，惟近准民政部来咨，地方自治应由部奏定章程施行，则自治议事会章程暂可从缓，或先研究自治法理未尝不可。现在筹办处事件自以调查选举名册最为复杂，最关紧要，来呈先议及此，实已得其要领。总之，遵奉谕旨必须官绅合力方能集事，希谘议局筹办处邀同商务总会总协理，教育总会正副会长查照前行条文并此次来呈各节，会议详细章程，克日呈候核定。"③巡抚冯汝骙基本肯定了呈文所拟办法。吴城镇商务分会因唱戏滋事，对当地东岳庙演戏进行干涉，并禀呈该镇同知王儒楷出示禁止。后"东岳庙仍然唱戏，经王司马将该庙会首胡小江拿办"。宣统元年（1909）三月二十八日，地方棍徒"聚集多人，沿街勒令闭市，如不从者，用石乱击，以致闭市一日。王司马率该镇主簿并税局委员安太守排解被击，并将税局哨并巡勇击伤五人，吴城营参将弹压劝导，亦不解散。后将胡小江释放，始行开市"。④吴城镇商务分会对当地演戏的干涉，虽然并没有成功，但得到了地方政府的支持。从江西商务总会参与江西谘议局的筹办和吴城镇商务分会对地方事务的干涉这两个事例来看，商会在一定程度上成为当地权力机构之一，开始参与地方社会事务的管理。

二、民国时期江西商会的发展

1911年10月10日，武昌起义爆发。11月1日，南昌光复。此后，

---

① 吴筠廷：《景德镇商务总会己酉年报告书》，1925年活字本。
②《赣省商学界拟定谘议局大概办法》，《申报》，1908年10月4日，第1张第5—6版。
③《各省筹办谘议局汇志》，《申报》，1908年10月6日，第2张第2版。
④《吴城镇罢市情形》，《申报》，1909年6月7日，第12版。

江西先后有吴介璋、彭程万、马毓宝就任都督，但这几位都督没能很好地完成政权的过渡，政务废弛，民怨沸腾。中华民国南京政府成立后，李烈钧被任命为第四任都督。在李烈钧的大力整顿下，江西社会秩序才逐渐稳定下来。在这个过程中，江西各地商会也重新选举商会总协理和各业会董，以求更有力地帮助政府稳定经济秩序。1911年12月6日的《江西民报》载："南昌商会总协理及各业会董，早届期满，总协理二席，外间多拟罗志清、罗朗山二君。昨日该会开会，会举果系二罗当选。其余各业会董均经举定，当场宣布。"总理罗志清，临江府清江县人，光绪十九年（1893）癸巳科第十名举人，内阁中书，宣统元年（1909）当选江西谘议局议员。谘议局第一次常年会当选候补常驻议员，与聂传曾、李耀宗、刘芳蕃一起提交《请饬州县罚锾准与绅民结算案》，与李耀宗、聂传曾、刘芳蕃一起提交《修正普及教育议案意见书》和《两县交界械斗地方官不得推诿袒护议案意见书》。1911年12月7日的《江西民报》载，南昌商务总会各业会董名单为：盐号，毛振之；票号，郝心源；典业，曾平斋、邹毅丞、朱潜斋、吴静轩；钱业，魏怀芳、魏飞芳、魏桐岗、傅九龄、黄春华、余蕴生、徐醴泉；布业，龚梅生、黎秀廷、张善安、王缓之；洋货，涂翌丞、吴季卿、程亨九；金业，舒子涛；衣业，徐春如、万志诚；米业，车绍芳；南货，余文卿、叶家齐；药业，徐礼轩；油业，罗学馀；古玩，谭信如；纸业，宁子卿、张奇伯；木器，熊垂桂；磨坊，罗桂山；夏布，周起渭；土业，魏鸣岗；钱业，李桂林；瓦业，周光粥；船业，马仙舫；电业，熊沼孙；书业，王锡韩；漆业，王绳祖。

中华民国成立后，江西全省各地商会逐步进入正轨。1913年，农商部统计了民国元年江西有61个商会组织，入会商号有10325个，议事员数有1617名，全年共召开了2617次会议，商议处理了3577个事件，各商会收入总额约42158元，支出总额约44943元。[①]从这个统计数字来看，

---

① 农商部总务厅统计科编纂：《中华民国元年第一次农商统计表》上卷《商业》，上海中华书局中华民国三年（1914）六月二十八日发行，1993年6月影印本，第182—183页。

江西商人在进入民国之际，积极地利用商会这一社会团体维护商业秩序和商业利益。领导人的选举是商会的重要制度之一。民初颁布的《商会法》，明确规定商会正副会长和会董一律通过记名投票选举方式产生，"票选"遂成为全国商会统一实行的制度。据学者研究，民国商会的现代社团特征日益显著，但在各地商会的选举实践中，也曾出现这样或那样的争议与纠纷，体现了商会存在的种种局限。20世纪20年代以后，商会的选举又开始受到各种政治因素的影响与约束，或者因内部不同派系之间的权力之争，难以完全按其制度安排进行运转与操作。[①]民国江西各地商会的历次改选都不是风平浪静的。九江商务总会依据新商会法于1915—1918年进行了两次改组与调整，由舒先庚任会长，金至大任副会长，陈霭亭、辜葆诚等30余人为会董。舒先庚为徽州黟县人，在九江开设钱庄，兼营粮、棉、土产出口，并创办了裕兴布厂，是徽帮在九江经营最出色的企业家之一，在九江具有商界领袖地位。在舒先庚任职期间（1911—1918），正是九江商会充满生机活力的时期。1918年舒先庚去世后，九江商界由于缺乏领袖级人物，各商帮相互倾轧，商会会长一职"竞争甚烈"。1918到1921年上半年，九江商会会长一职处于"难产"阶段，"彼此各怀意见，兹闹不休，会务因之停滞"。[②]

1918年，南昌商务总会选举龚士材为会长，到1920年期限届满，理应改选，后以龚维持地方公益甚为出力为由，陈都督、戚省长电请农商部展期一年。1921年3月16日期满，龚因历年筹备军饷，身经种种困难，不愿久任，且经陈都督保荐任职，急欲分发外省候补，于是南昌商务总会进行改选。在选举过程中，南昌帮、吉安帮、建昌帮因争组会董大闹意见，各业文电交驰，互相竞争，数月均无结果。南昌帮推举吴季卿为会长，吉建帮联合一体，拟推举包竺峰（建昌人）为会长，涂松园（吉安人）为副会长。南昌帮的理由是南昌帮在南昌注册店户有500余家，吉建帮仅20余家，吉建帮情知不敌，乃呈请官厅，控告南昌帮违

[①] 马敏主编：《中国近代商会通史》第二卷，社会科学文献出版社2015年版，第788页。
[②] 《地方通信·九江》，《申报》，1920年12月27日，第7版。

法，认为按《商会法》开会须在提出前十五天通知，但南昌帮未在十五天前通知，违反了此法，所以请求暂缓开会。南昌帮则以当日双方议决在前，且吉建帮收到选票后，盖有图记，是已默认，不准改期，仅允让出两个会董缺，改推吉建帮。吉建帮不服，于是吉建帮（钱业居多）乃以同乡关系，恳求实业厅长设法禁止开会，否则必以武力反对。当时"邹为主定长官，对此违法之事，自不愿出而干涉，惟恐闹大风潮，亦有不便，遂呈请督长调停，并公函商会暂缓改选"，南昌帮则完全不允，遂于是日开会，吉建帮以权利所争，不肯放松，大费唇舌，几至用武。幸省长派警备队司令岳世佶、实业厅派科长龙志泽、欧阳瀚存莅会，力劝息争，匆匆散会。1921年7月27日的《申报》对此选举风潮记载如下：

> 是晚，商会根据法理，呈省长辩诉。龚士材又以会长名义，将已投未开票匦及商会关防、商团图记于夜半十二时送往公署。时杨在督署未回，收发暂时收下，及杨回署，电请商会取回，商会不允，杨乃召邹厅长至署，谈至夜半三时始散。十九日邹往谒龚、卢两会长，龚等避匿不见，乃由罗朗山会董（中立派）调停。下午罗与王绶之、丁嘉祥、张灼三诸会董接洽，王等仍执前议。邹乃约罗及两方会董在电灯公司开茶话会，未知结果如何。去年九江商会改选风潮，迄未了结，今南昌商会又步其后尘，以贻捣乱之名，无怪赣人一闻选举二字，便皱眉也。[①]

20世纪20年代，中国政治风云变幻，国共合作北伐推翻北洋军阀的统治，进入国民党统治的南京国民政府时期。国民党中央在商民运动后期确立商会与商民协会暂时并存的新方略。南京国民政府成立后又公布了新的《民众团体组织原则及系统》，意在以商民协会取代商会。1929年3月，国民党三全大会召开，上海市党部领衔提出撤销商会议案，引发激烈的商会存废之争。1929年8月，国民政府正式颁布新《商会法》，确立了商会的合法地位，1930年2月国民党中央又通过了撤销商民协会

---

① 《赣商会改选风潮》，《申报》1921年7月27日，第11版。

决议。至此，持续数年之久的商民协会与商会之争才终告结束。江西省政府对江西各地商会开始进行新一轮的改组。1931年10月30日，九江城区30个工商同业公会代表改组商会，选出以萧勉为主席的新一届商会，选出执行委员15人，监察委员7人，内分设总务、财务、商事三科，每星期开常会一次，遇有特别或紧要事项召集临时会议。①

表5-5　九江商会执委监委名表（1931年）

职别	姓名	别号	年龄	籍贯
主席	萧勉	懋谦	42	江西九江
常务委员	熊渭	季康	43	江西丰城
常务委员	唐芝龄		46	江西南昌
常务委员	周宪	午桥	36	浙江宁波
常务委员	傅继修	幼山	29	江西九江
执行委员	陈乂熊	梦飞	28	江西九江
执行委员	傅国章	再泉	31	江西南城
执行委员	谢馥三		44	江西临川
执行委员	马兰生		46	广东潮阳
执行委员	胡征	杞民	36	安徽黟县
执行委员	江思齐		33	安徽黟县
执行委员	吕传炳	焕廷	51	江西九江
执行委员	伍礼銮	冕如	39	江西九江
执行委员	周达	达人	42	江苏镇江
执行委员	孙景标	善如	40	安徽黟县
候补执委	李宏	声谷	38	广东潮阳
候补执委	许熙书	玉芳	57	安徽歙县
候补执委	于振寰	尚卿	45	江西九江
候补执委	游绪致	有方	43	湖北大冶
候补执委	黄世简	敬臣	54	江西九江
候补执委	林中麟	壁垣	43	福建上杭
候补执委	尹岳云	应崧	39	江西九江
监察委员	高树棠	镜澄	61	江西九江
监察委员	王汝芳	试蓉	54	江西南昌

---

① 《九江指南》社：《九江指南》，1932年版，第93页。

续表

职别	姓名	别号	年龄	籍贯
监察委员	黄云阶	惇一	55	安徽黟县
监察委员	郑呈镜	涵秋	53	江西九江
监察委员	曾宪玖	以琼	51	江西九江
监察委员	许鸿模	楷廷	50	江西九江
监察委员	胡禹培	玉堂	55	湖北鄂城
候补监委	叶先墡	崇如	44	江西萍乡
候补监委	萧竹如		38	江西南昌
候补监委	金至槟	紫文	42	江苏镇江

（资料来源：九江指南社《九江指南》，1932年版，第93—94页。）

1932年南昌市商会改选，参加竞选主席委员的有原市商会会长靖安帮德昌祥钱庄老板张继周，江西裕民银行副经理曾庆嘉（南丰人），纸业公会主席徐槐青。张继周在大革命时期鉴于军阀邓如琢的军队在街上横行，岳思寅、唐福山、张凤歧纵兵奸淫抢掠，一时人心惶惶，曾以商会会长身份挺身而出，筹款维持地方治安，对社会有一定贡献，颇得商民拥护。结果张继周、曾庆嘉、徐槐青三人形成鹬蚌相持的形势，反使徐瑞甫坐收渔人之利，成了主席委员，常务委员为张继周、曾庆嘉、徐槐青。1933年6月，南昌市商会开会员代表大会改选执监委员，选举结果如下：梁仁道（裕源钱庄经理）、颜绥之（福聚祥国货定头号少店主）、周子实（恒源仁布庄店主）、赵志周（厚生和米店经理）、岳景清（信成京果南货号经理）、熊朗轩（熊厚生纸店店主）、张子藩（益美斋店主）当选为执行委员，杨赓甫（黄庆仁栈经理）、汪珊（恒茂祥股东）、陈仲阁（太和堂店主）、刘襄甫（五洲药房经理）、单其汉、汪湘生（福康恒记布号店主）、廖伟治（东南公寓店主）当选为候补执行委员，万如九（源顺钱庄经理）、涂先觉（志大香烟店主）、王绪卿（永泰祥布号店主）当选为监察委员，汪延席（复懋福夏布边爆店主）、史可鉴（新盛昌号店主）、熊晓初（福太昌织袜店主）当选为候补监察委员。[1]

---

[1]《南昌市商会改选执监委》，《经济旬刊》第1卷第2期，中华民国二十二年（1933）六月十一日出版、十月一日再版，第17—18页。

江西各地商会积极倡导、发展民族工商业，组织协调各方面关系，在保护工商、调解劳资等方面取得了一定的成就。各地商会一定程度上成为商人的依靠，维护商人的利益，规范商业秩序并促进工商业的发展。1922年，景德镇商会制订瓷行规则十二条。7月，浮梁县长批示准予备案："呈折均悉。查阅规则尚属妥协。既经双方议订，自应公共遵守，俾免窒碍，准予备案。并候令知西区随时查照办理。折存，此批。"[1]1927年前后，景德镇商会为了解决市面货币短缺和军阀刘宝提败军勒索巨款问题，先后两次发行了"临时流通券"（即保商票），从而稳定了社会秩序，维护了工商业各界的正常经营。又据1933年天津《大公报》报道："景德镇瓷器，……去年瓷品，除细品玩件，鲜人问津……故去岁年关，市面金融异常紧闭，各业几难收束，全由镇商会发出临时通用券百余万，流通交易，勉强度过。"[2]江西各地商会还积极从事地方的各项公共事业建设。在九江，西北门、西南门的开辟，西门交通阻塞的解决，沿江马路与沿甘棠湖岸马路的开辟，商埠债券的赎买，龙开河桥的筹款等社会公共事业的建设，都与九江商会的努力分不开。

江西各地商会还成立全省商会联合会，在探讨商情与处理全省商务，以及参与全国商业政策制定等方面都起了重要的作用。在南京国民政府成立之后，国民党试图以商民协会取代商会，使商会面临组织存亡之争。全国商界亟须整合力量，向国民党及政府争取政治及法律地位。同时，国民政府在成立之后即开始厘定财经税法，规划工商政策，商会之间也需要协调意见，寻求参与之机。1927年12月，上海总商会发起成立各省商会联合会，设总事务所于上海，设事务所于各省政府所在地。南昌总商会会同九江总商会，召集全省各总商会、各商会代表来省开会，公同组织，并讨论江西商务问题。1928年5月6日，江西各地商会代表举行开会典礼后，正式开议。会议共到43个商会，代表68人，按照议事日程依次讨论，议决议案85件，并订定事务所组织大纲。各项议案全体

---

[1] 彭泽益主编：《中国工商行会史料集》，中华书局1995年版，第961—963页。
[2] 江思清：《景德镇瓷业史》，中华书局1936年版，第159页。

通过后，5月21日举行投票选举各执行监察委员，结果以李鲁孙、郭文、徐雨亭、熊渭、龚士材、汪良珍、陈士彬、岳芝祥、林风、李伯琴、黄吉裳、曾章桂、姚公礼、罗日升、王明选、徐光、徐清源、谢承纪、吴铈等十九人当选执行委员。以卢芳、邓作哲、鲁期然、张智、刘炜南、汪浚川、王岳秋、万贤俊、廖培元等九人当选监察委员。5月22日举行闭幕礼。5月23日，由执行委员19人互选常务委员，以吴铈、曾章桂、徐雨亭三人得票多数为当选。是日即为江西全省商会联合会事务所成立之期，并援照各省商会联合会总事务所先例，自刊木质关防一颗。①1928年11月6日，接中华民国全国商会联合会快邮代电，内称：

> 各省商会联合会各省政府所在地总商会钧鉴，全国商会临时代表大会决议中华民国全国商会联合会组织大纲，依照大纲第三条、第四条之规定，各省商会联会应定名称为某某省商会联合会。已成立省商联合会者，即希改正名称，呈请省政府转咨工商部刊给关防。未成立之各省，应照第四条第一项之规定，由省政府所在地总商会发起召集该省商会代表开大会决议组织，统请于电到三个月内组织成立，报告本会。事关商会联合要案，万希依照进行，至为盼切。②

由此，江西全省商会联合会事务所更正名称为江西全省商会联合会。1935年3月，江西全省商联会代表大会再次召开。截止2月28日，报到69商会，计代表113人，收文372件，发文1482件，收到议案十余件。3月1日上午十时，省商联整理委员会召集各市县镇商会代表谈话会议。午后二时，续开预备会议，出席代表万竹村等120余人，由王吾主持。3月2日举行开幕典礼，3月4日举行首次会议，3月8日依法选

---

① 《呈省政府大会开会情形及执监各委就职并启用关防日期文》（十七、六、三），《江西全省商会联合会特刊》第1期，公文第1—2页。
② 《呈省政府准全国商联会电更正名称呈请咨部刊给关防文》（十七、十一、二十六），《江西全省商会联合会特刊》第1期，公文第84页。

举执监委员，选出执行委员二十人，监察委员十人候圈定。[1]江西全省商联会的存在，使商会得以跨越区域及行业的畛域，实现协调行动与组织整合。商联会的建立，意味着商人团体的系统整合的成功。这一成功既有国民政府建立训政体制下人民团体体系的因素，也是商会面对组织存亡的自为之举。就更长期的效果而言，商联会在促进市场网络的建构、营造工商发展的制度环境方面的作用更值得重视。

抗日战争时期，南昌沦陷后留下来的商人为了生存，不得已继续开业，在日伪政权的高压统治下，成立了"南昌市商会筹备委员会"。尽管如此，这一时期的商会组织仍是商人自我保护和相互联结的重要形式，艰难地维系着商业活动。抗战胜利后，原沦陷区更是满目疮痍，市场混乱。国民党政府为了准备内战，横征暴敛，加剧了市场环境的恶化。由于国民党政府加强了官僚资本对工商业的垄断和控制，普通私人企业主的经济自主性和独立性逐渐丧失，商会的运作也日益受制于政府及少数特权商人阶层。为了维护同业利益，南昌商人在商会之外组织了商社，导致了商会组织的分化，但在商社这一特有的组织形式下，集结了普通商人的力量，促成了南昌商会的重组。南昌商社即是商会分化的产物，也成为商会重组前的力量积蓄平台。[2]

三、近现代赣鄱区域同业公会

清末江西的部分地区已自发成立同业公会，赣州杂粮行业同业组织就是一例。赣州杂粮业经营范围为豆、麦、瓜、麻，但以豆类为主。豆类包括大豆、蚕豆、豌豆等，大豆又以色泽分黄豆、茶豆、乌豆；以收获季节分暴豆（夏收），冬豆（秋收）；麦类有大、小麦及少量荞麦；瓜子有红、黑瓜子（赣南信丰产红瓜子，板大肉厚，为最佳品种，粤商多

---

[1]《江西全省商联会代表大会纪》,《经济旬刊》第 4 卷第 7 期，中华民国二十四年（1935）三月五日出版。

[2] 张芳霖：《民国时期南昌商会组织的分化与重组——南昌商社档案研究》,《历史档案》2004年第 4 期。

径向产地购运，赣州杂粮店经营甚少）；芝麻有白、黑、红等品种。货源大宗来自赣江中、下游的吉安、泰和、吉水、安福、永丰、清江等地，丰城、南昌、进贤、高安一带也常有货运来。光绪二十四年（1898），各杂粮店成立杂粮行业的共同组织——丰裕社，推李誉铺为主事，每月由主事主持召开同业会议，目的在于互通商业情报，研究供销变化，探讨行情起落，并议定价格机动幅度，交流业务经验，消除意见，统一行动。光绪三十二年（1906），赣州豆业同业公会正式成立，取代自发组织起来的丰裕社。每年农历七月十五日（中元节），同业仍以丰裕社名义举行隆重的"盂兰会"放河灯活动。[1]

九江开埠后，出现为上船销售瓷器而成立的类似同业公会的组织。在九江西门东约一百米的滨江路有一条背街小巷，叫"矶湾"。这条长仅百米的小巷分为上矶湾、中矶湾、下矶湾。这里的居住者是四五百户以驮瓷器篮子为生的人，他们组成义庆社（都昌帮，约四百余人）和同意堂（本地帮，约一百余人）。两帮各有自己的帮主。义庆社起源于清同治年间。当时洋人不准驮篮子的中国人到租界卖瓷器，因而住在矶湾以此为生的人组成义庆社，有组织地到九江府衙门请愿。九江府同租界当局商洽，争得了有条件地进入租界卖瓷器的权利。义庆社也长期保留下来，每年农历三月十五日要做财神会（会日），新入会者要缴八块银元的入会费。后来又从义庆社分裂出同意堂，他们在农历二月二日做土地会（会日），新入会者须交十元光洋的入会费。义庆社和同意堂从事同一行业，是不可忽视的行业势力。他们团结斗争，迫使警察同意义庆社和同意堂穿着印有字号的背心上船做生意。他们经营品种各不相同，本地帮以出售艺术瓷、雕塑瓷为主，都昌帮有的专卖餐具，有的专卖琢器，还有的出售套具或细瓷。他们多数都能自己采购，自家起彩，自己开炉。也有少数人专帮别人起彩（彩绘）、烧炉。他们烧炉有大炉和春炉之分，大炉乃独家所烧，春炉是大家拼凑合伙所烧。[2]

---

[1] 卢上晶：《赣州杂粮行业史话》，《江西工商史料汇编》第1辑，1987年6月，第162—164页。
[2] 欧阳学琼：《九江瓷业沧桑》，《九江文史资料选辑》第4辑，编印时间不详，第21—22页。

光绪二十九年（1903）十一月，清政府提倡设立商会时特别规定"凡各省、各埠，如前经各行众商公立有'商业公所'及'商务公会'等名目者，应即遵照现定部章，一律改为'商会'，以归划一"。[①]1915 年 12 月，北京政府颁布了《商会法》，规定商会会员资格包括"各业所举出之董事为各业之经理人者"，实际上认定各行业同业组织具有团体会员的资格。[②]1918 年，北京政府颁布《工商同业公会规则》，对促使旧式同业组织的转化产生了积极作用。[③]在商会与同业公会的组织架构上，商会被赋予一定的权限，同业公会由其核实或证明再上报。同业公会与清末成立的商会之间虽然不存在组织上的隶属关系，但两者之间的相互依存关系十分显见。南京政府时期，同业公会与商会之间的关系若即若离。1929 年 8 月，南京国民政府颁布了与新《商会法》相配套的《工商同业公会法》，规定"原有之工商各业同业团体，不问其用公所、行会、会馆或其他名称，均依本法而设立之同业公会"。这部同业公会法明确规定工商同业公会与商会一样是独立法人团体。工商同业公会在发起成立、预算决算等项均须在县政府或在市政府呈报并报省政府。如有违背法令或妨害公益事业者，政府是有权解散的。工商同业公会只对同级政府负责。但各地也存在着一些差异，在商业发展相对薄弱的地区，同业公会对政府的依赖性就较强，同业公会则多在商会的领导体制下开展活动。

同业公会的职责主要是解决行业纠纷，统一市场价格，沟通信息等。广丰县烟叶在民国以前就行销于省内外，本地烟商有 250 余家，还有服务于外地客商的经纪烟行。民国年间，广丰各大烟商经过协议，成立了广丰县烟叶同业公会，会址设在县城西街关公庙。负责人黄育唐、苏家谦，工友潘贤芝负责公会杂务，规定凡参加公会组织的会员，必须参加每年旧历五月十三日既定的会员大会。公会的职能是议论统一当年的烟价标准，互通购销信息、解决内部纠纷、管理烟叶归口等问题。同时，

[①] 彭泽益主编：《中国工商行业史料集》，中华书局 1995 年版，第 970—977 页。
[②] 彭泽益主编：《中国工商行业史料集》，第 978 页。
[③] 彭泽益主编：《中国工商行会史料集》，第 986 页。

还成立了广丰县理烟公会,负责人刘启文,会员有四五百人。职能是合理组织安排劳力,检查督办理烟标准,防止破坏烟叶购销信誉。[1]

临川县城所在地龙津镇是通往崇仁、宜黄、乐安三县的水陆要道,这三县农民生产的粮食要销往外地,这里是必经之路。清末,龙津镇粮商为了维护自身的利益自行组织了粮食行业公会,但当时没有具体机构,只选一个负责人。1929年间,龙津镇粮商正式成立龙津粮食业同业公会。经费来自会员,凡是同业公会的会员都得缴纳会费。会费分甲、乙、丙、丁四等,各等缴纳多少会费根据同业公会的实际开支情况而定。同业公会每五年换届,特殊情况可以提前或延长,由商会帮助换届。担任理事长的人员都必须是在同行业中有点声誉的老板,郭节荣(大有恒米行经理)、黄贞祥(贞记米店老板)、饶子恒(饶大盛米店老板)和黄加华(黄利生米店老板)等先后担任理事长者。[2]

铅山县河口镇船民旧时分为上饶帮、万载帮、余江帮、贵溪帮、建昌帮和长洲帮。上饶帮又分为马家弄帮、白沙帮、灵溪帮、梅潭帮,帮头均由船民从其中推举产生。船帮组织的经费来源,以每船运价的百分之十抽取。1930年,各船帮联合组成河口船民公会,"计有帆船353艘,载重量8825公担,行驶信江"。[3]1932年前后,清江县城成立陶业帮,即陶业同业公会,在清江卖瓷器的商家须持有入帮证。陶业帮规定五条条例:(一)专业景德镇瓷器新开门市者,入帮金大洋十元;(二)设摊贩卖者,入帮金大洋五元;(三)新开门市并带陶业者,入帮金大洋五元;(四)新开门面兼带袁州瓷器者,入帮金大洋二元;(五)倘有外来陶业零售者,入帮金大洋二元。[4]1933年6月24日,南昌市钱业公会召开执委会议,到委员熊春轩、万竹春等十余人,徐瑞甫主持会议。首先,徐瑞甫报告开会之意义,大意是:"本市现铜元价格,自暴跌后,物价增涨,

---

[1] 张景庶搜集、徐允孚整理:《广丰烟商和烟叶生产》,《广丰县文史资料》第3辑,1989年2月,第2页。

[2] 谢永胜:《解放前上顿渡镇粮食业概况》,《江西工商史料汇编》第1辑,1987年6月,第170页。

[3] 梅援生:《"八省码头"水运忙》,《铅山文史资料》第5辑,1991年12月,第115页。

[4] 熊贤礼:《近代景德镇瓷业行帮管窥》,《陶瓷学报》2015年第2期。

小民生计，大受影响。本会对于此事，亟应设法维持，当经众决议，以现铜元价格提涨，不唯影响物价，适足牵动金融，应由会分函市立、裕民、建设等银行，从速维持，充分收买，以补足发行额六成之准备金"。会后，南昌钱业公会致函各银行：

> 迳启者，查本市现铜元价格，自本年四月以来，由三角以上，跌至二角有零，驯使百物腾涨，影响平民生计，殊非浅鲜。推究价落之由来，其原因虽多，但地方各银行，发行铜元纸票，未能依照发行条例，储备六成准备金，而人民为轻便计，又咸乐于使用铜元票，以致现铜元充斥市面，无法消纳，实为构成跌价之主要原因。敝会忝为钱业团体，负有维持市面钱价之责。故曾于六月九日，推派代表，前赴贵银行，商请维持，比承表示，俟召集同业会议，再行答复。现时隔半月之久，迄无良善办法答复，殊引为憾。事关钱价，一日不予维持，平民生计，即多受一日之影响。兴言及此，再难坐视。敝会兹为亟谋救济办法起见，拟即恢复从前作价先例，逐日由同业作价，并规定最低价格，每铜元百枚，作银三角。在最低价格时期，所有地方各银行，应即充分收买，以补足发行额六成之准备金，藉符条例。如此办理，庶几市面金融，平民生计，均有裨益，即祈克日施行。除分函外，相应函达贵银行，烦为查照，并希见复为荷。此致市立、裕民、建设等银行。南昌市钱业公会。①

1934年，江西省政府经济委员会调查统计了江西省各市县工商同业公会的组织情况，调查统计表刊登在1934年12月25日出版的《经济旬刊》（第3卷第18期）上。这个调查表是不全面的，上述临川龙津镇、九江县、铅山河口镇、广丰县等处同业公会就没有统计在内。

---

① 《南昌钱业公会维持铜元价格》，《经济旬刊》第1卷第4期，中华民国二十二年（1933）七月一日出版，第22—23页。

表5-6 江西省工商同业公会调查表（1934年）

名称	许可组织年月	会员数	公会数目
南昌市工商同业公会	1929年10月至1931年12月	3071	58
靖安县工商同业公会	1930年8月	65	
瑞昌县工商同业公会	1930年6月至10月		2
宜黄县工商同业公会	1929年7月至8月	57	2
新建县吴城镇工商同业公会	1931年2月至12月	209	4
南丰县工商同业公会	1931年3月		
南城县工商同业公会	1930年5月	61	
余干县黄金埠工商同业公会		21	
萍乡安源工商同业公会	1930年2月		
万年县工商同业公会	1931年9月至10月	63	4
万年县石镇工商同业公会	1931年8月	183	7
贵溪县工商同业公会	1930年6月至7月	124	3
吉安县工商同业公会	1930年2月至12月	179	8
永修县工商同业公会	1931年9月	25	
永修县涂家埠工商同业公会	1933年3月至12月	271	10
鄱阳县工商同业公会	1930年5月至1931年10月	81	2
遂川县工商同业公会	1930年4月	144	
万载县工商同业公会	1931年4月		15
黎川县工商同业公会	1930年7月		
寻乌县工商同业公会	1931年4月至5月		6
资溪县工商同业公会	1931年5月		5
奉新县工商同业公会	1929年11月	50	2
余江县邓埠工商同业公会		329	13
高安县工商同业公会	1929年9月		
大庾县工商同业公会	1931年4月		9
金溪县工商同业公会	1930年6月至12月	149	7
玉山县工商同业公会	1930年8月	292	

（资料来源：《经济旬刊》第3卷第18期，中华民国二十三年（1934）十二月二十五日出版。）

1939年3月，南昌沦陷，市商会、同业公会及大部分商号随政府撤退，先后迁到赣县、泰和、宁都三地。沦陷区的商人为了生存，在日伪政权的高压统治下，不得不继续开业。伪政权通过对商会和工商同业公会的改组，使他们"有效地"纳入日伪经济统制体系中。在这种制度体系中，商人被完全纳入军管高压下，丧失人身自由。抗战胜利后，复员后的南昌市商会，按市政府的意图，筹备1946年商会的改选，成立南昌市商会改组筹备委员会，并对各同业进行清理和统计。据1945年12月的报表称，南昌市商会有同业公会会员42个。

表5-7 南昌市商会同业公会会员表（1945年12月）

公会名称	负责人姓名	会址
钱业同业公会	徐瑞甫	中山路63号
绸缎疋札棉纱业同业公会	周子实	西棉花市44号
米业同业公会	赵志逈	广外九郎巷
金银业同业公会	涂彭龄	翠花街正大银楼
苏广杂货业同业公会	汪珊	筷子巷30号
粮食行业同业公会	刘光磁	赵公庙前街17号
膏磨业同业公会	陈鑫生	香平巷32号
杂粮业同业公会	刘维持	西瓜套巷
边爆业同业公会	卢元勋	禾草街一号
黄表卷纸业同业公会	雷庆文	前八段43号复兴号
卷烟业同业公会	赵协龙	中正路276号泰和祥号
剧团电影业同业公会	汪和声	民德路新世界
盐业同业公会	余守真	九郎巷
京果南货业同业公会	吴鉴清	下湾街57号
旅栈业同业公会	姚肖岩	关马祠一号
面饭菜馆业同业公会	余鹤年	中正路全家福
人力胶皮车业同业公会	秦全志	火帝殿26号
玻璃业同业公会	刘厚甫	翘步街
五金颜料靛青业同业公会	漆履堂	中山路西口
漆业同业公会	邹星垣	万寿宫江邹恒兴号
瓷业同业公会	冯少庭	中山路冯启顺号
新药业同业公会	方定明	中正路华英大药房
竹木业同业公会	丁步云	广外茅竹架
布业同业公会	王名鼎	火帝庙
简贴业同业公会	胡平舟	中山路竹筠轩
瓜子花生业同业公会	黄在中	王船山路434号黄和发号
烧酒业同业公会	周观澜	惠民门万美酒店

续表

公会名称	负责人姓名	会址
木业同业公会	陈庆生	潮王洲王裕隆号
酱园业同业公会	余国渔	浮桥头咸泰号
屠业同业公会	余美华	中正路347号胡广顺号
猪业同业公会	邹轨臣	禾草街邹茂盛号
毛竹木架业同业公会	徐有章	蓼洲有成巷8号
派报业同业公会	王化庭	中山路公益派报社
神香业同业公会	桂荣庭	塘塍上一品斋
靴鞋业同业公会	涂质彬	民德路远大鞋店
棕麻绳索篾货业同业公会	余乃旭	箩巷子余广盛号
青蓝门市染业同业公会	万益斋	进外协裕成号
竹器业同业公会	周贤仁	进外
水果业同业公会	赵协龙	中正路371号
棕麻绳索商业公会	黄匡生	直冲巷黄兴发号
箬篷业同业公会	陈集贺	柴巷口
钱纸业同业公会	胡伯青	惠民门16号

（资料来源：南昌市档案馆藏民国南昌商会档案6-9-132。）

改革开放以来，"同业公会"这个一度令人觉得生僻的词越来越多地出现在人们的面前。1990年11月，鹰潭眼镜同业公会成立，在政府和眼镜业主之间起到桥梁和中介作用。一方面，政府可以通过同业公会传达其精神，加强对业主的管理和控制；另一方面，眼镜业主可以通过统一的行业组织加强同政府间的信息交流和沟通，并解决个体业主无法解决的问题。鹰潭眼镜同业公会还统一组织眼镜业的打包运输工作，协同铁路、邮局等单位，成立打包组，规定凡发往外地的眼镜一律由打包组打包，盖上公会大印才能发出，由同业公会发出的货物可以免检，从而提高了办事效率。同时，鹰潭眼镜同业公会还推荐政治素质高、业务能力强并且有一定经济实力的眼镜业主进入政治领域。这不仅为眼镜业主带来社会声誉，也保证了眼镜行业和政府间信息通道的畅通，为眼镜行业的发展创造了更好的外部环境，同时也局部地整合了政府的某些权力结构和运行机制。[①]

[①] 邹付水：《眼镜行业与鹰潭地方社会变迁》，《赣文化研究》总第8期，2001年12月，第228—233页。

商会是清末政府与商界为了发展实业开始设立的商人组织。在其后的商会组织发展过程中，政府和商人都在不断探索更适合于中国本土的商会制度。就江西而言，由于商联会对商会的整合，商会对同业公会的整合，同业公会对商号的整合，商人组织逐步地形成网络化。从国家的层面讲，这种层递网络的制度安排，无疑节省了政府管理的成本。从商人的角度讲，这种制度安排也使商人有了逐级的代言渠道。商会在商业信息的获得、商业纠纷的化解以及维持市场的稳定等方面所发挥的作用，大大降低了商人的交易成本。这也是大多数商人愿意接受此种制度安排的缘由。

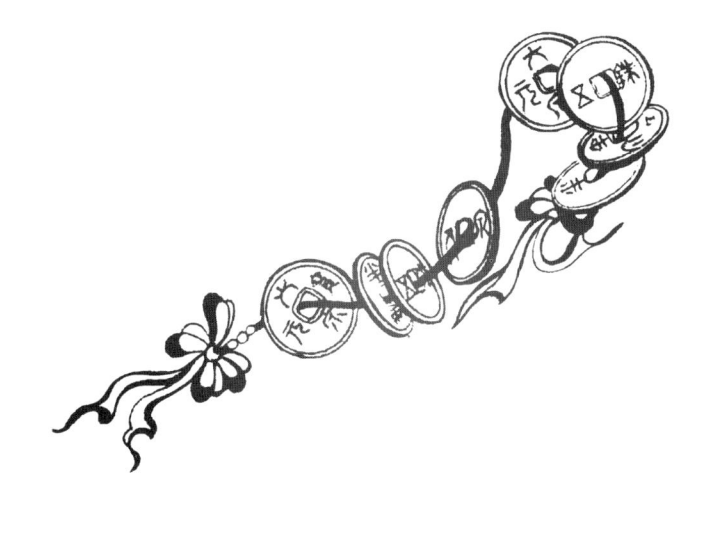

【第六章】商业习俗与商业诉讼

在商业发展过程中，江西各地形成了风格各异的商业习俗。商业习俗包括在交易过程中形成的商业契约与交易习俗，以及商业信仰和商业禁忌。这些商业习俗既保护了商家的利益，也维护了市场秩序，避免了恶性竞争，成为保护和规范商业发展的非制度性因素。在经商过程中，商人难免会碰到商事纠纷，并因商事纠纷引起商业诉讼。江西在南唐、两宋延及明清时都是全国经济文化的发达地区，商业和教育的发展造成了江西人的"好讼"之风。明代王士性说："山居人尚气，新都健讼，习使之然。……商贾在外，遇乡里之讼，不啻身尝之，酾金出死力，则又以众帮众，无非亦为己身地也。近江右人出外亦多效之。"[1]商业诉讼也是江西商人用法律武器解决商业纠纷，维护自身商业利益的积极行为。

第一节　商业契约与交易习俗

一、商业契约习俗

光绪三十三年（1907）九月十六日，清廷颁布《令各省设立调查局各部院设立统计处谕》，称"各省民情风俗，及一切严格习尚参差不齐"，现在宪政编查馆"开办编制、统计二局"，但"非有京外通力合作办法，无以推行尽利。著每省设立调查局一所，由该管督抚遴选妥员，按照此次奏定章程切实经理，随时将调查各件咨报该馆"。[2]光绪三十四年（1908）三月十七日，江西宪政调查局成立，总办由饶州知府张检调任，赁定大士院房屋为局所。[3]

江西宪政调查局调查了民事习惯中的买卖契约的情况。在江西，买卖双方"彼此约定买卖一物，物价均未交割，中途有一人违约不买或不卖时，彼造可以责约，如已立契约，可照约议罚。若但凭口说，未立契

---

[1] 王士性：《广志绎》卷二《两都》，周振鹤点校，中华书局2006年版，第221页。
[2]《令各省设立调查局各部院设立统计处谕》，光绪三十三年九月十六日，《清末筹备立宪档案史料》上册，中华书局1979年版，第52—53页。
[3]《宪政调查局成立》，《申报》，1908年4月20日，第2张第2版。

决议。至此，持续数年之久的商民协会与商会之争才终告结束。江西省政府对江西各地商会开始进行新一轮的改组。1931年10月30日，九江城区 30 个工商同业公会代表改组商会，选出以萧勉为主席的新一届商会，选出执行委员 15 人，监察委员 7 人，内分设总务、财务、商事三科，每星期开常会一次，遇有特别或紧要事项召集临时会议。①

表5-5 九江商会执委监委名表（1931年）

职别	姓名	别号	年龄	籍贯
主席	萧勉	懋谦	42	江西九江
常务委员	熊渭	季康	43	江西丰城
常务委员	唐芝龄		46	江西南昌
常务委员	周宪	午桥	36	浙江宁波
常务委员	傅继修	幼山	29	江西九江
执行委员	陈义熊	梦飞	28	江西九江
执行委员	傅国章	再泉	31	江西南城
执行委员	谢馥三		44	江西临川
执行委员	马兰生		46	广东潮阳
执行委员	胡征	杞民	36	安徽黟县
执行委员	江思齐		33	安徽黟县
执行委员	吕传炳	焕廷	51	江西九江
执行委员	伍礼鏊	冕如	39	江西九江
执行委员	周达	达人	42	江苏镇江
执行委员	孙景标	善如	40	安徽黟县
候补执委	李宏	声谷	38	广东潮阳
候补执委	许熙书	玉芳	57	安徽歙县
候补执委	于振寰	尚卿	45	江西九江
候补执委	游绪致	有方	43	湖北大冶
候补执委	黄世简	敬臣	54	江西九江
候补执委	林中麟	璧垣	43	福建上杭
候补执委	尹岳云	应崧	39	江西九江
监察委员	高树棠	镜澄	61	江西九江
监察委员	王汝芳	试蓉	54	江西南昌

---

① 《九江指南》社：《九江指南》，1932年版，第93页。

续表

职别	姓名	别号	年龄	籍贯
监察委员	黄云阶	惇一	55	安徽黟县
监察委员	郑呈镜	涵秋	53	江西九江
监察委员	曾宪玖	以琼	51	江西九江
监察委员	许鸿模	楷廷	50	江西九江
监察委员	胡禹培	玉堂	55	湖北鄂城
候补监委	叶先埔	崇如	44	江西萍乡
候补监委	萧竹如		38	江西南昌
候补监委	金至槟	紫文	42	江苏镇江

（资料来源：九江指南社《九江指南》，1932年版，第93—94页。）

1932年南昌市商会改选，参加竞选主席委员的有原市商会会长靖安帮德昌祥钱庄老板张继周，江西裕民银行副经理曾庆嘉（南丰人），纸业公会主席徐槐青。张继周在大革命时期鉴于军阀邓如琢的军队在街上横行，岳思寅、唐福山、张凤歧纵兵奸淫抢掠，一时人心惶惶，曾以商会会长身份挺身而出，筹款维持地方治安，对社会有一定贡献，颇得商民拥护。结果张继周、曾庆嘉、徐槐青三人形成鹬蚌相持的形势，反使徐瑞甫坐收渔人之利，成了主席委员，常务委员为张继周、曾庆嘉、徐槐青。1933年6月，南昌市商会开会员代表大会改选执监委员，选举结果如下：梁仁道（裕源钱庄经理）、颜绥之（福聚祥国货正头号少店主）、周子实（恒源仁布庄店主）、赵志周（厚生和米店经理）、岳景清（信成京果南货号经理）、熊朗轩（熊厚生纸店店主）、张子藩（益美斋店主）当选为执行委员，杨赓甫（黄庆仁栈经理）、汪珊（恒茂祥股东）、陈仲阁（太和堂店主）、刘襄甫（五洲药房经理）、单其汉、汪湘生（福康恒记布号店主）、廖伟治（东南公寓店主）当选为候补执行委员，万如九（源顺钱庄经理）、涂先觉（志大香烟店主）、王绪卿（永泰祥布号店主）当选为监察委员，汪延席（复懋福夏布边爆店主）、史可鉴（新盛昌号店主）、熊晓初（福太昌织袜店主）当选为候补监察委员。[①]

[①]《南昌市商会改选执监委》，《经济旬刊》第1卷第2期，中华民国二十二年（1933）六月十一日出版、十月一日再版，第17—18页。

江西各地商会积极倡导、发展民族工商业，组织协调各方面关系，在保护工商、调解劳资等方面取得了一定的成就。各地商会一定程度上成为商人的依靠，维护商人的利益，规范商业秩序并促进工商业的发展。1922年，景德镇商会制订瓷行规则十二条。7月，浮梁县长批示准予备案："呈折均悉。查阅规则尚属妥协。既经双方议订，自应公共遵守，俾免窒碍，准予备案。并候令知西区随时查照办理。折存，此批。"[1]1927年前后，景德镇商会为了解决市面货币短缺和军阀刘宝提败军勒索巨款问题，先后两次发行了"临时流通券"（即保商票），从而稳定了社会秩序，维护了工商业各界的正常经营。又据1933年天津《大公报》报道："景德镇瓷器，……去年瓷品，除细品玩件，鲜人问津……故去岁年关，市面金融异常紧闭，各业几难收束，全由镇商会发出临时通用券百余万，流通交易，勉强度过。"[2]江西各地商会还积极从事地方的各项公共事业建设。在九江，西北门、西南门的开辟，西门交通阻塞的解决，沿江马路与沿甘棠湖岸马路的开辟，商埠债券的赎买，龙开河桥的筹款等社会公共事业的建设，都与九江商会的努力分不开。

江西各地商会还成立全省商会联合会，在探讨商情与处理全省商务，以及参与全国商业政策制定等方面都起了重要的作用。在南京国民政府成立之后，国民党试图以商民协会取代商会，使商会面临组织存亡之争。全国商界亟须整合力量，向国民党及政府争取政治及法律地位。同时，国民政府在成立之后即开始厘定财经税法，规划工商政策，商会之间也需要协调意见，寻求参与之机。1927年12月，上海总商会发起成立各省商会联合会，设总事务所于上海，设事务所于各省政府所在地。南昌总商会会同九江总商会，召集全省各总商会、各商会代表来省开会，公同组织，并讨论江西商务问题。1928年5月6日，江西各地商会代表举行开会典礼后，正式开议。会议共到43个商会，代表68人，按照议事日程依次讨论，议决议案85件，并订定事务所组织大纲。各项议案全体

---

[1] 彭泽益主编：《中国工商行会史料集》，中华书局1995年版，第961—963页。
[2] 江思清：《景德镇瓷业史》，中华书局1936年版，第159页。

通过后，5月21日举行投票选举各执行监察委员，结果以李鲁孙、郭文、徐雨亭、熊渭、龚士材、汪良珍、陈士彬、岳芝祥、林风、李伯琴、黄吉裳、曾章桂、姚公礼、罗日升、王明选、徐光、徐清源、谢承纪、吴钫等十九人当选执行委员。以卢芳、邓作哲、鲁期然、张智、刘炜南、汪浚川、王岳秋、万贤俊、廖培元等九人当选监察委员。5月22日举行闭幕礼。5月23日，由执行委员19人互选常务委员，以吴钫、曾章桂、徐雨亭三人得票多数为当选。是日即为江西全省商会联合会事务所成立之期，并援照各省商会联合会总事务所先例，自刊木质关防一颗。[①]1928年11月6日，接中华民国全国商会联合会快邮代电，内称：

> 各省商会联合会各省政府所在地总商会钧鉴，全国商会临时代表大会决议中华民国全国商会联合会组织大纲，依照大纲第三条、第四条之规定，各省商会联会应定名称为某某省商会联合会。已成立省商联合会者，即希改正名称，呈请省政府转咨工商部刊给关防。未成立之各省，应照第四条第一项之规定，由省政府所在地总商会发起召集该省商会代表开大会决议组织，统请于电到三个月内组织成立，报告本会。事关商会联合要案，万希依照进行，至为盼切。[②]

由此，江西全省商会联合会事务所更正名称为江西全省商会联合会。1935年3月，江西全省商联会代表大会再次召开。截止2月28日，报到69商会，计代表113人，收文372件，发文1482件，收到议案十余件。3月1日上午十时，省商联整理委员会召集各市县镇商会代表谈话会议。午后二时，续开预备会议，出席代表万竹村等120余人，由王吾主持。3月2日举行开幕典礼，3月4日举行首次会议，3月8日依法选

---

① 《呈省政府大会开会情形及执监各委就职并启用关防日期文》（十七、六、三），《江西全省商会联合会特刊》第1期，公文第1—2页。
② 《呈省政府准全国商联会电更正名称呈请咨部刊给关防文》（十七、十一、二十六），《江西全省商会联合会特刊》第1期，公文第84页。

举执监委员，选出执行委员二十人，监察委员十人候圈定。[1]江西全省商联会的存在，使商会得以跨越区域及行业的畛域，实现协调行动与组织整合。商联会的建立，意味着商人团体的系统整合的成功。这一成功既有国民政府建立训政体制下人民团体体系的因素，也是商会面对组织存亡的自为之举。就更长期的效果而言，商联会在促进市场网络的建构、营造工商发展的制度环境方面的作用更值得重视。

抗日战争时期，南昌沦陷后留下来的商人为了生存，不得已继续开业，在日伪政权的高压统治下，成立了"南昌市商会筹备委员会"。尽管如此，这一时期的商会组织仍是商人自我保护和相互联结的重要形式，艰难地维系着商业活动。抗战胜利后，原沦陷区更是满目疮痍，市场混乱。国民党政府为了准备内战，横征暴敛，加剧了市场环境的恶化。由于国民党政府加强了官僚资本对工商业的垄断和控制，普通私人企业主的经济自主性和独立性逐渐丧失，商会的运作也日益受制于政府及少数特权商人阶层。为了维护同业利益，南昌商人在商会之外组织了商社，导致了商会组织的分化，但在商社这一特有的组织形式下，集结了普通商人的力量，促成了南昌商会的重组。南昌商社即是商会分化的产物，也成为商会重组前的力量积蓄平台。[2]

三、近现代赣鄱区域同业公会

清末江西的部分地区已自发成立同业公会，赣州杂粮行业同业组织就是一例。赣州杂粮业经营范围为豆、麦、瓜、麻，但以豆类为主。豆类包括大豆、蚕豆、豌豆等，大豆又以色泽分黄豆、茶豆、乌豆；以收获季节分暴豆（夏收），冬豆（秋收）；麦类有大、小麦及少量荞麦；瓜子有红、黑瓜子（赣南信丰产红瓜子，板大肉厚，为最佳品种，粤商多

---

[1]《江西全省商联会代表大会纪》,《经济旬刊》第 4 卷第 7 期，中华民国二十四年（1935）三月五日出版。

[2] 张芳霖:《民国时期南昌商会组织的分化与重组——南昌商社档案研究》,《历史档案》2004年第 4 期。

径向产地购运，赣州杂粮店经营甚少）；芝麻有白、黑、红等品种。货源大宗来自赣江中、下游的吉安、泰和、吉水、安福、永丰、清江等地，丰城、南昌、进贤、高安一带也常有货运来。光绪二十四年（1898），各杂粮店成立杂粮行业的共同组织——丰裕社，推李誉镛为主事，每月由主事主持召开同业会议，目的在于互通商业情报，研究供销变化，探讨行情起落，并议定价格机动幅度，交流业务经验，消除意见，统一行动。光绪三十二年（1906），赣州豆业同业公会正式成立，取代自发组织起来的丰裕社。每年农历七月十五日（中元节），同业仍以丰裕社名义举行隆重的"盂兰会"放河灯活动。[①]

九江开埠后，出现为上船销售瓷器而成立的类似同业公会的组织。在九江西门东约一百米的滨江路有一条背街小巷，叫"矶湾"。这条长仅百米的小巷分为上矶湾、中矶湾、下矶湾。这里的居住者是四五百户以驮瓷器篮子为生的人，他们组成义庆社（都昌帮，约四百余人）和同意堂（本地帮，约一百余人）。两帮各有自己的帮主。义庆社起源于清同治年间。当时洋人不准驮篮子的中国人到租界卖瓷器，因而住在矶湾以此为生的人组成义庆社，有组织地到九江府衙门请愿。九江府同租界当局商洽，争得了有条件地进入租界卖瓷器的权利。义庆社也长期保留下来，每年农历三月十五日要做财神会（会日），新入会者要缴八块银元的入会费。后来又从义庆社分裂出同意堂，他们在农历二月二日做土地会（会日），新入会者须交十元光洋的入会费。义庆社和同意堂从事同一行业，是不可忽视的行业势力。他们团结斗争，迫使警察同意义庆社和同意堂穿着印有字号的背心上船做生意。他们经营品种各不相同，本地帮以出售艺术瓷、雕塑瓷为主，都昌帮有的专卖餐具，有的专卖琢器，还有的出售套具或细瓷。他们多数都能自己采购，自家起彩，自己开炉。也有少数人专帮别人起彩（彩绘）、烧炉。他们烧炉有大炉和春炉之分，大炉乃独家所烧，春炉是大家拼凑合伙所烧。[②]

---

① 卢上晶：《赣州杂粮行业史话》，《江西工商史料汇编》第1辑，1987年6月，第162—164页。
② 欧阳学琼：《九江瓷业沧桑》，《九江文史资料选辑》第4辑，编印时间不详，第21—22页。

光绪二十九年（1903）十一月，清政府提倡设立商会时特别规定"凡各省、各埠，如前经各行众商公立有'商业公所'及'商务公会'等名目者，应即遵照现定部章，一律改为'商会'，以归划一"。[1]1915年12月，北京政府颁布了《商会法》，规定商会会员资格包括"各业所举出之董事为各业之经理人者"，实际上认定各行业同业组织具有团体会员的资格。[2]1918年，北京政府颁布《工商同业公会规则》，对促使旧式同业组织的转化产生了积极作用。[3]在商会与同业公会的组织架构上，商会被赋予一定的权限，同业公会由其核实或证明再上报。同业公会与清末成立的商会之间虽然不存在组织上的隶属关系，但两者之间的相互依存关系十分显见。南京政府时期，同业公会与商会之间的关系若即若离。1929年8月，南京国民政府颁布了与新《商会法》相配套的《工商同业公会法》，规定"原有之工商各业同业团体，不问其用公所、行会、会馆或其他名称，均依本法而设立之同业公会"。这部同业公会法明确规定工商同业公会与商会一样是独立法人团体。工商同业公会在发起成立、预算决算等项均须在县政府或在市政府呈报并报省政府。如有违背法令或妨害公益事业者，政府是有权解散的。工商同业公会只对同级政府负责。但各地也存在着一些差异，在商业发展相对薄弱的地区，同业公会对政府的依赖性就较强，同业公会则多在商会的领导体制下开展活动。

同业公会的职责主要是解决行业纠纷，统一市场价格，沟通信息等。广丰县烟叶在民国以前就行销于省内外，本地烟商有250余家，还有服务于外地客商的经纪烟行。民国年间，广丰各大烟商经过协议，成立了广丰县烟叶同业公会，会址设在县城西街关公庙。负责人黄育唐、苏家谦，工友潘贤芝负责公会杂务，规定凡参加公会组织的会员，必须参加每年旧历五月十三日既定的会员大会。公会的职能是议论统一当年的烟价标准，互通购销信息、解决内部纠纷、管理烟叶归口等问题。同时，

---

[1] 彭泽益主编：《中国工商行业史料集》，中华书局1995年版，第970—977页。
[2] 彭泽益主编：《中国工商行业史料集》，第978页。
[3] 彭泽益主编：《中国工商行会史料集》，第986页。

还成立了广丰县理烟公会，负责人刘启文，会员有四五百人。职能是合理组织安排劳力，检查督办理烟标准，防止破坏烟叶购销信誉。①

临川县城所在地龙津镇是通往崇仁、宜黄、乐安三县的水陆要道，这三县农民生产的粮食要销往外地，这里是必经之路。清末，龙津镇粮商为了维护自身的利益自行组织了粮食行业公会，但当时没有具体机构，只选一个负责人。1929年间，龙津镇粮商正式成立龙津粮食业同业公会。经费来自会员，凡是同业公会的会员都得缴纳会费。会费分甲、乙、丙、丁四等，各等缴纳多少会费根据同业公会的实际开支情况而定。同业公会每五年换届，特殊情况可以提前或延长，由商会帮助换届。担任理事长的人员都必须是在同行业中有点声誉的老板，郭节荣（大有恒米行经理）、黄贞祥（贞记米店老板）、饶子恒（饶大盛米店老板）和黄加华（黄利生米店老板）等先后担任理事长者。②

铅山县河口镇船民旧时分为上饶帮、万载帮、余江帮、贵溪帮、建昌帮和长洲帮。上饶帮又分为马家弄帮、白沙帮、灵溪帮、梅潭帮，帮头均由船民从其中推举产生。船帮组织的经费来源，以每船运价的百分之十抽取。1930年，各船帮联合组成河口船民公会，"计有帆船353艘，载重量8825公担，行驶信江"。③1932年前后，清江县城成立陶业帮，即陶业同业公会，在清江卖瓷器的商家须持有入帮证。陶业帮规定五条条例：（一）专业景德镇瓷器新开门市者，入帮金大洋十元；（二）设摊贩卖者，入帮金大洋五元；（三）新开门市并带陶业者，入帮金大洋五元；（四）新开门面兼带袁州瓷器者，入帮金大洋二元；（五）倘有外来陶业零售者，入帮金大洋二元。④1933年6月24日，南昌市钱业公会召开执委会议，到委员熊春轩、万竹春等十余人，徐瑞甫主持会议。首先，徐瑞甫报告开会之意，大意是："本市现铜元价格，自暴跌后，物价增涨，

---

① 张景庶搜集、徐允孚整理：《广丰烟商和烟叶生产》，《广丰县文史资料》第3辑，1989年2月，第2页。
② 谢永胜：《解放前上顿渡镇粮食业概况》，《江西工商史料汇编》第1辑，1987年6月，第170页。
③ 梅援生：《"八省码头"水运忙》，《铅山文史资料》第5辑，1991年12月，第115页。
④ 熊贤礼：《近代景德镇瓷业行帮管窥》，《陶瓷学报》2015年第2期。

小民生计，大受影响。本会对于此事，亟应设法维持，当经众决议，以现铜元价格提涨，不唯影响物价，适足牵动金融，应由会分函市立、裕民、建设等银行，从速维持，充分收买，以补足发行额六成之准备金"。会后，南昌钱业公会致函各银行：

> 迳启者，查本市现铜元价格，自本年四月以来，由三角以上，跌至二角有零，驯使百物腾涨，影响平民生计，殊非浅鲜。推究价落之由来，其原因虽多，但地方各银行，发行铜元纸票，未能依照发行条例，储备六成准备金，而人民为轻便计，又咸乐于使用铜元票，以致现铜元充斥市面，无法消纳，实为构成跌价之主要原因。敝会忝为钱业团体，负有维持市面钱价之责。故曾于六月九日，推派代表，前赴贵银行，商请维持，比承表示，俟召集同业会议，再行答复。现时隔半月之久，迄无良善办法答复，殊引为憾。事关钱价，一日不予维持，平民生计，即多受一日之影响。兴言及此，再难坐视。敝会兹为亟谋救济办法起见，拟即恢复从前作价先例，逐日由同业作价，并规定最低价格，每铜元百枚，作银三角。在最低价格时期，所有地方各银行，应即充分收买，以补足发行额六成之准备金，藉符条例。如此办理，庶几市面金融，平民生计，均有裨益，即祈克日施行。除分函外，相应函达贵银行，烦为查照，并希见复为荷。此致市立、裕民、建设等银行。南昌市钱业公会。①

1934年，江西省政府经济委员会调查统计了江西省各市县工商同业公会的组织情况，调查统计表刊登在1934年12月25日出版的《经济旬刊》（第3卷第18期）上。这个调查表是不全面的，上述临川龙津镇、九江县、铅山河口镇、广丰县等处同业公会就没有统计在内。

---

① 《南昌钱业公会维持铜元价格》，《经济旬刊》第1卷第4期，中华民国二十二年（1933）七月一日出版，第22—23页。

表 5-6　江西省工商同业公会调查表（1934 年）

名称	许可组织年月	会员数	公会数目
南昌市工商同业公会	1929 年 10 月至 1931 年 12 月	3071	58
靖安县工商同业公会	1930 年 8 月	65	
瑞昌县工商同业公会	1930 年 6 月至 10 月		2
宜黄县工商同业公会	1929 年 7 月至 8 月	57	2
新建县吴城镇工商同业公会	1931 年 2 月至 12 月	209	4
南丰县工商同业公会	1931 年 3 月		
南城县工商同业公会	1930 年 5 月	61	
余干县黄金埠工商同业公会		21	
萍乡安源工商同业公会	1930 年 2 月		
万年县工商同业公会	1931 年 9 月至 10 月	63	4
万年县石镇工商同业公会	1931 年 8 月	183	7
贵溪县工商同业公会	1930 年 6 月至 7 月	124	3
吉安县工商同业公会	1930 年 2 月至 12 月	179	8
永修县工商同业公会	1931 年 9 月	25	
永修县涂家埠工商同业公会	1933 年 3 月至 12 月	271	10
鄱阳县工商同业公会	1930 年 5 月至 1931 年 10 月	81	2
遂川县工商同业公会	1930 年 4 月	144	
万载县工商同业公会	1931 年 4 月		15
黎川县工商同业公会	1930 年 7 月		
寻乌县工商同业公会	1931 年 4 月至 5 月		6
资溪县工商同业公会	1931 年 5 月		5
奉新县工商同业公会	1929 年 11 月	50	2
余江县邓埠工商同业公会		329	13
高安县工商同业公会	1929 年 9 月		
大庾县工商同业公会	1931 年 4 月		9
金溪县工商同业公会	1930 年 6 月至 12 月	149	7
玉山县工商同业公会	1930 年 8 月	292	

（资料来源：《经济旬刊》第 3 卷第 18 期，中华民国二十三年（1934）十二月二十五日出版。）

1939 年 3 月，南昌沦陷，市商会、同业公会及大部分商号随政府撤退，先后迁到赣县、泰和、宁都三地。沦陷区的商人为了生存，在日伪政权的高压统治下，不得不继续开业。伪政权通过对商会和工商同业公会的改组，使他们"有效地"纳入日伪经济统制体系中。在这种制度体系中，商人被完全纳入军管高压下，丧失人身自由。抗战胜利后，复员后的南昌市商会，按市政府的意图，筹备1946年商会的改选，成立南昌市商会改组筹备委员会，并对各同业进行清理和统计。据1945年12月的报表称，南昌市商会有同业公会会员42个。

表5-7 南昌市商会同业公会会员表（1945年12月）

公会名称	负责人姓名	会址
钱业同业公会	徐瑞甫	中山路63号
绸缎疋札棉纱业同业公会	周子实	西棉花市44号
米业同业公会	赵志迥	广外九郎巷
金银业同业公会	涂彭龄	翠花街正大银楼
苏广杂货业同业公会	汪珊	筷子巷30号
粮食行业同业公会	刘光磁	赵公庙前街17号
膏磨业同业公会	陈鑫生	香平巷32号
杂粮业同业公会	刘维持	西瓜套巷
边爆业同业公会	卢元勋	禾草街一号
黄表卷纸业同业公会	雷庆文	前八段43号雷复兴号
卷烟业同业公会	赵协龙	中正路276号泰和祥号
剧团电影业同业公会	汪和声	民德路新世界
盐业同业公会	余守真	九郎巷
京果南货业同业公会	吴鉴清	下湾街57号
旅栈业同业公会	姚肖岩	关马祠一号
面饭菜馆业同业公会	余鹤年	中正路全家福
人力胶皮车业同业公会	秦全志	火帝殿26号
玻璃业同业公会	刘厚甫	翘步街
五金颜料靛青业同业公会	漆履堂	中山路西口
漆业同业公会	邹星垣	万寿宫江邹恒兴号
瓷业同业公会	冯少庭	中山路冯启顺号
新药业同业公会	方定明	中正路华英大药房
竹木业同业公会	丁步云	广外茅竹架
布业同业公会	王名鼎	火帝庙
简贴业同业公会	胡平舟	中山路竹筠轩
瓜子花生业同业公会	黄在中	王船山路434号黄和发号
烧酒业同业公会	周观澜	惠民门万美酒店

续表

公会名称	负责人姓名	会址
木业同业公会	陈庆生	潮王洲王裕隆号
酱园业同业公会	余国渔	浮桥头咸泰号
屠业同业公会	余美华	中正路 347 号胡广顺号
猪业同业公会	邹轨臣	禾草街邹茂盛号
毛竹木架业同业公会	徐有章	蓼洲有成巷 8 号
派报业同业公会	王化庭	中山路公益派报社
神香业同业公会	桂荣庭	塘塍上一品斋
靴鞋业同业公会	涂质彬	民德路远大鞋店
棕麻绳索篾货业同业公会	余乃旭	箩巷子余广盛号
青蓝门市染业同业公会	万益斋	进外协裕成号
竹器业同业公会	周贤仁	进外
水果业同业公会	赵协龙	中正路 371 号
棕麻绳索商业公会	黄匡生	直冲巷黄兴发号
箬篷业同业公会	陈集贺	柴巷口
钱纸业同业公会	胡伯青	惠民门 16 号

（资料来源：南昌市档案馆藏民国南昌商会档案 6-9-132。）

改革开放以来，"同业公会"这个一度令人觉得生僻的词越来越多地出现在人们的面前。1990 年 11 月，鹰潭眼镜同业公会成立，在政府和眼镜业主之间起到桥梁和中介作用。一方面，政府可以通过同业公会传达其精神，加强对业主的管理和控制；另一方面，眼镜业主可以通过统一的行业组织加强同政府间的信息交流和沟通，并解决个体业主无法解决的问题。鹰潭眼镜同业公会还统一组织眼镜业的打包运输工作，协同铁路、邮局等单位，成立打包组，规定凡发往外地的眼镜一律由打包组打包，盖上公会大印才能发出，由同业公会发出的货物可以免检，从而提高了办事效率。同时，鹰潭眼镜同业公会还推荐政治素质高、业务能力强并且有一定经济实力的眼镜业主进入政治领域。这不仅为眼镜业主带来社会声誉，也保证了眼镜行业和政府间信息通道的畅通，为眼镜行业的发展创造了更好的外部环境，同时也局部地整合了政府的某些权力结构和运行机制。[①]

[①] 邹付水：《眼镜行业与鹰潭地方社会变迁》，《赣文化研究》总第 8 期，2001 年 12 月，第 228—233 页。

商会是清末政府与商界为了发展实业开始设立的商人组织。在其后的商会组织发展过程中，政府和商人都在不断探索更适合于中国本土的商会制度。就江西而言，由于商联会对商会的整合，商会对同业公会的整合，同业公会对商号的整合，商人组织逐步地形成网络化。从国家的层面讲，这种层递网络的制度安排，无疑节省了政府管理的成本。从商人的角度讲，这种制度安排也使商人有了逐级的代言渠道。商会在商业信息的获得、商业纠纷的化解以及维持市场的稳定等方面所发挥的作用，大大降低了商人的交易成本。这也是大多数商人愿意接受此种制度安排的缘由。

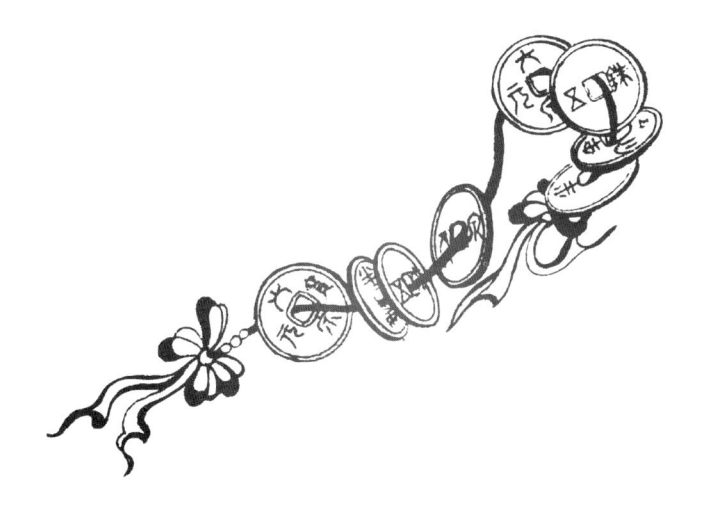

【第六章】商业习俗与商业诉讼

在商业发展过程中，江西各地形成了风格各异的商业习俗。商业习俗包括在交易过程中形成的商业契约与交易习俗，以及商业信仰和商业禁忌。这些商业习俗既保护了商家的利益，也维护了市场秩序，避免了恶性竞争，成为保护和规范商业发展的非制度性因素。在经商过程中，商人难免会碰到商事纠纷，并因商事纠纷引起商业诉讼。江西在南唐、两宋延及明清时都是全国经济文化的发达地区，商业和教育的发展造成了江西人的"好讼"之风。明代王士性说："山居人尚气，新都健讼，习使之然。……商贾在外，遇乡里之讼，不啻身尝之，醵金出死力，则又以众帮众，无非亦为己身地也。近江右人出外亦多效之。"[1]商业诉讼也是江西商人用法律武器解决商业纠纷，维护自身商业利益的积极行为。

第一节 商业契约与交易习俗

一、商业契约习俗

光绪三十三年（1907）九月十六日，清廷颁布《令各省设立调查局各部院设立统计处谕》，称"各省民情风俗，及一切严格习尚参差不齐"，现在宪政编查馆"开办编制、统计二局"，但"非有京外通力合作办法，无以推行尽利。著每省设立调查局一所，由该管督抚遴选妥员，按照此次奏定章程切实经理，随时将调查各件咨报该馆"。[2]光绪三十四年（1908）三月十七日，江西宪政调查局成立，总办由饶州知府张检调任，赁定大士院房屋为局所。[3]

江西宪政调查局调查了民事习惯中的买卖契约的情况。在江西，买卖双方"彼此约定买卖一物，物价均未交割，中途有一人违约不买或不卖时，彼造可以责约，如已立契约，可照约议罚。若但凭口说，未立契

---

[1] 王士性：《广志绎》卷二《两都》，周振鹤点校，中华书局2006年版，第221页。
[2]《令各省设立调查局各部院设立统计处谕》，光绪三十三年九月十六日，《清末筹备立宪档案史料》上册，中华书局1979年版，第52—53页。
[3]《宪政调查局成立》，《申报》，1908年4月20日，第2张第2版。

约,则责有效、有不效","或事属细微,两无损失,彼此说明废约者有之。约定买卖并付有定钱,中途有一人违约时,违约不买者不得将定钱收回,违约不卖者,彼造可以当众理论,或公同议罚"。买卖时产生的用费,如夫马、酒食等类,"多由买主任之,亦有两造平均担任者",饶州、广信等属有"卖六买四之习惯"。买卖用费,"乡间有典二卖三之说,如典价千文中,证人得分用费二十文。亦有典三卖四,田三屋四之说,或随时议订,则又多寡无定。若牙行买卖有取诸买者,有抽诸卖者,有两造均输用费者,各有特定标准,不能畸重畸轻"。买卖逾期价值未付,或未清付,"卖主须先催付价,再不付则撤销前约,或向买主索加利息"。买卖已经成交,"买主虽不合意,不得退换,如必须退换,与卖主商妥,或赔偿其损失"。买卖已成交后,"如买主因该物有缺损差异(如数量不足,品质有异之类)与原约不符时,买主得向卖主退换,或酌减原价,或增加货量,总以彼此协服为则"。倘立约时价贱,交物时价涨,"买主亦有自愿通融者"。退换货物,"临时可以辨别者,必须临时退换,或面订期限,亦断不能过久。有行规者,照依规定期限"。买卖绸绫布匹,"商家有剪断不换之规则",膏丹丸散,"药肆有出门不换之规则"。抵押租借之物、官有或公有之物、寄存或遗失之物、盗窃之物出卖,"买主不知,致买卖无效时,卖主对于买主,抵押租借物,应令加利退价;官有、公有及寄存物,除退价外应别议处罚;遗失物亦应赎回归还原主或失主帮助赎价;盗窃物,应送官,照案惩处并追价银"。定买之物,"如卖主已先抵押于人,应由卖主取赎,或先议明留存抵价,则由买主代赎者有之"。定卖之物,"卖主再以卖人时,若两买主均已付价,则卖主对前买主有交物之责任,对后买主有加利退价认罚之责任。如前买主未交价,则视定卖时所订付价日期曾否逾限,分别理论"。买卖已成定约,"买主卖主有一人死亡,承继人须照约履行,不得撤销,如不得已而撤销,亦须两面商妥"。已定买之物,"因天灾事变致有毁损灭失时,已付价者卖主未必肯退,未付价者买主未必肯付,或经中处理,彼此酌量贴补"。买卖时,"卖主如预约买回必照原价,或于约内载明俟买回时照市估值,倘原物窃败亦必另议"。预约买回之物,"期未满不应转卖,如不得已而转卖亦应接续前约订期,准赎,以便卖主照约买回,否则违碍公理"。买回之物,"若是无租息之物,修理、保管各费自应算入买价,有租息之物则须视当时订约为定"。[1]

江西宪政调查局还调查了民事习惯中的合伙契约的情况。在江西,合伙契约,即合伙共管事业之约,"依合伙契约各股东所认之股本及经营事业所得之利益,均得作为共有之财产"。认股之法,"资本家专用银钱,经理人或许以劳力、信用作为股本"。经营事业时,处理事务之人若有数人,"但其事项之决行必由总经理人主持之"。若事关重大,"亦或取多数人之同意或邀集众股东从多数议决"。依合伙契约,"专委股东数人以当处理事务之任,则闲散之股东得于年终清账时检查事业财产。若有特别事故,亦得随时检查,惟不得侵处理事务人之权限"。经营事业如有得利,"各股东间则按股分担,经理人亦酌分红利"。亏本则应检查"是公亏抑是私亏,公亏公派,私亏则公同追缴"。股东欲收回股本,"分割财产须在结算之期取消合伙契约方为正办"。若在结算以前行之,"商允众股东,亦无不可"。合伙契约若定有期限,"各股东不得随时脱退,然彼此商允亦可不拘"。股东死亡,"家属承受,不得作为脱退合伙"。若破产须视此项合伙之营业盈亏若何,"盈则须将归入破产案内办理,亏则连同各债务匀摊"。股东如实有不合之理由,"各股东全体商定可交还其该股应有之本息,取消合约,然后除名。若该股东不服,仍须经中理论"。脱退合伙,"财产应照时价估值,如有未了事件,俟清了之后结算"。合伙事业苟经解散,"其结算账目会同各股东面行清算者居多数,选任数人委令清算者居少数"。结算账目虽有数人,"账目总归一律,如不一律,则当研究其误点所在而解决。履行若意见参差,应从多数决议"。[2]

1917 年 10 月,以奉天省高等审判厅设民商事习惯调查会为契机,民商事习惯调查活动在民国时期重新开始,高潮应该在 1918 年至 1921

---

[1] (清)江莩青编纂:《江西调查民事习惯问题》第三编《债权》第一章《契约》之《买卖契约》。
[2] (清)江莩青编纂:《江西调查民事习惯问题》第三编《债权》第一章《契约》之《合伙契约》。

年之间。1918 年 3 月 12 日，江西高等审判厅设立民商事习惯调查会，以调查江西全省民商事习惯为宗旨，会长由江西高等审判厅厅长兼充，会员以江西各级审判厅厅长、推事及兼理司法各县知事、承审员充之，其他江西各级审检厅厅员愿入会者亦得为会员。民商事习惯调查会设民商事习惯编纂员四人，常任调查员二人，文牍、庶务各一人。编纂员由会长指定，常任调查员由会长选派，文牍、庶务由会长指定江西高等审判厅书记官兼充。[①]所调查民商事习惯"均由现任司法官于办理案件中取得之，或由官厅询之当地商会"。正如时人所说："固不得仅目之为单纯之习惯，而断然为有拘束力之习惯法也"。[②]

民国初年的民商事习惯调查记录了江西的商业契约习俗。赣南各县的"合伙营业，习惯上概由经理人于翌年开始时，方盘查货底及现在金钱、人欠、欠人并资本、家具，一切通盘计算，开列清单，报告盈亏"。赣州城的商务为赣南各县之冠，所有商店，"合伙者居十之七八"。普通各店"以各股东分担股本为必要行为"。当其组织之初，或改组合伙之际，"先由各股东议定股本若干及其抖出股本之方法、期间（方法除出资外，又有以店房家具、货物等抵作股本者；期间或定一次收齐，或定数期缴纳不等）与红利如何分摊"。各股东中如已推定某人经理店务，某人担任银钱来往，"均必于字据内载明，以资遵守，是之谓合伙字，又名为合同字"。如小本营业"不另立合伙字者，亦必于簿据内记明，是之谓鸿发簿，与合伙字有同一之效力"。惟各股东人类不齐，经理店务者往往营私舞弊，亏空股本，"而担任银钱者又恐负债甚巨，类皆不肯接济资本，于是，凶终隙末之事，遂不能免矣"。股东拆伙之时，"类皆邀集街邻在场，书立字据，交与其他股东收执为据，是之谓退股字，又称为下阶字。至其退股之原因，有自己缺少股本而拆伙者，亦有因某股东死亡，而其继承人自愿下阶者，亦有因改组合伙关系，而不愿继续者"，"甚至有因合伙营业失败，有钱股东与无钱股东串商，预定卸股字，希图倒骗财东（即债

[①]《江西民商事习惯调查会章程及附属规则》，《司法公报》第 242 期，第 51—59 页。
[②] 吴桂辰等编纂：《中国商业习惯大全》，世界书局 1923 年版，"序"及"凡例"。

权人）者；亦有无钱股东与各财东串商，预书退股字，希图归责于有钱股东者；亦有业已退股之股东，而各财东偏欲向其追偿者。此皆诉讼之起因也。"在玉山县，凡泥木工匠承包建筑房屋者，订立契约载明"建筑完成，计工价若干及包办"等字样，以契约之通例论，固无何等问题发生。而玉山风习，"承揽工人每至所建筑之房屋将告竣时，不为了檐（即了结瓦檐之处，以便出水，否则，该屋即不能布置），任意延宕时日，但无恶意"，不过以包办此屋曾受损失为词，须格外予以报酬，名为"找价"，而建房人自以建造屋宇，系扩张世业，光大门庭，多不与其计较，而成为惯例。无论何家建造房屋，均知须出此项找价。至找价数目，则视所建造房屋之大小，有多寡不同，然并无若何之标准。关于此间略有龃龉，但历来未见发生诉讼问题"。在玉山县，凡租借房屋居住，或开设商号，除正常订立租批字据、交纳相当租金外，倘遇该屋上漏下湿，必须兴工修理时，其砖瓦、木石材料及匠人工资，乃归房东办理，而其木石工匠每日所需饭餐，则必归租户供应，已成为惯例。凡赁租店房，于其租批字据内多有载明"倘遇有上漏下湿，应须修理，其木料、工资房东自理，住屋者认供饭食"等字样。修理工程，繁简不定，然不拘工程多少，此项匠人饭食均由租户供应，所费虽属不资，而历来并未发生异议。[①]

1923年，吴桂辰、施沛生、鲍荫轩、顾平、晏植青等人，根据民商事习惯调查资料编纂出版《中国商业习惯大全》（上海世界书局版）。该书较为全面地记录了南昌市商业租赁房屋"装修顶脚码头"习俗。江西商务繁盛，市肆栉比，其店之辗转租赁，前租主与后租主移转权利，每有装修、顶脚、码头等名目，即租赁者为适应需要对房屋进行装饰、购买家具等行为以及转租第三方所存在的契约习俗。一家商店在某地段开设多年，即取得在该地的码头权利。例如在南昌，绸布业码头权一向落在洗马池、杨家厂及臬司前一带，纸张业码头权在书街，书店一向在磨子巷，油行一向在油行街，寿木店一向在高桥，棕麻篾货业一向在箩巷，

[①] 前南京国民政府司法行政部编：《民事习惯调查报告录》，胡旭晟等点校，中国政法大学出版社2005年版，第454、463—464、471—472页。

小木店一向在新巷，水果店在水果街，鱼货店一向在干鱼街。这些行业在各个地方取得历史相沿的码头权，房东则仅有业权，房客有租赁权和码头权。又由于受顶房客往往会花费一笔装修费进行装修，因而又享有装修权。为保护经营者的利益，习惯上房客顶租后享有"码头顶脚装修权"，不容房东单方面清业。

在南昌，大凡租人铺户营业之户，或以所租铺户对于该项营业不甚合用，于是有以自己费用加以种种修饰者，如添置窗格板壁，或变更铺面及铺房内间数，或就该铺房加以油漆、装潢等类。此项装饰，习惯上谓之"装修"，盖凡就铺房上"加以有固定情质之修饰者，概得谓之装修"。至于顶脚，"则为前租主与后租主间发生之关系，凡一种营业，另一种特别设备者居多数，此种特别设备，有可动者，有固定不可动者，有虽可移动，必需过分之费用者，若一旦停止营业，则所有设备，除可动者外，均必置无用之地，则不如待有同种营业之人，将所有装修设备家具（橱架、器具等）以及售余之货品等项（货品亦有另行售卖者）一并卖与其人，其人以营业系属同种，可以继续使用，亦自乐于买受"。此种买卖，俗谓之"顶买"，卖之代价，谓之"顶脚"，出顶脚之前租主，谓之出顶人，受顶脚之后租主，谓之承顶人。出顶、承顶立有字据，谓之顶约（或称顶字），此项顶约，系出顶人书具，由承顶人收执。"码头"名词，社会上习用最久，因船舰停泊之所多属商业繁盛之区，遂将这一名词渐渐应用于商店营业之上，如云"某街是某种营业码头；某巷是某种营业码头；某甲店坐落某街某巷，确是某种营业码头；某乙店坐落某街某巷，确非某种营业码头"。码头两字，即系营业适宜处所之代名词。有对于业主或后租主在收受装修顶脚的代价外，并主张该铺房是某种营业码头，要求添加代价者。此项主张，系清末民初年间出现，对于此种事件，有竟拒绝要求不再添加代价者，有为图免纠缠略加代价者。业主方面为免纠葛起见，对于无装修顶脚的铺房，往往在租字内载明并无装修顶脚外，并载明并无码头字样。

装修、顶脚、码头三项有互相牵连不可分离的关系，故习惯上此三项权利概系连类同时行使，并无分别异时行使之事。出顶者但言甘愿出顶，承顶者但言甘愿承顶，在习惯上概认为装修、顶脚、码头三项当然完全包括在顶字之内。至于顶的手续，大概由出顶的租主在铺门上粘一纸条，上书召顶字样，有需要者，见粘有纸条的铺房，即可接洽磋议顶价，如已议妥，则由承顶人就该铺门上亦粘一纸条，上书某某承顶字样。但承顶人欲承顶某处铺房，必须先向该铺房的业主接洽承租，将租价议妥之后，方能向出顶人商讨承顶，故承顶人在承顶纸条上，多并书承租字样，此种手续，为习惯上一般所公认。欲承顶者，必先承租。租主召顶的情状，亦有不同，有停业召顶者，有一面经营一面召顶者。在召顶期内，租主对于业主，应纳的租金，仍分文不得延欠，如有延欠，则可请求清业，万一有特别情形，至于延欠，并未实行清业时，业主对于承顶人所出订价内，有优先取偿权。码头本系无体物，故事实上有装修、顶脚者，恒连类而及于码头，若并无装修、顶脚的铺户，则无单独主张码头权利之例。

租字上载明并无装修顶脚码头，而实际上间有不相符合者。因业主一方，恐租主歇业，或迁移时借口顶脚久占房屋，延欠租金，故在出租时，必使租主承认，不得转顶，并在租字内记明并无装修顶脚码头等字样。在租主一方，则有两种情形：（一）有真实并未出过顶脚钱文者；（二）亦有费去若干顶脚钱文者。第一种情形与约载适相符合，自无何等问题。与约载不相符的第二种情形，盖起于繁盛街市的铺房，供给者有限，需要者日多，于是有花费钱文，买求现业主退租出业，以便达到自己承租营业的目的。此种行为，多系双方议妥，一面由承顶人向业主承租，一面由出顶人书立订字，此时在业主方面，只知有新租主承租与旧租主退租等关系，其他事实盖非所知，而新租主以营业上获利为重，对于顶脚费用姑不计较，故在租字内仍肯记明"并无装修顶脚码头，不得转顶"等字样。租字所载既确有与实际不相符合的现象，是以租主与业主的争执而出现纠纷。在租主以实际出过顶费，立意转顶，在业主以为甘使铺户受顶脚的限制，执租字以相驳诘。从前未经出过顶脚钱文者，即所谓并无顶脚的铺房，如租主欲将此项铺户出顶，须得业主的认可，方免发生纠葛。有顶脚权铺房，其召顶权属租主，而业主无召顶权，若业主欲收回铺房，可向租主出价顶回，倘因议价未成，业主不愿花费此项顶钱文者，虽欲收回，亦无具体的办法。业主方面多认为，所有铺户一概均有装修顶脚码头的权利，业主一方即受无端的损害。盖一切铺房，若均加以顶脚的限制，则业主所有处分、使用两权，均不得完全行使，其结果恒影响于铺房的价格，在业主一方有窒碍而无利益。租主方面，则认为业主置造铺房只以取得租金为目的，若不延欠租金，则业主已得有收益权，并无妨害之处。①

民国年间，江西高等法院在审理案件时牵涉到码头顶脚装修权问题。1933年，江西高等法院院长鲁师曾致南昌市商会公函称："兹有丙租赁营业店铺一所，该业为甲所有，与该店铺第二进并排之屋又属乙所有（甲屋三十四号，乙屋三十五号），何时为该店铺之房客租为客厅厨屋之用，亦不能详。现丙将甲部分房屋之码头权利出顶于人后，乙乃对于丙清业，丙又对乙之房屋主张有码头权利。不知本市习惯所谓码头权利之设定，是否专以店面为限，抑系指租赁房屋全部而言，及不属于同一业主者均可为码头权利之范围。事关商场习惯，相应函请贵会查明详细，见复为荷。"8月29日，南昌市商会给江西高等法院的复函称："查店铺码头权利，系指全部而言，无论是否同一业主，均以租约为凭，但立有特约规定期间者，不在此限。"②

1933年，江西高等法院在受理张荣生与万韫楼租赁一案时，函询商会："查前南昌市商民协会调查商事习惯载，有营业多年之门市店铺虽无顶约凭证，亦应维持其营业权利云云。究竟有无此种习惯，如果属实，所谓维持营业权利之意义若何。又据当事人主张，习惯上如无店底码头顶约，虽应受转租、转顶之限制，亦不能无故清业。是否确系实在？相应函请贵会，一并查明见复，以凭核办为荷。此致南昌市商会。院长鲁

---

① 吴桂辰等编纂：《中国商业习惯大全》第六类《商店租屋之习惯》。
② 南昌市档案馆藏民国南昌商会档案 6-9-14。

师曾。"南昌市商会的复函："事关全市租赁店屋问题，经于本月二十二日召集执监联席会议专案讨论，佥以码头权利之发生，有由承顶而来者，有因营业劳力而取得者，该项权利概归房客享有。此外，码头权利有属于房东者，必有特别契约规定，应以该约所载为凭。至所谓维持营业权利之意义，因房客将原有店屋改造者有之，加以装修者有之，以及银钱往来，货物赊欠种种关系，不一而足，实有维持之必要。其当事人主张习惯上如无店底码头顶约云云，亦应准其继续承租。"①

永新县，租赁屋产从事商业经营亦存在着顶码头的习俗，"凡租赁他人店屋营业，自订立租约后，如果租户并不短少租金，业主即永远不能令其清业。缘商行大都各有码头，不能任意迁移，致令营业大受影响。即使租户停止营业，自愿退租，业主虽得自由转租别人，然新租户尚须出钱与旧租户，谓之顶码头"。租户租赁业主屋产，"在租金按时交纳的情况下业主不能解租。如果原租户同意退租，新租户要向原租户交纳一笔费用"。②

学徒制度也是一种广义上的商业契约。在传统社会，学徒与师傅之间一旦正式确立师徒关系，师傅就得负责学徒的膳宿，并负责传授本行业的知识与技能，学徒为此付出一定的无偿劳动。以樟树药帮为例，学徒三年不准回家，"如有走南逃北，与店无涉；如有亏空，荐主负责"。学徒期间，"师父提供食宿，每年付给学徒三吊零花钱。学徒须做到不嫖不赌、不偷不盗、不多嘴多舌"。③店家学徒第一年，日间打杂，早晚习大、小字，读《珍珠囊》《药性赋》《汤头歌诀》和学珠算；药行学徒则日间加学复称、包药，晚上要读各种药行行规。第二年，店家学徒学洗、润、刨、铡、炒、炙等炮炙方法；药行学徒则学习打行情，抄报盘，送货取货等，晚上则都要轮流负责门卫。第三年，店家学徒增学配制丸、散、膏、丹方法；药行学徒开始参与下河、起坡等业务工作。三年学徒

---

① 南昌市档案馆藏民国南昌商会档案 6-9-14。
② 吴桂辰等编纂：《中国商业习惯大全》第六类《商店租屋之习惯》。
③ 余悦、吴丽跃主编：《江西民俗文化叙论》，光明日报出版社 1995 年版，第 189 页。

期满，一般还需谢师一年，继续帮助师父处理药务，工资由师父定。一年之后，学徒方可自行开业。①

在广昌县，商号收徒要求有担保人，并签订契约，交拜师钱（银洋）二十至六十元。学徒进店时，先向座师（老板）行拜师礼，次向先生（上柜）、师傅（头柜）、师叔、师兄（二、三柜）行礼。学徒期一般为三年（也有四年的，可免交拜师钱），无工资，店方只供吃饭，给理发钱，每年给一条工作裙。要求学徒严守店规，非经座师或上柜先生准许，不得擅自离店外出，更不得嘴馋身懒，搬弄是非，偷盗拐骗，一旦发现行为不检，轻则呵责体罚，重则开除，如果情节严重，保人也受牵累。学徒每日工时长达十四小时，头年干杂活，甚至还要给老板娘洗衣、做饭、带小孩。次年开始学生意（包括学珠算、心算、记账、商品保养和加工技术等等），三年出师，再帮座师一年，工资另定。②

二、商业交易习俗

牙行是居间性的商业单位，主要介绍买卖双方成交或代客商销售、运货，从中收取一定的费用。在景德镇，瓷商买瓷器必须经过瓷行。宋代蒋祈所著《陶记》载瓷器"交易之际，牙侩主之，同异差互，官则有考，谓之店簿。运器入河，肩夫执券，次第件具，以凭商算，谓之非子"。③清乾隆、嘉庆年间浮梁人蓝浦撰、其门人郑廷桂辑补的《景德镇陶录》载："商行买瓷，牙侩引之，议价批单，交易成，定期挑货，必有票计器数为凭。其挑去瓷器有色杂茅损者，亦计其数载票，交陶户换补佳者，谓之'换票'。其瓷票、换票，皆素纸为之，或印行号、户号，加写器数，字或全用墨写。"④瓷行不但代瓷商采买瓷器，而且代瓷商组织商检、包装、运输。他们与把庄（提货、短运）、汇色（商检、发驳）、茭草（包

---

① 罗辉：《清代清江商人的经营活动》，《赣文化研究》总第6期，1999年12月，第187页。
② 姚瑞琪主编：《广昌县志》，上海社会科学院出版社1994年版，第965页。
③ 陈雨前主编：《中国古陶瓷文献校注》之《陶记》，岳麓书社2015年版，第2页。
④ 陈雨前主编：《中国古陶瓷文献校注》之《景德镇陶录》，第752页。

装)、打络子(加固)等行业有着密不可分的关系,有的甚至是世袭制。瓷商落行后,对茭草等工人不能自由选择。《景德镇陶录》载:"商雇茭草工扎瓷,值有常规,照议如一。其稻草、蒧片,皆各行长雇之茭草头已办。稻草出吾邑者好用,而邑北尤佳;蒧则婺界所析,今里村、镇市亦有。"①吴桂辰等编纂出版《中国商业习惯大全》称茭草帮"如一新客到镇,买瓷归何人承揽茭草,永远即为何人世业,该客之子侄即为添枝发叶,亦为该原承揽人之茭草,别人不得侵夺,且可将茭草之户,立契买卖,名曰茭草帮"。②

牙行又有公私之别,在户部领贴(即营业执照)的为"行",否则称为"栈"。在进贤县,"公牙领帖设行,代过客买卖货物,抽取佣钱。私牙则人皆可充,既不遵缴帖费,亦无一定营业地点,日持度量,蹀躞市廛,以供乡人交易之媒介,虽斗米尺布之微,亦必居间博取蝇利,迭经官厅严密限缔,而行之者,仍自若也"。③在交易过程中,常常会出现赖牙扰乱商业秩序的现象,特别是由于私牙的存在,为维护市场秩序,防止牙行拖欠客商本银,政府制定出一些牙行行规。乾隆元年(1736),江西布政司会同按察司设立三联行票,以杜欺瞒诓诱。乾隆二十四年(1759),江西布政司又重申务必遵用三联行票,"如有以牙欠告发者,遵照新例,分别照诓骗律及负欠私债律办理。至于互保分赔,旧有定例,仍照旧例遵行"。④嘉庆二年(1797),江西"各镇市有不法行户,把持行市,欺弄生客,以贵为贱,暗出客名,议价交单承买,即行长价。其原卖之客银尚未得,而该行户先获重利,客虽知而哑忍",按察使发出命令,对此等奸牙"应速查究"。⑤

江西各地还形成了一些商家自觉践行的牙行习俗。在赣县,牙行代

---

① 陈雨前主编:《中国古陶瓷文献校注》之《景德镇陶录》,岳麓书社2015年版,第753页。
② 吴桂辰等编纂:《中国商业习惯大全·商人通例》第一章《商人》第十三类《同行营业之限制》。
③ 吴桂辰等编纂:《中国商业习惯大全·商人通例》第一章《商人》第十七类《牙行业之习惯》。
④ 《西江政要》卷二《严禁牙行拖骗客本》,二卷本。
⑤ 吴慧主编:《中国商业通史》第四卷,中国财政经济出版社2008年版,第718页。

客卖买,"应代付货价,即买主无力偿还时,牙行亦应负完全责任",因为"卖客只知将交行,行中卖给于何人,卖客均不过问,是以应归牙行负责"。若其在出卖时,"经牙行向卖客说明买主姓名或牌号,得卖客允可以后交货者,日后买主不偿货价,则牙行仅负帮同催讨之责,不能为之代偿"。①在萍乡等地,"凡买卖货物者,其未交付货物之前,所有保管责任均由卖主负之,例如张甲向李乙买若干货物,议定价目,由李乙书立议单,交与张甲收执,张甲即将价银交付,然后无论何时起货,李乙应负责保管货物之完全责任,又如买牲畜小物或落簿或交定钱,议定后卖主即代为保管"。②在广昌,猪牛牙行是牲畜市场交易中介。牲畜买卖成交后,买方若对牲畜健康状况不放心,可要求实行"保六畜"。牙行居中调停,登记备案。六天之内,若牲畜发病,可随时退还卖主。如果六天中牲畜健康无恙,买方应在第七天内付清价款,彼此恪守信用。民间通过"保六畜"杜绝不法商人出售病畜坑害顾客的恶劣行为,控制畜疫传播。农民还有卖牲畜不卖缰绳的习俗,纵然是亲友之间交易也不愿以绳相赠。故买牛马者要自备缰绳。③在东乡,买卖生猪,俗有生猪上市出售,卖主要对买主包墟,即这一墟到下墟的三天时间内,生猪发病甚至死亡,经及时通报,卖主负责退回全部货款。买卖耕牛,买牛户选中膘肥体壮的牛以后,必用红布或红头绳系在牛角上,中间扣上一枚"大通元宝",以祈吉祥。卖牛户将牛卖出后,亦不连同牛绳交付买方,以示自家续养耕牛兴旺发达。④在九江县涂家埠,牛要到牛行才能接着进行交易。到行后,用磁漆在牛背上进行统一编号,并雇有专人饲养。因为牛不可能牵来后明天就能成交,而是要经过一些时间,少则几天,多则月余。付款的方式也很灵活,有的是一次付清,有的分期交款,采用哪种方式,双方当面议定。⑤

---

① 吴桂辰等编纂:《中国商业习惯大全·商人通例》第一章《商人》第十七类《牙行业之习惯》。
② 吴桂辰等编纂:《中国商业习惯大全·商人通例》第一章《商人》第二十二类《杂俎》。
③ 姚瑞琪主编:《广昌县志》,上海社会科学院出版社1994年版,第964—965页。
④ 饶学贵主编:《东乡县志》,江西人民出版社1989年版,第536页。
⑤ 聂志勤:《涂家埠的猪行、牛行》,《永修文史资料》第3辑,1991年10月,第139页。

江西典当商不仅在本省广开当铺，而且在湖南、湖北、云南、广东、广西、贵州、四川、福建等地都有其活跃的身影。典当业收取典当人的衣、物、首饰诸般实物作为质押放款，是传统社会的金融性质的机构。从贷款人的角度而言，用衣、物、首饰等实物典押给当铺以贷出现金，按约定期限再到当铺赎取实物并支付贷款本息，如逾期未来赎取者，当铺就没收抵押实物变卖以抵偿贷出之现金。典当业关系到社会稳定，历代都有一些法律上的规定和约束。《大明律》规定："凡私放钱债及典当财物，每月取利不过三分。年月虽多，不过一本一利。违者，笞四十，以余利计赃，重者坐赃论，罪止杖一百。"但交易过程中会出现一些违反通例的情况，明代抚州人艾南英（1583—1646）曾记述抚州当铺当时实际的经营模式。他在上抚州府蔡太守书中称："当铺事例，自南北两直隶至十三省，凡开当铺例从抚按告给牒文，自认周年取息二分，以二十四月为期，不赎则毁卖。……此天下通例也。独抚州不然，其害民甚于流寇。抚州当铺其受当也，首饰衣物值一金者，止当五钱，满十月不赎则即取当物毁卖。是以十月而收合倍之息矣。其依期取赎者，按月三分入息。其放也，每一金轻三四分。其收也，每一金昂三四分。其放以晦日，即以晦日为一月。其收以朔日，即以朔日为一月。其书质券也，虽重锦例书破旧，虽赤金例书低淡。即于书券之时，预伏将来毁卖，以杜其人告官之端。一岁中，当铺四五家，巧取城中民财不下三四千金。"[1]清代江西也有此类情形，因此雍正末乾隆初江西按察使凌燽颁布《示当铺》告示，通令"典铺酌让利息，原经本司会议，除行息仍照旧二分外，如有当物期满一年取赎者，让利一月；二年取赎者，让利二月。久经颁示饬遵在案。兹届岁暮，民间典取倍于平时，诚恐法久禁弛，合再通示晓谕，仰典商人等知悉，务遵详定成规，期满一年，让利一月，二年让利二月，戥头水银务要出入一例，毋得恣意苛剥。至于乡民远来取赎，尤宜随时给发，不得任意刁掯。倘或视为故套，不遵劝谕，一经访出，法

---

[1] （明）艾南英：《(重刻)天佣子全集》卷六《三上蔡太尊论战守事宜书》。

在必究。慎之毋忽"。①

清末江西宪政调查局调查民商事习惯中有典当业习俗的情况。在江西，"典当行以二十六个月为限，按月取息二分。质铺则取息稍轻，而月份较短，省内质当甚少。押铺又名小押，惟军流犯人得以开设，重利盘剥实为民害。有典当之市镇，押铺亦自然淘汰"。各典商"因银路紧迫，周转为难，公议期限减作十八个月，期满逾限不赎"，省城在宣统元年（1909）九月朔日实行。军装、爆发物、动物、植物、农具、刑具及一切禁制物，典铺均不受抵押。当铺以票据为凭，式样大同小异，书明抵押期限，对象色目，银钱数目。典票遗失，"向有邀同地保赴该典挂失，票限若干时无人来赎，准挂失票人取赎。有人来赎，通知地保，邀挂失票人理明"。当铺遭回禄，"有延烧及起火之别，延烧者或免赔偿或减折赔偿，多禀官酌量地方情形核断。起火者必责令全赔，以防盗空种火之弊"。若房屋遭兵燹，田地被水冲，则不能责偿。当铺存储衣物虫伤鼠咬，人所不及防者，"当票注明，各安天命，亦不担任赔偿之责"。当铺通例"应将本利还清方能取赎，若乡邻往来则通融办理者有之"。当铺满期"售卖不通知业主"。当铺"以二十六个月为限，逾一二月货未发售，亦尚准赎"。②

在九江，典当行分为三种，"典"最大，不但能当衣被、金银首饰、农具器皿，而且可以收当房屋典契和古董字画。"当"只收当衣服、金银首饰和农具器皿等物。"质"属代当性质，也可在较小的县镇市上开设门面店铺，仅仅代当衣被、金银首饰，不当农具器皿，还兼营出售典当过期的死当衣被，是典当的附设机构。典当衣被，定期十八个月，金银首饰定期一年。典当利率，月息二分至三分。衣被估价，经典当双方同意，先扣利息。按衣服估值百分之五十借款。赎取以后，可以再当，就等于转期，以免死当。③在萍乡，典当行规定五不当：印信不当、牲畜不当、

---

① （清）凌焘：《西江视臬纪事》卷三《条教·示当铺》。
② （清）江荟青编纂：《江西调查民事习惯问题》，清宣统二年铅印本。
③ 舒毅清：《九江的钱庄、银行、当铺》，《九江文史资料选辑》第5辑，1989年1月，第170—171页。

赃物不当、不动产不当、易腐蚀变质的物品不当。典当财物时，由当铺掌柜仔细察看后，按质论价。九成新的衣物最高不超过半价。典当期限分一个月、三个月、半年，最长不超过一年半。到期付清利息，可办理转当手续。利息按典物和典期区别计算，一般月息在1.2%—2%。当铺的主顾多系破落地主、失意政客和游民无产者，去典当的人是很不体面的。因此，当铺店门常常半开半掩，内室还挂着一幅布帘，以遮人脸面。①

　　景德镇窑柴的经营，交易习俗颇为独特。柴客请锯夫锯窑柴，必须为其备齐锅盘碗筷，油盐米等。油盐米在工资项下扣除，用具一概不退。动工那天，柴客必须置酒，请锯夫大吃一餐，预祝动工吉祥，名曰开山做"神福"。竣工那天，锯夫必须置酒请柴客大吃大喝，名曰收山做"神福"。锯夫动工那天，备好神货，祭拜山神土地，祈祷开锯安全。有时还用石块搭一个小庙起"五猖"，以镇压邪魔鬼怪，竣工时收猖。动工之后，在山上不得高声嚎叫，不准呼唤人名，以免惊动山神土地和邪魔鬼怪。窑柴存放在山上或洲上，任何人不得偷窃。凡是拿走一片窑柴或一个柴桩，一旦抓获，业主立即召集周围各村有关人士商议解决办法。情节轻者，按到场人数办酒，以表认错悔改，并在窑柴码场披挂红布。情节重者，送交当地政府或保柴公所转司法部门制裁。当时有四句顺口溜："家有千担米，莫拾窑柴皮。家有千担糠，莫拾窑柴桩。"放水柴，未经清理，任何人不准下水拾沉柴，违者按偷窃论处。境内城乡居民不准烧窑柴，一有发现，按偷窃论处。只有装运窑柴的船上可以烧窑柴做饭，但只许途中烧。窑柴运到景德镇，必须投落窑柴行。向窑柴行交代装运船数、船友姓名以及停泊码头后，柴客就无权了。至于起柴若干担，属何等级，每担价值，一概不知。不过起柴的担数和等级是不会有欺骗的，窑户、行家和船友各有记载。畅销期二三天可结账，滞销期即延时四至六天不等。结账时，担数、等级见面，但价格不直接说明，只在算盘上拨子示意。不过可以当面争议，多则没有，少许的提高还是有的，为的

---

① 何章生：《萍乡的典当业》，《萍乡文史资料》第8辑，1987年12月，第69页。

是下次生意。①

景德镇举凡建筑、瓷箱和瓷桶及日常生活用的各种木器，都需要杉木，因此有杉木市场三个，一是观音阁下的四图里，二是河西三间庙，三是东郊里村。三间庙杉木来源是浮梁西乡，里村杉木来源是婺源，四图里杉木来源是祁门、西河、南河，浮梁北乡亦有少数。1924年前后，景德镇共有八家树行，以后陆续增加，到1949年有二十四家。开树行要向省财政厅捐帖，每张要缴一百银元，还是下则帖，1927年后要缴二百元。中则帖有效营业时间以前是十年，后改为七年。每年缴纳营业税，下则帖为二十元，中则帖为三十元。开树行首先要熟悉业务，要有买卖客的宾主。在买卖客之间，虽然彼此都是宾主，但从开树行的人来看，还是买主重于卖主。因此，树行对买客极尽拉扯之能事，做熟了的买主，可以传之子孙。行家内部，为了争夺买主，经常接茶弄酒。河中的杉木，不管是哪个卖客的，只要买客看中了，都可代他买。树行的利润主要有以下几种：第一种是"吃盘子"，即用隔山照的方法，买卖双方不见面。比如买方出了三十元，树行去卖方则说是二十七元；卖方说要三十元，而对买方则说卖方要卖三十三元。第二种是拖欠抹尾。一批木材成交后，当时付出一部分价款，余款初一付一点，十五付一点，借口买方未交来，把时间拖长，卖客不能久等，只好下次来取。比较好的行家，价款虽然不拖，但剩少数差尾，总是落入他的荷包，叫作"吃栗子"。第三种是"劫树"，就是有时杉木滞销，或者卖客初到，不知行市，树行就千方百计用低价将它全部买下来，然后又以高价转卖给买主。②

樟树药帮经营药材大致有三种类型。第一类叫药行，即中介性的药材经纪人，为四方药商代购、代销、代运、代存，从中抽取佣金维持。第二类叫字号，特点是购销药材，自行贩运，零趸批发，并且有固定的业务范围和经营路线。字号是从药行发展来的，在药界实力最强，人才

---

① 程光辉、郑惟馨：《窑柴的产、运、销》，《景德镇市文史资料》第11辑，1995年8月，第118—119页。
② 任通文：《解放前景德镇的杉木业》，《景德镇文史资料》第1辑，1984年8月，第127—129页。

众多，资金雄厚。第三类叫咀片店，即饮片店，俗称药店，特点是前堂卖药，后堂加工，或曰前店后场，行话叫"兼刀带柜"，也就是兼营药材加工和零售批发的商业经营形式。除此之外，药行、药号、药店还派出药材庄，驻庄人员统称"庄客"，自称"坐庄"。樟树药商在全国口岸要地、地道药材产地及港澳地区设庄。庄有专庄和代庄。专庄是由药行、药号、药店直接派出去开设的，专为他们服务。代庄也叫寄庄，是委托别家开设在外地的，代为采购药材，由药行、药号、药店给予一定报酬。樟树药商还有一些本钱小的药贩，深入药材产区，不辞辛苦，积累资金后即跑行商或开店号。行商又称"水客"，对某路道较熟，所采购的药材，经水路运到樟树销售，也将在樟树购进的药材运到外地去卖。樟树在外地开店号的药商，大都是行商出身。[1]

樟树药商形成一些交易习俗。所有药材买卖，不论数量多少，一律通过药行成交，违者，采取一致行动，与买卖双方断绝一切交易关系。药行经营全凭朝奉掌握信息，朝奉每日上午按既定的时间和路线到各大药号接头，了解需求情况，协商调剂余缺，拍板成交，名曰"上街"。佣金只取卖方，且各行佣金比率一致，买方不负担任何手续费。佣金有固定不变的比例，如九三三五、九四八七、九五零六、九七七八之类名目。所谓九三三五，是药行代水客做成一笔买卖后，每百元付水客93.35元，其余6.65元就是水客交付药行的佣金，作为住宿、伙食、寄存、打火（容易生虫或较贵重的药材，寄存期间需要在密封室内用硫磺烟熏，叫打火或硫磺坑）和栈房师傅的小费开支，以及义渡等慈善事业的基金。药行从立有牌号的药号转卖某种药材，按每百元付给药号94.87元，从中抽取5.13元作为代药号卖药的手续费，即名为九四八七。如果药帮内部药号之间相互调剂紧缺时，则每百元按95.06计算佣金比例，叫九五零六。九七七八则是药行与药行之间互相往来时的佣金计算比例。在业务往来上，药行有统一规定的习俗来进行扣价、扣称、扣现、比期等。统一扣价，按折扣计钱。川、淮、皖、豫、浙货类的当归、党参等，数量较多，

---

[1] 余悦、吴丽跃主编：《江西民俗文化叙论》，光明日报出版社1995年版，第197—204页。

价格较高，定为九一扣；广货和南洋进口的珍珠、燕窝、广木香等，价格昂贵，规定为八五扣；土产类品种多，价格低，产量零星，规定为即现，不折不扣。行业扣秤有折扣、升皮、叫秤、明皮之分。黄芪类药材，大皮（次黄芪别称）八二扣称，二皮八五扣称，三皮（又叫小皮）以九六扣称。有的品种不按包皮计称，订为明皮，即按包装实际重量计算，如党参、当归等品种。药行使用的衡器规定为每斤16.3两，称为行称。扣现为纹银与银元之间的差额，规定以银元为标准，在结算货款时加九八扣，即每百元为九十八元扣现。樟树药业以每月初一、十五为交款日期，叫比期。如果到了期限，未能付清卖方货款或不能按期付清货款，叫误期，就要以钱庄活期利率为准，按天计息。①

赊账是商家扩大销售的一条门路，既可解决买家缓急之需，又可免除讨价还价的麻烦。在江西，商家赊账的做法有两种：一种是临时性的，带的钱不够或是暂欠几天；一种是长期主顾，对象是大户人家和知根知底的富裕农民。在乐安县，"凡向商店买货赊账，多以年终结算为清偿期间，至年终不能清偿，而延至次年或二三年后始行清偿者，不能加算利息。若原商店主人将营业及外欠旧账顶让他人，只可作二三成或四五成折顶，而欠户对于后之顶店人，亦须如数偿还原欠，不能以顶账折成数与顶受人对抗，但欠户仍不负算偿利息之责任"。②对于大宗赊欠，超过一定期限是要收利息的。赣南布行业之赊买，计算利息惯例与别种商业不同，"赊买客（指布店言）之布，以六十天为收账之期，期内不起利息，如买客到五十天偿款，则布行应以每日行息六厘算给买客十天利息，如买客到四十天偿款，则应算息二十天，余可类推，如过六十天偿款，亦以每日六厘起息算给布行，算至清偿日为止"。③

为对付外地商人，江西商人逐渐形成了一些生意上的行话，即gang（音钢）口。所谓gang口就是故意用一些外地人听不懂的话进行讨价还

---

① 罗辉：《清代清江商人的经营活动》，《赣文化研究》总第6期，1999年12月，第180—182页。
② 吴桂辰等编：《中国商业习惯大全》第十类《商业账簿》。
③ 吴桂辰等编：《中国商业习惯大全》第十二类《商事利类》。

价。在南昌，gang 口中的数字如下表示：1 叫作"文"；2 叫作"窝"，超过十，二叫"田"；3 叫作"石"；4 叫作"罪"；5 叫作"典"；6 叫作"台"；7 叫作"造"；8 叫作"歇"；9 叫作"钱"；10 叫作"文"；11 叫作"文腰"；12 叫作"文田"；13 叫作"文石"；14 叫作"文叔"，"花叔"；15 叫作"花报"，"文报"；16 叫作"文柔"；17 叫作"花造"；18 叫作"花歇"；19 叫作"文钱"；20 叫作"窝官"；25 叫作"夹石"，"都攀"。上了 45 叫"托满"。[①]在乐平，商家制定一套数字暗码，在讨价还价中暗传价格。"一、二、三、四、五、六、七、八、九"对应为"么、夹、川、苏、幺、盐、皂、眉、宛"。比如一角二分就叫作"么夹"，八元九角就叫作"眉弯"。[②]以前，一斤等于十六两，而斤以下为十进制，即一两等于十钱，一钱等于十分，一分等于十厘。因此，计价换算不易。在安远县，老商贾摸索出一个《斤求两》歌诀，即"一、六二五；二、一二五；三、一八七五；四、二五；五、三一二五；六、三七五；七、四三七五；八、五；九、五六二五；十、六二五；十一、六八七五；十二、七五；十三、八一二五；十四、八七五；十五、九三七五"。意思是说，一两等于 0.0625 斤，二两等于 0.125 斤，……十五两等于 0.9375 斤。[③]此外，在九江，商家讲究价实秤准。十六两秤的每颗秤星代表一个星宿，分别是北斗七星、南斗六星以及福、禄、寿三星。秤星颜色只能用白色或金黄色，不能用黑色，提示做生意要光明正大，不能黑心。卖货时，若少一两叫"损福"，少二两叫"伤禄"，少三两叫"折寿"。[④]

第二节　商业信仰与商业禁忌

一、赣商商业信仰

许真君崇拜是江西商人最为普遍的信仰。许真君，原名许逊，字敬

[①] 郑小江、王敏主编：《草根南昌——豫章风物寻踪》，学苑出版社 2006 年版，第 33 页。
[②] 詹健吾：《乐平商场掌故》，《乐平文史资料》第 3 辑，1987 年 9 月，第 87 页。
[③] 杜丽明：《漫谈"斤求两歌诀"》，《安远县文史资料》第 6 辑，1993 年 6 月，第 132 页。
[④] 何德廷：《商道认同：长江流域的商务与商俗》，长江出版社 2014 年版，第 37 页。

元，作为净明道派的创始人，以传播孝道而著名。许逊精通天文、历算、阴阳之学，尤其爱好神仙修炼之术，曾任东晋四川旌阳（今德阳）县令，为官清廉，深受百姓爱戴，因其在旌阳令十年任上居官清廉，政绩卓著，被人们亲切地称为"许旌阳"。太熙元年（290），许逊因晋室大乱挂冠东归。启程时，为其送行者遍布四野。有人为他建生祠、画神像，终年祭祀。有人甚至千里跟随他来到南昌西山，聚族而居，改姓许，聚居地称"许家营"。许逊弃官回到西山，正值江西洪水泛滥，百姓深受其苦。他不顾高龄，带领百姓抵抗洪灾，治理洪水，于是被民众奉祀为法力无边的治水神仙，各地流传着许多真君治水的故事。为了感谢许真君的恩德，乡邻和他的族孙在西山和南昌城区建"许仙祠"和"旌阳祠"，后来演变成"西山万寿宫"和"南昌万寿宫"。

在所至之处，江西商人捐资修建万寿宫作为江西会馆，因此万寿宫又演变成宫观加会馆的结合物。康熙四十九年（1710），倡修苏州江西会馆碑云："真君生西晋时，授法谌母，以净明忠孝，为高明大使。故迄今称忠孝神仙。而驱孽屏妖，泽流万世，尤庸夫稚子所共知。是则仙灵眷注，独在西江，宜西江之奉之为尤谨。继自今，凡至馆宇，其仰瞻金相，日益钦崇，视十三郡内且如同气。庶几休戚相关，缓急可恃，无去国怀乡之悲。"[1]嘉庆元年（1796），重修苏州江西会馆乐输芳名碑云："旌阳许仙真君，盖江右忠孝神仙也。而实为江右福星，直省府县以及各镇，莫不建立庙宇，崇祀圣像，凡所以将其诚敬，而乡人亦时借以叙桑梓之谊焉。"[2]每年农历八月初一至十五，江西商人会聚集在万寿宫举行朝拜真君的活动，共叙"桑梓之谊"，消解"去国怀乡之悲"。

除许真君崇拜外，江西各府州县商人还有自己本地的保护神。临江府商人捐建仁寿宫，敬奉萧公、晏公。萧公出于新淦县，晏公出于清江镇（即樟树镇），均属临江府，所以临江府商人把萧公、晏公作为保护神。明代王士性在《广志绎》中说："江湖社伯到处有祀萧公、晏公者，其神

---

[1] 苏州历史博物馆等编：《明清苏州工商业碑刻集》，江苏人民出版社1981年版，第325页。
[2] 苏州历史博物馆等编：《明清苏州工商业碑刻集》，第345页。

皆生于江右。萧公讳伯轩，庞眉、美髯，白皙，生而刚直，善善恶恶，里闾咸质之。没于宋成淳间，遂为神，附童子言祸福，乡人立庙于新淦县之大洋洲，洪武初曾遣官谕祭。晏公名戍仔，亦临江府之清江镇人也。浓眉虬髯，面如黑漆，生而疾恶太甚。元初以人材应选，入为文锦局堂长，因疾归，登舟遂奄然而逝。乡人先见其驺从归，一月讣至，开棺无所有，立庙祀之。"[1] 临江府商人在各地所捐建的仁寿宫，也就成为该府商人联系乡谊的会馆。清代清江县人钱时雍在《捐修仁寿宫姓名碑记》中说：

> 合同乡以为会馆，且祀萧英祐侯于中，而名其宫曰仁寿宫，吾乡之客游者类然。自滇、黔、楚、蜀、两粤之地，无虑数百千处。衡阳当三楚之冲，宦游商旅往来络绎，于是同乡诸君子鸠资庀财以从兹役。而某属经其事，既落成乃书助赀襄力者姓名于后，而谂于众曰：合同乡以为仁寿宫，犹聚族居者之为宗祠也。族无宗祠则祖灵无所凭依，无以致时祀，无以聚子姓而敦雍睦之谊。客于异地不有是宫无以延神庥，若士若贾无以萃涣而笃同乡之好，是故里居则聚族，合食而各依其祖。客游则合祀乡之先贤而以萃其涣，神祝嘉祉，人怀即次，相聚客邸不殊里居。故曰仁寿宫之建，犹族居之有宗族也。凡我同乡聚众于兹宫，有无相通，忧患相恤，迎往送来，远至如归。岁时宴会以乐神庥，以敦乡好，则虽异姓之聚，不啻同宗之戚也。休哉，兹宫之建，其为功，是为功于吾乡也，永永勿忘之矣。[2]

江西商人凭借对许真君或者对本乡神祇的共同崇拜，同乡商人聚在一起开展祭祀活动，"异姓之聚，不啻同宗之戚"，强化了同乡之间的联系，加深了同乡商人之间的感情，使身处异乡并面对激烈商业竞争的商人获得心理上的慰藉，并以集体之力对抗不可预测的风险。同时，由于

---

[1] 王士性：《广志绎》卷四《江南诸省》，周振鹤点校，中华书局2006年版，第280页。
[2]（清）钱时雍：《钱寄圃文集》卷十《捐修仁寿宫姓名碑记》。

许真君崇拜、乡土神祇崇拜在江西民众中具有普遍的影响和权威，江西商人在江西会馆中或者在府县会馆中处理商务、议论行规、议叙奖惩以及演戏敬神，也增加了共同维护商业经济秩序的神圣感。

财神信仰是江西商人普遍的商业信仰。在于都县，商人崇奉财神菩萨，早晚必焚香膜拜，敬赵公老爷，同时组织"赵公会"，每年农历三月十五日为会期，备办酒肉筵席，鸣爆焚香，举行祭祀活动和节日活动。中药铺除敬赵公外，还敬药王菩萨，每年农历四月二十八日为会期。[①]在广昌县，清代在夏历每月朔望之日祭祀赵公明元帅，祭毕分吃"祭肉"，名曰"打牙祭"。民国时祭祀之俗逐渐废弛，老板为安抚店员学徒，于每月初一、十五日给每人增加4两（125克）猪肉"打牙祭"。[②]在南昌，钱庄都有精致雕刻的神龛，供奉财神爷以及招财童子。钱庄管事佬指定老诚可靠的学徒负责照应香灯，早晚敬香，初一、十五加点蜡烛，并用清水、新毛巾擦神像和神龛。特别是神龛前悬挂的一盏清油水灯，名曰长明灯，日夜不能熄灭。学徒进店要带香烛，首先在财神爷座前点起香烛，毕恭毕敬地行拜跪礼，然后执弟子礼叩见座师，呈上贽敬，再向旁师依次叩头，诸师兄见礼。每年除夕和大年初一，学徒须做好敬神准备，管事佬领着先拜天地，再拜财神爷和灶神爷，磕头行礼。大年初一凌晨，打开"财门"后，由管事佬率全店所有成员走出大门，手拈神香，四方作揖，叫作出方。民国年间，南昌钱业公馆设有财神殿，殿内供奉财神爷和招财童子。财神座前，香火鼎盛，终年不断。每逢财神爷的诞辰，钱业公馆隆重地举行拜寿礼，还会聘请剧团坐堂唱戏。每家钱庄都必须派人前来拜寿，并定制绒衣一袭（此种绒衣有前截无后截，俗称赵爷袍），送至会馆焚于赵爷换袍。钱业公馆还要准备有菜、有面、有酒的面席多桌，招待所有参加拜寿者。[③]

行业神崇拜是江西商人又一个重要的商业信仰。明清时期，各行业

[①] 李忠东主编：《于都县志》，新华出版社1991年版，第581—582页。
[②] 姚瑞琪主编：《广昌县志》，上海社会科学院出版社1994年版，第965页。
[③] 彭寿山：《解放前南昌市钱庄概况》，《江西文史资料选辑》第7辑，1981年12月，第133—135页。

都组织行业性组织，祭祀本行祖师，所谓"三百六十行，无祖不立"。传统社会的"士农工商"格局中，行业间存在着高低贵贱的等级差别，因此为提高本行业的地位，使本行业受到社会的尊重，更为唤起同业人员的职业自豪感，各行业往往通过尊崇的祖师爷来提升本行业的社会地位。如杜康为酒坊所信奉，李太白为酒家所信奉，姜太公为渔家所信奉，乐毅为豆腐坊所信奉，张飞为屠户所信奉，牛郎神为养牛户所信奉，小仙女和黄道婆为纺织业所信奉，唐明皇为戏班所信奉，神农为药店所信奉。在宜春，制鞋业参加孙膑会。民间传说，孙膑用牛皮、马皮或布料制作靴鞋，以减轻战士跋涉的痛苦，因此制鞋业敬奉孙膑为祖师。铁器业参加老君会，相传老子长于吐纳之术，又常用八卦炉炼丹。雨伞业参加鲁班会，有些地方的木、篾、雕、石工匠和家具铺等业主也参加鲁班会。缝纫行业参与轩辕会，有些地方的纺织、梳花行业也参加轩辕会。相传轩辕创制衣服，其妻嫘祖教民种桑、养蚕、缫丝织锦、缝制衣服。①

各行业组织奉神活动，因此祭祀行业神的庙所增多。南城一带的木石砖瓦等行业工匠，在嘉庆年间创建鲁班殿，并有庙后店屋二所，租金为常年祀费。②万载一带有专门祀奉鲁班的祭祀场所，称为显庸庙。③景德镇瓷器业业主与工人奉赵慨为制瓷业的师主，建有专门的师主庙。开祭之日，不仅参与制瓷的各群体都来顶礼膜拜，负责监督御窑的官员也会遣官致祭。在清代，形成五月节迎师主会等祭祀活动。景德镇陶工还举行六月拜风火仙的活动，祭祀明代陶工童宾。童宾生活在万历年间，朝廷派造"大器"，但久久不能制成，而限期将至，官府的责罚越来越严。于是，童宾许愿以骨作薪，毅然跃入窑中。次日启窑，果然造成了大器。万历间，景德镇陶工为童宾立有火神庙。樟树、建昌药帮的活动中心为三皇宫，宫内正殿中供奉十三位行业神，即伏羲、神农、轩辕和历代神医妙手。他们的次序是"伏羲居首二神农，三代轩辕黄帝宗。扁鹊神功

---

① 刘家珍：《宜春的行会组织》，《宜春市文史资料》第5辑，1992年7月，第82—84页。
② 同治《南城县志》卷四《典秩志·祠庙》。
③ 民国《万载县志》卷二之三《营建·祠庙》。

居第四，五名华佗妙神功。仲景居六七叔和，唯一先生八代中。第九时珍天士十，十一位是皇甫公。太极仙翁居十二，孙思邈居十三宫"。太极仙翁是道家对葛玄的尊称，他曾在樟树皂山采药炼丹、治病救人。玄孙葛洪，在南城麻姑山采药炼丹，号称抱朴子，开建昌制药业的先河。唐代药学泰斗孙思邈在樟树、南城药业中的地位极高，号称"药王"，人们在樟树、南城专门建立药王庙供奉。

行业神的崇祀，既神化了行业规范的权威，又慰藉了从业者的心灵。周期性的祭祀庆典使行业神的权威渗透从行者的心灵，同时行会组织的价值与规范也潜移默化地成为从业者的自觉行动，从而实现共同遵守。行业神灵信仰的宗教文化渊源，主要源于儒家尊祖敬宗的传统。在行业神灵文化的发展过程中，道教文化的影响多于佛教文化。行业民众对道教实用功利性的迷恋，显然超过对佛教深奥经典的向往。随着近代社会的发展与动荡，宗教的实用功能日渐减弱，行业神信仰也日趋淡化。

二、赣商商业禁忌

三百六十行各有各的禁忌，但又有共同的特点。商人多敬财神，故首先忌讳亵渎神灵，不得直呼财神名讳，如管利市财神叫关羽，管增福财神叫比干等均为犯忌。商人必须尊敬本行业的祖师爷，亦不得直呼其名讳。旧式香蜡铺卖财神像，包括其他神像，忌讳说卖，必须说"请"，否则便视为对神不敬，营业必赔无疑。所谓财神，并非单指财神神龛、神像、神位，而是引申到各种象征财神化身的东西。例如店铺招幌、标记就是"招财进宝"的象征，在商人心目中最为神圣。每天挂幌子，必须说"请幌子"，忌讳说"挂"，忌讳挂不牢而坠地，倘有伙友不慎将店幌失落于地，便视为得罪了财神，会被立即解雇。

在江西，挑担出门做生意的，出门忌见乌鸦，更忌遇见尼姑、和尚。行商的扁担忌别人从上面跨过，尤忌女人跨过。商人赶街忌讳说不吉利的话，不能踩别人的脚后跟，否则认为总落人后，晦气，赚不了钱。顾客买结婚用品，若失手敲碎，要说"先开花，后结子"。卖棺材忌问谁死了，并称棺材为"寿器""长生"。药店、棺材店、寿衣店的经营者，送客时忌讳说"再来坐""欢迎再来"之类的话。外出行医也有行为规矩，如民间过年时医药行忌讳出诊，怕"触霉头"，除非给双倍出诊费破灾才行。平时出诊，也忌讳敲患者的门，俗有"医不出门，有请才行"的说法。各种商店中以药铺的禁忌最严。药铺伙计平常说话常以药名讨彩头，如"连翘"称"彩合"，"贝母"称"元宝贝"，"橘络"称"福禄"，"陈皮"称"头红"，"橘红"称"大红袍"，切药称"老虎尾巴"，药凳称"青龙"。春以"冬木"开刀，冬以"丹皮"收刀。扎药包，要扎得形如金印，正月还需用红线扎结。伙计忌嗅药，送药忌转手，否则，就被认为是触其霉头。万一说了触犯禁忌的语言，要加以禳解。禳解之法有预防和补救两种，预防之法是在年节前贴"百无禁忌"字条，补救之法是由旁人说一声"童言无忌"等。商店忌讳伙友坐卧或躺睡在账桌、货柜、钱柜上，说是会压了柜上的财，赚不到钱。甚至忌讳睡在待客的条凳上，说会压了顾客——财神爷，明天登门的顾客必会减少。重大节日，如春节、祖师圣诞、祭财神之日，忌说不吉利的话，尤忌话语中带着与"赔"谐音的字眼。

在上栗，生意人一般早晨起来不许说"蛇"（"蛇"与"赊"谐音）、称"蛇"为"溜光子"或"青龙子"，不说"血"（"血"与"失"谐音），称"血"叫"旺子"。"芹菜"叫"富菜"（"芹"与"穷"谐音）。凡谐音不吉利的东西都得分唤别名，如猪的"耳朵"叫"顺风"，"舌头"叫"赚头"，"帽子"叫"有子"，"滚水"叫"开水"等。[1]在安源，出行做生意，每月有三个忌日，即农历初五、十四、二十三。[2]在分宜，生意人忌称"猪耳""舌头""骨头"，要称"顺风""赚头""利钱"，以示信息灵通，生意兴隆，一本万利。船工忌称"沉"，与沉谐音的都念作"泡"。挖煤的忌称"火""伞"，改称"晓""遮盖"。妇女忌进煤井窑山，怕窑塌井崩。[3]在崇

---

[1] 兰叶子主编：《上栗县志》，方志出版社2005年版，第481页。
[2] 曹光亮主编：《安源区志》，方志出版社2006年版，第694页。
[3] 分宜县志编纂委员会：《分宜县志》，档案出版社1993年版，第496页。

仁，屠商忌说"舌头"（怕蚀本），改称"招财"，猪头改称"圆宝"。①在景德镇，吃猪头叫吃"神福"，吃猪舌叫"口心"，吃猪嘴叫吃"香嘴"，吃猪耳朵叫吃"顺风"，吃猪尾巴叫吃"千斤"。杀猪叫"犒猪"，泡猪时倒开水叫"写字"，把猪从背脊骨剁开叫"分边"，把猪头剁下来叫"取神福"，剁猪尾巴下来叫"捉住千斤"。②在宜黄，行船时，忌谈论有关翻船故事，翻过来称为"顺过来"，韭菜称为"快菜"（韭与久谐音）。船上的锅盆碗瓢勺等用具，均应口朝上放，不可底朝天。③在修水，旧时船民吃、住均在船上。只有修造船只时，才扎篷移居河岸。船民慑于自然界千变万化，多迷信鬼神。开船前，要去龙王庙内烧香许愿。途经白马庙、吴滩和到达终点，都需祭奠河神。船民行船时，如遇大风浪忌高声大叫，不准到船头探望，怕招风惹怪。平时忌说翻、滚、破、烂之类字眼。吃饭时，汤匙要仰放，饭要平盛。④

在长期的经商活动中，江西商人形成旨在避凶趋吉的禁忌习俗，希望通过这些禁忌而获得财运亨通。可以看出，商业禁忌是在笃信神巫的基础上产生的，具有直接的功利性。随着时代的变化，人们的思想认识相应提高，商业禁忌也由多变少，逐渐消失。当然，商业禁忌也包括江西商人对某些经验教训的总结，因此仍然是今天赣商文化的重要内容。

第三节　商事纠纷与商业诉讼

一、赣商商事纠纷

在商业活动中，违法、违规的事情是常有的，这是商事纠纷产生的根源。随着商业交往的扩大，商事纠纷也就不断增多。商品经济越是发达，商事纠纷的内容和形式也越是繁复，性质也相应地发生某些变化。

---

① 陈勋民主编：《崇仁县志》，江西人民出版社1990年版，第726页。
② 杨仲春、严继明：《屠宰业杂忆》，《景德镇市文史资料》第11辑，1995年8月，第263页。
③ 江西宜黄县志编纂委员会编：《宜黄县志》，北京新华出版社1993年版，第602页。
④ 梅中生主编：《修水县志》，深圳海天出版社1991年版，第610页。

方志远教授曾对明清江右商的商事纠纷有过深入的研究,他把商事纠纷分为六大类,即:(1)商人与商人之间的债务纠纷;(2)因典当或放高利贷而引起的债务及产权纠纷;(3)工商业活动与国家政策法令的冲突而引起的纠纷;(4)纯以欺诈而起的纠纷;(5)因行、帮内部及行、帮之间的竞争引发的纠纷;(6)由劳资关系引发的纠纷。①本节从明代至民国年间发生的商事纠纷中选取部分案例,较为详细地叙述这些纠纷的形成原因和大致过程。

典当及信贷业是江西商人经营的主要行业之一。明万历《承天府志》载,江西商人在湖广利用土著居民赋役繁重,向其贷款,以田宅为抵押,最后田宅尽归商人,土著居民成了佃户。在这个过程中,江西商人难免会与土著居民产生商事纠纷。早在明宣德、正统年间,江西商人的放贷生息行为就已经引起河南地方士绅和地方官员的担忧和不满。前述明天顺、成化时的大学士、河南邓州名士李贤(1408—1466)就认为江右商人的放债行为对地方社会造成很大的危害。宣德十年(1435)五月,河南南阳知县李桓圭上书明廷,说该地有许多江西商人,放贷生息,累起词讼,要求申明禁约。②正统十四年(1449)十月,河南右布政使年富甚至提出驱逐在河南的江西人。③明代曾任云南地方官的王士性在《广志绎》卷五《西南诸省》中记载了一则江西商人在云南欺诈而谋财害命的案例,同时王士性也谈到江西商人因子母钱与地方土著产生的商事纠纷。王士性"谳囚阅一牒,甲老而流落,乙同乡壮年,怜而收之,与同行货,甲喜得所。一日,乙侦土人丙富,欲赚之,与甲以杂货入其家,妇女争售之,乙故争端,与丙竞相推殴,归则致甲死而送其家,吓以二百金则焚之以灭迹,不则讼之官。土獠人性畏官,倾家得百五十金遗之,是夜报将焚矣,一亲知稍慧,为击鼓而讼之,得大辟,视其籍,抚人也。及侦

---

① 参阅方志远著《明清江右商帮》(香港中华书局1995年版),《明清江右商与商事诉讼》(《南昌大学学报》1995年增刊)和《明清湘鄂赣地区的人口流动与城乡商品经济》(人民出版社2001年版)。
②《明英宗实录》卷五《宣德十年五月丙申》。
③《明英宗实录》卷一百八十四《正统十四年冬十月辛亥》。

之，其事同，其骗同，其籍贯同，但发与未发，结与未结，或无幸而死，或幸而脱，亡虑数十家"。王士性遇到数十起这类案子，全是抚州人做的。接着，王士性又说，江西商人"借贷求息者，常子大于母，不则亦本息等，无锱铢敢逭也"，"客人讼土人如百足虫，不胜不休"。因此，他"官澜沧两年，稔知其弊，于抚州客状，一词不理"。①

明代江西商人在四川挖矿产的活动，引起朝野上下的关注。《皇明条法事类纂》记载，成化十年（1474）八月，刑部出台针对江西商人进行非法商业活动的法律条规。江西商人"带绢尺火药等件，指以课命，前来易卖铜钱，在彼娶妻生子。费用尽绝，纠合四川粮大、云南逃军，潜入生拗西番帖帖山投番，取集八百余人，称呼天哥，擅立官厅，编造木牌，煎销银矿，偷盗牛马宰杀"。镇守少卿等官张固等前去帖帖山体勘得委，"是江西等处人民聚众窃矿，当领土民追捕赶散，房屋烧毁"。但"江西等处军民、舍余、客商人等仍蹈前非，复来聚众窃挖，肆盖官房，私用军器榜牌弓弩铪刀，占住掘开粮站地方，强买土人头畜粮食，不得安生"。为此，明政府行文江西都、布、按三司，要求各府州县及卫所军民人等请给引文出外营生，必须在路引上写明所带货物的名称和数量，以及前去经商的地点和往返时限，到限缴回。不可填写边境少数民族地区，所带货物也不能有火药、军器等。同时行文四川、云南、贵州、广东、广西等省都、布、按三司及所属府州县卫所及关津要隘，遇江西商人过境贸易，严加盘查、验明路引，货物与路引所载不符或为违禁物，以及路引已过期限或超出规定地区，货物没官，人押解原籍。②

明代实行锁国政策禁止私自与外商交易，但江西商人敢冒天下之法禁。《皇明条法事类纂》记载，成化十四年（1478）三月，浮梁县商人方敏明知有例"军民人等不许私出外洋船接番货"，但他"不合故违"，商同弟方祥、方洪，"凑银六百两，买得青白花碗、碟、盆、盏等项磁器共二千八百个，用船装至广城河下。遇有熟识广东揭阳县民陈佑、陈荣，

---

① （明）王士性：《广志绎》卷五《江南诸省》，周振鹤点校，中华书局2006年版，第315—316页。
② （明）戴金编：《皇明条法事类纂》卷二十九《江西人不许往四川地方结交夷人讦告私债例》。

海阳县民吴孟,各带青白苎麻等布,亦在本处货卖"。方敏等访得南海外洋有一艘私番船出没,因上司严禁无人接货,"与陈佑、陈荣、吴孟谋允",雇到广东东莞县民梁大英,用自造双桅槽船装载磁器并布货,在五月二十二日开船"超过缘边官富等处巡检司,达外洋到金门地方",遇见私番船一只。方敏等用磁器并布货换得胡椒二百一十二包,黄腊一包,乌木六条,沉香一扁箱,锡二十块。番船随即驶出外洋不知去向,方敏等艚船驶回里海,"致被东安千户所备倭百户郭庆等哨见",连人带船货物捉获。① 虽然官府竭尽全力对出洋私贩贸易打击,但是江西商人依然兴贩如故。

通过借贷开始经商生涯的江西商人很多,如同治《南昌府志》卷四十八《国朝孝友》载,南昌县万维佐"少贫读书,无以资馆谷。乃弃去,入市肆,从人假百金贸易"。同治《赣州府志》卷五十六《善行》载,赣县郭廷佐向亲戚借金五十两,购货贸易。同治《南昌府志》卷四十八《国朝孝友》载,奉新县岳正光,父母双亡,家贫"至不能举火,乃弃举业,向笔肆贷笔十管,售钱数十文",开始了他的经商生涯。商人与商人之间的借贷关系在江西商人中也是很常见的,如同治《建昌府志》卷八《善士》载,新城县饶大俊因贾致富,曾贷给某布行"金数百"。同治《新城县志》卷十《善士》载,新城县邓兆龄,字玉鸣,监生,与兄兆馨佐父贸易,克勤克俭,逐渐积累资金上万两。贷给同乡黄某三百缗,商于外,"越岁,信杳。他日遇诸涂,稔知舟覆资倾状,复予以金。不数月,(黄)获利倍息而归"。光绪《抚州府志》卷六十八《善士》载,崇仁县商人谢廷恩,初"学书算,负贩于蜀","赀财既裕,乃通货闽广","不二十年,赀累巨万","捐赀四千缗以贷商,约三岁,息千缗"。这些例子都是通过正常的借贷关系而取得成功的案例,但是亏折本金在商业活动中是极为寻常的事情,而且有意拖欠借款者也时而有之,因此会出现债务纠纷。赣州府长宁县(今寻乌县)的曾自展,有同族叔侄二人向他借了六百千钱做生意,但到还期,叔侄二人却互相推诿,谁也不肯还债,官司打到

---

① (明)戴金编:《皇明条法事类纂》卷二十《接买番货》。

县衙。曾自展闻讯，自己烧掉借券，化解了这场债务纠纷。若借贷在同族或戚友间进行，一旦出现债务纠纷，当事人可自行协商解决或由同族中有声望者出面调停。但是，更为常见的债务纠纷是在商业活动的过程中发生的，由于已无宗族戚友关系作调和，故争执异常激烈，此类诉讼案例在后文还将谈到。

劳资关系是导致商事纠纷的重要因素。江西锡箔业虽较之闽箔、杭箔，远不能逮。然销行于北数省者亦巨。光绪四年（1878）二月，南昌锡箔业，因北方"数省苦旱，生意愈形减色，兼以去冬今春不时雨雪，出货亦难"。行业的不景气，造成工匠生活困难，不得已"较及锱铢"。南昌"用钱尽皆一律九五净典，而九五之中，又复扣为九九定数。再加扣底，每串亦不下十余文。是名为一千，实则只九百二三十文耳。至于箔坊进出，向系九六核算，归九九除四底扣定，每串实合得足白银九百四十六文六毫"。工匠提出"支取工资，必欲九六至底，不得再扣九九"，坊主不允，于是开作之九家"齐赴公所，请酒聚议，谓此后零碎少数，自可补偿。其他则有合省之规例在，不可以易也。从皆曰诺，其事遂定"。①这次纠纷的解决通过"齐赴公所"进行谈判，双方均做让步，事情得以了结。

光绪六年（1880），南昌锡箔业又出现劳资纠纷。因为"各匠多年相约不收一徒，以至人手渐少"，因此这年春，锡箔坊相约"闭歇"，要挟工匠开教，收带徒弟。于是"两造请和"，工匠答应开教，铺主"须贴其伙食菜钱"，纠纷解决。二月二十八日，锡箔坊复工。②但是，"迨一开张，而来学手艺者甚多。各匠固趁势抬高投师财礼，至彼此不能划一，其头目遂起而讲论"。众匠私约，"无论何项钱皆须平分，无论大小事立时竖石。所谓竖石者，乃头目以一手掌伸出，众即停工，略迟一刻，即为大众所不容"。由于初开铺门，"铺主才散出一月用钱及折席项，每家费去二百多千。转瞬端节又到，更需各样开销"，停工造成铺主损失，"于是

---

① 《箔坊议事》，《申报》，1878年3月30日，第1版。
② 《锡箔兴工》，《申报》，1880年4月20日，第2版。

铺主起而评驳",各匠自知未合,遂允于次日兴工。但"收徒一节,从缓再论"。有位铺主认为"如此终非了局,即应说妥。投师财礼事照旧章,不得多索。若非如此,则众人开而我从此罢手"。其铺各匠"闻此言,齐向前谓汝何人斯,敢挠众议,老拳便挥"。铺主"遁入房,匠随涌入,门窗尽破,复有出而号召者。其箔业公所在石条街,后墙紧靠城垣。顷刻聚集五六百人,前后围住,即有三四十人由城上扒屋,声如鼎沸"。铺主"幸得由窗内避过间壁药店,始得免难"。①

在行帮内部,因竞争的激烈而常常引发纠纷。光绪六年(1880),南昌洗马池一带发生火灾。章门木匠"统共一百六十余厂。自洗马池火灾以来,土木大兴,兼各铺家念在生意吃紧之时,争先恐后,逼迫兴工甚至以夜继日,爇火把亦从事焉。厂头包揽过多,此催彼赶,接应不暇,自不得不添请帮作"。但是"散匠忽不承雇,询之始知欲加工价。厂头遂以此意与铺家商酌,铺家志在速成,钱非所惜,亦遂应允"。于是,"千夫雷动,竖柱上梁"。但"有厂头因先在人家承造住宅,未能与此次火灾工程同论。闻知此举,遂起而评论,谓业本同行,汝等趁势增价,虽系有名可藉,其如我等无词向旧东改议。况不先事通知,俾共斟酌办理,实属不足服众。于是即刻传单歇手,约齐于公输子祠讲议。时火场各匠正在努力,未即停止,而传单者数十人蜂拥而至,立喝之下,稍为迟回,或竟抛砖相击,收其斧凿等而去"。于是,自五月二十至二十四日,寂无一处开工,"各铺家欲速反缓,应不免更增一番焦灼"。②木行不允许擅自提价,如欲提价,应先在鲁班庙即行会中"讲议",或通知全行,一致行动。这是行业规矩。由于那些借火灾提价的作坊没有按规矩办事,其他作坊便可进行干预,直至"收其斧凿而去"。至五月二十七、八日,"议妥泥、木、石三行,每工加价十二文,即又兴工"。③木匠行业内议决共同加价,纠纷得到解决。

---

① 《铺主受辱》,《申报》,1880年4月30日,第2版。
② 《木匠齐行》,《申报》,1880年7月10日,第2版。
③ 《气象一新》,《申报》,1880年8月5日,第2版。

在南昌，缝匠原有三种，"一则专为公馆大户所雇，一则自开铺面，此两种皆微有本领，或即彼此兼管，其工资外花无分轩轾。另有一种则手挽篾篮，亦有以布为之者，内放刀尺，面置棉线，沿门挨户，东望西张，几与托钵生涯无异，手艺固不必言，工资亦非所计，但得呼之使纫，则欣然从事。故上两种深恶之，日来歇手讲论，谓嗣后不准挽篮者上户"。缝匠行内纠纷属垄断市场而起，光绪六年（1880）七月二十六日的《申报》评论道："略计挽篮匠不下千数，乃一旦遽欲以私约，绝其生路，未免无理取闹，太不自量也。"①由于"挽篮"者的抗争及社会舆论的干预，大户垄断市场的企图未能得逞。

光绪二十年（1894）九月初九日的《字林西报》记九江牙行霸揽纠纷。在九江，牙行柯某"赋性强悍，同行莫敢与竞，其所开设名复泰行行帖，乃其先人所捐，照例自当注销重领。不料柯某不惟不缴，反将一帖两开，同行畏之，隐而不发"。九江每届秋令，"各处所产栗子，肩挑背负，络绎于途，均由各行代售，每担约可获利三四百文。各行派伙，沿途揽接，争先恐后"。八月初十日，"有樊正发行伙赴江北小池守候，接得乡民新栗九担，甫渡彼岸，适为柯复泰行伙所见，强为揽接，乡人谓已投樊行，不敢坏例。柯伙不听，拉至复泰行，樊伙寻踪继至，争之曰：客系我接，尔不应强揽，终不然亦宜分售，何得一人鲸吞。柯伙口出詈言，手执扁担，将樊伙头颅击碎，樊伙负伤奔归，告知行主。讵樊某良懦，畏柯威，竟置不较，并请医调治其伙。浔人知其事者，均为扼腕，然亦无可如何也"。报刊希望"贤有司访查惩治，以肃行规而安商业"。②

景德镇瓷帮"画二白釉"历来因与黄家洲洲店争论派头行色而聚众械斗。画二白釉，是指画红工匠，所谓派头即首事，行色即规条。光绪三十年（1904）八月二十二日，画红工匠纠众向黄家洲洲店寻衅，景德镇同知张政庆驰往弹压，该工匠竟敢不服阻止，杀死曹巡检马四匹，拒

---

① 《缝匠齐行》，《申报》，1880年8月31日，第2版。
② 彭泽益主编：《中国工商行会史料集》，中华书局1995年版，第781—782页。

伤勇丁周头发等,旋即一哄而散。二十四日,该工匠等又纠集数千余人,头戴红巾,执持刀矛,复向黄家洲进杀。浮梁县令郑辅东闻报,督率三哨驰往弹压。该工匠等借恃人众,竟敢蜂拥上前,向官兵持刀刺杀。乐安营哨弁宋致福上前阻止,被矛刺伤额角。景德镇同知张政庆右膀亦被拒伤,其余勇丁受伤亦不少。此次闹事之处,已近黄家洲,郑辅东等临时商酌,若容其入市,则洲店必与接仗,死伤必多,该洲店财产货物,必致一扫而空,案情更大,不得已喝令开枪,始各呼啸散去。在这一过程中,浮梁泛把总戴洪炯右手受矛伤一处,保安军什长吴熏伤重毙命。画红聚众之人被格杀三名,他们匿名揭帖,"定于二十六日焚署杀官,并烧教堂","将地方闹得一扫光"。郑辅东从速责成全镇瓷帮总首事,秉公会议行规。九江道瑞澄派兵前往弹压,阳以兵威治其标,阴以保商端其本。提出三种筹办之法:(一)派营弹压该画红工匠人等,如果持械聚众,再行入市,即行开枪格杀勿论,以杀其焰;(二)责成全帮首事从速开议,订立行规,以安人心;(三)为首及匿名揭帖之人,于众散开工后,勒令该帮首事按名交出,尽法惩治。善后之法,责成浮梁县令确查各行值年首事,善者用之,否者去之。由右军蒋统领督带驻乐左营前左右三哨弁勇,连夜赶抵景德镇,会同文武员弁认真弹压,并保护教堂、窑厂。① 在政府弹压和瓷帮首事的努力下,这次行帮纠纷才得以平息。

二、商业诉讼举偶

长期以来,由于商人的自我协调功能不足,政府在处理商事纠纷方面就有着重要的作用,前述商业纠纷时已经涉及这一问题。下面主要选举较为完整的案例,勾勒江西商人如何进行商业诉讼的。天顺二年(1458),九月刑部的一个文件说,该衙门几乎每天都能收到来自各地的有关商业债务的诉状,其中最多的是江西商人。按明代法律,这类纠纷是不能越级上诉的。刑部宣称:"今后江西客人在湖广等处买卖生理,有

---

① 彭泽益主编:《中国工商行会史料集》,第 762—764 页。

因负久钱债等情应许告理者，止于所在官司陈告，即与准理。若不候归结，辄便赴上司及来京诉告者，一体依律问罪。……若有倚势刁泼，添捏重情，并不干己事，募越赴京奏告，一体依律问罪，断发原籍当差。所告情词，不问虚实，俱各照立案不行。"[1]刑部针对江西商人的诉讼专门行文，由此可以看出江西商人的商业诉讼案件之多。

乾隆至光绪年间，江西按察使司陆续编刻法律文献《西江政要》，其中记载了很多江西商人的诉讼案例。卷九载，乾隆二十七年（1762），玉山县客商陈茂合在聂胜有歇店失窃，官方判令聂胜有先行照估值缴赔。五年后，客商劳永茂在行户张伯鹏处失窃一百七十两银子，由张伯鹏先行赔偿。卷十二载，乾隆三十七年（1772），南丰县夫行李广泰，雇挑夫黄佑元给客商邱蒂珍运送苎麻到新城、广昌一带，中途挑夫黄佑元挑货逃跑，由李广泰先行赔偿邱蒂珍的货价，理由是"凡有客商往来贸易，投寓过载夫行，所有行李货物有议令行户募夫挑运过境，行户即为雇夫挑送，其夫役实属行户专责"。卷十三载，乾隆三十八年（1773）十月，新城县船户高子先承运闽客廖毓茂棉布六十捆，在途中失窃，报县估值四十两，由船户高子先赔偿，理由是"本客并未在船随行，布匹交该船户承领装卸，本有主守之责"。卷十八载，乾隆四十三年（1778），玉山县毛舒仔住陈君冀开的饭店，陈给其写就"保票"到汪五叙夫行揽挑，经夫头吴显祖发批"兆""有"字号客油一担，令赴浙江常山陈泰来行交卸。结果毛舒仔中途挑逃。店家陈君冀与失察夫头吴显祖均负连带责任。卷二十六载，乾隆五十二年（1787），南丰县挑夫陈定南，拐窃商人鄢日章行李，案发追赃重处，理由是"脚夫挑窃客货，除计赃问拟外，仍比照店家船户行窃商民例，加枷号两月"。卷二十八载，乾隆五十四年（1789），庐陵县民刘道基在刘世泰船上被水手王老大窃逃银两，先由刘世泰全额赔偿刘道基银两，然后再向王老大追赃问罪。

道光五年（1825），江西商人饶希圣与吴景昭在重庆合伙开设广聚布铺。吴景昭先后出本银一百八十两，饶希圣先后出本银一百七十五两，

---

[1]（明）戴金编：《皇明条法事类纂》卷三十八《听讼回避》。

合伙之日立有合约，获利平分。交易账目均由吴景昭主持。开设两年中，吴景昭先后支用银一百四十余两，饶希圣先后支用银五十余两。该店在道光七年（1827）二三月间售卖如松和、逢原裕、天合生、如松钧四家店号大布十八卷，欠银三百三十余两，以及欠其他土布客银二十余两，均系到端午节时兑银。吴景昭不想交还货款，而试图将钱货卷匿，饶希圣以伤天害理不肯听从。吴景昭乘饶希圣外出，私自将衣物透出，饶希圣回铺发觉，立即告知有关客商及街邻李协泰等。吴、饶二人然后一起将铺中存货及铺底等交客抵账，仍然不够支付。饶希圣向众客求情，而吴景昭却在外面私收铺账归入私囊。饶希圣央请亏欠广聚布铺的店家与该铺所欠的客商对面抵账，以杜绝吴景昭私收，二人由争执以至在街对殴。饶希圣最后向巴县衙禀控。[①]这是一件合伙人之间的纠纷上升为商业诉讼的案件。

景德镇布匹贸易为徽商控制，江西商人的营贸规模稍隘。光绪三年（1877），江西商人欲廓大门面，整顿市规，遂为徽帮所忌，历次控诸府县，皆不得直，始诣省投控抚署。时巡抚为刘秉璋，安徽庐江人。刘秉璋维护徽帮利益，"特发火签拘人"，屡委候补府道勒令江西商人歇业，"不准复开。众商遂奔窜四散，其妇人孺子之在家者，莫不备承痛楚，正不独倾家失业而已"，由是激成众怒。光绪四年（1878），江西商人"乃控于两江督署，蒙督宪批判，以天地间，无论何人何货皆可贸易，该徽帮何得独揽利权，据为垄断？札饬饶州府秉公讯结。恒太守上体督宪之意，遂以曲直为胜负"。江西商人"始得照旧理业"。江西本省布商廓大门面，于情于理并无不妥，徽商力图巩固乃至垄断市场并无可以指责处，也符合市场经济发展的规律，但其手段却不是公平竞争而是官府对江西商人进行打击，巡抚刘秉璋竟然"待发火签拘人"，又命府道"勒令本省人歇业"，实属于理不通。江西商人欲讨还公理，将案子告至巡抚的上司总督衙门，由总督衙门"札饬饶州府秉公讯结"，才得以纠正巡抚衙门的

---

① 四川大学历史系等主编：《清代乾嘉道巴县档案选编》，四川大学出版社1989年版，第34—345页。

错误。事情至此并没有完结。江西"众商咸感太守之德，爰于客冬公送德政匾一方，曰鉴空衡平。徽帮见之，亦制牌伞数事，于新正月送入郡署，伞为大红缎制成，有大金字四，曰独有二天。当送入时，太守仍以礼肃客，并设席优待，客退后或谓此实有微辞焉。太守大怒，立饬家丁昇伞至为首者之家，当众毁裂，惟将四字收存，将以备文申详。至笔之人系一廪生，已发差捕捉，务欲究办"。①

成都和北京都有以同仁堂为招牌的药店，而且都做大做出了名声。1925年，两店在成都相遇，演出了一场商号权利的纠纷。前已述及，成都同仁堂是由临江府清江县的陈发光创办，积累一定资金的陈发光便将湖广馆街口的地皮买下，建成铺房，门前挂上同仁堂的招牌，店内悬挂了一道"同仁老铺"的金匾，于乾隆四十六年（1781）四月二十八日，同仁堂药铺正式开张。1925年，成都春熙路建成后，省外商家纷纷来此开设店铺，北京同仁堂药铺准备在春熙路南段开店营业。成都同仁堂认为同业不能同名，表示反对，而北京同仁堂认为自己历史悠久，于是互相指责盗用招牌，成都同仁堂提出控告。法院经调查后认为，成都同仁堂和北京同仁堂，双方虽无盗用招牌之嫌，但成都同仁堂已在成都经营在先，一地同业，不能同名，原系商业习俗，不能破例。结果北京同仁堂只好改用"达仁堂"的招牌在成都设店营业。在本案中，受理法院援引"一地同业，不能同名"的商业惯例来解决案件，在商标成文法缺失的前提下，商业习俗不仅得到了司法系统的认可，而且直接作为审理案件的依据。②

近代以来，谘议局、商会、同乡会等社会组织也参与到商业诉讼的

---

① 《讪上获戾》，《申报》，1879年4月1日，第2版。
② 20世纪80年代《商标法》出台，"一地同业"也被理解为"全国同业"。《商标法》出台不久，北京同仁堂在第一时间就注册了"同仁堂"商标，成为"同仁堂"商标的合法商标权人。于是，各地"同仁堂"招牌原有的相安无事格局被打破，以"同仁堂"命名的成都同仁堂、南京同仁堂、天津同仁堂等百年老店不能再有新派系产生。尽管已有的这些老店还是保留着"同仁堂"的合法招牌（依据我国现行商标法的规定，作为商标权的"在先使用人"，这些老字号仍然可以在原有的范围内继续使用"同仁堂"商标），但其经营领域和市场占有量却不得再行增加，也就失去了利用品牌扩大发展的空间。

解决。特别是当纠纷的制造者有官府背景，或因官府审判不公，或官府直接为被告的时候，商会、同乡会以及谘议局参与其中，一定程度上充当了弱势者的群体代表。

宣统年间，广信府属船帮与外省沙口船帮因船埠发生商业诉讼。广信府属船只向分两帮，一曰罗塘子，系贵溪一县之船来省，停泊惠外妙济观河干，为南昌县辖地；一曰舠子，系上玉广铅弋兴之船来省，停泊章外自茅竹架起至三圣庙河干止，为新建县辖地，共计五十四丈。光绪末年，外省沙口船只强行与舠子混行停泊，经分部主事卢承绪等禀控，既由前新建县文据案给示。后，忽被沙口帮蒙蔽，移广信舠子泊惠外妙济观贵溪码头。署县王照置广信合郡绅商学界原禀于不问，勒令船头徐日康出结。自此案断结后，沙口帮徐延福等倚势猖獗，叠次丛殴徐日康，后署新建县韩县令明知王照断案不公，但不肯平反。宣统二年（1910）四月十八日晚，唐突提讯徐日康，称"该处船埠虽系广信码头，有乾隆年间成案可核，其奈沙口帮已经占据不肯退还，本县亦无如之何，倘汝肯向他处另买船埠，本县愿代汝给价，否则须候王前县回任自行断结"。宣统二年（1910），江西谘议局广信府全体议员向第二次常年会提出清理广信合府船埠议案，称：

前县对人谈及此案亦似有难言之隐，足见沙口帮神通广大，而此案之难平反者实有所由也。然广信合郡之船埠确在章外茅竹架至三圣庙界内，系新建所辖地。方前县王所详之惠外妙济观下立成堂盐仓门首之码头，在南昌县所辖界内，乃贵溪一县之码头。若以敝府公共之码头认为船头徐日新个人之私产威逼出结，又以贵溪一县之私产抵作合郡之船埠，无论两地遥隔，两县分治，风牛马不相及也。而弃案据而凭影射之词，执案外之人以肆其威力，但求县案之可以硬结，而不顾合府公产之横被侵占，敝府人士岂能甘心。前经卢承绪等前抚辕呈控，又经来局请议。去年会期中全体议员亦曾具议草，适届闭会未及议决，现在此案愈求清理愈无归宿。柱等既代表人民之意思，有清厘公产之责任，何忍弃此数百年承管之业，用敢备述颠末，提出议案。

江西谘议局审议后认为,"该广信舫子船埠既系六县船户停泊之所,即六县船户生计利害所关,与公共产业无异,既称在新建县界并有前后案据可凭,自不能据两造以外之徐日康个人在新建县所具之结,遂令全府公共产业被他省船帮侵占。此案现已涉讼数年,如果调查新旧案据判断平允,该府士绅亦何能坚持异议",议决"请抚部院立饬该管地方官查照前后案据秉公讯断,以维生计而保公产"。江西抚部院会议厅公议,"即饬该地方官查照前后案据提讯两造秉公断结,以息纷争"。①

宣统年间,南昌还有一场火灾所引起的经济纠纷案。南昌顺化门外,离城五里许,金盘露地方新造陆军混成协营房工程,经监造委员马献廷领银十二万六千三百余两,与湖口县民人周春茂当面议定三标营房,每标三营,共成九营,价银九万余两,立有包单为凭。周春茂自承包之后,陆续开造。宣统二年(1910)五月,协统吴介璋迭次频催马献廷,先成一营,以便迁驻。六月初旬,周春茂将一标一营营房告成,其余二营功成八九,经马献廷验收并无别议,其自办油漆装修亦已告成。不料,七月二十五日夜,新军营房工程被火焚去一百余间。周春茂与马献廷磋商,以为营房重务,虽遭不测,乞速筹款补助,周春茂亦稍认工资。而马献廷不由理论,转责包匠周春茂赔认全部工价。商议数日未有成议,致起纠葛。马献廷将周春茂送县管押,以逞官场手段,以致九江旅省同乡大抱不平,几致暴动,后因当道派员阻止,改用文明办法,以马献廷种种苛刻压制,分请谘议局及九江教育会公同决议以昭公道。经商会迭催,抚宪批以如果工程不日告竣,余款自应找付,但马献廷置若罔闻。宣统二年(1910),周春茂向江西谘议局第二次常年会提交陈请案,希望谘议局转呈抚宪主持公道。陈请案中称:

民包营房功成六月,既系马宪手包,业经马宪收验,虽遭回禄,理应速给价银赶紧修筑,以重工程。今其揩执价银,是何居心。如欲勒民

---

① 《呈报议决清理广信合府船埠案请抚部院饬查公断以保公产由》,江西谘议局编《江西谘议局第二次常年会呈报议决案》下卷,清宣统二年铅印本。

稍赔，自应算明账目，分别轻重，其又匿账不算。若以民包定二标发款兴工，犹得四处张罗，截长补短，乃又背约另雇，绝民生路。究其起火之由，系其酝酿。既请填塘打椿土工二百余名，不令彼等另搭棚厂而反使其盘踞营房，锅灶糟蹋不堪。身充监造既不严行驱逐，又不勤为防范。灾生不测，飞陷于人，反敢捏词朦禀文饰己过，且将致民死地。天理国法，果如是乎？现民将此二营业已告竣，屡请验收，置若不闻。又恐受其油漆迟延，再罹重祸。至于先领后付，希图吃息，均有日期确据可查。为此陈请谘议局怜情作主，转呈抚部院澈底根究，饬马宪将包单应找银两给领，以救蚁命。

十月初三日，副议长黄大埙宣布请议审查会报告周春茂请议监工委员勒赔冤抑案。谘议局议员讨论后认为，据该匠所称，一标一营房已经由委员马献廷验收，则被焚在验收之后，似于该匠无甚干系，且该匠亦肯稍认工资，自无勒令全赔之理。马献廷匿账不算，揩执工价，尤属非是，应请抚部院札饬承造混成协营房委员马献廷速即向该匠照依包单秉公清理，以重工程而免冤抑。抚部院会议厅审议后，认为"本省各项工程，向章应于全工告竣后，另行派员依照估册逐一验收，出具工坚料实勘结呈核。今该匠承造一标系分三营，其时全工尚未告竣，断无造成一营即由监造委员先行验收之理。是该营房之被焚，该匠断不能委为无过，置身事外。所称匿账不算，揩执工价各节。查该匠虽有认赔工资之语，惟未将究竟认赔若干切实声叙。此中委曲是否马令之有心抑勒，抑该匠之藉词推卸"，"饬南昌县召传该匠讯明，秉公断结，以重工程而免轇轕"。①

清末民初各地商会成立，受理商事诉讼是商会保护商人利益、维护商人合法权利和帮助商人降低经商风险的一种重要措施，也是商会的重要社会职能。商会专门设立商事裁判所，凡商号一切诉讼案件，概归商

---

① 《呈请抚部院札饬承造混成协营房委员马令速向该匠周春茂照依包单秉公清理由》，江西谘议局编《江西谘议局第二次常年会呈报议决案》下卷，清宣统二年铅印本。

事裁判所办理，商会审理商务纠纷，注重调查研究，遵循商民习惯法，秉公判断，维护了商人的合法权利。非商会会员则不在此制度保障范围内，遇有纠纷则可能付出高昂的代价和成本。1917年5月25日，赣帮木业公所纯堂代表洪展生，东堂会员唐传堂，会员李长春呈请：

> 窃广外潮王洲滩地各帮木排湾泊何所，向有定章，由新码头以下，自熊姓缴滩起至蓑衣夹口为赣之束湾泊木排之所，而赣之西排则停泊于蓑衣夹套内，此乃数百年相沿习惯使用，从无争执。前官产处处长梅卖官产，于民四年十月该处竟未遵照投标手续，私将潮王洲沿河一带滩地售与遂川人郑炳璋，直至民五年四月二十三日，由江西新报揭载得价七百余元。商等将湾泊木排习惯情形详呈官产处、财政厅及省长公署等处，窃潮王洲每年春夏时或遇水涨即一望无际，秋冬水退全系沙滩，即将板木搬至沙滩地上，以便利往来船只，并移住篷于滩上，以资看守。是此，论买，赣帮有优先权；论使用，赣帮有占有权。官产处自知错误，始以余干向遂川帮郑炳璋换此项滩地，以予赣帮湾排堆放板木使用，而官产处所给郑之执照仍未取销。商等恐遗后患，禀呈官产处准予赣帮分买。

南昌总商会开特别会，对此事进行调解。是日，财政厅、官产处均有代表，及各木帮代表莅会。经会长卢馥窗、罗伯农等共同讨论，决议潮王洲西河滩地，遂川代表谢迪昌允将向官产处买受，潮王洲沿河一带滩地全部退还。此项退还滩地，以应归国家永远保留，不再变卖，所有湾泊木排等事仍准向例使用，以维商业而息争端。全场通过，至是双方遵议，各安生业。①

1947年5月3日，湖南第六区行政督察专员兼保安司令员孙佐齐，纵指使机要秘书傅德明以"肃奸党分子"的名义对邵阳"永和金号"进行抢劫、纵火、杀人，震惊国内。永和金号为江西商人开办的黄金珠宝店，是长沙、衡阳永和金号的连锁店。惨案发生后江西旅邵同乡会号召

---

① 南昌市档案馆藏民国南昌商会档案6-9-97。

社会各界组织声援邵阳永和金号惨案委员会。许多地方的江西旅外同乡会除电国民党政府武汉行辕、两湖监察使署等衙门请求彻底查办外,并向全国各地大发通电、宣言。南京、上海均把这则新闻刊在显要位置。[1] 江西旅邵同乡会及惨案声援委员会不顾凶犯孙佐齐的恐吓,对其罪行公开揭露。5月7日,邵阳江西同乡会的负责人聂海平,召集江西同乡会成员,假忠烈祠县参议会让被害人鄢占魁、鄢子和、陈玉清、邓康年等人与各界人士见面。由于中毒过深,均脸色苍白,鄢占魁还在吐血。会上成立了"永和血案声援委员会"。江西同乡会负责人聂海平奔走呼号,为伸张正义不辞辛苦。由此,他接到署名"特别驻邵精忠除奸组"的恐吓信:"事不关己何太劳,依时知休真英豪。忠言不听防后懊,手枪炸弹助吾曹。"内装子弹一颗。但这种卑鄙行径并没有使聂海平等人屈服。[2] 傅德明招供后,惨案声援委员会及江西同乡会负责人聂海平等人立即赶赴长沙,向国民党湖南省政府请愿,要求迅速逮捕主犯,以洽舆情。长沙、南昌、南京、上海等地各社会团体和新闻媒体函电交驰。各地民众群情激奋,舆论哗然,最终迫使法院做出判决,傅德明被处以死刑,孙佐齐被判有期徒刑十二年,其他从犯也受到惩处。在江西同乡会的积极推动下,社会力量迫使当局将血案追查到底,死于永和金号惨案的江西人得以安息。

最后,简略地论述商事纠纷、商业诉讼与经济发展的关系。商事纠纷是社会经济发展的必然产物,也是不可避免的现象。就商人而言,他们并不愿意把商事纠纷上升到法律诉讼的层面。他们更愿意在商人团体内部通过理论、理说、理劝的方式解决纠纷。从这个意义上说,经济的发展需要政府引导和规范商人团体的建设。对于商人团体无法解决的商事纠纷,特别是当纠纷的制造者或有官方背景,或因法律审判不公,或官方直接为被告的时候,就需要商人团体作为代表或者支持者将商事纠纷上升到诉讼层面,维护公理和经济发展的秩序,这在一定程度上也会推进国家商业政策的完善。

---

[1] 汪廉:《永和金号惨案的审理经过》,《湖南文史资料选辑》修订合编本第2集,第103页。
[2] 苏缙如:《聂海平生平述略》,《邵阳文史》第14期,1990年12月,第77—78页。

【结语】

从赣鄱商业环境、商业营销、商业伦理、商人组织等方面，我们已清晰地看到赣鄱区域有着深厚的商业文化底蕴，江西商人在商业经营活动中创造出灿烂的赣商文化。但我们在做出肯定的讨论的同时，也应该看到赣商文化的不足。新中国成立后，江西一直被定位为"农业大省"，因此赣商的小农意识比其他省份的商人要浓厚得多。江西的商品能在本省做成优秀品牌的并不多，得到全国消费者青睐的品牌更不多。在改革开放的道路上，赣商起步晚，观念转变慢，敢闯敢拼的劲头不足。江西地理上的盆地地势，造成了一些人心理上的盆地心态。盆地心态的弊病在于忘记了自己所处的是一个开放流通的大世界，将四周巍巍高耸的青山看作世界的边缘。现在时代不同了，由于交通格局的改变，今日江西已有超过一半的区域被纳入"海西"的范围，江西不但是过去的"江之西"，也是今日的"海之西"。赣商要打破封闭保守的思想观念，继承和弘扬赣商文化的优秀传统，遨游"商海"，重塑昔日江右商的辉煌，并建设更符合时代要求的新赣商文化。

一、赣商精神——江西人的宝贵精神财富

赣商精神是赣商文化的核心，是对赣商文化的高度概括。新一代赣商要在市场经济的竞争中赢得主动，实现崛起，就要自觉弘扬赣商精神，光大这笔宝贵的精神财富。赣商精神可以概括为以下几个方面：

（一）"敢为人先，勇于开拓"的胆识和魄力

明清江右商的活动区域、经营范围以及善于抓住商机、勇于开拓市场的行为，充分体现了江右商的胆识和魄力。江右商西进湖广川滇、北上中原、东征闽浙、南下两广，创造了"无江西商人不成市场"的神话。如樟树药帮对中药事业做出的独特贡献，他们为采购正宗地道的药材，积极开拓药材市场，离乡背井，长途跋涉数千里，甚至深入边疆、偏远地区设庄收购，或包山种植，按照节令收货源，樟树也因此成为"广集

天下药材"的地方。[①]江右商不拘一格，善于推销商品，善于抓住商机，敢于进行新的尝试。广丰商人经常往来于江西与江浙之间进行莲子贸易，太平天国时期江浙一带战争频繁，他们却在战争中发现新的商机，改变经营思路，改往江浙一带输送油茶、苎布等急需之物。太平天国失败后，外逃的富户迁回苏州、南京，广丰商人又调整货源，往江浙一带输送莲子粉。广丰商人正是因为目光敏锐，思维活跃，善于改变经营项目，战争不但没有打断他们的商业经营，而且他们还在战争缝隙中大获其利。

（二）"独立打拼，共抗风险"的模式和策略

明清江右商最常见的经营方式是个体经营，他们一般都是独立打拼，依靠自己的辛勤劳动，在商场中站稳脚跟。但是，如果发生亏损或意外，众人又会共同扶持，以众帮众，共渡难关。其中，江西会馆就是加强联系的纽带，使江右商帮成为一个团结的整体，共同搏击商海，维护共同的利益。通过遍布全国各地的江西会馆，江右商不仅加强了感情上的联系，更为重要的是开展市场信息的交流和商业经营上的合作。在个人打拼的基础上，江右商或结帮经营或合伙经营，以期扩大经营规模，提高市场占有率。在很多行业，江西商人形成商帮，抱团发展，共同与外帮争夺市场。清后期，樟树药帮在外地的行号按照地域划分为"西北号"和"广浙号"，两者进行地域分工，分别经营陕、川、豫等地和两广、闽浙沿海等地所产药材，一定程度上形成了垄断性的市场。

（三）"以质取胜，诚信经营"的思维和意识

明清江右商从业人员多，经营范围广。在商业经营过程中，他们并不仅仅关注商业利润，而是形成了"注重质量""信誉为上"的商业精神。许多老字号之所以经久不衰，靠的就是它们优良的商业品格。而过去药都樟树的形成，凝聚了整个樟树药帮的心血，是樟树药商共同努力的结果。樟树药商遵守严格的药律帮规，各地药商设有各种堂会组织，成员

[①] 李昆：《试述南国药都的成因与发展》，《赣文化研究》总第5期，1998年，第96页。

都是药业专家,目的就是保证质量和疗效。在商业竞争中要想脱颖而出,就不得不以"质"取胜,以"效"取誉,品牌意识是市场经济竞争下的必然结果。亨得利面对市场竞争,确定"名店销售名优商品"的经营战略,奉行"质量和信誉是亨得利生命"的办店宗旨。[1]正是由于这种把质量和信誉视为生命的精神,亨得利这个百年老字号才有着持久的生命力。

(四)"把握机遇,顺应变革"的智慧和勇气

把握机遇需要有敏锐的眼光,变革需要有无畏的勇气。江铃集团、鹰潭眼镜业的成功就证明了这种智慧和勇气的重要性。江铃汽车集团是国企改革比较成功的企业。1983年前,公司连年亏损,累计达到5600万元,相当于国家全部投资的3.5倍。在改革开放的浪潮中,公司逐步转变思维,做出大胆选择,引进具有80年代中期国际先进水平的日本五十铃N系列轻型卡车,实现企业的高起飞,从而实现江铃的第一次成功跨越。20世纪90年代,江铃汽车把握国企改革的机遇,大胆改革,实行股份制,引用新技术,把一家连年亏损的企业变成中国著名的汽车制造企业,公司成功地实现第二次质的跨越。[2]十一届三中全会后,鹰潭眼镜商人抓住改革开放的良好经商机遇,较早地摆脱计划经济的固定思维,外出从事眼镜业的人络绎不绝。他们遍布全国各地,甚至深入到新疆、内蒙古和东北三省,开拓市场。[3]鹰潭眼镜业也一跃成为全国四大眼镜市场之一。

(五)"艰苦奋斗,回报社会"的韧性和胸怀

在经商过程中,赣商能吃苦,献身精神、艰苦奋斗精神格外突出。[4]成功之后,赣商以感恩之心回报家乡,回报社会,充分地体现了以天下

---

[1] 杨龙:《科学管理优质服务——记南昌亨得利钟表眼镜公司》,《赣文化研究》总第9期,2002年,第332页。

[2] 江铃汽车集团公司:《营造江铃文化促进企业发展》,《南昌大学学报增刊·赣文化研究专辑》1996年,第32—36页。

[3] 邹付水:《眼镜行业与鹰潭地方社会变迁》,《赣文化研究》总第8期,2001年12月,第222页。

[4] 《"爱我江西·兴我江西"访谈录》,《赣文化研究》第1期,1994年,第51页。

为己任的责任意识。正邦集团总裁林印孙没有忘记回报江西的父老乡亲和全国人民。1996年,他在母校临川二中设立奖学金。接着,他又在江西农业大学、南昌大学、江西财大、云南农业大学、华中农业大学等10所涉农院校提供了1500万元奖学助教基金。2001年2月,江西省举办"走进新世纪——希望工程1+1助学再行动",他又捐款100万元。2002年元旦,他在南昌的"南方希望学校"设立"正邦奖学金"。仁和集团也是如此。自2001年创建以来,仁和集团向希望工程、抢险救灾、路桥修筑等社会公益事业捐款、捐物、赠送药品等累计超过千万元。2006年,仁和集团还在河南新县捐资100万建立一所仁和希望医院。

(六)"后来居上,开拓创新"的气度和战略

赣商清醒地认识自己所处的位置,树立"后来者居上"的信心。仁和集团的杨文龙在完成原始积累后,在2001年7月才正式成立江西仁和(集团)有限公司,相对于其他同类企业,仁和的起步较晚,但是仁和抓住国家进入WTO和江西省委、省政府大力支持私营经济的良好机遇,依靠创新,实现高起点起飞。2001年,仁和集团成功地收购占地五十亩的樟树齐灵制药基地,改造成药都仁和制药有限公司。2002年,仁和再次收购铜鼓威鑫制药厂和峡江三力制药厂,经过高标准改造,2003年都通过国家GMP认证。2004年,仁和又在南昌高新技术开发区建立了闪亮制药有限公司。仁和在规模不断拓展的基础上,坚持走创新路线。仁和制定了总体发展战略,即"三个五年计划",第一个五年计划是,跟进加创新,打开国内市场;第二个五年计划是,科技化、规模化、品牌化、资本运作化,巩固扩大国内市场;第三个五年计划是,从民族化到全球化,打进国际市场。总体战略部署的核心是创新。[①]仁和坚持以创新为中心打造新品牌,以市场为导向研发新产品。为实现全球化策略,仁和在法国设立分公司,以吸收先进的技术和信息资源,缩小与国际知名企业的差距。正是由于开拓创新,仁和成为江西成功企业的典范。

---

① 傅伯言:《仁和是个传奇》,《人物》,当代中国史出版社2008年版,第217页。

简言之，赣商精神包括"敢为人先"的商业气魄、"童叟不欺"的商业诚信、"以和为贵"的商业伦理、"经世济民"的社会责任感、商品交换中的互利精神以及依法经商的契约精神等。从商业环境、商业营销、商业伦理以及商人组织等方面，赣商精神又可以概括为"善商重商，海纳百川；打造品牌，稳健经营；以义取利，立德立功；和合共赢，善行天下"。这些宝贵的商业文化财富，是江西经济实现崛起的内在动力和精神源泉。

二、当前赣商文化建设的思考

文化是开放的，既需要继承，又需要建设。文化发展需要引导，当前赣商文化建设既要传承赣商已创造的商业文化，同时又要结合现代赣商的客观情况，借鉴浙商、粤商等地商人的成功经验。具体而言，笔者认为可以从以下几个方面着手：

（一）树立"重商、荣商、安商、护商"的价值观念

江右商曾经有过辉煌，但是传统赣商文化在从商的价值观念上具有狭隘的一面。江右商以商固本，贾农结合过于紧密，从商的目的在于脱贫，就造成了江右商"经营规模小、资本实力不强"的特点。传统赣商"小富即安"的价值观念在今天赣商身上还有所反映。新赣商必须把自己真正融入市场经济的大潮中，转变旧观念，适应新变化。在中国大力发展市场经济、强调社会责任的时代，新赣商应该把个人价值与社会责任有机地结合起来，突破"经商仅仅为个人脱贫"的狭隘思想，更多地意识到自己的社会责任和历史使命，把从商看成是服务社会、奉献社会、实现个人价值的一种途径。另一方面，江西政府要虚心向浙江、广东、福建等沿海省份无处不在的"重商"的商业文化氛围学习，"荣商、安商、护商"，使人人愿从商、想从商，达到人人把"从商"作为一种"事业"来做，作为一种"理想"去追求。"重商、荣商、安商、护商"的商业文化，需要政府的大力宣传和推广，需要新赣商的积极实践和发扬。

(二)秉持"创新是企业血液"的经营理念

企业的成长来自于创新,必须坚持锐意创新,催生自身创新的能力,朝着自主创新的方向努力,不断给企业以发展的活力。景德镇制瓷业通过不断改进生产技术来保持瓷都的地位。瓷器工艺的不断创新是瓷都千年长盛不衰的主要原因之一。药都樟树享有"药不到樟树不齐,药不过樟树不灵"的美誉。"药灵"之术与产品的创新以及药效的独领风骚密不可分。要重振药都,技术创新仍是关键因素。立足于樟树的仁和集团就是坚持走"创新"之路而获得较大成功的企业。仁和坚持以创新为中心打造自己的品牌,以市场为导向研发新产品。为提高企业的科技水平和研发能力,仁和更新设备工艺,并与全国各大科研机构和知名企业进行通力合作。[①]仁和坚持创新的理念,已经获得了回报。

(三)树立"走出去,引进来"的开放思维

"走出去"需要勇气,更是一种必然,仅限于本土的经营,很难有大的发展,而且长期的封闭必然导致观念的落后、商品质量的降低和竞争力的下降。我们引以为豪的江右商,积极活跃在全国各地,深入到甘肃、西藏等偏远之地,更有不畏艰险者,到异域开辟市场。今天,仁和集团和正邦集团等企业也正是由于走出江西,到外地开拓市场,提高竞争力,才把企业做大做强。新赣商还应该学习现代成功商帮的商业精神。浙商精神中尤其可贵的一点就是"敢创业,不守摊",宁波商人就是突出代表。他们开始在家乡创业,一旦时机成熟,他们就走出宁波,到上海及其他大城市寻求创业机会。现在的浙商简直是无孔不入,哪里有钱赚,哪里就有浙商。"走出去"还需要有敏锐的商业眼光,要求对市场潜力的快捷判断,以抢占商机。一名优秀的赣商,一定要有海一样的胸襟和鹰一样锐利而远大的目光,在经营过程中,加强与沿海地区的对接,加强国际交流与合作,实现对内对外开放的良性互动。不仅要"走出去",还要"引进来"。江西人的重要特征之一就是对外地人不歧视,这种不排外的心理

---

① 傅伯言:《仁和是个传奇》,《人物》,当代中国史出版社2008年版,第217页。

特点非常有助于我们"引进来"策略的实施。我们要加强"引进来"的软环境的建设，要能引进来并且留得住，使赣鄱大地成为来赣客商发财致富的宝地，成为来赣客商乐于在此做"新赣商"的舒心之地，成为大批来赣的外地俊杰施展才华、营造事业之地。

（四）培养"敢闯敢干、不怕冒险"的进取精神

江西有着优良的生存环境，"红米饭，茶壳火，皇帝老子不如我"，这种自给自足的、满足于温饱的生活观念严重地阻碍了江西经济的现代化进程。[1]"物华天宝，人杰地灵"的历史优越感形成于自然经济条件之下，已是一个"历史包袱"。[2]现在的江西，实际上处于生存的"恶劣"环境中，赣商要培养"穷而思变"的生存意识。只有"敢闯敢干，不怕冒险"的进取精神，才有可能"一招鲜，吃遍天"，夺得市场先机，为企业赢得大发展的机遇。创业和经营都是需要一定的胆量和魄力，今天的赣商要学习江右商"不畏艰辛，开拓市场"的精神和"敢闯敢干，不怕失败"的胆量，学习今天的浙商、粤商的"敢为天下先、不怕冒险"的魄力，要放开手脚，勇于搏击商海。

（五）坚持"质量至上，打造品牌"的发展战略

江西商人的产品要想在市场中定个"高价位"，取得好的"销量"，只有坚持以质量为基础，打造自己的品牌。目前市场上的商品琳琅满目，同类产品品种繁多。产品一旦长期形成不了自己的品牌，就随时会在市场中"沉没"。药都樟树的中药业不景气的重要原因，就是没有过硬的品牌。复兴樟树中药业的措施之一就是在质量至上的基础上打造知名品牌，利用"药都"这个区域品牌，进行广告宣传。明清时期的江右商，非常注重打造自己的"字号"。江右商创立的老字号，有的到今天还有着旺盛的生命力。今天，江铃、昌河、江铜、金圣、凤凰（即江光）等新赣商

---

[1]《经济发展与赣文化的再塑》，《赣文化研究》第1期，1994年，第112页。
[2] 彭迪云《正确认识江西的优势和劣势，树立新观念》，《赣文化研究》总第4期，1997年，第5页

打造的品牌企业，已成为江西经济发展的引擎。经济的快速发展，需要品牌产品和品牌企业的引领。2002年5月22日，正邦集团总裁林印孙在江西财大的演讲中说："用正确的人做正确的事，将企业做强、做大，做成百年老店。"①"百年老店"之梦是新赣商对传统商业文化的传承和创新。

（六）弘扬"天下赣商敢为人先"的赣商精神，用商会重铸赣商雄风

江西越来越重视赣商文化的挖掘和建设。2007年是赣商文化得到最大关注的一年，12月8日《江西日报》社、江西省社科院和工商联举行了中国十大赣商评选，12月10日，江西省社科院、省社联举办了赣商文化论坛，12月18日，江西省人民政府举办盛况空前的首届赣商大会。赣商以不容忽视的存在重新走进人们的视野，积极参与打造"天下赣商敢为人先"的新时代赣商精神，利用商会重铸赣商雄风。作为江西实现崛起新跨越的力量之所在，赣商群体的迅速崛起，折射出江西经济发展的充沛活力和巨大潜力。2007年12月17日，在赣商联合会成立大会上，全体赣商达成《南昌共识》，即"当代赣商要有报国爱乡、胸怀天下的责任意识；要有敢于创业、敢担风险的进取精神；要有吃苦耐劳、勤俭奋斗的创业意识；要有宽容大气、合作共赢的发展理念；要有诚实守信、经商有道的价值取向；要有自强不息、与时俱进的不懈追求。"赣商商会的复出，将有利于赣商整体的成长，也为重塑赣商新形象提供了舞台。赣商商会，作为政府与商人之间的纽带，追求资源整合、优化配置、集约发展，让更多的会员通过这个平台受益。

商业文化是一种独特的文化工具，是一种经济资源，也是一种生产力，直接关系着经济的增长。赣商文化建设不是一蹴而就的，它有一个漫长的建设过程。我们一定要坚持下去，塑造"诚实守信、吃苦耐劳、

---

① 《成长的历程——正邦集团总裁林印孙在江西财大的演讲》，《赣文化研究》总第9期，2002年，第360页。

公平竞争、合作共赢、开拓创新、不畏风险"的赣商新形象，形成共同追求、共同发展的良好氛围，相信江西在不远的将来一定会登上经济发展的崭新境界。赣商文化引领江西经济的发展，不断发展的赣商文化是江西经济崛起的内在动力和精神源泉。

【参考文献】

[1] （清）傅春官：《江西农工商矿纪略》，清光绪三十四年石印本。

[2] （清）曾秉钰等编：《奏办江西商务总商会简章并增订章程》，光绪年间刊本。

[3] （清）江荃青编：《江西调查民事习惯问题》，宣统二年铅印本。

[4] 九江指南社：《九江指南》，1932年版。

[5] 马可波罗：《马可波罗游记》，李季译，上海亚东图书馆1936年版。

[6] 刘治乾主编：《江西年鉴》，1936年版。

[7] 江思清：《景德镇瓷业史》，中华书局1936年版

[8] 江苏省博物馆编：《江苏省明清以来碑刻资料选辑》，生活·读书·新知三联书店1959年版。

[9] （清）吴其浚：《植物名实图考》，中华书局1963年版。

[10] （宋）洪迈：《容斋随笔》，上海古籍出版社1978年版。

[11] （宋）张孝祥：《于湖居士文集》，上海古籍出版社1980年版。

[12] 上海博物馆图书资料室编：《上海碑刻资料选辑》，上海人民出版社1980年版

[13] 苏州历史博物馆等编：《明清苏州工商业碑刻集》，江苏人民出版社1981年版。

[14] （宋）洪迈：《夷坚志》，何卓点校，中华书局1981年版。

[15] 张海鹏、王廷元主编：《明清徽商资料选编》，黄山书社1985年版。

[16] （明）张瀚：《松窗梦语》，盛冬铃点校，中华书局1985年版。

[17] 广东省社科院历史研究所等编：《明清佛山碑刻文献经济资料》，广东人民出版社1987年版。

[18] （明）顾起元：《客座赘语》，中华书局1987年版。

[19] 四川大学历史系、四川省档案馆主编：《清代乾嘉道巴县档案选编》，四川大学出版社1989年版。

[20] （明）黄汴：《天下水陆路程》，杨正泰校注，山西人民出版社1992年版。

[21] 张海鹏、张海瀛主编：《中国十大商帮》，黄山书社1993年版。

[21] 方志远：《明清江右商帮》，（香港）中华书局1995年版。

[23] 余悦、吴丽跃主编:《江西民俗文化叙论》,光明日报出版社 1995年版。

[24] 彭泽益主编:《中国工商行会史料集》,中华书局 1995 年版。

[25] 雷梦水等编:《中华竹枝词》,中国古籍出版社 1997 年版。

[26] 范金民:《明清江南商业的发展》,南京大学出版社 1998 年版。

[27] 陈文华、陈荣华主编:《江西通史》,江西人民出版社 1999 年版。

[28] 周銮书主编:《千古一村——流坑历史文化的考察》,江西人民出版社 1997 年版。

[29] 刘纬毅:《汉唐方志辑佚》,北京图书馆出版社 1997 年版。

[30] 方李莉:《传统与变迁:景德镇新旧民窑业田野考察》,江西人民出版社 2000 年版。

[31] 方志远:《明清湘鄂赣地区的人口流动与城乡商品经济》,人民出版社 2001 年版。

[32] 欧阳琛、方志远:《明清中央集权与地域经济》,中国社会科学出版社 2002 年版。

[33] 吴传清:《长江流域商业经济变迁研究:立足于商业文化层面的考察》,中国文史出版社 2002 年版。

[34] 彭南生:《行会制度的近代命运》,人民出版社 2003 年版。

[35] 龙登高:《江南市场史》,清华大学出版社 2003 年版。

[36] 张涛主编:《中国歌谣集成·江西卷》,中国 ISBN 中心 2003 年版。

[37] 陈三立:《散原精舍诗文集》,上海古籍出版社 2003 年版。

[38] 陈荣华、余伯流、邹耕生、施由民等:《江西经济史》,江西人民出版社 2004 年版。

[39] 李国强、傅伯言主编:《赣文化通志》,江西教育出版社 2004 年版。

[40] 余悦主编:《中国民俗大系·江西民俗》,甘肃人民出版社 2004 年版。

[41] 谢国桢选编:《明代社会经济史料选编(校勘本)》,福建人民出版社 2004 年版。

[42] 胡平:《第三只眼睛看江西》,江西人民出版社 2004 年版。

[43] 章文焕：《万寿宫》，华夏出版社 2004 年版。

[44] 前南京国民政府司法行政部编：《民事习惯调查报告录》，胡旭晟等点校，中国政法大学出版社 2005 年版。

[45] 郑小江、王敏主编：《草根南昌——豫章风物寻踪》，学苑出版社 2006 年版。

[46] （明）王士性：《广志绎》，周振鹤点校，中华书局 2006 年版。

[47] 范金民等：《明清商事纠纷与商业诉讼》，南京大学出版社 2007 年版。

[48] 王日根：《中国会馆史》，东方出版中心 2007 年版。

[49] （清）甘熙撰：《白下琐言》，南京出版社 2007 年版。

[50] 吴慧主编：《中国商业通史》第四卷，中国财政经济出版社 2008 年版。

[51] 彭适凡：《江西通史·先秦卷》，江西人民出版社 2008 年版

[52] 周兆望：《江西通史·魏晋南北朝卷》，江西人民出版社 2008 年版。

[53] 陈金凤：《江西通史·隋唐五代卷》，江西人民出版社 2008 年版。

[54] 许怀林：《江西通史·北宋卷》，江西人民出版社 2008 年版。

[55] 吴小红：《江西通史·元代卷》，江西人民出版社 2008 年版。

[56] 方志远、谢宏维：《江西通史·明代卷》，江西人民出版社 2008 年版。

[57] 陈晓鸣：《中心与边缘：九江近代转型的双重变奏（1858—1938）》，经济日报出版社 2008 年版。

[58] 许怀林：《江西通史·南宋卷》，江西人民出版社 2009 年版。

[59] 涂可国主编：《鲁商文化概论》，山东人民出版社 2010 年版。

[60] 李学兰：《中国商人团体习惯法研究》，中国社会科学出版社 2010 年版。

[61] （民国）湖南法制院编：《湖南民情风俗报告书》，劳柏林校点，湖南教育出版社 2010 年版。

[62] （明）谢肇淛：《五杂俎》，傅成校点，上海古籍出版社 2012 年版。

[63] 郑乃章编：《景德镇新安书院契录》，江西人民出版社 2012 年版

[64] 李桂生主编：《移民、商帮与社会变迁——"江西填湖广暨江右商帮"首届全国学术研讨会论文集》，江西人民出版社2013年版。

[65] 张芳霖主编：《赣文化通典·民俗卷》，江西人民出版社2013年版。

[66] 张芳霖：《市场环境与制度变迁——以清末至民国南昌商人与商会组织为视角》，人民出版社2013年版。

[67] 黄志繁、杨福林、李爱兵主编：《赣文化通典·宋明经济卷》，江西人民出版社2013年版。

[68] 王玉德：《商海智慧：长江流域的儒商与策划》，长江出版社2013年版。

[69] 许檀编：《清代河南、山东等省商人会馆碑刻资料选辑》，天津古籍出版社2013年版。

[70] 秦夏明主编：《赣商研究》，经济管理出版社2014年版。

[71] 吴宁：《商亦有道：长江流域的商事与商规》，长江出版社2014年版。

[72] 武乾：《江湖之道：长江流域的行会与商规》，长江出版社2014年版。

[73] 何德廷：《商道认同：长江流域的商务与商俗》，长江出版社2014年版。

[74] 马敏主编：《中国近代商会通史》，社会科学文献出版社2015年版。

[75] 陈雨前主编：《中国古陶瓷文献校注》，岳麓书社2015年版。

[76] 傅衣凌：《清代农业资本主义萌芽问题的一个探索——江西新城〈大荒公禁栽烟约〉一篇史料的分析》，《历史研究》1977年第5期。

[77] 曹国庆：《明清时期江西的徽商》，《江西师范大学学报》1988年第1期。

[78] 黄瑞卿：《明代中后期士人弃学经商之风初探》，《中国社会经济史研究》1990年第2期。

[79] 方志远：《明清江右商的经营观念与投资方向》，《中国史研究》1991年第4期。

[80] 方志远、黄瑞卿：《江右商的社会构成及经营方式》，《中国经济史

研究》1992 年第 1 期。

[81] 方志远、黄瑞卿:《明清时期西南地区的江右商》,《中国社会经济史研究》1993 年第 4 期。

[82] 方志远、黄瑞卿:《再论明代中后期的弃学经商之风》,《江西师范大学学报》1993 年第 1 期。

[83] 方志远:《明清江右商与商事诉讼》,《南昌大学学报》1995 年增刊。

[84] 梁洪生:《吴城商镇及其早期商会》,《中国经济史研究》1995 年第 1 期。

[85] 方志远、孙莉莉:《地域文化与江西传统商业盛衰论》,《江西师范大学学报》2007 年第 1 期。

[86] 阮正福:《差距与反思——江西经济 20 年发展评析》,《江西财经大学》2001 年第 1 期。

[87] 谢力军、张鲁萍:《浅析江右商帮的没落》,《江西社会科学》2002 年第 2 期。

[88] 余龙生、赖明谷:《简论明代江西商人的行商特色》,《江西社会科学》2003 年第 5 期。

[89] 龚汝富:《清代保障商旅安全的法律机制——以西江政要为例》,《清史研究》2004 年第 4 期。

[90] 陈立立:《江右商与万寿宫》,《江西科技师范学院学报》2005 年第 2 期。

[91] 肖文评:《试论明清时期的吉安商人》,《新余高专学报》2005 年第 1 期。

[92] 余龙生:《论明清江西商人商业伦理精神的特点》,《湖北教育学院学报》2007 年第 10 期。

[93] 李锦伟、张明富:《弃农经商:明清贫农实现向上流动之有效手段——以明清江西地区为中心的考察》,《贵州社会科学》2007 年第 5 期。

[94] 杨福林、刘瑾:《清末民国湘省江西商帮的分化及其原因探析》,《江西财经大学学报》2008 年第 5 期。

[95] 杨福林、龚汝富:《晚清民国时期在湘江西商帮的分化与同业融合》,《江西社会科学》2009 年第 12 期。

[96] 余龙生:《明清时期江西商人商业伦理精神的价值辨析》,《商业研究》2009 年第 10 期。

[97] 钟华:《明清时期江右商帮与贵州商业经济的发展》,《贵州文史丛刊》2009 年第 4 期。

[98] 杨福林:《清代湘省江西商人特点探析》,《中国经济史研究》2010 年第 1 期。

[99] 杨福林、徐裕良、姜舒强:《清代湘省江西商帮的组织及其运作》,《江西科技师范学院学报》2010 年第 4 期。

[100] 罗辉:《清代清江商人的经营活动》,《江西科技师范学院学报》2010 年第 3 期。

[101] 方志远:《赣商与江西商业文化》,《江西社会科学》,2011 年第 3 期。

[102] 龙仕平、王嘉荣:《江西移民的经商之道及对凤凰早期民族经济文化的影响》,《吉首大学学报》2011 年第 6 期。

[103] 贺三宝:《"江右商帮"的兴衰与赣商的重塑》,《江西社会科学》2012 年第 4 期。

[104] 马雪松:《江西商业文化漫谈》,《江西教育学院学报》,2013 年第 2 期。

[105] 方志远:《江右商帮与赣商精神》,《江西日报》2013 年 10 月 30 日 A3 版。

[106] 余龙生:《理学伦理观与明清江右商帮的商业伦理思想》,《广州社会主义学院学报》2013 年第 2 期。

[107] 李甜:《旧商人与新时代:赣州徽商汪德溥的生活变迁(1890—1955)》,《安徽大学学报》2014 年第 6 期。

[108] 熊贤礼:《近代景德镇瓷业行帮管窥》,《陶瓷学报》2015 年第 2 期。

[109] 刘秋根:《清代中后期江西商人长途贩运的经营方式》,《首都师范大学学报》2015 年第 1 期。

【后记】

在读研究生的时候，我对商路研究产生了兴趣，收集了一些资料，但没有深入下去。2007年进入江西省社会科学院后，我的研究兴趣转向了苏区史。但是，当时社科院举全院之力，进行鄱阳湖生态经济区建设的论证，2008年我和易凤林一起申报了一个院级课题"近代以来环鄱区域商路变迁及赣商文化研究"，课题的重心在商路变迁，附带谈赣商文化。当时，傅修延院长有一个江西省政府重点招标课题"生态文明与鄱阳湖地域文化建设研究"，便邀我和易凤林承担课题的分报告《鄱阳湖地域商业文化及其当前建设》。完成分报告后，虽然几年来我没有再进行这方面的研究，但赣商文化一直在头脑中旋绕。2014年5月，院里启动赣鄱文化研究丛书项目，我以"赣鄱商业文化研究"为题申报并获得立项，因此也就有了这本仍然青涩的著作。

赣商文化是一个值得研究的课题。宋元至明清，江西一直保持着良好的发展势头，和苏、徽、浙一道，是整个中国的经济文化中心。江右商在明前期独领风骚，明中后期及清前期与徽商、晋商三足鼎立。但是，近代以来江西经济走向衰落，改革开放以来江西经济随着经济体制的变化而不断变革，虽然步子不快，但毕竟也迈出了坚实的步伐。江西的企业经历了一次洗礼过程，有的洗礼成功，有的被无情淘汰。比较成功的例子有江铃集团、昌河、金圣、凤凰、鹰潭眼镜业、仁和药业、亨得利钟表眼镜公司、江西恒大集团、正邦集团等，他们在赣鄱大地上发挥着经济启动师的作用。赣商具备许多优秀的商业品质，但与浙商、粤商等地域商人相比，差距也是十分明显的。他们在改革开放的道路上起步太晚，思维观念转变过慢，品牌意识相对淡薄，最不足的方面表现在创新意识缺乏，敢闯敢拼的劲头不足，过于封闭保守，商业价值观念落后。改革开放之初，江西生产出国内第一辆摩托车，在全国第二个生产出方便面、洗衣机和羽绒服，电冰箱也起步很早。曾经，钱江摩托的人员来洪都摩托车厂观摩，春兰的老总前往湾里制冷设备厂学习。钱江摩托、春兰空调在中国各自行业成为领军企业，而洪都摩托车厂、湾里制冷设备厂已在人们的记忆中消失。"江光"是"凤凰"飞起的地方。江光人使新一代国产"凤凰数码相机"脱颖而出，投入市场，销量稳居国内市场前列，而且开始批量出口。2001年，凤凰相机销售收入达4.76亿元，出口创汇1412万美元。江西上饶能造出像素高达410万的一流相机，令许多外商惊叹不已。在2002年的全国人代会上，江光负责人展示了江光最新研制的凤凰数码相机，受到江泽民同志的高度称赞。而今天在国人（包括笔者）在国内数码相机市场苦苦寻求国产品牌而不得的时候，"凤凰"又飞到哪里去了呢？

我在网上读到北京圣雄品牌营销策划机构总经理邹文武写的一个文章——《赣商精神的迷离》。他这样写道："前几天有外地的朋友问我江西有什么著名的品牌？当时我一下想到的只有一个江中制药，其他的品牌都区域化太强了，我才发现江西原来这么匮乏品牌，而我作为一个品牌策划人，却并没有意识到这点。是啊，江西有什么品牌呢？相比全国其他地方——每个地方都有自己的标志性的品牌，比如说内蒙古有蒙牛、伊利，广东有美的、格力，山东有海尔，连相对欠发达的农业大省河南都有三全、思念——江西实在是太缺乏品牌了，就像江西赣商缺乏自己的形象一样。"他分析为什么江西会这么缺少品牌？他认为"赣商的实干精神和质朴，是全国其他商帮不能够相比的，而赣商骨子里的保守和观念落后，有时候带着自以为是的狂妄，也让他们丧失了很多机会。……江西很多人在外面做得很好，但是却不能像温州商人一样抱团前进。江西人就像蒲公英的种子一样，飘到哪里就能够在哪里生根发芽，但是没有集体的影响力和号召力。江西企业家骨子里是不注重品牌建设的，这从很少有企业舍得在这方面投入费用就可以看出。他们很多都愿意自己闷头干到底，更愿意把钱投入到工厂中去，做好产品品质。相比品牌建设这些'务虚'的事情，他们有了钱更愿意买地建厂房，延续明清以来江西精英们的传统，不管是做官还是经商，只要赚了钱，就大量购置土地、房产，而不是在可持续发展的投入上做功课，想办法提升文化精神力和品牌影响力。"

在这里，我大段引用邹文武的观点，因为我也有同感。赣商不缺少实干精神，但缺少一种把品牌做成全国品牌、世界品牌，把企业做成领军企业的气魄。希望我的这本小书，能够在更多赣商朋友中找到知音。

最后，我要感谢江西省社会科学院的领导的关心和厚爱，感谢赣鄱文化研究丛书主持者夏汉宁研究员等人的信任和鼓励，感谢江西师范大学方志远教授的审读并提出修改意见，感谢江西省社会科学院历史研究所同人给予的关心和支持，感谢国家图书馆、江西省图书馆特藏室的工作人员在笔者查阅资料时提供的便利条件。书中吸纳了同事易凤林副研究员当年在参与共同申报的院级课题以及省政府重点招标课题写作时所提出的观点，也在此表示感谢。

庞振宇

2015年8月31日于艾溪湖畔寓所